복 있는 사람

오직 여호와의 율법을 즐거워하여 그 율법을 주야로 묵상하는 자로다.
저는 시냇가에 심은 나무가 시절을 좇아 과실을 맺으며 그 잎사귀가 마르지 아니함 같으니
그 행사가 다 형통하리로다.(시편 1:2-3)

G. K. 체스터턴은 삶을 가장 깊이 보고 드러낸 천재 가운데 한 사람으로 내 머릿속에 남아 있다. 『영원한 인간』은 체스터턴이 1922년 뒤늦게 세례를 받은 뒤 3년 만에 쓴 책이다. 이 책은 인류의 정신적 여정을 추적하며 기독교를 방어하고, 문명의 발전에 대한 신선한 관점을 제공한다. 『영원한 인간』이 특별한 이유는 지적 깊이와 유머를 결합해 복잡한 개념을 쉽게 이해할 수 있도록 풀어낸다는 점이다. 체스터턴의 독창적인 문체는 주의해서 천천히 읽어야 하지만 집중해서 따라가다 보면 매우 깊이 있는 사고의 경험을 독자에게 안겨 준다. 이 책에서 체스터턴은 순수한 물질적 진보를 넘어서서, 인류의 의미 추구에 대한 궁극적 해답으로 그리스도가 중심이 된 기독교의 장대한 서사를 펼친다. 『영원한 인간』은 단순한 역사책이 아니라 세상을 새롭게 볼 수 있게 눈을 열어 주는 책이다. 지적인 만족뿐만 아니라 영적으로도 깊은 울림을 줄 작품으로 믿고 진심으로 추천한다.

강영안 | 한동대학교 석좌교수, 서강대학교 철학과 명예교수

외길을 따라 걷는 일은 단조롭기는 하지만 번뇌는 많지 않다. 갈림길 앞에 설 때는 잠시 망설이지만 결국은 하나의 길을 택해 걷는다. 문제는 사방팔방으로 열린 길 앞에 설 때이다. 어디로 가야 할지 몰라 기웃거리는 동안 방향감각을 잃은 채 주저앉고 만다. 낯선 세계를 찾아가기보다는 익숙한 길 위에 집을 짓고 머물기로 작정한 것이다. 지금 우리 형편이 그러하다. 예수를 길이라 고백하면서도 그 길을 걷지 않는다. 확신이 없기 때문이다. 어느 때부터인지 신학은 인접 학문과 깊은 대화를 나누거나 논쟁을 벌이지 않는다. 우리 사회의 담론 지평에서 신학은 설 자리를 잃었다. 고립과 단절이 심화되면서 신학의 삶의 자리인 교회는 점점 폐쇄적으로 변하고 있다. 이런 시기에 150년 전에 태어난 영국 사상가 G. K. 체스터턴의 책을 읽는다는 것은 무슨 의미가 있을까? 그는 『정통』에서 자기의 내면과 세상을 세심하게 살피면서 그 속에 깃든 진리를 탐구한다. 그가 그러한 사유의 모험을 통해 당도한 세계는 기쁨의 세계다. 『영원한 인간』은 그러한 사유의 행로가 당도한 세계 인식을 인류 전체의 영적 여정으로 확장하여 풀어낸다. 유려하고 장엄하다. 체스터턴의 책을 읽기 위해서는 인내가 필요하다. 그가 전개하는 논리의 세계에 익숙해지기까지는 다소 시간이 걸린다. 하지만 그의 안내를 따라 차분히 사상의 광맥을 탐색하다 보면 저절로 마음이 고요해지고, 피상적인 세계 너머에 있는 더 깊은 세계와 만나게 될 것이다. 그 세계와 대면하는 순간 우리는 소비사회가 건네는 행복의 환상과는 전혀 다른 차원의 행복이 있음을 자각하게 될 것이다.

김기석 | 청파교회 원로목사

『영원한 인간』은 독특하다는 말로는 부족할 정도로 독특한 책이며 다면적인 작품이다. 이 책은 역사서이면서 동시에 역사서가 아니고, 비평서이면서 동시에 비평서가 아니며, 변증서이면서 동시에 변증서가 아니고, 신학서적이면서 동시에 신학서적이 아니며, 종교학 서적이면서 동시에 종교학 서적이 아니고, 문명론이면서 동시에 문명론이 아니다. 『영원한 인간』은 인류학, 역사, 신학, 철학, 종교학, 사회 비평, 문명론을 아우르는 책임과 동시에 이를 넘어선 책이다. 출간 이후 지금까지 그리스도교 변증의 고전으로 평가받지만, 그런 공식적인 평가는 체스터턴의 다른 그리스도교 저술이 그러하듯 이 책의 독특한 풍미와 신선함을 오히려 가리는 측면이 있다. 인간의 독특성에 대한 그의 성찰, 비교 종교학의 한계, 다양한 고대 문명에 대한 비평, 예수 그리스도의 유일무이함에 대한 주장, 그리스도교 교리가 품고 있는 역설들에 대한 설명, 교부들의 지혜에 대한 해설, 중세 그리스도교에 대한 재평가, 근대의 과학주의, 유물론, 상대주의 비판은 각각의 색을 발하면서 한데 어울려 하나의 거대한 스테인드 글라스를 이룬다. 일부 조각은 둔탁해지고 낡고 몽글어졌다 해도 『영원한 인간』이라는 스테인드 글라스의 아름다움은 결코 쇠하지 않는다. 이 창이 가리키는 빛, 이 창을 통해 우리가 보게 되는 빛이 결코 쇠하지 않기 때문이다.

민경찬 | 비아 편집장

G. K. 체스터턴의 『영원한 인간』은 인류 역사와 종교의 발전에 대한 깊이 있는 통찰을 제공하는 걸작이다. 특히, C. S. 루이스가 여러 차례 '최고의 기독교 변증서'라 칭하며, 그가 무신론을 버리게 된 결정적인 요인 중 하나로 꼽은 책이기도 하다. 이번에 직접 읽어 보니 그 평가가 과장이 아님을 확신하게 되었다. 이 책이 과학적 주제도 일부 다루고 있는 만큼, 새로운 발견들을 토대로 반박된 부분이 있는지 열심히 팩트를 체크하며 읽었다. 세부적인 논쟁거리도 있었지만, 오히려 1900년대 초반에 쓰인 책이 이토록 정확하게 현대의 발견들을 예견했다는 사실에 감탄하지 않을 수 없었다. 한 가지만 예를 들어 보자면, 체스터턴은 선사시대 인간에게 종교가 없었을 것이라는 당대 역사가들의 주장을 순수한 논리만으로 비판하는데, 최근의 고고학적 발견들은 그의 견해가 옳았음을 입증해 준다. 『영원한 인간』은 과학과 역사의 외피를 쓰고 인간과 동물의 차이를 지우려는 시도들을 날카롭게 비판한다. 또한 모든 종교가 본질적으로 동일하다는 주장에 맞서 기독교와 그리스도의 독특성을 설득력 있게 제시한다. 이 책을 읽다 보면, 과학, 철학, 역사, 종교를 아우르며 독창적인 통찰과 직관, 때로는 유머와 비유를 자유자재로 활용하는 체스터턴의 능력에 감탄하지 않을 수 없다. 이는 단순한 책이라기보다는 차라리 블록버스터 영화에 가깝다. 티저는 여기까지, 본편은 직접 확인해 보시길 바란다. 이번에 복 있는 사람에서 출간되는 체스터턴의 세 대표작 『이단』『정통』『영원한 인간』은 모든 독자에게 큰 자산이자 지혜의 보고가 될 것이다. 시대를 초월하여 빛나는 이 작품들을 통해 더 많은 사람들이 내가 느꼈던 감동과 경이를 함께 나눌 수 있기를 바란다.

오성민 | 유튜브 채널 Damascus TV 운영자

체스터턴의 기독교는 유쾌하고 상쾌하고 통쾌하다. '기쁜 소식'이기 때문이다. 인간과 세계의 모순을 구원해 주는 그리스도와 하나님 나라의 역설을 거침없이 전시하기 때문이다. 체스터턴은 하나의 장르다. 시대정신('이단')들의 진부함과 '정통'의 혁명성을 그보다 더 선 굵게 통찰하고 위트 있게 묘사한 작가는 없다. C. S. 루이스가 경고했듯이, "건전한 무신론자로 남아 있고자 하는" 이는 『영원한 인간』 같은 책은 아예 거들떠보지도 말지어다.

이종태 | 서울여자대학교 교목실장

체스터턴은 진보 사상이 절정에 이르고 근대주의자들이 '역사의 종언'을 자신하던 시기에 적대심과 두려움이 아니라, 변치 않는 진리에 대한 신뢰와 세계에 대한 참된 사랑에 힘입어 용감하고 진실되게 오늘을 위한 그리스도교 호교론을 정립하고자 한 인물이다. 우리는 그의 주저이며 대작인 『영원한 인간』에서 그가 얼마나 이 어려운 과업을 훌륭하게 해냈는지를 확인한다. 여기서 체스터턴은 마치 적진을 홀로 돌파하는 장수와도 같이 근대사조의 맹점과 오만을 호쾌하게 논박하고 인류의 여정 안에서 그리스도교가 걸어온 길을 근원적이면서도 새롭게 조명한다. 이 작품은 결코 읽기 쉬운 책이 아니다. 때로는 선사 시대의 길고 어두운 동굴을 탐험하듯이 다음 모퉁이에서 어떤 이야기와 인물이 나올지 예상하기 힘들고 당혹스럽다. 그런가 하면 밤하늘을 수놓는 불꽃놀이처럼 황홀하면서도 가늠하기 힘든 표상과 비유로 가득찬 사유가 몰아친다. 섣부른 요약과 단정을 거부하는 이 책은 독자에게 끊임없이 도전하며 많은 노력을 요구한다. 하지만 그 보답은 크다. 체스터턴과 함께 사유의 격전을 함께한 독자라면, 그리스도교가 인류에게 선사한 세계가 얼마나 위대하고 아름다운 장관이었는지를 깊고 강렬하게 깨닫게 될 것이다. 이 책은 다음과 같은 근원적인 질문에 답하는 책이다. '그리스도교는 세상에 어떤 새로운 것을 가져다주었는가?'

최대환 | 천주교 의정부 교구 신부

G. K. 체스터턴은 20세기에 기독교 전체를 변호한 가장 유능한 변증가 중 한 사람이다. 그는 『데일리 뉴스』와 『일러스트레이티드 런던 뉴스』의 칼럼을 쓰면서 글쓰기 기술을 발전시켰고, 1930년대에는 BBC에서 친근히 들을 수 있는 목소리가 되었다. 언론인이자 소설가로서 유머러스하고 교조적이지 않은 글쓰기 스타일은 많은 추종자를 불러 모았고, 그를 기독교를 대표하는 지도적인 공적 지식인으로 자리매김하게 했다. 우리는 체스터턴으로부터 무엇을 배울 수 있을까? 아마도 가장 명백한 출발점은 그의 명료하고도 명석한 글쓰기 스타일일 것이다. 신앙에 대한 접근하기 쉽고 흥미를 끄는 그의 설명은 많은 독자들의 공감을 받았다. 변증 스타일 또한 독특하다. 체스터턴은 세계를 이해하는 한 방식으로서의 기독교를 일관되게 변호하지만, 그의 접근법은 기술적이거나 교조적이지 않다. 그는 일반인을 위해 신앙을 매력적으로 진술하며, 언론인으로서의 기술을 활용하여 한편으로는 신학 용어를 피하고, 다른 한편으로는 풍부한 유비와 은유를 사용하여 세상에 대한 인간 공통의 경험과 기독교를 설득력 있게 연결한다.

알리스터 맥그래스

『영원한 인간』은 나의 직업적 태도와 삶의 철학을 형성한 책이자, 내가 아는 한 기독교의 입장을 가장 잘 변호한 책이다. 그가 왜 그토록 염세주의와 무신론의 입장을 가지고 있었던 나를 사로잡았는지 이해할 수 없다. 맥도널드를 읽을 때처럼 체스터턴을 읽을 때도 나는 내가 어느 방향으로 가고 있는지 알지 못했다. 무릇 건전한 무신론자로 남아 있고자 하는 젊은이는 자기의 독서생활에 매우 주의를 기울여야 하는 법이다. 허버트의 말처럼, 어디에나 "펼쳐진 성경, 수백만 가지 놀라운 일, 정교한 그물과 책략"이라는 덫이 있기 때문이다. 하나님은 자신의 목적을 위해서라면 무슨 짓이든 마다하지 않으시는 분이다.

C. S. 루이스

G. K. 체스터턴의 『영원한 인간』은 해명이 필요 없는 영구적인 기념비다.

에블린 워

체스터턴은 나의 영적 여정에서 신앙의 기쁨을 회복하는 데 큰 도움을 주었다. 지금도 신앙이 메말라 가는 것을 느낄 때마다 서가로 가서 그의 책을 집어 든다.

필립 얀시

체스터턴은 우리가 당연하게 여기는 모든 것에 대한 위대한 전복자다. 그는 통찰력으로 우리를 확장하고, 놀라운 역설로 우리를 흔들며, 재치로 우리를 기쁘게 한다.

오스 기니스

체스터턴은 현대 사회에서 기독교 소수의 존재를 유지하기 위해 당대의 그 어떤 사람보다 더 많은 일을 했다. 그는 영원토록 후대의 존경을 받아야 마땅하다.

T. S. 엘리엇

체스터턴은 엄청난 천재성을 지닌 사람이었다. 세상은 그에 대한 감사의 말에 인색하다.

조지 버나드 쇼

체스터턴의 책은 이름을 거론할 수 있는 그 어떤 작가의 책보다 내 정신을 형성했다.

도로시 L. 세이어즈

G. K. 체스터턴은 특유의 재치와 지혜로 그리스도인들에게 영감을 주고 회의론자들에게 도전장을 던졌다. 그는 오늘날에도 여전히 유효한 날카로운 분석을 제공한다.

크리스채너티 투데이

영원한 인간

영원한 인간

The Everlasting Man

G. K. 체스터턴

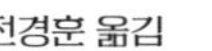

전경훈 옮김

복 있는 사람

영원한 인간

2024년 11월 7일 초판 1쇄 인쇄
2024년 11월 14일 초판 1쇄 발행

지은이 G. K. 체스터턴
옮긴이 전경훈
펴낸이 박종현

(주) 복 있는 사람
주소 서울특별시 마포구 연남동 246-21(성미산로23길 26-6)
전화 02-723-7183, 7734(영업·마케팅) 팩스 02-723-7184
이메일 hismessage@naver.com
등록 1998년 1월 19일 제1-2280호

ISBN 979-11-7083-177-8 04230
ISBN 979-11-7083-174-7 04230(세트)

The Everlasting Man
by G. K. Chesterton

Originally published in 1925 in English under the title
The Everlasting Man by Hodder & Stoughton

차례

일러두기 | 모든 주는 옮긴이 주이다.

머리말

이 책에서 다루는 내용의 범위를 오해하지 않도록 미리 일러둘 말이 필요하다. 이 책에서 취한 관점은 신학적이기보다 역사적이며, 내 인생의 주요 사건인 종교적 변화를 직접 다루지는 않는다. 종교적 변화에 대해서라면 더 순수하게 논쟁적인 책을 집필하는 중이다. 나는 어떤 가톨릭 신자라도 어떤 주제에 대해 어떤 책을 쓰든, 무엇보다도 이 주제에 대해 글을 쓴다면, 자신이 가톨릭 신자임을 드러내지 않고 쓰기를 바란다. 그렇다고 이번 연구가 가톨릭 신자와 개신교 신자 사이의 차이점에 특별히 관련되어 있는 건 아니다. 어떤 부류가 되었든 그리스도인을 다루기보다는 다양한 부류의 이교도를 다루는 데 대부분의 내용이 할애되었다. 그리고 그리스도가 비슷한 신화들과 나란히 서 있으며, 그리스도의 종교가 비슷한 종교들과 나란히 서 있다고 말하는 사람들은 아주 명백한 한 가지 사실에 모순되는, 아주 구태의연한 상투적 문구를 되풀이하여 외고 있는 것이라는 게 이 책의 논지다. 이를 말하기 위해 내가 우리 모두에게 알려진 문제들을 훨씬 넘어서는 데까지 나아갈 필요는 없었다. 내가 많이 배웠다고 내세우려는 게 아니다. 시류가 그러하듯이, 나 역시 어떤 것들에 대해서는 더 많이 배운 이들에게 의지해야 한다. 역사에 대한 견해에서 이제까지 내가 H. G. 웰스[1]와 여러 차례 의견을 달리했으므로, 여기서는 광대하고 다채로우며 몹시 흥미롭기까지 한 그 저작을 완성할 수 있었던 그의 용기와 건설적인 상상력에 찬사를 보내되, 전문가들이 제공하는 사실들을 가지고 자신이 할 수 있는 일을 행하는 아마추어의 합리적 권리를 그가 확고히 해주었음에 훨씬 더 열렬한 찬사를 보내는 편이 더욱 옳겠다.

1 허버트 조지 웰스Herbert George Wells, 1866-1946는 현대적인 공상 과학 소설 장르를 개척한 소설가로 유명하다. 본래 생물학을 공부했던 그는 집필 활동 초기에는 『타임머신』*The Time Machine*, 1895, 『투명인간』*The Invisible Man*, 1897, 『우주전쟁』*The War of the Worlds*, 1898 등의 과학 소설을 썼지만, 후기로 갈수록 문명 비판적이고 예언적인 저술을 집필했다. 그중에서도 『세계사 대계』*The Outline of History*, 1920는 지구의 자연사로부터 인류의 역사 전체를 개괄하며 인류 문명이 앞으로 나아갈 바를 전망하는 대작이었다. 체스터턴은 진화론적 진보의 과정으로 역사를 개괄하는 웰스의 입장에 반대하여 자신의 주장을 펼치고자 책을 집필하기 시작했는데, 그 결과물이 바로 이 책 『영원한 인간』1925이다.

서론:
이 책의 얼개

집에 이르는 방법에는 두 가지가 있다. 하나는 그저 집에 머무르는 것이고, 다른 하나는 온 세상을 한 바퀴 돌아서 다시 집으로 돌아오는 것이다. 나는 전에 썼던 어떤 이야기에서 그러한 여정을 추적해 보려 했었다. 그러나 그 주제에서 벗어나 내가 전에 쓴 적 없는 다른 이야기로 향하게 되어 다행이다. 내가 쓴 적 없는 모든 책이 그러하듯 그 책이야말로 이제껏 내가 쓴 것 가운데 최고의 책이다. 다만 내가 그 책을 절대 쓰지 않을 가능성이 높으니, 여기서는 상징적으로 써먹도록 하겠다. 그 책 역시 똑같은 진리의 상징이었으니 말이다. 나는 그 책을, 웨식스의 옛 백마들[2]이 그려진

2 웨식스Wessex는 잉글랜드 남부에 6세기에서 10세기까지 존재했던 고대 앵글로색슨 왕국이다. 이 왕국의 중심이 된 서남부 지역의 몇몇 언덕들은 고대인들이 그려 놓은 커다란 흰색 말 그림 유적으로 유명하다

언덕처럼 경사지가 펼쳐진 광대한 계곡을 배경으로 하는 낭만 소설[3]로 구상했다. 언덕 비탈에 농가나 오두막이 한 채 서 있고 거기에는 어떤 소년이 살고 있는데, 그 소년이 거인의 거대한 조각상이나 무덤 같은 무언가를 찾아 여행을 떠나는 것이다. 그런데 집에서 멀리 떨어진 곳에 이르러 왔던 길을 되돌아보니, 제 집 농장과 텃밭이 마치 방패에 그려진 깃발과 문장처럼 언덕 비탈에 납작하게 붙어서 반짝이는 것이 보였다. 그때 소년은 그것들이 실은 어떤 거대한 형체의 한 부분에 지나지 않는다는 사실을 깨달았다. 이전에 소년은 늘 그 거대한 형체 위에서 살아왔지만, 그 형체가 너무나 크고 너무나 가까워서 눈에 들어오지 않았던 것이다. 나는 이것이야말로 오늘날 독립적인 지성의 진보를 알려 주는 참된 그림이라고 생각한다. 그리고 바로 이 점이 이 책의 요점이다.

달리 말해 이 책의 요점은 이러하다. 실로 그리스도교 세계 안에 있는 것 다음으로 가장 좋은 일은 그리스도교 세계 바깥에 있는 것이다. 그런데 여기서 특이한 점 하나는, 대중적으로 그리스도교를 비판하는 사람들이 실은 그리스도교 세계 바깥에 있지 않다는 사실이다. 그들은 말 그대로 논란의 여지가 있는 바탕 위에서 있다. 그들은 스스로 품은 의심들을 의심한다. 그들의 비판은 흥미로운 어조를 취해 왔다. 잘 알지도 못하면서 막무가내로 헐뜯는 그런 말투다. 그들은 오늘날 유행하는 반反교권적인 이야기들을 일종의 한담처럼 늘어놓는다. 그렇지 않으면 그들은 성직자처럼 차려입고 성직자들에 대해 불평하려 한다. 마치 우리를 미행

3 체스터턴이 사용하는 '낭만'romance이라는 말은 중세 기사도 문학과 같은 모험 이야기를 의미한다.

하거나 체포하는 경찰이 사복을 갖춰 입으면 우리가 조금이라도 더 자유를 누릴 수 있다는 듯이 말이다. 그들은 강론이 도중에 중단될 수 없음을 불평하며, 강론대를 가리켜 겁쟁이의 성채라 부르려 한다. 편집장의 사무실을 가리켜 그렇게 부르지는 않으면서 말이다. 그렇게 한다면 그건 언론인들에게나 사제들에게나 모두 부당한 일이 될 테지만, 언론인에 대해서는 훨씬 더 진실에 가까울 것이다. 성직자는 그 자신이 직접 노출되므로 성당 밖으로 나왔을 때 쉽사리 발로 차일 수 있다. 반면에 언론인은 자신의 이름까지 감추므로 절대 발로 차일 일이 없다. 그들은 성당들을 찾아가서 성당들이 정말로 비었는지, 혹은 그중에 어떤 성당들이 비었는지를 알아보지도 않고서 성당들이 빈 이유에 대해 맹렬하고도 무의미한 기사와 사설을 써서 언론에 싣는다. 그들의 주장은 서막짜리 소극笑劇에 등장하는 가장 재미없는 보좌신부보다도 더 지루하고 공허하며, 『뱁 발라드』[4]의 보좌신부가 하는 방법을 좇아 오히려 그를 위로하게끔 우리를 몰아간다. "자네의 정신은 호플리 포터의 정신만큼 그렇게 비어 있지는 않다네."[5] 그리하여 우리는 참

4 『뱁 발라드』*The Bab Ballads*는 W. S. 길버트W. S. Gilbert, 1836-1911가 『펀』*Fun*에 기고했던 가벼운 운문들을 모아서 직접 그린 삽화와 함께 출간한 이야기 모음집이다. 길버트 특유의 풍자와 유머가 담겨 있어 큰 인기를 얻었고 1865년에 처음 출간된 이후 1869년까지 개정을 거듭하며 출간되었다.

5 『뱁 발라드』에 실린 「경쟁하는 두 보좌신부」The Rival Curates라는 운문 이야기의 한 구절이다. 세속적 쾌락을 죄악시하며 거룩하게 살고 있는 것으로 유명한 클레이터 후퍼라는 보좌신부에게 어느 날 한 친구가 찾아와서 호플리 포터라는 보좌신부가 그보다 더 열심히 거룩하게 살고 있다고 이야기하는 대목이다. 이 이야기를 들은 후퍼는 아랫사람들을 포터에게 보내어 그가 죄악시하던 게임이나 흡연을 한다면 목숨만은 살려 주겠노라고 말을 전한다. 이에 포터는 이제야 좋은 구실을

으로 가장 미약한 그 성직자에게 이렇게 말할 수 있겠다. "당신의 정신은 분개하는 평신도나 평범한 사람이나 길거리에 있는 사람이나 혹은 신문사에 있는 당신의 비판자들 중 어느 누구의 정신만큼 그렇게 비어 있지는 않습니다. 그들에게는 당신이 그들에게 주어야 하는 것에 대한 개념은 고사하고, 그들 자신이 원하는 것에 대한 가장 어슴푸레한 개념조차 없기 때문입니다." 그들은 갑자기 돌아서서는 전쟁[6]을 막지 못했다는 이유로 교회를 욕하지만, 정작 그들은 전쟁을 막고 싶어 하지 않았다. 더욱이 교회의 주적主敵인, 진보적이고 범세계적인 회의론자 가운데 몇몇을 제외하곤 어느 누구도 전쟁을 막을 수 있다고 공언하지 않았다. 정작 보편적인 평화가 도래하리라고 늘 예언했던 쪽은 반反교권적이고 불가지론적인 세상이었다. 그리고 보편적인 전쟁의 도래로 당황과 혼란을 겪은 쪽 혹은 겪었어야 하는 쪽도 바로 그 세상이었다. 교회가 전쟁 때문에 신망을 잃었다는 일반적 견해에 대해 말하자면, 차라리 방주가 홍수 때문에 신망을 잃었다고 말하는 편이 더 낫겠다. 세상이 잘못되어 간다면 그건 오히려 교회가 옳다는 걸 입증한다. 교회가 정당화될 수 있는 까닭은 교회의 자녀들이 죄를 짓지 않기 때문이 아니라 도리어 죄를 짓기 때문이다. 그러한 비판은 오히려 종교 전통이라는 것에 대한 그들의 심기를 특징적으로 드러낸다. 그들은 종교 전통에 대해 반동 상태에 있다. 자기 아버지 땅에 살고 있는 소년도 좋고, 아주 멀리에서 뒤돌아보며 한

찾았노라며 세속적 쾌락을 즐기고, 거룩한 신부로서 후퍼의 명성은 그대로 유지되었다.

6 제1차 세계대전1914-1918을 말한다.

눈에 들어오는 그 땅 전체를 바라보고 있는 소년도 좋다. 그러나 이 사람들은 그 중간 상태로 들어가 버렸다. 중간에 낀 계곡에 빠져들어 그 너머의 언덕도 볼 수 없고 그 뒤에 있는 언덕도 볼 수 없게 된 것이다. 그들은 그리스도교 논쟁의 반그늘에서 벗어날 수 없다. 그들은 그리스도인이 될 수도 없고 적敵그리스도인이 되기를 그만둘 수도 없다. 반동의 대기大氣가 온통 그들을 휘감고 있다. 골내고, 심술부리고, 옹졸하게 비판하는 것 말이다. 그들은 여전히 신앙의 그늘 속에서 살아가지만, 신앙의 빛은 잃고 말았다.

우리가 영적 본향과 맺을 수 있는 가장 좋은 관계는 그것을 사랑할 수 있을 만큼 충분히 가까이 있는 것이다. 그다음으로 좋은 관계는 그것을 증오할 수 없을 만큼 충분히 멀리 있는 것이다. 그리스도교를 가장 잘 판단할 수 있는 사람은 그리스도인이지만, 그다음으로 가장 잘 판단할 수 있는 사람은 유학자儒學者 같은 사람일 것이라는 게 여기 이 지면에 실린 주장이다. 그리스도교를 가장 잘못 판단할 사람은 이미 판단을 내릴 준비가 다 되어 있는 사람, 즉 제대로 교육받지 못한 그리스도인이다. 그런 사람은 차츰 성급한 불가지론자로 변해 가며, 어떻게 시작된 것인지 알지도 못하는 다툼의 끝자락에 얽혀 들고, 일종의 유전적인 권태에 기운이 꺾여 전혀 알지도 못하고 들어 본 적도 없는 것을 듣다가 지쳐 버린다. 그런 사람은 유학자가 하듯이 차분하게 그리스도교를 판단하지 못한다. 그런 사람은 자신이 유교를 판단하듯이 그리스도교를 판단하지 못한다. 그는 상상의 힘을 통해 가톨릭교회를 수천 마일 떨어진 낯선 아침 하늘 아래 두고서 마치 중국 불탑을 판단하듯이 공정하게 판단할 수 없다. 위대한 성 프란치스코 하비에르[7]는 모든 불탑 위로 솟아오르는 탑처럼 중국에 교회를 세우는 데 거의 성공할 뻔했지만 결국 실패하고 말았는데, 그 한 가지 이유는 하비에르를 따르던 이들이 중국인들의 의복이나 특징들을 통해 열두 사도를 나타내려 했다고 다른 동료 선교사들에게 비난받았기 때문이었다. 하지만 그들을 다만 중국인으로 보고 중국인으로서 공정하게 판단하는 편이 훨씬 더 나을 것이다. 우상파괴자들에게 두들겨 맞게 된 아무런 특징 없는 우상이나 빈손의 런던내기들에게 공격받을 표적으로 보기보다는 말이다. 그 전체를 멀리 떨어진 아시아의 종교로 보는 편이 더 나을 것이다. 주교의 주교관主教冠은 신비로운 승려의 높이 솟은 머리 장식이라 여기고, 주교의 목장牧杖은 동방의 어떤 행렬에서 쓰이는 뱀처럼 꼬인 막대기로 보고, 기도책은 마니차[8]처럼 환상적인 것으로 보고, 십자가는 만자卍字처럼 굽은 형태의 사물로 생각하는 편이 더 나을 것이다. 그러면 적어도 우리는 어떤 회의론적 비판자들이 그러하듯 분별력은 물론이고 자제력까지 상실하지는 않을 테니까. 그들

7 성 프란치스코 하비에르St. Francis Xavier, 1506-1552는 로욜라의 성 이냐시오를 비롯한 동료들과 함께 가톨릭교회의 남자 수도회인 예수회를 창립한 인물이다. 1541년 유럽을 떠나 인도의 고아로부터 인도네시아의 여러 섬과 일본에 이르기까지 두루 여행하며 선교 활동을 펼쳤으나 중국 본토 진출을 앞두고 병사했다. 선교지의 문화에 적극적으로 적응하고 참여하여 선교한 것으로 유명하다. 한 세대 뒤에 명나라의 관리가 되어 중국 선교에 크게 성공한 예수회의 마테오 리치Matteo Ricci, 利瑪竇는 이러한 그의 선교 방식을 따랐다. 하지만 이러한 선교 방식은 20세기 후반에 가톨릭교회가 아조르나멘토aggiornamento(토착화)를 정식으로 주창하기까지 가톨릭교회 내외에서 큰 논란과 분쟁을 일으켰다.

8 마니차摩尼車는 '기도 바퀴'라고도 하는데, 티베트 불교에서 기도하거나 수행할 때 사용하는 원통형 바퀴를 말한다. 손에 쥘 수 있는 것에서부터 건물벽에 설치된 것까지 크기가 매우 다양하며, 보통 바깥 면과 안쪽 면에 경문이 적혀 있다.

의 반反교권주의는 어떤 대기大氣, 즉 부정否定과 적대의 대기가 되었고 그들은 그 대기에서 벗어날 수 없다. 이에 비하면 그 전체를 다른 대륙이나 행성에 속한 무언가로 보는 편이 더 나을 것이다. 주교들을 향해 별 의미도 없이 언제까지고 투덜대기보다는 동양의 승려들을 무심히 바라보는 편이 더욱 철학적인 일일 것이다. 성당 현관에 하염없이 서서 안으로 들어가 거들지도 못하고 밖으로 나가 잊어버리지도 못하는 것보다는 동양의 불탑인 양 성당을 그냥 지나쳐 가는 편이 더 나을 것이다. 그저 반동에 불과한 것이 강박이 되어 버리는 사람들을 위해, 나는 열두 사도를 중국인으로 상상해 보기를 진지하게 권한다. 달리 말해 나는 이 비판자들에게 그리스도교 성인들을 마치 이교 현자들처럼 여겨 그들도 그만큼 공정하게 대하도록 노력하라고 권한다.

그런데 이를 통해 우리는, 내가 이 책에서 애써 보여 주려는 최종적이고 필수적인 핵심 요점에 이르게 된다. 전체를 바깥에서 보려는 상상의 노력을 기울이다 보면 결국에는 그것이 안에서 전통적으로 이야기하던 것과 완전히 같아 보인다는 사실을 발견한다는 말이다. 앞서 말한 그 소년은 거인을 찾아 멀리 떠난 후에야 비로소 자신이 진짜 거인임을 깨달았다. 마침내 그 맑고 고른 동쪽 하늘 아래 멀리 떨어져서 교회를 바라볼 때라야 우리는 그것이 정말로 그리스도의 교회임을 알아차리게 된다. 간단히 말하자면, 정말로 교회에 대해 공정해지는 순간, 우리는 왜 사람들이 교회에 대해 편파적인지를 알게 된다. 그런데 이 두 번째 명제에는 좀 더 진지한 논의가 필요하다. 이제 여기서 그에 대해 열심히 논해 보겠다.

신에 관한 이야기의 독특하고 고유한 특성 안에는 견고한 무언가가 있는데, 이에 관한 개념이 내 마음 안에서 명료해지자 거기까지 이르렀던 인간의 이야기에도 똑같이 낯설지만 견고한 특성이 있으리라는 생각이 불현듯 떠올랐다. 인간의 이야기 또한 신성한 뿌리를 지녔기 때문이다. 인류 공통의 종교 생활과 공정하게 비교할 때라야 교회가 더욱 두드러지게 드러나 보이는 것과 마찬가지로, 인류 그 자체도 자연의 공통된 생명과 비교해 볼 때라야 더욱 두드러지게 드러나 보인다는 말이다. 나는 대부분의 현대 역사가 궤변술과 같은 것으로 내몰렸음을 간파했다. 그렇게 된 까닭은 우선 동물에서 인간으로의 급격한 변이變移를 완화하기 위해서였고, 그다음은 이교도에서 그리스도인으로의 급격한 변이를 완화하기 위해서였다. 현실적인 정신으로 이 두 가지 변이를 꼼꼼히 살펴볼수록, 우리는 이 변이들을 더더욱 급격한 변화라고 판단하게 될 것이다. 비판자들이 이 분리된 간극을 보지 못하는 까닭은 그들 자신이 간극을 두고 분리되어 있지 않기 때문이다. 그들이 검은색과 흰색의 차이를 볼 수 없는 까닭은 건조한 불빛[9]에서 사물을 보고 있지 않기 때문이다. 그들이 모든 흰색은 더러운 회색이며 모든 검은색은 칠한 것만큼 검지 않다고 말하려는 동기를 지닌 것은 독특한 반동과 반란의 분위기 속에 있기 때문이다. 나는 그들의 반란에 인간적인 구실口實들이 없다고 말하려는 게 아니고, 그들의 반란에 공감되는 면이 없다고 말하려는 것도 아니다. 다만 내가 말하려는 건 그들의 반란이 전혀 과학적이지 않다는

9 건조한 불빛dry light이란 말은 막힘없는 불빛 혹은 선입견 없는 관점을 나타내는 표현이기도 하다.

것이다. 우상파괴자는 분개할 수 있다. 우상파괴자는 정당하게 분개할 수 있다. 하지만 우상파괴자는 공정하지 않다. 그리고 역사비평가들과 과학적 진화론자들과 비교종교학 교수들의 9할이 조금도 편파적이지 않은 듯 가장하는 것은 그야말로 적나라한 위선이다. 그들이 왜 공정해야 하는가? 공정하다는 것은 무엇인가? 어떤 것이 강렬한 미신인지 아니면 신성한 소망인지를 두고 온 세계가 전쟁을 벌이는 때는 언제인가? 나는 신앙이라는 궁극의 행위가 한 인간의 정신을 충족시키기 때문에 그 정신을 교정한다는 의미에서 공정한 척하려는 게 아니다. 그러나 나는 그들보다 내가 훨씬 더 공정하다고 공언한다. 나는 모든 면에서 어떤 가상의 정의正義를 통해 그 이야기를 공정하게 전할 수 있지만, 그들은 그럴 수 없다는 의미에서 내가 그들보다 공정하다고 말한다. 공언하건대 그들이 로마의 교황에 대해 이야기하듯이 내가 티베트의 라마승려에 대해 터무니없는 이야기를 하거나, 그들이 예수회[10]에 대해 조금도 동감하지 않듯이 내가 배교자 율리아누스 황제[11]에 대

10 예수회the Society of Jesus, the Jesuit는 로욜라의 성 이냐시오St. Ignatius of Loyola, 1491-1556가 열 명의 동료와 함께 1540년에 설립한 가톨릭교회의 수도회다. 16세기 가톨릭교회의 개혁을 주도하였으며, 교육 및 선교 사업에서 뛰어난 역량을 발휘하여 종교개혁 이후 유럽에서 가톨릭교회의 입지를 새로이 다지고 유럽 이외 지역에 그리스도교 신앙을 전파하는 데 크게 기여했다. 하지만 현지 문화에 적응하는 예수회의 선교 방식은 당대 가톨릭교회 안에서 논란을 일으켰으며, 유력한 예수회원들이 정치에 적극 개입하면서 유럽 각국에서 분쟁을 일으키기도 했다.

11 율리아누스 황제Flavius Claudius Iulianus, 재위 361-363는 역사적으로 그리스도인이 아닌 마지막 로마 황제였다. 그리스 철학에 심취했던 그는 관용이 없는 그리스도교 때문에 로마가 쇠퇴했다고 생각했다. 밀라노 칙령311 이후 그리스도교를 장려하고 특정 종교를 탄압하던 정책들을 모두 폐하는 대신 모든 종교의 자유를 인정하고 평등하게 대하는 포고령을 발표했으며362, 그리스도인들의 활동을 제약하기

해 조금도 동감하지 않는다면 내가 수치스러워 하리라라는, 바로 그런 의미에서 나는 공정하다. 그들은 공정하지 않다. 그들은 역사라는 저울의 균형조차 맞추는 법이 없다. 그리고 무엇보다 그들은 진화와 변이의 관점에서도 절대 공정하지 않다. 그들은 어디에서나 회색빛 황혼의 단계적 변화를 주장하는데, 그건 그들이 그것을 신들의 황혼이라고 믿기 때문이다. 나는 그것이 신들의 황혼이든 아니든 인간의 일광日光은 아니라는 걸 주장하려 한다.

내가 주장하는 건 일광 속으로 가지고 나왔을 때 다음의 두 존재가 낯설고 독특해 보인다는 것이다. 이 둘이 다른 어떤 것과도 조금이나마 비슷해 보이게 되는 건 오직 상상의 산물인 변이기간이라는 거짓된 황혼 속에서일 뿐이다. 이 둘 가운데 하나는 인간이라 불리는 피조물이고, 다른 하나는 그리스도라 불리는 인간이다. 그래서 나는 이 책을 두 부분으로 나누었다. 앞부분에선 이교도로 남아 있던 동안에 인류가 거쳤던 주된 모험을 개략적으로 묘사했으며, 뒷부분에선 인류가 그리스도인이 됨으로써 생겨난 실제적 차이를 요약했다. 두 동기 모두에 한 가지 특정한 방법이 필요한데, 이는 다루기가 쉽지 않을뿐더러 정의하거나 옹호하기도 쉽지 않은 방법이다.

오직 온당한 의미에서나 가능한 의미에서 공정을 기하려면 새로움의 신경을 자극할 필요가 있다. 우리가 사물을 처음 볼 때는 한 가지 의미에서 그 사물을 공정하게 본다는 말이다. 지나가는 말로 하는 이야기지만, 바로 그러한 까닭에 아이들은 일반적

도 했다. 이러한 탓에 후대 그리스도인들 사이에서 배교자로 불리게 되었다.

으로 교회의 교의[12]에 대해 별다른 어려움을 느끼지 않는다. 그러나 교회는 일하고 싸우기 위한 매우 실제적인 조직이며, 필연적으로 아이들만이 아니라 어른들을 위한 조직이기도 하다. 교회 안에는 여러 목적을 달성하기 위한 전통적인 것, 익숙한 것, 심지어 일상적인 것까지도 많아야 한다. 교회의 근간이 신실하게 느껴지는 한, 이러한 조건은 더욱 온당한 조건으로 수용될 것이다. 하지만 지금처럼 그 근간이 의심될 때면, 우리는 어린아이의 놀람과 솔직함을, 훼손되지 않은 순수한 현실성과 객관성을 회복하도록 노력해야 한다. 행여 그럴 수 없는 경우라면, 적어도 관습의 구름을 흩어 버리고 사물을 당연하지 않은 것으로 새롭게 보려고 노력해야 한다. 익숙함이 애정을 낳는 동안 당연히 익숙해지는 것들은 익숙함이 경멸을 낳을 때면 익숙하지 않게 되는 편이 훨씬 낫다. 여기에서 고려되는 만큼 그렇게 대단한 것들과 관련해서 보면, 그것들에 대한 우리의 관점이 어떠하든 경멸은 실수임에 틀림없으니 말이다. 참으로 경멸이란 환영幻影임에 틀림없다. 우리는 가장 야생적이면서 가장 높이 날아오르는 상상, 있는 그대로를 볼 수 있는 상상을 불러일으켜야 한다.

이 논점을 제시할 수 있는 유일한 방법은 무언가 예를 드는 것인데, 아름답다거나 경이롭다고 생각되는 것이라면 어떤 것이든 그 예가 될 수 있겠다. 언젠가 조지 윈덤[13]이 내게 이렇게 말한

12 가톨릭교회에서는 교리doctrine(교회의 가르침)와 교의dogma(믿을 교리)를 구분하나, 체스터턴은 'doctrine'과 'dogma'를 '변치 않는 진리로 믿고 따르는 것'이라는 의미로 혼용하고 있고 우리말에서 교리는 종교에 국한되어 사용되므로 둘 다 교의라고 옮겼다.

적이 있다. 그는 최초의 비행기들 가운데 한 대가 처음으로 날아오르는 장면을 보았는데, 무척 경이롭긴 했지만 사람에게 제 등을 허락하는 말만큼 경이롭지는 않았다고 했다. 누군가 또 다른 사람도 이렇게 말했다. 멋진 말 위에 올라탄 멋진 사람보다 더 고귀한 육체적인 대상은 세상에 없다고 말이다. 사람들이 올바른 방식으로 이렇게 느끼는 한 모든 게 다 괜찮다. 현상을 제대로 평가하는 가장 좋은 방법은 동물을 제대로 대하는 전통을 지닌 이들에게서, 그러니까 말과 올바른 관계를 맺고 있는 이들에게서 나온다. 말을 탔던 아버지, 말을 잘 타고 잘 다루었던 아버지를 기억하는 소년은 말과 만족스러운 관계를 맺을 수 있다는 사실을 잘 알 것이며 만족할 것이다. 소년은 말을 어떻게 다루어야 하는지 알기에 말이 제대로 다루어지지 않는 것을 보면 더욱더 분개할 것이다. 하지만 사람이 말을 타는 일 자체는 그저 정상적이라고 생각할 것이다. 말이 사람을 타야 한다고 설명하는 위대한 현대 철학자의 말에는 귀 기울이지 않을 것이다. 스위프트의 비관적 공상을 좇아 사람은 원숭이처럼 무시당하고 말은 신처럼 숭배받아야 한다[14]고는 말하지 않을 것이다. 소년에게는 말과 사람이 함께 인간적이고 문명화된 이미지를 이루고 있으므로, 이를테면 말과 인간을 함께 고양시켜 구름 속에 출현한 성 게오르기우스[15]의 환시처럼 무언가 영

13 조지 윈덤George Wyndham, 1863-1913은 보수당 출신의 영국 정치인, 문인이다.

14 조너선 스위프트Jonathan Swift, 1667-1745의 풍자소설 『걸리버 여행기』*Gulliver's Travels*, 1726 제4부에 나오는 말들이 지배하는 나라에 관한 내용이다.

15 성 게오르기우스Sanctus Georgius 또는 성 조지St. George는 4세기 초에 그리스도교 신앙을 고수하다가 참수당했다고 전해진다. 로마제국의 군인이었던 까닭에 용맹한 그리스도인 기사로 그를 묘사하는 전설들이 후대에 등장했고, 특히 사람들을

웅적이거나 상징적인 것을 만드는 일도 쉬울 것이다. 날개 달린 말에 관한 우화는 소년에게 전혀 부자연스럽게 느껴지지 않을 것이다. 소년은 아리오스토[16]가 왜 그렇게 많은 그리스도교 영웅을 바람 같은 안장 위에 올라탄 하늘의 기수騎手로 만들었는지 알게 될 것이다. 우리가 '기사도'라고 말할 때 사용하는 바로 그 단어에서, 말은 가장 야생적인 방식으로 인간과 함께 어우러져 높이 고양되었기 때문이다.[17] 인간의 가장 고양된 감정과 순간에 다름 아닌 말의 이름이 붙여진 것이다. 그리하여 한 사람을 말이라고 부르는 것이 그에 대한 가장 멋진 찬사라고 할 수 있을 정도다.

하지만 어떤 사람이 이런 경이를 느낄 수 없는 기분에 빠져들었다면 그에 대한 치유는 반대쪽 끝에서 시작되어야 한다. 자, 이제 그 사람이 아주 따분한 기분에 말려들어 누군가가 말 위에 앉아 있는 것이 그저 의자 위에 앉아 있는 것과 다름없이 느껴지게 되었다고 가정해 보자. 윈덤이 말했던 그 경이, 그것을 말 탄 사람의 조각상으로 보이게 만들었던 그 아름다움, 그리고 더욱 기사도적인 기수[18]의 의미가 그 사람에겐 그저 인습적이고 따분한

괴롭히는 이교도 왕국의 용을 무찌르고 주민들을 개종시켰다는 이야기가 널리 퍼졌다. 잉글랜드의 수호성인으로 공경받았으며 흰 바탕에 붉은색으로 그려지는 성 게오르기우스의 십자가는 잉글랜드의 국기로 사용된다.

16 루도비코 아리오스토Ludovico Ariosto, 1474-1533는 르네상스기 이탈리아의 시인이다. 대표작인 장편 서사시 『광란의 오를란도』*Orlando furioso*, 1516는 그리스도교 군대와 이슬람 군대의 파리 공방전을 배경으로 하여 기사들의 사랑과 모험을 노래한 작품으로, 당대에 큰 인기를 얻었을 뿐 아니라 이후에도 최고의 기사도 문학으로 평가받는다.

17 기사도騎士道를 나타내는 영어 단어 'chivalry'의 어원이 되는 프랑스어 'chevalerie'는 말을 나타내는 'cheval'에서 파생되었다.

일이 되었을 수 있다. 어쩌면 그런 건 그저 유행이었을 뿐이다. 어쩌면 유행이 지난 것이다. 어쩌면 아마도 너무 많이 이야기되었거나 잘못된 방식으로 이야기되었을 것이다. 어쩌면 말처럼 될 수 있다는 끔찍한 위험을 무릅쓰지 않고는 말들을 좋아하기가 어려웠을 것이다. 어쨌든 그 사람은 수건걸이를 좋아하는 정도로만 말을 좋아하는 상태에 빠져들었다. 그의 할아버지가 발라클라바 전투[19]에서 돌격했던 일이 그에게는 가족사진이 든 앨범만큼이나 고리타분하고 재미없는 일로 보인다. 그러한 사람은 그 앨범에 정말로 눈이 뜨이지 않았다. 눈이 뜨이기는커녕 오히려 티끌이 들어가 눈이 보이지 않게 되었을 뿐이다. 그러나 그 정도로 앞이 보이지 않게 되었을 때는, 전혀 익숙하지 않을뿐더러 거의 이 지상의 것이 아닌 듯 그 전체를 바라보고 나서 비로소 말이나 기수를 볼 수 있게 될 것이다.

아주 오랜 옛날 어두운 숲에서는 선사 시대 짐승 가운데 가장 기이한 짐승 하나가 느릿느릿하지만 춤을 추는 듯한 몸짓으로 틀림없이 우리를 향해 다가올 것이다. 난생처음으로 우리는 마치 가고일[20]의 얼굴이 성당 물받이 홈통에 끼워져 있는 것 같이 이상하

18 기수horseman라는 영어 단어는 말horse과 사람man이 직접 결합된 형태이기 때문에 그 형태만 가지고 말하자면 '말인간', 즉 '말이 된 인간' 혹은 '말처럼 된 인간'으로 이해할 수도 있다.

19 발라클라바Balaclava 전투는 1854년 크림 전쟁 당시 영국 중심의 연합군이 러시아를 상대로 싸워 패배한 전투다. 지도자의 명령을 잘못 이해한 기병대의 돌격이 패배의 주요 원인이었으며 이는 영국 군대의 가장 큰 오명으로 남았다.

20 가고일gargoyle은 중세 고딕 성당에서 빗물 배수를 위해 건물 외벽에 설치한 홈통인데, 보통 여러 가지 기괴한 괴물이 입을 벌리고 있는 모양으로 만들어졌다.

리만큼 작은 머리가 더 길고도 더 두꺼운 목 위에 놓인 모습을 보게 될 것이다. 그 두꺼운 목덜미를 따라서는 잘못된 자리에 자라난 수염처럼 어울리지 않는 갈기가 돋아나 있다. 발은 뿔로 만든 단단한 곤봉 같은데, 그렇게 많은 소 중에도 이런 발굽을 가진 놈은 하나도 없다. 그러니 진짜 공포는 갈라진 발굽이 아니라 갈라지지 않은 발굽을 보여 주는 데 있을 것이다. 그런 짐승을 독특한 괴물로 보는 건 그저 말뿐인 공상이 아니다. 어떤 의미에서 괴물이란 독특한 것을 가리키며, 이 짐승은 정말로 독특하기 때문이다. 그러나 여기서 중요한 점은 이것이다. 최초의 인간이 보았던 것처럼 이 짐승을 보게 되었을 때라야 우리는 최초의 인간이 이 짐승에 올라탔을 때 그 일이 어떤 의미였는지를 한 번 더 상상하여 이해하게 된다. 이러한 몽상에서 이 짐승은 흉측해 보일지 몰라도 인상적이지 않다고 할 수는 없다. 그리고 분명한 건, 이 짐승에 올라탈 수 있던 다리 둘 달린 그 난쟁이 또한 인상적이지 않다고 할 수는 없으리라는 점이다. 우리는 더 길고 더 구불구불한 길을 따라 인간과 말이라는 똑같은 경이를 향해 돌아올 테고, 그러면 그 경이는 훨씬 더 경이로워질 것이다. 우리는 다시금 성 게오르기우스의 모습을 일별하게 될 텐데, 다시 바라본 성인의 모습이 더욱 영광스러운 까닭은 말이 아니라 용을 타고 있기 때문이다.

그저 하나의 예이기 때문에 취한 이 예에서 알아차릴 것은, 평범한 것을 제대로 평가할 수 있는 문명인이 마구간에서 본 평범한 암말보다 최초의 인간이 숲에서 본 악몽[21]이 더 참되거나 더

21 여기서 체스터턴은 일종의 언어유희를 선보인다. 영어에서 악몽을 뜻하는 'nightmare'는 외형상 '밤'을 뜻하는 'night'에 '암말'을 가리키는 'mare'가 결합된

놀랍다고 내가 말하지는 않는다는 점이다. 나는 전체적으로 보아 두 극단 중에선 진리를 전통적으로 파악하는 쪽이 더 낫다고 생각한다. 다만 내가 말하는 바는 이들 두 극단의 어느 쪽에서나 진리는 발견되지만, 전통에 대한 피로와 망각이라는 어중간한 상황에서는 진리가 상실된다는 것이다. 달리 말하자면 말을 자동차의 느린 대체물로 보기보다는 차라리 괴물로 보는 편이 더 낫다는 말이다. 우리가 말을 진부하게 여기는 정신 상태에 들어섰다면 차라리 말을 보고 무서워하는 편이 훨씬 더 낫다. 왜냐면 말은 정말로 참신한 것이기 때문이다.

말이라는 괴물에 대해서나 사람이라 불리는 괴물에 대해서나 매한가지다. 물론 내가 생각하기에 가장 좋은 조건이란 늘, 나의 철학에서 사람을 바라보는 대로 사람을 바라보았던 것이다. 인간 본성에 대한 그리스도교와 가톨릭의 관점을 고수하는 사람은 그것이 보편적이고[22] 그러므로 온당한 관점이라고 확신하며 만족할 것이다. 그러나 그 온당한 시각을 잃는다면 그는 광적인 시각을 통해서만, 다시 말해 인간을 낯선 동물로 보고 인간이 얼마나 이상한 동물인가를 깨달음으로써만 그 온당한 시각을 되찾을 수 있다. 그러나 말을 선사 시대의 경이로 봄으로써 인간의 장악력에 대한 탄복에서 멀어지지 않고 오히려 궁극적으로는 그러한 탄복으로 돌아가게 되었듯이, 마찬가지로 우리는 인간의 흥미

형태다. (물론 암말 'mare'와 악몽 'nightmare'의 'mare'는 형태와 발음이 같을 뿐, 서로 다른 어원에서 비롯한 다른 말이다.) 최초의 인간이 깜깜한 숲속에서 암말을 처음 보았다면, 그건 괴물을 만나는 '악몽' 같이 비현실적이고 충격적인 경험이었을 것이다.

22 가톨릭Catholic이란 단어는 본래 '보편적'이라는 의미다.

로운 이력을 초연하게 고려함으로써 알 수 없는 하나님의 계획에 대한 고대의 신앙으로부터 멀어지는 것이 아니라 오히려 그러한 신앙으로 돌아가게 될 것이다. 달리 말해 말에게 네 발이 있다는 것이 얼마나 기이한가를 보게 되는 바로 그때, 우리는 말 위에 올라타는 사람을 찬양하게 된다. 우리에게 두 발이 있다는 사실이 얼마나 기이한가를 보게 되는 바로 그때, 우리는 사람을 만드신 하나님의 섭리를 찬양하게 된다. 한마디로, 이러한 논지를 주장하려는 것이 이 서론의 목적이다. 인간을 동물로 바라보는 바로 그때, 우리는 인간이 동물이 아님을 알게 된다. 인간을 뒷발로 선 일종의 말처럼 그리는 바로 그때, 우리는 인간이 하늘나라 구름 위로 날아오르는 날개 달린 말처럼 기적적인 무언가임을 갑작스레 깨닫게 된다. 모든 길이 로마로 통하듯 요정나라와 뒤죽박죽된 세계를 경유하는 이 길을 포함하여 온갖 길이란 길은 돌고 돌아서 결국 중심적이고 문명화된 철학으로 이어진다. 그러나 사람들이 가볍게 말 위에 올라타고 주님 앞에서 힘센 사냥꾼이 되는 이 합리적 전통의 나라를 절대 떠나지 않았더라면 더 나았을 것이다. 또한 특별히 그리스도인의 경우에도 우리는 피로감이라는 편향성에 맞서 대응해야 한다. 사실을 선명하게 만들기가 거의 불가능한 까닭은 그 사실들이 익숙하기 때문이다. 타락한 인간들에게 익숙함이란 피로감인 경우가 많다. 우리가 중국의 어떤 영웅에 대해 이야기하듯이 그리스도에 대해 초자연적인 이야기를 할 수 있다면, 또 그리스도를 하나님의 아들이라고 부르는 대신 천자天子라고 부르고 우리 가톨릭의 오래된 회화 속 금박 대신에 중국 자수刺繡의 금실이나 중국 도예의 금칠로 그분의 빛나는 후광을 그릴 수 있다면, 그 이야기의 영적 순수성에 대해 모두들 만장일치로 증언하리라고 나는 확신한다. 그러면 대속代贖이 부당하다거나 속죄贖罪가 비논리적이라거나, 혹은 죄라는 짐이 미신적으로 과장되었거나, 자연법칙을 침해하려는 것이 불가능한 오만이라고 하는 이야기는 전혀 들리지 않을 것이다. 우리는 하늘에서 내려와 용과 싸우고, 자기 잘못과 어리석음에 함몰되지 않도록 사악한 이들을 구원한 신에 대한 중국식 개념의 기사도에 감탄할 것이다. 모든 인간적 결함이 참으로 지독한 결함이라고 인식하는 중국식 인생관의 미묘함에 감탄할 것이다. 우리가 아는 법칙들보다 더 높은 우주의 법칙들이 있다고 말한 중국식 비전秘傳의 우월한 지혜에 감탄할 것이다. 자진하여 우리에게로 와서 똑같은 문체로 이야기하는 아주 평범한 인도 마술사를 믿을 것이다. 만일 그리스도교가 새로운 동양식 유행이라면, 오래된 동양의 신앙이라는 이유로 비난받지 않을 것이다. 이 책을 통해 내가 하려는 일은 상반된 가상의 의도를 가지고 소위 성 프란치스코 하비에르의 모범이라는 것을 따라 열두 사도를 중국의 고관대작으로 바꾸어 놓는 것이 아니다. 즉, 열두 사도를 고향 사람들로 보이게 하지 않고 외국인들로 보이게 하는 것이 아니라는 말이다. 내가 하려는 일은 성공적인 장난이 되리라 믿고 있는 바를 실행해 보려는 것도 아니다. 즉, 복음과 교회에 관한 이야기 전체를 불탑과 변발辮髮을 배경으로 말하고, 그 이야기를 그리스도교의 이야기라고 비난하는 지역으로 찾아가서 이전에는 그 이야기가 이교의 이야기로서 얼마나 감탄을 자아냈는지를 악의적 유머를 통해 지적하는, 그런 장난을 치려는 게 아니라는 말이다. 내가 정말 하려는 일은 가능한 곳이라면 어디에서든 새롭고 낯선 분위기를 조성하는 것이다. 그러한 이유로 매우 심각한 한 가지 주제를 다룰 때조차 때로는 문체가 의도적으로 기괴하고 기발해질 수도 있겠다. 나는 다른 역사적 사건들을 배경으로 깔고 하나의 전체로서 그리스도교 세계를 바라본다는 의미에서 독자들이 그리스도교 세계를 바깥에서 바라보도록 돕게 되기를 간절히 바란다. 마찬가지로 나는 독자들이 자연의 사물들을 배경으로 하나의 전체로서 인류를 바라보기를 간절히 바란다. 내가 말하려는 바는, 그렇게 바라볼 때 그리스도교 세계와 인류가 마치 초자연적인 것처럼 그 배경으로부터 도드라져 보인다는 사실이다. 그 둘은 인상주의 회화의 색채처럼 나머지 배경 속으로 스며들어 사라지지 않는다. 오히려 문장紋章의 색채처럼 나머지 배경으로부터 도드라진다. 하얀 방패 위에 그려진 빨간 십자가나 금색 바탕에 그려진 검은 사자만큼이나 선명하게 드러난다. 그와 마찬가지로 붉은 진흙은 자연의 초록 들판을 배경으로 선명하게 드러나고, 순백의 그리스도는 붉은 진흙으로 빚어진 인류를 배경으로 선명하게 드러난다.

다만 이 모두를 분명하게 보려면 하나의 전체로서 보아야 한다. 우리는 이것들이 어떻게 시작되었는지만이 아니라 어떻게 전개되었는지도 보아야 한다. 이 이야기에서 믿기지 않을 만큼 놀라운 부분은 이렇게 시작된 것들이 이렇게 전개되었어야 했다는 점이니 말이다. 순전히 상상에 빠져서 마음껏 즐기기로 한 사람이라면 누구나 다른 일들이 일어났을 수도 있고 다른 존재들이 진화해 나갔을 수도 있음을 상상할 수 있다. 일어났을 수도 있는 일을 생각하는 사람이라면 누구나 일종의 진화론적인 평등을 떠올려도 되겠지만, 실제로 일어난 일들을 대면하는 사람이라면 누구나 반드시 예외와 경이를 마주해야 한다. 사람이 동물에 불과했던 때가 있었다면, 우리는 하려고만 한다면 인류가 걸어온 이력이 어떤 다른 동물에게로 전이된 모습도 상상해 볼 수 있다. 이를테면 코끼리가 그 엄니와 코처럼 생긴 탑들로 코끼리식 건축물을 짓고 그 어떤 거대한 규모도 넘어서는 도시를 건설한다는 재미난 환상 문학 작품을 집필할 수도 있겠다. 소가 의복을 개발하여 두 켤레의 장화를 신고 두 벌의 바지를 입는다는 유쾌한 우화를 구상할 수도 있겠다. 어떠한 초인보다 경이로운 슈퍼 원숭이를 상상할 수도 있다. 이 짐승이 네 발을 손처럼 써서 조각도 하고 그림도 그리고 요리도 하고 가구도 만드는 모습을 떠올려 볼 수 있다. 하지만 실제로 일어난 일들을 고려한다면, 우리는 인간이 고요한 벼락과 같은 속도로 천문학적 공간들의 거리만큼이나 멀리 다른 모든 것으로부터 떨어져 나와 구별된 존재가 되었다고 결론 내려야 할 것이다. 마찬가지로 우리가 하려고만 한다면 그리스도교를 로마제국 말기에 서로 다투고 죽였던 미트라교[23]나 마니교[24] 같은

23 미트라교Mithraism는 1세기부터 4세기까지 로마제국에서 널리 퍼진 일종의 밀교密教다. 페르시아에서 유래했다고 알려졌지만 확실하지 않다. 바위에서 태어난 미트라 신을 숭배하며 신자들을 7개의 층위로 나누어 비전을 전수했다고 하는데, 비밀 엄수를 중시하여 직접적인 기록이 많이 남아 있지 않다. 초기 그리스도교와 교세를 놓고 경쟁했던 것으로 알려져 있다.

24 마니교Manichaeism는 예언자라 불린 마니Mani, 216-276가 창시한 고대 페르시아의 종교다. 3세기에서 7세기까지 페르시아 지역은 물론 로마제국과 중국에서도 번성했다. 세계를 선과 악, 영과 물질의 대립으로 보는 이원론적 세계관을 바탕으로 악에서 선으로, 물질에서 영으로 향하는 구원을 추구했다. 그리스도교로 개종하기 이전에 성 아우구스티누스가 오랜 시간 몸담았던 종교로도 유명하다.

미신들 가운데 하나로 간주할 수도 있고, 하려고만 한다면 우리는 교회가 투쟁 과정에서 말살당하고 어떤 다른 종교 집단이 생겨났으리라 상상할 수도 있다. 하지만 우리가 2천 년이 흐른 뒤의 교회를 만난다면 훨씬 더 놀랄 것이다(어쩌면 어리둥절할 것이다). 사고思考와 영원한 열정의 날개 달린 벼락처럼 여러 시대를 관통하는 교회는 경쟁 상대나 유사한 대상도 없이 오래된 만큼이나 여전히 새로울 테니까.

1부

인간이라 불리는 피조물에 대하여

01

동굴 속
인간

끝없이 머나먼 하늘 어느 낯선 별자리에 작은 별 하나가 있다. 언젠가는 천문학자들이 이 별을 발견할지도 모르겠다. 어쨌든 나는 대부분의 천문학자들과 과학자들의 표정이나 태도에서 이 별을 발견했다는 증거가 될 만한 어떠한 기미도 관찰하지 못했다. 사실 그들은 이 별 위에서 늘 걸어 다니고 있는데도 말이다. 이 별은 사뭇 이상한 식물과 동물을 내어놓는데, 그중 어떤 것도 과학자들보다 이상하지는 않다. 내가 천문학적인 우주 이야기로 서두를 여는 과학의 관습을 따라야 한다면, 어쨌든 나는 이런 식으로 세상의 역사에 관한 이야기를 시작해야 한다. 이 지구조차도 바깥에서 바라보고자 애써야 하는데, 태양에 대한 상대적 위치를 내세우는 진부한 주장이 아니라 비인간화된 관찰자를 위한 멀리 동떨어진 위치를 구상하려는 어떤 상상의 노력을 따라야 한다. 하지만 나는 인간을 연구하기 위해 비인간화된다는 걸 신뢰하지 않는다. 이 세상을 축소해서 보기 위해 세상으로부터 멀리 떨어져 머문다는 걸 신뢰하지 않는다. 크기에 따라 정신을 질책하려는 이러한 생각에는 무언가 좀 저속한 구석이 있는 것 같다. 지구를 대수로운 것으로 만들기 위해 이상한 행성으로 간주하려는 나는, 지구를 대수로운 것으로 만들기 위해 낯선 행성으로 간주하려는 전자의 생각이 실현 불가능하다고 해서 지구를 대수롭잖은 것으로 만들기 위해 작은 행성으로 간주하려는 후자의 속임수에 넘어가지도 않을 것이다. 오히려 나는 지구가 하나의 장소이며 매우 특별한 장소이기도 하다는 사실을 우리가 안다는 의미에서, 지구가 하나의 행성이라는 사실을 우리가 알지 못한다고 주장하련다. 이것이 바로 내가 천문학의 방식은 아니더라도 뭔가 더 익숙한 방식으로 처음부터 강하게 피력하고자 하는 바이다.

저널리스트로서 내가 처음 겪은 모험 혹은 사고 가운데 하나는 『신神 관념의 진화』란 책을 쓴 그랜트 앨런[1]에 대한 논평과 관련이 있다. 나는 공교롭게도 '그랜트 앨런'이라는 관념의 진화에 대해 하나님이 책을 한 권 쓰신다면 훨씬 더 재미있을 거라고 논평했다. 그런데 편집자가 표현이 불경스럽다는 이유를 들어 그 말에 반대했던 것으로 기억한다. 당연히 내게는 그 일이 적잖이 재미있었다. 웃기는 건, 편집자가 앨런의 책 제목에 전혀 주목하지

1 그랜트 앨런Grant Allen, 1848-1899은 캐나다 태생의 과학 저술가, 소설가다. 19세기 후반의 대표적인 진화론 주창자였으며 H. G. 웰스와 같은 후배 작가들에게 큰 영향을 주었다. 체스터턴이 언급한 『신新관념의 진화』*The Evolution of the Idea of God*는 1897년에 출간되었다.

않았다는 점이다. 그 책의 제목이야말로 정말로 불경스러운 것이었는데 말이다. 그 제목을 쉬운 말로 풀이하자면 바로 이런 뜻이다. '신이 있다는 터무니없는 관념이 어떻게 사람들 사이에서 자라났는지를 당신들에게 보여 주겠다.' 나의 논평은 가장 어둡거나 무의미해 보이는 징후들 속에도 신의 목적이 있다는, 엄밀한 의미에서 참으로 경건하고도 적절한 고백이었다. 그때 나는 많은 것들을 알게 되었는데, 불가지론적인 경외심에는 순수하게 청각적인 무언가가 있다는 사실도 거기에 포함된다. 편집자가 요점을 보지 못한 까닭은, 그 책 제목에서 긴 단어가 앞에 오고 짧은 단어가 뒤에 놓인 반면에 내 논평에서는 짧은 단어가 앞에 놓여[2] 그에게 일종의 충격을 주었기 때문이었다. 만약 '신'God이라는 단어를 '개'dog라는 단어와 함께 한 문장 안에 넣는다면, 툭 튀어나오는 듯한 이 짧고 모난 단어들이 마치 권총에서 발사된 탄환처럼 사람들에게 영향을 끼친다는 걸 알게 되었다. 신이 개를 만들었다고 하는지 개가 신을 만들었다고 하는지는 사람들에게 중요하지 않다. 그건 지나치게 미묘한 신학자들의 전연 무익한 논쟁들 가운데 하나일 뿐이다. 다만 당신이 '진화'evolution처럼 긴 단어를 가지고 시작하는 한, 나머지는 별 탈 없이 굴러갈 것이다. 필시 편집자는 책 제목 전체를 읽지 않았다. 제목이 상당히 긴 편인 데다 편집자는 꽤 바

2 체스터턴은 『정통』*Orthodoxy*, 1908에서도 '긴 단어'와 '짧은 단어'에 대해 이야기하면서 '퇴보'를 뜻하는 'degeneration'과 '젠', '젠장' 같은 욕설 'damn'을 예로 들었다(제8장). 긴 단어가 현학적으로 보이긴 하지만, 보다 깊고 다양한 의미를 지닌 것은 오히려 짧은 단어라는 이야기다. 여기서 긴 단어란 진화evolution이며 짧은 단어란 신God을 말한다.

쁜 사람이었으니 말이다.

그런데 이 작은 사건은 일종의 우화처럼 내 머리를 떠나지 않고 계속 맴돌았다. 이 사례에서 작용한 것과 아주 똑같은 이유로, 오늘날 인류의 역사를 다룬 책들은 대부분 진화라는 단어로 시작해서 진화에 대한 설명을 무척 장황하게 늘어놓는다. 진화라는 단어나 그 관념에는 느리고 점진적이며 마음을 편케 하는 무언가가 있다. 사실 진화라는 것은 기본적인 주요한 사안들과 관련해서 매우 실제적인 단어라든가 매우 유익한 관념도 아니다. 아무것도 아닌 것이 어떻게 의미 있는 것으로 변할 수 있는지는 상상조차 할 수 없다. 무언가가 어떻게 다른 무언가로 변할 수 있는지를 설명함으로써 본래의 무언가에 한 치만큼 더 다가갈 수도 없다. 차라리 '태초에 하나님이 하늘과 땅을 창조하셨다'라고 말하는 편이 훨씬 더 논리적이다. 그 말뜻이 그저 '태초에 어떤 불가사의한 권능이 어떤 불가사의한 과정을 시작했다'라는 뜻에 지나지 않을지라도 그러하다. 그 본성상 하나님은 신비의 이름이기 때문이다. 자기가 세상을 창조할 수 있다고 생각한 사람이 없듯이, 세상이 어떻게 창조되었는지 상상할 수 있다고 생각한 사람도 없다. 하지만 사람들은 진화론을 그에 대한 설명으로 오해한다. 진화론에는 한 가지 치명적인 특성이 있으니, 진화론을 접한 많은 사람들이 진화를 이해하면 그 밖에 다른 모든 것도 이해한 것 같은 인상을 받는다는 점이다. 그들 가운데 많은 수가 『종의 기원』[3]을 읽

3 『종의 기원』*On the Origin of Species*, 1859은 영국의 생물학자, 지질학자인 찰스 다윈 Charles Darwin, 1809-1882의 저작으로 진화생물학의 토대를 놓았다고 평가받는 책이다. 다윈은 종種 내에서 발생하는 변이에 의해 변종이 생기고 오랜 세월에 걸

어 보았다는 일종의 환상 속에 살아가는 것처럼 말이다.

그런데 경사지의 오르막처럼 매끄럽고 느린 무언가라는 이 개념이야말로 그런 환상의 커다란 부분을 차지한다. 그것은 환상일 뿐 아니라 비논리이기도 하다. 느리다는 것 자체가 여기서 전혀 관건이 되지 않으니 말이다. 하나의 사건이 움직이는 속도 때문에 본연적으로 더욱 지각 가능해지거나 지각 불가능해지는 일은 없다. 기적을 믿지 않는 사람에게는 느린 기적이란 빠른 기적만큼이나 믿기지 않을 것이다. 그리스의 마녀는 마술 지팡이를 흔들어 단번에 선원들을 돼지로 만들었을지도 모른다.[4] 다만 우리가 아는 바다의 신사가 매일 조금씩 더 돼지처럼 변해 가다가 결국 족발 네 개와 짧게 말린 꼬리를 단 모습이 되는 걸 지켜보는 쪽이 마음을 더 편케 하지는 않을 듯하다. 어쩌면 오히려 더 오싹하고 으스스하게 느껴질 수도 있다. 어쩌면 중세의 마법사는 탑 꼭대기에서 공기를 가르며 날아다녔는지도 모른다. 그러나 늙은 신사가 공기를 가르며 여유롭고 느긋하게 걸어가는 모습을 본다면 그 또한 어떤 설명을 요구하는 듯 보일 것이다. 그런데 역사에 대한 이 모든 합리주의적 처리 방식을 관통하는 생각이 있으니, 사물의 변화 과정에서 일어나는 지연이나 지체에 불과한 것을 오랫

쳐 변종에 대한 자연선택이 이루어지면 다른 종으로 분기해 나갈 수 있다고 주장했다.

4 오디세우스와 마녀 키르케Circe의 이야기를 떠올리게 한다. 키르케는 전설의 섬 아이아이에Aeaea에서 살면서 마력을 써서 그 섬을 찾아오는 이들을 돼지로 변신시켜 다스린다. 오디세우스의 부하들도 키르케에 의해 돼지로 변하는데, 오디세우스만은 이 마법에서 벗어났으며 기지를 발휘해 부하들을 원래대로 인간으로 회복시켰다고 한다.

동안 숙고하면 난제를 피하거나 신비를 제거할 수 있다고 하는 저 신기하고도 혼란스러운 생각이 그러하다. 특정 사례들에 대해서는 다른 데서 이야기하겠다. 여기서 다루는 문제는 천천히 진행된다는 것에 대한 연상이 불러일으키는 쉽고 편안한, 하지만 거짓된 분위기다. 그건 마치 처음으로 자동차를 타고 여행하느라 긴장한 나이 든 여성이 느낄 법한 그런 편안함이다.

H. G. 웰스는 자신이 예언자임을 공언했다. 그런데 이 문제에서 그는 자기 위신을 깎아 먹는 예언자였다. 그의 첫 요정 이야기[5]가 그가 최근에 쓴 역사서[6]에 대한 완전한 답이었다는 사실은 더없이 흥미롭다. 『타임머신』은 시간의 상대성에 기초하여 성립된 모든 편안한 결론들을 사전에 파괴해 버렸다. 그 숭고한 악몽 속에서 주인공은 나무가 녹색 로켓마냥 솟아나고 초목이 녹색 산불처럼 눈에 띄게 퍼져 나가는 모습이나 태양이 혜성처럼 빠르게 하늘을 가로질러 동쪽에서 서쪽으로 날아가는 장면을 보았다. 이런 일들이 재빠르게 일어났을 때 그의 감각에는 아주 자연스럽게 느껴졌다. 그런데 이런 일들이 천천히 일어날 때 우리 감각에는 아주 초자연적으로 느껴진다. 궁극의 문제는 왜 이런 일들이 일어나는가 하는 것이다. 그리고 이 문제를 정말로 이해한 사람이라면 누구라도 그것이 늘 종교적 문제였으며 앞으로도 늘 그러하리란

5 체스터턴은 동화, 민담, 전설, 신화 같은 여러 상상의 이야기들을 모두 긍정적인 의미에서 요정 이야기fairy tale라고 부르는데, 여기서는 웰스가 쓴 공상 과학 소설까지도 그렇게 일컫고 있다. 웰스가 최초로 발표한 공상 과학 소설은 시간 여행을 다룬 『타임머신』1895이다.

6 H. G. 웰스는 『세계사 대계』1920에서, 지구의 탄생에서 시작하여 생물의 진화를 거쳐 인류의 역사를 기술했다.

사실을 알 것이다. 설사 그렇지 않다고 하더라도 하여간 철학적이거나 형이상학적인 문제였으며 앞으로도 늘 그러하리란 사실을 알 것이다. 갑작스러운 변화를 점진적인 변화로 대체한다고 해서 이 문제에 대한 답을 얻었다고 생각하지 않으리라는 건 확실하다. 갑작스러운 변화를 점진적인 변화로 대체한다는 것은 마치 극장에서 어떤 이야기의 영화든 가져다가 영사기의 손잡이를 돌려서 할 수 있는 것처럼 같은 이야기를 휘리릭 빠르게 보느냐, 아니면 느릿느릿 천천히 보느냐 하는 상대적인 문제에 지나지 않기 때문이다.

이제 이런 원시적 실존의 문제들을 다루는 데 필요한 것은 어떤 원시적 정신 같은 것이다. 나는 최초의 것들에 관한 비전을 불러내어 독자들에게 나와 함께 단순함에 관한 일종의 실험을 해 보길 청하려 한다. 내가 말하는 단순함은 우둔함이 아니다. 이 단순함이란 진화 같은 단어가 아니라 생명 같은 실체를 볼 수 있는 일종의 명석함이다. 이 목적을 위해서는 타임머신의 손잡이를 조금 더 빨리 돌려서 잔디가 자라나고 나무가 하늘로 솟아오르는 모습을 보는 편이 정말로 더 나을 것이다. 그러한 실험이 전체의 결말을 축약하고 응축하여 선명하게 만들 수 있다면 말이다. 그 밖에 다른 것은 전혀 알지 못한다는 의미에서 우리가 아는 것이란 나무와 풀이 자라났다는 것, 그리고 다른 놀라운 일들도 실제로 많이 일어난다는 것이다. 기이한 짐승들이 환상적인 각양각색의 지느러미를 파닥거리며 허공에서 그 자신을 지탱하고 있고, 또 다른 기이한 짐승들이 거센 물길 아래에서 이리저리 오가며 활발하게 움직이고 있다. 그리고 또 다른 기이한 짐승들이 네 다리로 걸어 다니며, 그 모든 짐승 가운데 가장 기이한 짐승이 두 다리로 걸어 다니고 있다. 이건 이론이 아니라 실제다. 이에 비하면 진화와 원자, 심지어 태양계까지도 모두 이론에 지나지 않는다. 여기서 문제는 역사의 문제이지 철학의 문제가 아니다. 그러므로 주의를 기울일 필요가 있는 것은, 어떠한 철학자도 우주의 기원과 생명 원리의 기원이라는 두 가지 커다란 전이에 여전히 어떤 신비가 결부되어 있음을 부인하지 않는다는 사실뿐이다. 오히려 대부분의 철학자가 인간의 기원에 제3의 신비가 결부되어 있음을 덧붙여 말해야 함을 깨달았다. 달리 말해 이성이라는 것과 의지라는 것이 이 세상에 들어왔을 때, 불가사의한 제3의 심연을 가로질러 제3의 다리가 건설되었다. 사람은 그저 진화의 산물이 아니라 혁명의 결과다.[7] 사람에게 척추라든가 새나 물고기와 비슷한 형태로 된 부분들이 있다는 건 그 의미야 무엇이든 명백한 사실이다. 그러나 우리가 인간을 뒷발로 서 있는 네발짐승으로 간주하려고 시도한다면, 행여 인간이 물구나무서 있는 것이라고 간주하려 할 때보다 다음에 오는 내용을 훨씬 더 환상적이고 전복적이라고 여기게 될 것이다.

인간에 관한 이야기의 서론으로 한 가지 예를 들어 보겠다. 이 예는 이 세상의 유년기에 관한 진실을 보려면 어린아이 같은 솔직함이 필요하다는 내 말의 의미를 밝혀 준다. 이 예는, 대중 과학과 저널리즘의 전문용어가 뒤섞여 최초의 것들에 관한 사실들

7 여기서 체스터턴은 급격한 단절적 변화를 나타내는 혁명revolution이 느리고 점차적인 변화를 나타내는 진화evolution와 형태나 어원이 거의 같다는 점을 이용하여 둘을 대비하는 동시에 그 대비 자체가 별 의미 없음을 드러낸다.

을 혼란스럽게 만들었으며 그 결과 우리는 그 가운데 어떤 것이 정말로 최초의 것인지를 알 수 없게 되었다는 내 말의 의미를 잘 밝혀 준다. 그리고 이 예는, 느림과 같음에 관한 이 모든 일반화에 매몰되는 대신 역사에 그 형태를 부여하는 예리한 차이들을 반드시 볼 필요가 있다는 내 말의 의미를 밝혀 준다. 우리에겐 웰스의 말마따나 정말로 역사의 개요가 필요하기 때문이다.[8] 하지만 우리는 만탈리니[9]의 말대로, 이 진화론적 역사에는 아무런 개요도 없다거나 진화론적 역사는 빌어먹을 개요일 뿐이라고 감히 말할 수 있겠다. 그러나 무엇보다도 이 예는, 우리가 정말로 사람을 하나의 동물로 바라볼수록 사람은 점점 덜 동물 같아 보이리라는 내 말의 의미를 밝혀 준다.

오늘날 온갖 소설과 신문을 살피다 보면 혈거인穴居人이라고도 하는, 대중적으로 인기 있는 동굴인간에 대한 암시가 셀 수 없이 넘쳐 난다는 점을 발견할 것이다. 동굴인간은 어떤 공적인 인물로서만이 아니라 사적인 인물로서도 우리에게 상당히 익숙하게 느껴진다. 동굴인간의 심리가 심리 소설과 심리 치료에서 진지하게 다루어지고 있다. 내가 이해한 바로는, 동굴인간이 평생 주로 하는 일이란 아내를 두들겨 패거나 영화계에서 흔히 '거친 일'이라

8 H. G. 웰스의 대작 역사서의 원제목이 "역사의 개요"*The Outline of History*임을 상기시킨다.

9 만탈리니Mantalini는 찰스 디킨스Charles Dickens의 소설 『니콜라스 니클비』*Nicholas Nickleby*, 1839에 등장하는 풍자적 인물이다. 잘생기고 풍채가 좋은 사람이지만, 나이 많은 부인의 수입에 의존해 살다가 결국 부인을 파산 상태에 이르게 하고 이혼당한다. 고상한 척하지만 '빌어먹을' 같은 욕설을 섞어 가며 이야기하는 말투 때문에 더 우스꽝스럽다.

고 알려진 방식으로 여자들을 다루는 것이다. 하지만 나는 이런 생각에 대한 증거를 우연히라도 마주친 일이 전혀 없다. 나는 원시 시대의 일기나 선사 시대의 이혼 보고서 따위가 발견되었다는 말도 들어 보지 못했다. 또 다른 데서 이미 설명했듯이, 나는 그런 일이 있었을 개연성을 전혀 찾아볼 수도 없을뿐더러 선험적으로 고려해 볼 수도 없었다. 우리는 그저 원시인이 곤봉을 휘둘러 여자를 쓰러뜨린 다음 끌고 갔다는, 어떤 설명이나 권위도 없는 이야기를 늘 듣는다. 동물과 비교해 유추해 보면, 끌려가는 데 동의하기 전에 얻어맞아 쓰러지기를 늘 강력히 요구한다는 건 여자 쪽에 책임이 있는 병적인 정숙과 저항일 것이다. 그리고 반복해서 말하지만, 나는 왜 그리고 언제 수컷이 그렇게까지 무례했으며 암컷이 그렇게까지 고생했어야 하는지를 전혀 이해할 수 없다. 동굴인간은 필시 짐승이었겠지만, 동굴인간이 짐승들보다 더욱 짐승 같았어야 할 이유는 전혀 없다. 기린의 사랑과 하마의 낭만은 이런 예비 단계의 싸움이나 소동 없이도 결실을 맺는다. 동굴인간은 동굴곰보다 나을 게 전혀 없었을 것이다. 하지만 찬송가로 잘 알려진 그 어린 암곰[10]도 독신생활에 대한 그런 편견으로 길들여지지 않았다. 간단히 말하자면, 동굴 속 가정생활의 이런 세부 사항은 혁명 가설이나 정체停滯 가설[11]에 대한 나의 생각에 혼란을 불

10 영국의 낭만주의 시인 윌리엄 쿠퍼William Cowper가 1768년에 작사한 찬송가 "들을지어다, 내 영혼아, 주님이시다"(Hark, My Soul! It Is The Lord!)를 염두에 둔 표현이다. 이사야서 49장 15절("여인이 어찌 … 자기 태에서 태어난 아들을 긍휼히 여기지 않겠느냐")을 모티프로 하는 3절 가사에서 '여자가 낳은 아이'the child she bare라는 부분이 '어린 암곰'the child she-bear과 발음이 같고, 더욱이 과거형 동사 'bare'는 당시에도 잘 쓰지 않던 고어古語여서, 사람들이 혼란을 겪거나 농담하기를 즐겼다.

러일으킨다. 어떻든 간에 나는 그 세부 사항에 대한 증거를 조사해 보려 하는데, 불행히도 아직 그 증거를 찾을 수가 없었다. 다만 흥미로운 점이 있는데 바로 이것이다. 다소 과학적이거나 문학적인 소문을 말하는 만 개의 혀가 이 불행한 친구에 대해 동굴인간이라는 이름을 붙이고는 한꺼번에 마구 떠들어댔던 반면에 동굴인간으로서의 그에 대해 이야기하는 걸 타당하고 합당하게 하는 한 가지 연결고리는 비교적 간과되어 왔다는 점이다. 사람들은 이 느슨한 용어를 스무 가지의 느슨한 방식으로 사용해 왔지만, 자기들이 쓰는 용어를 살피면서 거기서 정말로 배울 수 있는 것은 찾아보지도 않았다.

실로 사람들은 동굴인간에 관한 모든 것에 관심을 보였지만 정작 동굴인간이 동굴에서 실제로 무엇을 했는지에 대해서는 관심이 없었다. 그런데 이제 동굴인간이 동굴에서 정말 무엇을 했는지에 대한 진짜 증거가 나왔다. 모든 선사 시대의 증거들이 그러하듯 무척이나 작은 증거이긴 하지만, 이 증거는 문학적으로 그려낸 동굴인간과 그의 곤봉에 관한 것이 아니라 진짜 동굴인간과 그의 동굴에 관한 것이다. 그러하니 이 진짜 증거가 무엇인지를 아주 단순하게 고려하고 그 너머까지 나아가지 않는 편이 우리의 현실 이해에는 더욱 유익할 것이다. 동굴에서 실제로 발견된 건 곤봉이 아니었다. 머리를 쳐서 쓰러뜨린 여자들의 수가 표시된 끔

11 혁명 가설revolutionary hypothesis과 정체 가설static hypothesis은 규정된 용어는 아니다. 전자는 세상이 불안정하여 혁명적인 변화를 겪는다고 하는 세계관을 뜻하며, 후자는 세상은 본래 안정적이어서 변화가 없고 변화가 일어나더라도 점진적으로 변한다고 하는 세계관을 가리킨다.

찍한 피투성이 곤봉 따위는 발견되지 않았다. 동굴은 살해당한 아내들의 해골로 가득한 '푸른 수염'[12]의 밀실이 아니었다. 달걀처럼 깨어진 채 정렬된 여자들의 해골로 가득 차 있지도 않았다. 그것은 문제를 혼란으로 몰고 간 모든 현대의 표현들, 철학적 함의들, 문학적 풍문들과는 완전히 절연된 무언가였다. 세상의 아침을 있는 그대로 정확히 보고자 한다면, 그것을 발견한 이야기까지도 아침의 땅에 관한 전설 같은 것으로 생각하는 편이 훨씬 더 나을 터이다. 실제로 발견된 것에 대한 이야기도 황금양털이라든가 헤스페리데스의 정원[13]을 찾는 영웅들의 이야기만큼 단순하게 전하는 편이 훨씬 더 나을 터이다. 그리하여 우리가 논쟁적인 이론의 안개로부터 벗어나 그러한 여명의 깨끗한 색채와 명료한 윤곽 안으로 들어갈 수 있다면 말이다. 옛 서사시인들은 적어도 이야기를 어떻게 들려주어야 하는지 알고 있었다. 그들이 들려주는 이야기는 어쩌면 거짓말 같은 것이었을지 몰라도 왜곡된 이야기는 절대 아니었으며, 수백 년 뒤에 발명된 이론과 철학에 맞추기 위해 본래 형태를 억지로 변형한 이야기는 더더욱 아니었다. 현대의 연구자들이 엉뚱한 함의와 연상으로 가득한 이 기다란 암시적 단어들을 전혀 사용하지 않고서 자신이 발견한 것들을 옛 여행자들의 대담한 서사 방식으로 전할 수 있다면 아주 좋을 것이다. 그러면

12 프랑스 민담에 나오는 '푸른 수염'La Barbe-Bleue이라는 귀족은 여섯 명의 아내를 차례로 살해한 뒤 그 시신들을 비밀의 방에 감추어 두었다가 일곱 번째 아내에게 발각되어 그녀의 오빠들에게 죽임을 당한다.

13 헤스페리데스의 정원은 황금사과나무가 자라는 세상 끝의 정원이다. 황금양털과 황금사과는 잠들지 않는 용이 지키고 있다고 하는 그리스 신화 속 보물들이다.

우리는 동굴인간에 대해서 아니면 적어도 그 동굴에 대해서, 우리가 정말 무엇을 아는지 정확히 깨달을 테니까.

얼마 전에 한 사제[14]와 소년이 산에서 움푹 꺼진 땅속으로 들어간 일이 있었다.[15] 두 사람은 일종의 지하 터널을 지나서 바위 사이로 난 미로 같은 비밀 통로에 들어섰다. 빠져나갈 수 없을 듯한 바위틈을 지나고, 두더지나 지나다닐 법한 여러 개의 터널을 엉금엉금 기어서 통과했으며, 우물같이 가망 없는 구멍에 빠지기도 했다. 다시 살아나리라는 희망도 없이 산 채로 매장당할 뻔한 일도 일곱 번이나 겪었다. 물론 이런 이야기는 온갖 용감한 탐험에 얽힌 진부한 사연에 불과하다. 여기서 필요한 것은 그러한 이야기들을 본래의 빛에 비추어 보는 누군가의 존재다. 본래의 빛에 비추어 보면 이 이야기들은 전혀 진부하지 않다. 예를 들어 그 지하 세계에 최초로 침입한 이들이 한 사제와 소년이었다는 우연한 사실, 즉 오래된 세상의 전형과 새로운 세상의 전형이었다는 사실에는 무언가 이상하리만큼 상징적인 데가 있다. 다만 내가 여기서

14 가톨릭교회의 사제priest를 가리킨다. 보통 신부神父라고 부르지만, 가톨릭 교계에서의 직함은 사제다. 가톨릭 사제의 첫째 직무는 하나님께 드리는 제사 곧 미사를 거행하는 것이다. 체스터턴은 인류 역사에서 고대로부터 유지되어 오는 종교라는 요소에서 사제를 중요하게 다루고 있다.

15 여기서 체스터턴은 고고학자로 잘 알려진 프랑스인 가톨릭 사제 앙리 브뢰유Henri Breuil, 1877-1961가 프랑스 남부 아리에주 지방의 볼프 동굴군Grottes du Volp을 조사한 일을 바탕으로 이야기하고 있다. 1912년부터 1914년에 이르는 기간에 고고학자 앙리 브구앵 백작Comte Henri Begouën의 세 아들이 벽화가 있는 세 개의 동굴을 발견했고, 브구앵 백작의 요청에 따라 1920년부터 1938년까지 브뢰유가 이 동굴군을 조사했다. 그림 실력이 뛰어났던 브뢰유는 동굴 벽화들을 옮겨 그린 그림들과 함께 연구 결과를 출간하여 세계적인 명성을 얻었다.

관심을 두는 건 사제보다는 소년이 지닌 상징성이다. 소년기를 기억하는 사람이라면 누구나, 마치 피터 팬처럼 온갖 나무뿌리들이 지붕을 이루는 터널로 더 깊숙이 들어가서 마침내는 윌리엄 모리스[16]가 '산의 뿌리'라고 부른 곳에 이르는 일이 한 소년에게 무엇을 의미할지를 굳이 남에게서 들을 필요가 없다. 순수함의 일부인 단순하고 때 묻지 않은 현실주의를 지니고서, 잡지에 실린 논쟁에서 추론하거나 입증할 수 있는 것을 위해서가 아니라 단순히 자기가 볼 수 있는 것을 위해서 그러한 여행을 끝까지 추구한 사람이 있다고 가정해 보자. 그 사람은 마침내 커다란 동굴을 보게 되었는데, 그곳은 바깥의 햇빛으로부터 너무나 멀리 떨어져 있어 어쩌면 바다 밑 땅속에 있다고 하는 전설적인 돔대니얼 동굴[17]이었을지도 모른다. 헤아릴 수 없는 오랜 세월 동안 기나긴 밤을 보낸 이 바위 속 비밀 공간에 처음으로 빛이 비치자 색색의 흙으로 이루어진 거대한 윤곽들이 벽면 여기저기서 모습을 드러냈다. 그는 윤곽선을 따라가며 광대한 세월의 공백을 가로질러 전해 오는 손의 움직임을 알아보았다. 그건 동물을 그린 그림이었다. 보통 사

16 윌리엄 모리스William Morris, 1834-1896는 영국의 디자이너, 시인, 소설가, 사회주의 운동가였다. '미술공예운동'Art and Crafts Movement을 통해 전통적 공예품 생산 방식을 부활시키는 데 크게 기여했으며, 문학에서도 근대 판타지 장르가 설립하는 데 주도적인 역할을 했다. 본문에서 곧이어 나오는 '산의 뿌리'The Roots of the Mountains는 그가 1889년에 쓴 책의 제목이다.

17 돔대니얼 동굴Domdaniel cavern은 18세기 말 프랑스에서 나온 『아라비안 나이츠』*Arabian Nights*의 속편에 처음 등장하는 바다 밑 땅속 동굴이다. 사악한 마법사와 요정들이 모인다는 이 동굴은 이후에 너새니얼 호손Nathaniel Hawthorne, 1804-1864 등 유명 작가들이 작품에 등장시키면서 신비롭고 사악한 지하 세계의 중심이라는 의미로 널리 사용되었다.

람이 그린 것이 아니라 예술가가 그린 것이었다. 원시의 한계가 있긴 했지만, 그림을 그려 보았거나 시도해 본 사람이라면 누구나 알아볼 수 있는 길고 둥글게 휘어지거나 흔들리며 잦아드는 선들이 눈에 띄었다. 어떠한 예술가도 이런 선들에 대한 자신의 견해를 과학자가 반박하도록 허용하지 않을 것이다. 그 선들은 실험적이고 모험적인 예술가의 정신을 보여 주었다. 어려운 일들을 피하지 않고 오히려 시도해 보는 그런 정신 말이다. 그림을 그린 화가는, 말이 흔히 그렇게 하듯이 코가 꼬리 쪽으로 향하도록 날렵하게 고개를 돌린 수사슴의 움직임을 표현해 놓았다.[18] 물론 동물을 그리는 현대 화가 중에도 동물의 움직임을 정확히 재현하는 것을 과업으로 삼으려는 이들이 많다. 이런 세부 사항 말고도 그 밖에 다른 스무 가지 세부 사항에서도 그 동굴의 예술가가 어떤 특정한 관심을 가지고 기쁨을 느끼며 동물을 지켜보았다는 게 분명히 드러난다. 그런 의미에서 그는 단지 예술가일 뿐 아니라 자연주의자였던 것 같다. 정말로 자연스러운 자연주의자 말이다.

그러니 이제는 다음과 같은 사항을, 스치듯 전하는 게 아니라면 굳이 특별하게 언급할 필요도 없겠다. 실제 동굴인간이 살던 그 동굴의 분위기에는 동굴인간에 관한 무수한 메아리들로 우

18 볼프 동굴군에 속한 트루아프레르 동굴Grotte des Trois-Frères(삼형제의 동굴)에서 나온 벽화 중 가장 유명한 그림으로, 아주 좁고 복잡한 통로를 어렵게 지나야만 도달할 수 있어 동굴 안에서도 '성소'sanctuary라 불리는 장소의 천정에 그려져 있다. 실제로는 사람과 사슴이 뒤섞인 형태의 모습이다. 선사 시대 동굴벽화에서 사람이 묘사된 경우가 거의 없다는 점에서 학계의 관심이 집중되었으며, 브뢰유 자신을 비롯한 많은 학자들이 사슴 가죽을 뒤집어쓰고 춤을 추며 종교 의식을 행하고 있는 주술사를 그린 것으로 보았다.

리 자신에 대해 떠들며 바람이 불어대는 저널리즘 동굴의 어둡고 비관적인 분위기를 시사할 만한 것이 전혀 없다. 그런 과거의 흔적들이 암시하는 한에서, 인간의 성품은 매우 인간적이며 심지어 인도적이기까지 하다. 그건 분명히 대중 과학에서 들먹이는 추상 개념처럼 이상적인 어떤 비인간적 특성은 아니다. 온갖 종류의 소설가들과 교육자들과 심리학자들이 동굴인간에 대해 이야기할 때, 그들은 정말로 동굴에 자리한 그 무엇과 관련하여 동굴인간을 구상하는 게 아니다. 성애 소설을 쓰는 사실주의자는 이런 식으로 쓴다. "대그마 더블딕의 머릿속에서 붉은 불꽃이 춤을 추었다. 그는 자기 안에서 동굴인간의 정신이 깨어나는 것을 느꼈다." 대그마 더블딕이 갑자기 자리를 뜨더니 화실 벽에다 커다란 소를 그린다면 소설의 독자들은 크게 실망할 것이다. 정신분석학자가 "감추어져 있던 동굴인간의 본능이 당신을 부추겨서 폭력적인 충동을 충족하려는 게 틀림없습니다"라고 환자에게 적어 준다면, 그건 수채화를 그리려는 충동이라든가 풀을 뜯는 소가 고개를 어떻게 돌리는지 세밀하게 관찰하려는 충동을 가리키는 게 아니다. 그러나 우리는 동굴인간이 이런 온화하고 순수한 활동을 했다는 게 사실임을 알고 있다. 동굴인간이 난폭하고 흉포한 행동을 했다는 증거는 조금도 없다. 달리 말하자면 우리에게 일반적으로 흔히 제시되어 온 동굴인간은 그저 신화이거나 뒤죽박죽 만들어진 이미지에 불과하다. 신화에는 그나마 상상된 진리의 윤곽이라도 들어 있다. 오늘날의 이야기 방식이란 모조리 혼란과 오해일 뿐이다. 과학에 근거하지 않을뿐더러 현대의 혼란하고 무질서한 분위기를 위한 변명으로서만 가치가 있다. 어떤 신사가 여자를 때리고 싫어 한다면 그 신사는 동굴인간의 성격을 제거하지 않아도 얼마든지 비열한 인간이 될 수 있음이 확실하다. 우리는 동굴 벽에 그려진 무해하고 유쾌한 몇 개의 그림으로부터 모아들일 수 있는 지식 말고는 동굴인간에 대해 아는 것이 거의 없다.

그런데 이러한 것들은 그 그림들에 관한 요점이나 그 그림들에서 끌어낼 수 있는 특별한 교훈이 아니다. 이 교훈이란 훨씬 더 크고 더 단순한 것으로, 너무 크고 단순해서 처음 언명하면 유치하게 들릴지 모른다. 그리고 실로 최고의 의미에서 유치하다. 그러한 까닭에 어떤 의미에서 나는 이 우화 속에서 어린아이의 눈을 통해 교훈을 보았다. 그건 동굴 속에서 그 소년이 마주한 모든 사실 가운데 가장 큰 사실이다. 어쩌면 너무나 커서 보이지 않을지도 모른다. 소년이 사제와 같은 부류에 속했다면 어떤 특정한 상식의 재능을 훈련받았으리라고 추정할 수 있다. 상식이란 전통의 형식을 취하는 경우가 많다. 이 경우, 소년은 원시인의 작품을 한 인간의 작품으로 인식하되 원시적이라는 점에서 흥미로울 뿐 믿기 어려운 작품으로 인식하지는 않을 것이다. 소년은 거기서 실재하기에 눈에 보이는 것을 볼 것이다. 진화론에 관한 흥분이나 유행하는 추측에 비추어 거기에 없는 것을 보려는 유혹에 빠지지 않을 것이다. 만약 그런 추측들에 대해 이전에 들어 본 적이 있다면, 소년은 그것이 참일 수 있으며 정말로 참인 사실들과 병립이 불가능하지 않음을 인정할 것이다. 그 예술가는 자신의 예술 작품에 기록으로 남겨진 것 외에 또 다른 특성을 지녔을지 모른다. 그 원시인은 동물을 그리면서 즐거워했을 뿐 아니라 여자를 때리면서 즐거워했을 수도 있다. 다만 우리는 그의 그림들에 후자의 즐거움이 아니라 전자의 즐거움만 기록되어 있다는 사실만을 말할 수 있다. 동굴인간이 사정에 따라 자신의 어머니나 부인에게 달려드는 일을 끝내고 나서는, 개울에 나와 졸졸 흐르는 물소리를 듣기 좋아하고 또 물을 마시려고 내려온 사슴을 지켜보길 즐겼을 수도 있다. 이런 일들이 불가능한 것은 아니지만 그렇대도 그 각각은 서로 상관없는 것들일 뿐이다. 어린아이에게 상식이 있다면, 그 상식이란 사실이 가르쳐야 하는 바를 사실로부터 배우는 데 한정될 수 있을 것이다. 동굴에는 그림들 말고는 다른 사실들이 거의 없다. 증거가 보여 주는 한에서, 아이는 자신이 습관적으로 목탄과 빨간 분필을 가지고 동물을 그리곤 했던 것과 똑같은 이유로 동굴인간이 돌과 붉은 황토를 가지고 동물을 그렸다고 짐작할 테고, 그러한 짐작이야말로 옳다고 할 수 있다. 아이가 말을 그렸듯이 동굴인간도 그저 그리는 게 재미있어서 수사슴을 그렸다. 아이가 눈 감은 모습으로 돼지를 그렸듯이 동굴인간도 그저 그리기가 어려워서 고개 돌린 모습으로 수사슴을 그렸다. 아이와 동굴인간은 둘 다 인간이기에 인류의 형제애로 연합할 수 있다. 그리고 이 인류의 형제애는 계층 사이의 간극보다는 시대의 심연을 넘어 다리를 놓을 때 더 고귀하다. 그렇다고 해도 어쨌든 그 아이는 동굴인간에 관한 진화론적 증거는 아무것도 보지 못할 것이다. 실제로 그런 증거는 전혀 보이지 않기 때문이다. 누군가 아이에게 동굴 속 그림들은 본래 아시시의 성 프란치스코[19]가 동물에 대한

19 아시시의 성 프란치스코Francis of Assisi, 1181-1226는 이탈리아의 부유한 상인 집안에서 태어났으나 젊은 시절 군대에 지원하러 가던 길에 그리스도의 환시를 체험한 뒤 세속적 삶을 버리고 가난한 수도자의 삶을 살고자 했다. 1209년에 동반자

순수하고 거룩한 사랑으로 그린 것이라고 말한대도, 동굴 안에는 이 이야기에 반박할 만한 것조차 하나도 없다.

나는 언젠가 한 여성을 알게 되었는데, 그녀는 그 동굴이 아이들을 특별히 안전하게 맡겨 두는 탁아소였다고 반농담조로 말했다. 오늘날 유치원을 코끼리나 기린 그림으로 장식하는 것처럼 아이들을 즐겁게 해주려고 색색의 동물들을 동굴 벽에 그려 놓았다는 이야기였다. 그녀의 이야기는 그저 웃자고 한 말에 지나지 않았지만, 우리가 섣불리 생각해 온 동굴인간에 관한 다른 추정들을 찬찬히 살펴보게 한다. 밸럼[20]에서 (인간의 분개 때문인지 신의 진노 때문인지, 아무튼 그 교외 지역이 파괴되고 나서도 한참 뒤에) 지하 포도주 저장고가 발견된다고 해서 그것이 빅토리아 시대 중산층이 전적으로 지하에 살았음을 입증하는 증거가 될 수 없듯이, 마찬가지로 동굴 속 그림들 또한 동굴인간이 반드시 동굴에 살았음을 입증하는 건 아니다. 포도주 저장고처럼 그 동굴에도 어떤 특별한 용도가 있었을 것이다. 종교 사원이었거나 전쟁 피난처였을 수도 있고 비밀 회합을 위한 장소였을 수도 있으며 그 밖에 다른 어떤 것이었을 수도 있다. 하지만 그 예술적인 장식에 무질서한 분노와 공포의 악몽보다는 어린이집의 분위기가 훨씬 더 많이 담겼다는 것만은 엄연한 사실이다. 나는 그 동굴 속에 서 있는 어

들을 모아 '작은형제회'라는 이름으로 수도회를 만들고 청빈과 복음 선포의 삶을 살았는데, 이 수도회가 오늘날의 프란치스코회다. 동물을 형제라고 부르면서 사랑한 것으로 알려져 있으며 성인의 축일인 10월 4일은 오늘날 '세계 동물의 날'로 기념된다.

20 밸럼Balham은 영국 런던 남쪽에 있는 근교 도시다.

린아이를 떠올려 보았다. 오늘날의 아이든 측량할 길 없이 먼 옛날의 아이든 벽에 그려진 짐승을 토닥이려는 듯한 아이의 발랄한 몸짓이 머릿속에 쉽사리 그려진다. 나중에 다시 살펴보겠지만 그런 아이의 몸짓 속에는 또 다른 동굴과 또 다른 아이가 예시되어 있다.

그런데 동굴에 들어갔던 그 소년이 사제에게 가르침을 받은 것이 아니라 사람과 짐승의 관계를 진화론적 변이로 단순화하는 교수에게서 가르침을 받았다고 가정해 보자. 그와 똑같은 단순함과 신실함으로, 소년 역시 자기 자신을 자연의 본성대로 뛰어다니며 근래에 일어난 상대적인 변화 말고는 나머지 자연으로부터 거의 구분되지도 않는 모글리[21]와 같은 존재로 여긴다고 가정해 보자. 소년에게 그 낯선 돌 그림책이 전하는 가장 단순한 교훈은 무엇일까? 결국엔 다시 이 문제로 돌아오게 될 것이다. 소년은 아주 깊이 파고 들어가서 사람이 순록을 그려 놓은 장소를 발견했다. 순록이 사람을 그려 놓은 장소를 발견하려면 훨씬 더 깊이 파고 들어가야 할 터이다. 이런 말은 뻔한 말처럼 들리지만, 지금 이 맥락에서는 정말이지 엄청난 진리다. 소년은 생각할 수조차 없는 깊이까지 내려갈 것이다. 소년은 머나먼 별만큼이나 낯선 가라앉은 대륙 속으로 가라앉을 것이다. 소년은 달의 뒷면만큼이나 머나먼 세상의 안쪽에 이를지도 모른다. 소년은 화석들이 희미한 신성문자[22]처럼 늘어선 차디찬 협곡이나 거대한 대지臺地에서 사라

21 모글리Mowgli는 러디어드 키플링Rudyard Kipling, 1865-1936이 인도의 정글을 배경으로 쓴 소설 『정글북』*The Jungle Book*, 1894의 주인공이다. 백인 소년이지만 가족들이 호랑이의 습격을 받았을 때 실종된 뒤 숲속에서 늑대 부모에게 길러진다.

진 생명체의 왕조들이 남긴 잔해를 보게 될 것이다. 그 폐허는 하나의 창조나 우주의 이야기 속 단계들의 잔해이기보다는 연속적인 창조들과 분리된 우주들의 잔해처럼 보일 것이다. 소년은 물고기와 새에 대해 우리가 지닌 공통된 이미지에서 완전히 동떨어진 방향들로 무턱대고 발전해 나가는 괴물들의 자취를 발견할 것이다. 그 괴물들은 엄청나게 늘어나는 뿔과 혀와 촉수를 뻗어 더듬고 잡고 만지며, 환상적인 만화에서 볼 법한 발톱과 지느러미와 손가락이 무성하게 자라나는 생명체다. 하지만 어디서도 소년은 모래 위에 의미심장한 한 줄의 선을 그었던 손가락 하나를 발견하지 못할 것이다. 어디서도 소년은 한 가지 형태를 희미하게 암시하는 자국을 남기기 시작했던 발톱 하나를 발견하지 못할 것이다. 어떻게 보아도 그러한 것은 우리 눈앞에 있는 짐승들과 새들에게서도 생각조차 할 수 없듯이 잊힌 영겁의 세월 동안 일어난 그 모든 무수한 우주적 변종들에게서도 생각조차 할 수 없는 것이다. 그 아이는 고양이가 앙심을 품고 벽을 긁어서 개의 캐리커처를 그려 놓는 일을 기대하지 않듯이 그러한 것을 보리라고 기대하지 않을 것이다. 진화론을 가장 지지하는 아이조차도 아이다운 상식을 지니고 있으므로 그러한 것을 보리라고 기대하지 않을 것이다. 그러나 최근에 진화한 인류의 미숙한 조상들이 남긴 자취에서는 정확히 그러한 것을 보았을 것이다. 자신에게서 그토록 먼 사람들이 너무도 가깝고, 그토록 가까운 짐승들이 너무도 멀다는 사실이 아이에게는 틀림없이 낯설게 느껴질 것이다. 단순한 아이

22 신성문자hieroglyph란 고대 이집트의 상형문자를 가리킨다. 그리스어로 '신성하게 새긴 말'을 줄인 용어다.

에게는 어떠한 동물에게서도 예술이 시작된 흔적조차 찾을 수 없다는 사실이 적어도 이상하게 보일 것이 틀림없다. 이것이 색색의 그림이 그려진 동굴에서 배워야 할 가장 간단한 교훈인데, 사람들은 이 교훈이 너무 간단해서 배울 수 없을 따름이다. 사람이 짐승과 다른 점은 종種이지 정도度가 아니라는 건 간단한 진리다. 그에 대한 증명은 이러하다. 가장 원시적인 인간이 원숭이를 그렸다는 말은 뻔한 사실 같은데, 가장 똑똑한 원숭이가 사람을 그렸다는 말은 농담으로 들린다. 인간과 원숭이를 구분하고 둘 사이의 균형을 깨는 무언가가 등장했으니, 그건 인간 특유의 것이다. 예술이란 인간만의 고유한 특징이다.

시원始元에 관한 이야기를 시작할 때는 반드시 이런 종류의 단순한 진실에서 시작해야 한다. 진화론자는 그림이 그려진 동굴에서 너무 커서 보이지 않고 너무 단순해서 이해되지 않는 것들을 지켜보며 서 있다. 진화론자는 동굴벽화의 세세한 부분들에서 간접적이고 의심스러운 온갖 것들을 추론해 내려 하는데, 이는 그림 전체의 기본 의미를 보지 못하기 때문이다. 그들은 종교의 부재나 미신의 존재, 부족의 통치와 사냥과 인신공양 등 정말 하나님만이 아실 만한 것들에 관한 얄팍하고 이론적인 추론을 내놓을 뿐이다. 다음 장에서 나는 인간적 관념들과 특히 종교적 관념이 비롯한 선사 시대 기원들에 관한 상당히 논쟁적인 문제를 좀 더 자세히 추적해 보도록 하겠다. 여기서는 다만 시원에 관한 이야기의 시작점이 되어야 하는 단순한 진실에 대한 일종의 상징으로서 이 동굴의 사례를 들었을 뿐이다. 필경 순록을 그린 사람의 기록이 다른 모든 기록과 더불어 증언하는 주된 사실이란, 사람은 그림을 그릴 수 있었으나 순록은 그림을 그릴 수 없었다는 점이다. 순록이 동물이듯 순록을 그린 사람도 동물이었다면, 다른 모든 동물이 할 수 없는 것을 그가 해냈다는 건 더욱더 대단한 일이다. 여느 짐승이나 새와 같이 순록을 그린 사람 역시 생물학적인 발달의 평범한 산물이었다면, 그가 여느 짐승이나 새와 조금도 비슷하지 않았다는 건 더욱더 놀라운 사실이다. 다만 그는 초자연적 산물로서 초자연적으로 보이기보다는 자연적인 산물로서 더욱더 초자연적으로 보인다.

나는 이 이야기를 플라톤이 말했던 사색의 동굴과도 같은 동굴 속에서 시작했다. 그 까닭은 동굴이 순전히 진화론적인 서론과 서문의 실수를 보여 주는 일종의 본보기이기 때문이다. 모든 것이 느리고 순조로웠으며 그저 발전과 정도의 문제일 뿐이었다고 말함으로써 이야기를 시작하는 건 아무런 소용이 없다. 동굴 그림들처럼 명백한 문제에는 사실 어떠한 발전이나 정도의 흔적조차 없다. 원숭이들은 그림을 시작하지 않았고 사람들은 그림을 끝내지 않았다. 피테칸트로푸스[23]는 순록을 못 그리지 않았고 호모 사피엔스는 순록을 잘 그리지 못했다. 더 고등한 동물일수록 초상화를 더욱 잘 그린 것이 아니다. 개가 가장 발달한 시기에 이르렀다고 해서 자칼처럼 서툴던 이른 시기보다 그림을 더 잘 그린 것은

23 피테칸트로푸스Pithecanthropus는 '원숭이 인간'이라는 뜻으로, 과거에는 원시 화석 인류를 분류하는 용어로 사용되었으나 오늘날에는 호모 에렉투스Homo erectus라는 용어로 대체되었다. 대략 170만 년 전부터 지구상에 출현하였으며 뗀석기를 만들어 쓰고 불과 언어 또한 사용했던 것으로 알려져 있다. 자바원인Java Man과 베이징원인Beijing Man이 이에 속한다.

아니다. 야생의 말은 인상주의 화가가 아니었고, 경주용 말은 후기 인상주의 화가가 아니었다. 그림자라든가 재현적 형태로 사물을 다시 만들어 낸다는 개념에 대해 우리가 말할 수 있는 건 그런 개념이 인간을 제외한 자연 어디에도 존재하지 않는다는 사실, 그리고 인간을 자연에서 분리된 무언가로 다루지 않고서는 그런 개념에 대해 말할 수조차 없다는 사실뿐이다. 달리 말해 제대로 된 역사라면 인간으로서의 인간, 즉 절대적이고 단독적인 존재로서의 인간에서 시작해야 한다는 것이다. 인간이 어떻게 그런 단계에 이르렀는가 혹은 정말로 다른 어떤 것이 그런 단계에 이르렀는가 하는 건 신학자, 철학자, 과학자가 다룰 문제이지 역사가가 다룰 문제는 아니다. 이러한 고립과 신비를 시험할 수 있는 탁월한 사례가 바로 예술 충동의 문제다. 이 피조물은 참으로 다른 모든 피조물과 달랐다. 피조물일 뿐 아니라 창조자였기 때문이다. 그런 의미에서는 어떠한 것도 인간의 형상이 아닌 다른 형상으로 만들어질 수 없었다. 이 진리는 너무나 참되기에, 어떠한 종교적 믿음 없이도 도덕적이거나 형이상학적인 원칙의 형태로 상정想定되어야 한다. 다음 장에서 우리는 이 원칙이 어떻게 모든 역사의 가설과 지금 유행하는 진화론적 윤리에 적용되는지, 부족의 통치나 신화적 믿음의 기원에 적용되는지를 살펴볼 것이다. 그런데 이야기를 시작하기에 가장 분명하고 가장 편리한 예는 동굴인간이 정말로 동굴에서 했던 일들에 대한 이 대중적인 예다. 그건 자연의 동굴 같은 밤에 무언가 새로운 것, 거울과도 같은 하나의 정신이 나타났음을 의미한다. 거울과도 같다고 하는 까닭은 그것이 참으로 대상을 반사反射하기 때문이다. 오직 그 안에서만 다른 모든 형태가 마치 환시 속에 반짝이는 그림자들처럼 보이기 때문이다. 무엇보다도 그것이 거울과 같은 까닭은, 그것이 자기 부류에 속한 유일한 것이기 때문이다. 다른 것들은 다양한 방식으로 그것을 닮거나 서로를 닮을 수도 있다. 다양한 방식으로 그것을 능가하거나 서로를 능가할 수도 있다. 방 안에 있는 가구 중에 탁자가 거울처럼 둥글 수도 있고 혹은 찬장이 거울보다 클 수도 있다. 그러나 거울은 그 모두를 담을 수 있는 유일한 것이다. 인간은 소우주小宇宙다. 인간은 만물의 척도다. 인간은 하나님의 형상이다. 동굴에서 배워야 할 진짜 교훈이란 이것이 전부다. 이제는 동굴을 떠나 탁 트인 길을 향해 떠나야 할 때다.

하지만 인간이 모든 것에 대한 예외인 동시에 거울이며 만물의 척도라고 하는 말이 무슨 뜻인지 여기서 한번 정리하는 게 좋겠다. 인간을 있는 그대로 보기 위해서는 축적된 궤변의 구름을 걷어 낼 수 있는 그 단순함에 다시 한번 주시할 필요가 있다. 인간에 대한 가장 단순한 진리란 인간이 실은 매우 낯선 존재라는 것이다. 거의 이 지구의 이방인이라는 의미에서 그러하다. 아주 맑은 정신으로 보면, 인간은 이 지구에서 자라난 존재라기보다 어딘가 외계의 습성들을 들여오는 존재의 외양을 훨씬 더 많이 지니고 있다. 인간은 부당한 장점과 부당한 약점을 지녔다. 인간은 자기 거죽만 덮고 잘 수가 없다. 자신의 본능을 신뢰할 수도 없다. 인간은 기적적인 손과 손가락을 움직이는 창조자인 동시에 일종의 불구자다. 인간은 옷이라 불리는 인공적인 거죽에 감겨 있다. 인간은 가구라 불리는 인공적인 버팀목에 의지한다. 인간의 정신은 똑같이 의심스러운 자유와 똑같이 야생적인 제약을 지니고 있다. 동물 중에서 인간만이 웃음이라는 아름다운 광기로 몸을 흔들어댄다. 마치 우주 자체로부터 감추어진 우주의 형태에서 어떤 비밀을 언뜻 보기라도 한 것처럼 말이다. 동물 중에 오직 인간만이 육체적 존재의 근간이 되는 현실에서 생각을 돌리고, 수치羞恥라는 신비를 창조하는 어떤 더 높은 가능성이 있는 듯이 그런 현실을 숨길 필요가 있다고 느낀다. 우리가 인간에게 자연스러운 것이라고 찬양하든 자연 속에 있는 인공적인 것으로 매도하든 이러한 사실들은 특유의 고유한 의미로 남는다. 이는 종교라 불리는 대중적 본능에 의해 실현되었으나 현학자들에 의해, 특히 '단순한 삶'[24]에 얽매인 근면한 현학자들에 의해 방해를 받아 중단되었다. 모든 궤변론자 가운데 가장 으뜸인 궤변론자는 나체 고행자들[25]이다.

그러므로 인간을 자연의 산물로 보는 것은 자연스럽지 않다. 인간을 지방이나 해안의 공통 대상이라 부르는 것은 상식이 아니다. 인간을 하나의 동물로 보는 건 사실을 똑바로 보는 것이 아니다. 그건 온당치 않다. 그건 빛을 거슬러 죄를 짓는 일이다. 모든 현실의 원칙이 되는 비례[26]의 환한 불빛을 거슬러 죄를 짓는 일이

24 단순한 삶Simple Life이란 19세기 말에서 20세기 초에 산업화되고 물질주의적인 현대 문명에 대한 비판과 반작용으로 등장한 실천적 운동을 가리킨다. 사회정의를 추구하면서 자연친화적이고 반反소비주의적인 삶을 지향했던 톨스토이, 슈바이처, 간디, 소로 등이 대표적인 인물이다. 체스터턴은 그런 단순한 삶을 지향한다고 하면서 오히려 거기에 얽매여서 삶에 더욱 까다로워지는 사람들을 비판하고 풍자한다.

25 나체 고행자gymonosophist란 고대 인도에서 기본적인 옷이나 음식마저 수행의 순수성을 방해한다고 하여 옷도 입지 않고 금식하며 수행했던 고행자들을 말한다.

26 여기서 체스터턴이 말하는 비례proportion란 대상의 크기와 성질에 따라 그에 합당

다. 그건 하나의 논점을 늘림으로써, 자기주장의 논거를 조작함으로써, 인위적으로 명암을 선택함으로써, 어쩌다 비슷해 보일지는 몰라도 사실 더 적거나 더 낮은 것들을 두드러져 보이게 함으로써 달성한 것이다. 햇빛 속에 서 있는 견고한 존재, 우리가 그 주변을 돌며 모든 측면에서 볼 수 있는 존재 곧 인간은 완전히 다른 존재다. 인간은 또한 매우 비범한 존재다. 우리가 인간의 더 많은 측면을 보면 볼수록 인간은 더욱더 비범해 보인다. 인간은 단연코 다른 어떤 것으로부터 자연스레 따라 나오거나 흘러나오는 존재가 아니다. 비인간적이거나 비인격적인 지능이 인간 이외 세계의 일반적인 본성을 처음부터 충분히 감지했고, 그래서 만물이 실제로 어떤 방식으로 진화했든 그렇게 진화하리라는 걸 볼 수 있었다고 상상해 보자. 자연 세계를 통틀어 보아도, 그렇게 비자연적인 독창성에 걸맞은 그러한 정신을 마련할 만한 것은 전혀 없었을 터이다. 그러한 정신이 보기에 인간은 백 명의 양치기 중에서 더 풍요로운 초원을 찾아내는 한 명의 양치기라든가 백 마리의 제비 중에서 낯선 하늘 아래 여름이 왔음을 알리는 한 마리의 제비 같은 것으로 보이지 않았을 게 분명하다. 인간은 그러한 것들과 똑같은 척도에 있지도 않고 똑같은 차원에 있지도 않을 터이다. 똑같은 우주에 있지 않다고 말한대도 거짓은 아니다. 그건 오히려 백 마리의 소 중에서 갑자기 하늘로 뛰어오르는 한 마리의 소라든가 백 마리의 돼지 가운데 갑자기 날개가 돋아 날아오르는 한 마리의 돼지를 보는 것과 같을 터이다. 그건 목초지를 찾

한 방식으로 다루어야 한다는 상식적인 원칙을 말한다. 즉, 큰 것을 작게 다루거나 사실을 가상으로 다루어서는 안 된다는 의미다.

아내는 소의 문제가 아니라 자신의 축사를 짓는 소의 문제다. 여름이 왔음을 알리는 제비의 문제가 아니라 자신의 여름 별장을 짓는 제비의 문제다. 새들이 둥지를 짓는다는 바로 그 사실은 놀라운 차이를 예리하게 드러내는 유사점들 가운데 하나일 뿐이다. 한 마리 새가 둥지를 짓는 데까지 나아갈 수는 있지만 그 이상 나아갈 수 없다는 바로 그 사실은, 인간에게 있는 정신이 새에게는 없다는 점을 입증한다. 오히려 새가 아무것도 지을 수 없는 경우보다 더욱 완전하게 입증한다. 만약 아무것도 짓지 못한다면, 새는 어쩌면 정적주의나 불교의 철학자가 되어 내면의 정신 말고는 다른 모든 것에 무관심한 것일지도 모른다. 그러나 새가 원래대로 둥지를 짓고 만족스레 노래를 부를 때면 우리는 새와 우리 사이에 판유리같이 보이지 않는 장막이 있음을 알게 된다. 그건 마치 한 마리 새가 날아와 헛되이 두드리려고 하는 유리창과 같다. 그런데 우리의 관념적인 구경꾼이 새 중에 한 마리가 사람이 집을 짓듯 둥지를 짓기 시작하는 장면을 보았다고 가정해 보자. 믿기지 않을 정도로 짧은 시간에 한 가지 둥지 양식에 일곱 가지 건축 양식이 생겼다고 말이다. 그 새가 찌를 듯한 고딕 양식의 경건함을 표현하기 위해 갈라진 나뭇가지와 뾰족한 나뭇잎들을 세심하게 고르고, 보다 어두운 분위기에서 벨과 아스타롯[27]의 육중한 기둥들을 상기시키고자 했을 때는 넓은 나뭇잎과 검은 진흙으로 관심을 돌렸다고 가정해 보자. 그리고 바빌론의 공중정원 가운데 한 곳에 제 둥지를 짓고는 문학이나 정치에서 칭송받는 새들의 조각

27 벨Bel과 아스타롯Astaroth은 구약성경과 그리스도교 문학에 등장하는 사악한 이방의 우상들이다. 둘 다 바빌론 지방에서 숭배되던 신들이다.

상을 작게 만들어서 둥지 앞에 세워 놓았다고 가정해 보자. 천 마리 새 중에 한 마리가 이 세상의 아침에 이미 사람이 행했던 천 가지 일 가운데 하나를 시작했다고 가정해 보자. 그러면 그 관념적인 구경꾼이 그러한 새를 보고서 단지 다른 새들의 진화론적 변종으로 여기지 않을 것임을 우리는 확신할 수 있다. 그는 그 새를 정말로 아주 무서운 야생 조류로 여길 것이다. 어쩌면 불길한 징조로 여길지도 모르지만 어쨌든 확실히 하나의 징조로 여길 것이다. 그 새는 징후들을 전할 테지만 앞으로 일어날 일이 아니라 이미 일어난 일에 대한 징후들을 전하는 것이다. 그 일이란 새로운 차원의 깊이를 지닌 정신의 출현이다. 바로 인간의 정신과 같은 정신 말이다. 상상컨대 하나님이 없다면, 다른 어떤 정신도 그러한 정신의 출현을 예상할 수 없었을 것이다.

사실 그런 정신이 진화를 통해 나왔다는 증거는 희미한 흔적조차 없다. 이런 변이가 천천히 진행되었다거나 자연적으로 진행되었다는 증거는 작은 조각조차 없다. 엄밀하게 과학적인 의미에서 우리는 그것이 어떻게 자라났는지 혹은 그것이 자라난 것인지 아닌지 혹은 그것이 무엇인지에 대해 아무것도 알지 못한다. 다만 뼈와 돌로 된 단절된 자취가 남아 있을 뿐이고, 그런 자취가 인체의 발달 과정을 희미하게 암시할 따름이다. 하지만 인간 정신의 발달 과정을 희미하게나마 암시하는 건 아무것도 없다. 그것은 전혀 존재하지 않았다가 존재하게 되었는데, 우리는 그것이 어느 한 순간에 존재하게 되었는지, 아니면 영겁의 세월 속에서 존재하게 되었는지 알지 못한다. 어떤 일이 일어났으며, 그 일은 시간의 바깥에서 일어난 처리 과정의 외양을 띤다. 그러므로 그것은 보통의 의미에서 역사와는 아무런 관련도 없다. 역사학자는 그것이나 그것과 비슷한 무언가를 그저 당연한 것으로 여겨야 한다. 그것은 역사학자가 설명해야 할 사안이 아니다. 그러나 역사학자가 역사학자로서 그것을 설명할 수 없다고 해서 생물학자로서 그것을 설명하려 들지는 않을 것이다. 어떠한 경우에도 그것을 설명하지 못한 채 수용한다고 해서 역사학자에게 불명예가 될 만한 것은 전혀 없다. 그것은 하나의 현실이며, 역사학과 생물학은 현실을 다루는 학문이기 때문이다. 역사학자가 날개 달린 돼지와 하늘로 뛰어오른 소를 차분하게 대면한다면 그것은 더없이 정당한 일이다. 그런 돼지와 소가 그저 우연히도 존재하게 되었기 때문이다. 역사학자는 인간을 하나의 사실로 수용하므로 사리에 맞게끔 인간을 별종으로 수용할 수 있다. 그는 기이하고 단절된 세상이라든가 그렇게 기이하고 단절된 것을 산출할 수 있는 세상에서 더없이 편안하게 지낼 수 있다. 다른 어떤 것에도 연결되어 있는 듯 보이지 않을지라도, 현실은 그 안에서 우리 모두가 휴식을 취할 수 있는 곳이기 때문이다. 현실은 존재하며, 우리 대부분에게는 그것으로 충분하다. 그러나 우리가 정말로 현실이 대체 어떻게 존재할 수 있는지 알기 원한다면, 현실이 실제로 다른 것들에 연결되어 있음을 보길 바란다면, 현실이 우리 눈앞에서 하나의 환경으로부터 그 자신의 본성에 더 가깝게 진화했음을 보고자 고집한다면, 그러면 우리는 틀림없이 매우 다른 것들을 향해 가야만 한다. 인간을 괴물이 아닌 다른 것으로 만들 수 있는 어떤 기원基源을 갈구한다면, 우리는 매우 낯선 기억을 휘젓고 매우 단순한 꿈들로 돌아가야만 한다. 인간이 인과 관계의 피조물이 되기 전에 매우 다른 원인을 발견해야 할 것이다. 인간을 무언가 합리적인 것으로 변화시키거나 아니면 개연성 있는 어떤 것으로든 변화시킬 만한 또 다른 권위를 불러와야 할 것이다. 그쪽 길에는 엄청나면서도 익숙하고 망각된 모든 것이, 우글대는 무시무시한 얼굴들과 불같은 무기들과 함께 놓여 있다.[28] 설명되지 않는 사실에도 만족한다면, 우리는 인간을 하나의 사실로 받아들일 수 있다. 아주 환상적인 동물 한 마리와 함께 살 수 있다면, 우리는 사람을 하나의 동물로 받아들일 수 있다. 그러나 우리에게 연속적인 인과성과 필연성이 있어야만 한다면, 그래서 정말로 우리가 또 다른 위계의 일곱 하늘 모두에서 불가사의한 천둥으로 시작된 점증하는 기적들의 프렐류드와 크레센도를 제시해야만 한다면, 한 인간은 그저 평범한 것이 될지도 모른다.

28 "우글대는 무서운 얼굴들과 불같은 무기들"이라는 표현은 존 밀턴John Milton, 1608–1674의 『실낙원』*Paradise Lost*, 1667 제12권 644행을 인용한 것이다. 아담과 하와가 죄를 짓고 에덴동산에서 쫓겨났을 때 하나님께서 에덴동산 동쪽에 그룹들(케루빔)과 불칼을 세워 지키게 하셨다는 성경(창세기 3장 24절)의 내용을 가리킨다. 체스터턴은 인간이 다른 동물들과 확연하게 구분되는 존재라는 점을 인정할 수밖에 없고, 그렇다면 진화에 의한 점진적 과정이 아닌 신에 의한 특별한 창조라는 결론에 이를 수밖에 없음을 암시하고 있다.

02

교수들과 선사 시대 사람들

과학은 선사 시대의 일들에 대해서는 미약하다. 하지만 어떤 면에서 얼마나 그러한지를 알아챈 사람은 거의 없다. 우리 모두가 그 현대적이고 경이로운 업적들에 감탄해 마지않는 과학은 끊임없이 데이터를 추가함으로써 성공을 거둔다. 모든 실용적인 발명이나 자연에 관한 대부분의 발견에서, 과학은 늘 실험을 통해 증거를 늘려 나간다. 그러나 과학이 사람을 만들어 내는 실험을 할 수는 없고, 최초의 인간이 무엇을 만들어 내는지 알아보기 위한 실험을 할 수도 없다. 발명가는 자기 집 뒷마당에서 막대기와 금속 조각들을 가지고 실험하며 단계적으로 진전시켜 비행기를 제작할 수 있다. 하지만 발명가가 자기 집 뒷마당에서 '잃어버린 고리'[1]가 진화하는 모습을 관찰할 수는 없다. 설사 그가 계산에서 실수를 저질렀어도 그의 비행기는 땅에 충돌하여 그 실수를 바로잡을 것이다. 하지만 그가 자기 조상이 살던 나무 위의 주거지에 대해 실수를 저질렀다고 해서 그 조상이 나무에서 떨어지는 모습을 볼 수는 없다. 그는 동굴인간을 고양이처럼 뒷마당에 두고 정말로 사람을 잡아먹는지, 아니면 약탈혼[2] 원칙을 따라 자기 짝을 잡아 오는지 알아보고자 관찰할 수 없다. 원시 부족을 사냥개 무리처럼 잡아 두고서 그 원시인들이 어디까지 집단 본능에 영향을 받는지 알아낼 수는 없다. 그는 특별한 새 한 마리가 특별한 방식으로 행동하는 모습을 보고서 다른 새들을 잡아다가 그 새들도 그런 방식으로 행동하는지를 볼 수 있다. 하지만 언덕의 우묵한 곳에서 두개골이나 두개골 조각을 찾아낸다 해도, 그것을 몇 곱절로 늘려 마른 뼈들이 가득한 골짜기의 환시[3]로 부풀릴 수는 없다. 거의 완전히 소멸해 버린 과거를 다룰 때, 그는 실험이 아니라 오직 증거만을 길잡이로 삼을 수 있다. 그런데 진정한 증거가 될 만한 증거는 충분치 않다. 따라서 대부분의 과학이 꾸준히 새로운 증거에 의해 교정되어 일종의 곡선을 그리면서 움직이는 동안, 이 과학은 어떤 것에 의해서도 교정되지 않은 채 직선을 그리며 우주로 날아가 버린다. 하지만 더욱 유익한 분야들에서 결론이 형성될 수 있으므로, 과학의 정신에는 결론을 형성하는 습관이 너무도 단단히 고정되어 있어 다음과 같이 말한대도 반대할 수 없을 정도다. 과

1 '잃어버린 고리'Missing Link란 생물의 진화를 연쇄적으로 설명할 때 진화의 중간 과정을 보여 줄 수 있으리라 상정되었으나 아직 발견되지 않은 화석 생물을 이르는 말이다.

2 납치혼이라고도 하는 약탈혼이란 원시 부족 사회에서 신부 될 사람을 다른 부족으로부터 빼앗아 오는 결혼 형태를 말한다.

3 예언자 에스겔이 보았던 환시다. 에스겔 37장 1-14절 참조.

학의 정신은 한 조각의 뼈가 암시하는 생각에 대해, 마치 그것이 허섭스레기 같은 금속 조각들로부터 마침내 완성된 비행기나 되는 듯이 이야기한다는 말이다. 선사 시대를 연구하는 교수의 문제는 자신이 지닌 뼛조각을 버리지 못한다는 것이다. 경이롭고 위풍당당한 비행기는 백 번의 실수를 통해 만들어진다. 기원을 연구하는 학자는 오직 한 번의 실수를 하고 그 실수를 고수한다.

우리가 과학의 인내심에 대해 이야기하는 것은 매우 참되다. 하지만 이 분야에서는 과학의 성급함에 대해 이야기하는 게 더욱 참될 것이다. 앞서 기술한 어려움 때문에 이 분야의 이론가는 지나치게 서두른다. 우리에게는 너무나 섣불러 보여서 공상이라고 불려도 무방하고 어떤 경우에도 사실에 의해 교정될 수 없는 일련의 가설들이 있다. 가장 실증적인 인류학자조차 이 문제에서는 골동품 상인만큼이나 제약을 받는다. 그는 과거의 파편을 고수할 수 있을 뿐 미래를 위해 그것을 늘릴 방도가 없다. 그는 선사 시대 사람이 부싯돌을 움켜쥐었듯이 과거의 파편을 움켜쥘 수 있을 뿐이다. 그리고 실로 거의 똑같은 방법과 거의 똑같은 이유로 과거의 파편을 다룬다. 그것이 그의 도구, 그의 유일한 도구이다. 그것이 그의 무기, 그의 유일한 무기이다. 그는 종종 광적으로 과거의 파편을 휘두르곤 한다. 그의 광신은 과학자들이 경험에서 더 많은 사실을 수집하고 실험으로 새로운 사실을 추가할 수 있을 때 보이는 정도를 훌쩍 뛰어넘는다. 뼈다귀를 가진 교수는 뼈다귀를 가진 개만큼 위험해진다. 개는 적어도 뼈다귀를 가지고 인류가 개가 될 것임을 증명하는, 혹은 인류가 개에서 비롯했음을 입증하는 이론을 추론하지는 않는다.

일례로 나는 원숭이를 잡아 두고 그것이 인간으로 진화하는 모습을 지켜보는 일의 난점을 지적했다. 실험으로 그러한 진화를 입증하기란 불가능하지만, 그 교수는 (우리 대부분이 그렇게 말할 준비가 되어 있듯이) 어쨌든 그러한 진화가 일어날 가능성이 충분하다고 말하는 데 만족하지 못한다. 그는 작은 뼛조각 하나나 몇 개의 뼈들을 모아 두고서 그로부터 아주 신기한 일들을 추론해 낸다.[4] 그는 자바에서 두개골 조각 하나를 발견했는데, 두개골의 전체 둘레가 인간의 두개골보다 작아 보였다. 그 근처 어딘가에서는 쪽 곧은 대퇴골을 발견했고 같은 방식으로 흩어진 이빨들도 발견했는데, 그건 인간의 것이 아니었다. 의심스럽긴 하지만 그 뼈들이 모두 한 짐승의 일부라고 한다면, 그 짐승에 대한 우리의 구상도 그만큼 의심스러워질 것이다. 그러나 이 발견이 대중 과학에서 일으킨 효과로 인해, 머리카락 한 올에 이르는 가장 세밀한 사항과 습성에 이르기까지 아주 완전하고 복잡한 형체를 산출해 냈다. 마치 보통의 역사상 인물이나 되는 것처럼 이 형체에게는 이름까지 주어졌다. 사람들은 마치 피트나 폭스나 나폴레옹에 대해 말하듯이 피테칸트로푸스[5]에 대해 이야기했다. 대중 역사서에는 찰스 1세와 조지 4세의 초상이 게재되듯이 피테칸트로푸스의 초상이 수록되었다. 세밀한 소묘로 재생된 피테칸트로푸스의 모

4 1891년 당시 군의관이었던 네덜란드인 해부학자 외젠 뒤부아Eugène Dubois가 오늘날 인도네시아의 자바섬에서 호모 에렉투스의 화석들을 처음 발견했고, 이를 인류 진화 과정의 '잃어버린 고리'라고 발표했다.

5 피테칸트로푸스 에렉투스Pithecanthropus erectus는 '직립보행 원인'이라는 뜻으로, 1891년 발견된 자바원인을 가리키는 명칭이다. 피테칸트로푸스에 대한 설명은 제1부 제1장 주23 참조.

습은 정성 가득한 음영 처리 덕분에 마치 머리털까지 낱낱이 세어본 듯 생생해 보였다. 잘 모르는 사람이라면 피테칸트로푸스의 주름진 얼굴과 생각에 잠긴 눈을 마주하고서 대퇴골이나 혹은 몇 개의 이빨과 두개골 조각을 가지고 그린 초상이라고는 한순간도 생각하지 못할 것이다. 이 같은 방식으로, 사람들은 마치 그 성격과 영향력이 우리 모두에게 낯익은 한 개인이라도 되는 듯이 피테칸트로푸스에 대해 이야기한다. 나는 잡지에서 자바에 관한 이야기를 읽었는데, 그건 그 섬에 사는 현대 백인 주민들이 어떻게 가엾은 옛 피테칸트로푸스의 개인적인 영향력[6]에 설득되어 비행을 저지르게 되었는지에 관한 것이었다. 나는 자바의 현대 주민들이 비행을 저지른다는 건 선뜻 믿을 수 있지만, 그들이 상당히 미심쩍은 뼈 몇 개를 발견한 데서 자극받을 수 있다고는 생각하지 않는다. 어쨌든 피테칸트로푸스가 인간의 조상이라 하더라도, 발견된 뼈들은 수가 너무 적은 데다 너무 단편적이고 모호해서 이성적으로나 현실적으로나 인류와 인류의 조상들 사이에 놓인 커다란 구멍을 모두 메울 수는 없다. 그런 진화론적인 연결(내가 조금도 부정하려 들지 않는 그런 연결)을 상정하는 데서 눈길을 끄는 놀라운 사실은, 바로 그 지점에서 연결을 드러내는 잔재들이 상대적으로 부재한다는 점이다. 신실한 다윈 역시 이 사실을 인정했으며, 이것이 곧 우리가 '잃어버린 고리'와 같은 용어를 사용하게 된 경위다. 그러나 다윈주의자들의 교조주의는 다윈의 불가지론에 비해 너무나도 강력하다. 사람들은 의식하지도 못한 채 전적으로

6 개인적 영향력Personal Influence이란 가족과 같은 1차 집단의 일상적 대인관계에서 사람들의 의견이나 행태 변화에 미치는 한 사람의 개인적인 영향력을 말한다.

부정적인 이 용어를 긍정적인 이미지로 돌려놓는 일에 빠져들고 말았다. 사람들은 잃어버린 고리의 습성과 서식지를 탐색하는 일을 이야기하는데, 마치 이야기의 틈새라든가 논증의 구멍 따위와 우호적인 관계를 맺는 일을 논하듯이 한다. 마치 불합리한 추론과 함께 산책을 하거나, 부주연의 중개념[7]과 만찬을 함께하듯이 말이다.

그러므로 어떤 종교적이고 역사적인 문제들과 관련하여 인간을 개괄하는 이 책에서, 나는 인간이 되기 이전의 인간 본성에 대한 이 같은 추측들에는 더 이상 공간을 할애하지 않겠다. 인간의 육체는 짐승으로부터 진화했을지도 모른다. 하지만 우리는 인간의 영혼이 역사 속에서 스스로 드러내 왔던 것처럼 인간의 영혼에 가장 가는 빛줄기라도 비춰 주는 그러한 이행에 대해서는 전혀 알지 못한다. 불행히도 동일한 무리의 작가들이 최초의 진짜 인간에 관한 최초의 진짜 증거에 이르러 동일한 추론 양식을 추구한다. 엄밀히 말하자면, 우리는 당연히 선사 시대 인간에 대해 전혀 알지 못한다. 그가 역사 이전의 인간이라는 아주 간단한 이유에서 그러하다. 선사 시대 인간의 역사라는 그 말 자체가 명백한 모순이다. 마치 오직 합리주의자들만이 맘껏 누리도록 허락된 불합리

7 삼단논법에서 중개자가 되는 중개념이 한 번도 주연되지 않아 오류를 발생시킬 때, 그 중개념을 가리켜 '부주연不周延의 중개념中概念'undistributed middle이라 부른다. 주연周延이란 어떤 개념에 대한 판단이 그 개념의 외연 전부에 대해 주장된 것을 말한다. '모든 인간은 동물이다'라고 했을 때 인간은 주연되었고, 동물은 부주연되었다. '모든 돼지는 동물이다. 모든 인간은 동물이다. 따라서 모든 인간은 돼지이다'라고 한다면, 중개념 '동물'이 주연되지 않아서 오류가 생긴 것이다. 이때 '동물'이 부주연의 중개념이며, 이로 인한 오류를 중개념 부주연의 허위라고 한다.

같은 것이다. 어떤 주임신부가 무심코 노아의 홍수가 대홍수 이전의 사건이라고 말한다면, 그는 자신의 논리에 혼선을 빚을 가능성이 있다. 어떤 주교가 아담은 아담 이전의 사람이라고 말하려 한다면, 우리는 좀 이상하다고 생각할 것이다. 하지만 회의적인 역사학자들이 선사 시대에 속하는 역사의 일부를 이야기할 때, 우리는 사소한 부분조차 선뜻 지적하지 못한다. 사실 그들은 역사와 선사라는 용어를 명확한 기준이나 정의를 염두에 두지 않고 사용하고 있다. 그들이 말하려는 바는 인류의 이야기가 시작되기 전부터 인류가 살았던 흔적이 남아 있다는 것이다. 그러한 의미에서, 우리는 적어도 인류가 역사보다 앞선다는 건 알고 있는 셈이다.

인류의 문명은 인류의 기록보다 오래되었다. 이것이 바로 먼 옛날의 일들에 대한 우리의 관계를 기술하는 온당한 방식이다. 인류는 글을 남기기 이전에, 혹은 적어도 지금 우리가 읽을 수 있는 어떠한 글을 남기기 이전에 다른 예술의 사례들을 남겨 놓았다. 하지만 원시 예술도 예술이었다는 건 확실하다. 원시 문명도 문명이었을 개연성이 어느 모로 보나 매우 높다. 인간은 순록의 그림을 남겼지만 순록을 어떻게 사냥했는가 하는 이야기는 남기지 않았다. 그러므로 우리가 그 인간에 대해 이야기하는 것은 가설일 뿐 역사가 아니다. 다만 그가 실제로 사용한 예술은 무척이나 예술적이다. 그의 그림은 매우 지적이며, 그가 사냥에 관한 이야기를 남겼어도 쉽게 이해할 수는 없었겠지만 그 이야기 역시 무척 지적이었으리라는 것을 의심할 이유는 없다. 요컨대 선사 시대가 야만적인 시대 혹은 짐승 같은 시대라는 의미에서의 원시 시대를 뜻할 필요는 전혀 없다. 선사 시대는 문명 이전이나 예술과 공예

이전의 시대를 의미하지 않는다. 그건 단순히 어떠한 것이든 우리가 읽을 수 있는 이야기들 이전의 시대를 의미할 따름이다. 실로 기억과 망각 사이의 모든 실제적 차이를 만들어 내는 건 이것뿐이다. 그러니 온갖 망각된 야만의 형태들뿐 아니라 온갖 망각된 문명의 형태들이 있었을 가능성도 충분하다. 그리고 이 모든 것을 고려할 때, 이 망각된 혹은 반쯤 망각된 사회적 단계들이 오늘날 사람들이 통속적으로 상상하는 것보다 훨씬 더 문명화되었고 훨씬 덜 야만적이었다고 할 수 있다. 다만 인류가 여지없이 인류였던 시대에 이렇게 글로 쓰이지 않은 인류의 역사에 대해서조차 우리는 가장 큰 의심과 경계심을 품고서 추측할 수 있을 따름이다. 불행히도 의심과 경계는 오늘날 문화의 느슨한 진화론이 흔히 권장할 만한 것들이 아니다. 오늘날 문화는 호기심으로 가득 차 있어 불가지론의 고통만은 절대 견딜 수 없다. 불가지론이라는 단어가 처음으로 알려지고 불가지론이 처음으로 불가능해진 것은 바로 다윈의 시대였다.

이 모든 무지가 뻔뻔함에 덮여 있을 뿐임을 반드시 명백하게 밝힐 필요가 있다. 그들의 진술이 너무나 명백하고 분명해서, 사람들은 그 진술에 대해 잠시 멈추어 생각하고 거기에 아무런 근거도 없다는 사실을 발견할 만한 도덕적 용기를 내지 못한다. 일전에 나온, 선사 시대 부족의 상태에 관한 어느 과학적 개요서는 "그들은 옷을 전혀 입지 않았다"라는 확신에 찬 말로 시작된다. 선사 시대 사람들이 남긴 흔적이라고는 몇 조각의 뼈와 돌밖에 없는데, 그들이 당시에 옷을 입었는지 안 입었는지를 우리가 어떻게 알 수 있을까 자문하는 독자는 백 명 중 하나도 없었나 보다.

우리는 돌로 된 손도끼만이 아니라 돌로 된 모자를 찾아내기를 바랐던 게 틀림없다. 오랫동안 변치 않는 바위와 같은 물질로 된 영구적인 바지 한 벌을 발견하기를 기대했던 게 명백하다. 하지만 덜 낙천적인 기질의 사람들이라면 곧장 알아챘을 것이다. 사람들은 단순한 옷을 입든 매우 장식적인 옷을 입든, 이 선사 시대 사람들만큼이나 그 흔적을 남기지 않을 수 있다. 이를테면 짚이나 골풀을 엮어 만든 공예품은 더욱더 정교해지더라도 그 내구성은 더 나아지지 않았을 수도 있다. 한 문명은 직물과 자수같이 부패하여 소멸하기 쉬운 것들에 특화된 반면에 건축과 조각처럼 더 내구성이 좋은 것들에는 특화되지 않을 수도 있다. 그렇게 특화된 사회들의 사례는 무척이나 많다. 먼 훗날 어떤 사람이 오늘날 우리의 공장 기계 장치를 발굴한다면, 우리가 철은 알고 있었으되 그 밖에 다른 물질들은 알지 못했다고 말하면서 틀림없이 공장의 소유주와 관리자는 발가벗은 채 돌아다녔을 거라고, 어쩌면 철로 된 모자와 바지를 착용했을 거라고 발표할지 모른다.

여기서 말하려는 건 이 원시인들이 골풀을 엮었다는 것도, 옷을 입었다는 것도 아니다. 다만 그들이 옷을 입었는지 안 입었는지 알 수 있는 증거가 우리에게 충분하지 않다는 사실을 주장하려는 것뿐이다. 그러나 우리가 알고 있고 그들이 정말로 행했던 몇 안 되는 것들 가운데 일부는 잠시 돌아볼 가치가 있겠다. 우리가 깊이 생각해 본다면, 그것들이 의복이나 장식 같은 개념과 어긋나지 않음을 분명히 알게 될 것이다. 우리는 원시인들이 다른 물건들을 장식했는지 알지 못한다. 그들이 옷감에 수를 놓았는지도 알지 못한다. 정말 그들이 수를 놓았다고 해도 그것이 남아 있기를 기대하기란 불가능하다. 그러나 우리는 그들이 그림을 그렸다는 걸 알고 있으며 그 그림들은 여전히 남아 있다. 그리고 앞서 말한 대로 그 그림들에는 절대적이고 독특한 무언가에 대한 증언이 남아 있다. 그것은 인간에게 속한 것, 인간을 제외한 다른 어떤 것에도 속하지 않은 그 무엇이다. 그것은 종種의 차이이지 정도度의 차이가 아니다. 원숭이는 어설프게라도 그림을 그리지 못하지만, 사람은 영리하게 그림을 그린다. 원숭이는 재현의 예술을 시작도 못하지만, 사람은 완벽할 정도로 해낸다. 원숭이는 전혀 하지 못할뿐더러 시작조차 하지 못한다. 원숭이는 시작하는 것조차 시작하지 못한다. 인간과 동물 사이에 최초의 희미한 선을 긋기 시작할 수 있기도 전에, 인간은 이미 어떤 선을 넘어서 있었다.

또 다른 걸출한 작가 한 사람은 순록 시기[8]의 신석기인들이 그렸다고들 하는 동굴 그림을 논평하면서 그 가운데 종교의 목적을 가진 듯 보이는 건 전혀 없다고 말했다. 그는 그 신석기인들에게 종교가 없었다고 추론하는 것 같았다. 그러나 나로서는 이보다 빈약한 논증은 상상할 수 없다. 이 논증은 바위 위에 몇 가지 스케치를 휘갈겨 놓은 누군가가 어쩌면 종교를 그리기보다는 순록을 그리는 것을 더 쉽게 여겼으리라는 사실로부터 선사 시대 인간 정신의 가장 내밀한 심리를 재구성한다. 하지만 우리는 그가 어떤 동기에서 어떤 목적을 위해 바위에 그림을 그렸는지 알지 못하며, 그가 어떤 관습이나 관례를 따라 행동했는지도 알지 못한다. 그가 순록을 그린 건 순록이 자신의 종교적 상징이었기 때문일 수

8 순록 시기reindeer period는 일반적으로 서유럽에서 인류가 순록을 주로 사냥하며 살았던 후기 구석기 시대를 말한다.

도 있다. 그가 순록을 그린 건 순록이 자신의 종교적 상징이 아니었기 때문일 수도 있다. 그는 자신의 종교적 상징을 제외하고는 어떤 것이든 그렸을 수 있다. 그는 어딘가 다른 곳에다 자신의 진짜 종교적 상징을 그렸을 수도 있다. 아니면 그가 그린 종교적 상징이 고의로 파괴되었을 수도 있다. 그는 오십만 가지쯤 되는 일을 했을 수도 있고, 하지 않았을 수도 있다. 어쨌든 그에게 종교적 상징이 없었다고 추론하거나, 그에게 종교적 상징이 없었다는 데서 그에게 종교 또한 전혀 없었다고 추론하는 건 놀라운 논리의 비약이다. 이 특정한 사례로부터 이러한 추측들이 확실치 못하다는 사실이 매우 분명하게 드러난다. 얼마 후에 사람들은 동굴에서 동물 그림뿐 아니라 동물 조각들도 발견했다. 그 가운데 일부는 구멍이 나고 움푹 패어 있었다고들 하는데, 이런 손상된 흔적들은 화살 자국으로 추정되었다. 사람들은 이렇게 손상된 조각상들은 동물 모형을 죽이는 주술 의례의 잔해들이라고 추측했다. 반면에 손상되지 않은 형상들은 그 동물 무리의 다산을 비는 또 다른 주술 의례와 관련된 것으로 설명했다. 그런데 양다리를 걸치는 과학의 습성과 관련된 살짝 변덕스러운 무언가가 이 지점에서도 발견된다. 같은 조각상이라도 손상된 것은 이러한 미신을 입증하고, 손상되지 않은 것은 저러한 미신을 입증한다는 논리 말이다. 결론으로 건너뛰어 버리는 다소 무모한 비약이 여기에도 있다. 겨울철에 밖으로 나갈 수 없게 된 사냥꾼들이 동굴에 모여 일종의 원시적인 팔러 게임[9]을 하면서 재미 삼아 과녁을 겨냥했으

9 팔러 게임parlor game이란 빅토리아 시대에 영국 상류층에서 크게 유행한 실내용 놀이들을 일컫는다. 오늘날 레크리에이션 시간에 하는 놀이들과 비슷하다.

리라는 생각은 그런 공론가들의 머릿속엔 떠오른 적이 거의 없었나 보다. 하지만 어쨌든 미신에서 그런 행동을 한 것이라면, 그런 행동이 종교와 아무런 관련이 없었다고 하는 논문은 대체 어떻게 나온 것일까? 이 모든 추정 작업이 그 어떠한 것과도 무관하다는 것이야말로 진실이다. 그런 추정 작업은 순록 조각을 향해 화살을 쏘는 것 같은 훌륭한 팔러 게임의 절반에도 못 미친다. 그건 결국 허공에 대고 화살을 쏘는 것이기 때문이다.

그런 공론가들은, 이를테면 현대 세계의 사람들 또한 때로는 동굴 속에 자국을 남긴다는 사실을 잊곤 한다. 여행객 무리가 경이의 동굴이나 마법 종유석 동굴의 미로 같은 길을 지나가면, 그들이 지나간 자리에서 신성문자들이 눈에 띄기 시작한다는 사실이 관찰되었다. 학식 있는 이들이라면 그 머리글자들과 돌에 새긴 글자들이 아주 먼 과거에 쓰였다고 추정하지는 않는 법이다. 하지만 이 글자들이 정말로 머나먼 과거의 흔적이 될 날이 올 것이다. 그리고 미래의 교수들이 오늘날의 교수들과 같은 사람들이라면, 그들은 20세기에 새겨진 이 글자들로부터 매우 생생하고 재미있는 점들을 아주 많이 추론해 낼 수 있을 것이다. 내가 그런 부류의 사람들에 대해 무언가를 알고 있다면, 그리고 그들이 자기 아버지들의 혈기왕성한 자신감에서 아주 멀어지지 않았다면, 그들은 아리와 아리엇[10]이 마법의 동굴에 남겨 놓은, 아마도 두 개의 A가 뒤

10 아리와 아리엇Arry and Arriet은 런던 토박이 남자와 여자를 가리키는 이름이었다. 가장 흔한 이름이었던 해리Harry와 그 여성형인 해리엇Harriet을 런던 하층민 토박이들이 발음하던 방식으로 희화하여 고착시킨 표현이다. 따라서 이 두 이름의 머리글자는 본래 A가 아니라 H다. 지금 체스터턴이 예로 든 방식에 따르면 'HH'와

얽힌 형태로 되어 있을 그 머리글자에서 우리에 관한 대단히 흥미로운 점들을 발견할 수 있을 것이다. 이것 하나만으로도 그들은 다음 사실들을 알게 될 것이다. 하나, 무딘 주머니칼로 글자들을 거칠게 새긴 것으로 보아 20세기 사람들에겐 정교한 조각 도구가 없었고 조각 예술에도 숙달되지 않았다. 둘, 글자들이 대문자로 쓰인 것으로 보아 우리 문명은 소문자나 필기체를 발전시키지 못했다. 셋, 머리글자 자음들이 발음할 수 없는 방식으로 나란히 놓인 것으로 보아 우리의 언어는 웨일스어[11]와 유사했을 가능성이 있고, 아니면 모음을 무시하는 초기 셈족 언어와 같은 유형이었을 가능성도 높다. 넷, 아리와 아리엇의 머리글자들이 어떤 특별한 방식으로도 종교 상징처럼 보이질 않으니 우리의 문명에는 종교가 전혀 없었다. 아마도 이 마지막 내용이 가장 진실에 가까울 것이다. 종교를 지닌 문명이라면 좀 더 많은 이성을 발휘할 테니 말이다.

다시 말하지만 흔히들 종교란 매우 느린 진화의 방식으로 성장했다고 단언하며, 심지어 하나의 원인으로부터가 아니라 우연이라 할 결합물로부터 성장했다고까지 확언한다. 일반적으로 말해 이 결합물에는 세 가지 주된 요소가 있는데, 첫째는 족장에 대한 두려움이고 (H. G. 웰스는 족장을 가리켜 유감스러울 만큼 친밀하

같이 두 개의 대문자 H가 연달아 적혀 있을 것이다.

11 영국 서부 웨일스 지방에서 주로 사용되는 웨일스어는 고대로부터 그곳에 살았던 켈트계 브리튼인들의 언어에서 비롯했기에 앵글로색슨족의 언어인 영어와는 완전히 다르다. 'llais'(목소리)처럼 영어 사용자들이 보기에 발음할 수 없는 방식으로 자음이 겹쳐서 표기되는 경우가 많다.

게 '영감'Old Man이라 일컫는다[12]), 둘째는 꿈이라는 현상이며, 셋째는 자라나는 곡식으로 상징되는 수확과 부활에 관한 제의적 연상들이다. 지나가는 말로 언급하겠는데, 이들 셋이 그저 죽어 있고 분리되어 있는 원인들이라 하더라도, 살아 있는 단 하나의 정신을 죽어 있는 세 개의 분리된 원인에 귀착시키는 것이 내게는 매우 의심스러운 심리 작용으로 보인다. 웰스가 장래에 쓰게 될 아주 흥미로운 소설 중 한 작품에서 이름 없는 어떤 새로운 열정이 생겨나 사람들이 첫사랑을 꿈꾸듯이 그것을 꿈꾸고 깃발과 조국을 위해 죽듯이 그것을 위해 죽는다고 가정해 보자. 이 독특한 정서라는 것이 우드바인 담배[13]를 피우는 우리의 버릇에 소득세 인상과 과속으로 달리는 운전자의 쾌락이 합쳐진 결합물이라고 웰스가 우리에게 말한다면, 우리는 좀 어리둥절할 것이다. 우리는 그런 결합물을 상상할 수조차 없다. 왜냐면 그 결합물을 이룬 세 요소 사이에 어떤 관련성이 있다고 생각할 수도 없고, 세 가지 모두를 포함하는 어떤 공통의 느낌도 전혀 상상할 수가 없기 때문이다. 어느 누구도 창을 든 족장과 꿈과 곡식 사이에 어떠한 관련성이 있다고 상상할 수 없을 것이다. 이 셋을 모두 포함하는 하나의

12 체스터턴이 이 책에서 계속 염두에 두고 비판하는 H. G. 웰스는 『세계사 대계』1920에서 선사 시대 원시인들이 지녔던 생각과 감정이 종교를 형성했으리라고 추정하면서, 그 사례의 하나로 강력한 족장에 대한 두려움 속에 자라난 젊은이들이 족장 사후에도 그 두려움을 계속 간직하면서 원시 형태의 종교적 관념과 의례를 낳았을 것이라고 말한다. 이때 웰스는 족장chief of tribe라는 일반적 용어 대신 '부족의 영감'Old Man of tribe이란 표현을 사용한다.

13 우드바인 담배Woodbine cigarettes는 20세기 초반에 노동자와 군인들이 많이 피웠던 값싼 담배의 상표명이다.

공통된 느낌이 이미 존재하지 않는다면 말이다. 그런데 그러한 공통된 느낌이 존재한다면 그건 종교적인 느낌일 수밖에 없는데, 이 셋은 이미 존재하던 종교적인 느낌의 기원이 될 수는 없다. 내가 생각하기에 상식이 있는 사람이라면 누구라도 이런 종류의 신비적 정서가 이미 존재했으며, 그 정서에 비추어 왕과 꿈과 곡식밭이 그때에도 지금처럼 신비롭게 보였을 거라고 말할 것이다.

명백한 사실을 말하자면, 이 모든 이야기는 우리가 이해하는 것들을 이해하지 못하는 듯 가장함으로써 그것들을 멀고도 비인간화된 모습으로 보이게 만드는 속임수에 불과하다. 이건 마치 먹는 일에 대해 전혀 들어 본 적 없다는 듯이, 선사 시대 사람들이 일정한 간격을 두고 입을 크게 벌려 이상한 물질을 쑤셔 넣는 흉하고 상스러운 습관을 지녔다고 말하는 것과 같다. 이건 마치 우리가 걷는 일에 대해 전혀 들어 본 적 없다는 듯이, 석기 시대 동굴인간은 두 다리를 번갈아 들어 올렸다고 말하는 것과 같다. 이런 작업이 신비의 감각을 건드려 먹는 일과 걷는 일에 대한 경이를 느끼도록 우리를 일깨우려는 것이라면 정당한 공상일 수도 있겠다. 하지만 그건 신비의 감각들을 죽이고 종교의 경이를 느끼지 못하도록 우리를 둔감하게 만들려는 것이므로 정신 나간 헛소리일 뿐이다. 그것은 우리 모두가 이해하는 느낌에서 무언가 이해할 수 없는 것을 찾아낸 듯 가장한다. 어느 누가 꿈을 신비롭다고 여기지 않으며, 꿈이란 존재의 어두운 경계 지역에 놓인 것이라고 느끼지 않는가? 어느 누가 땅에서 자라나는 것들의 죽음과 부활을 우주의 신비에 가까운 무언가로 느끼지 않는가? 어느 누가 권위에는 늘 성스러운 무언가의 향취가 있으며, 부족의 영혼이 되는 결속이 있음을 이해하지 못하는가? 혹시라도 이런 것들이 정말로 동떨어져 있으며 실현 불가능하다고 여기는 인류학자가 있다면, 우리는 이 과학적인 신사가 원시인만큼도 넓고 계몽된 정신을 지니지 못했다고 밖에 말할 수 없다. 이미 생동하는 영적 정서만이 서로 분리된 이 다양한 것들을 신성함으로 감쌀 수 있었다는 게 내게는 자명해 보인다. 종교가 족장을 공경하는 일이나 수확 때 희생제물을 바치는 일에서 비롯되었다고 말한다면, 매우 정교한 수레를 정말로 원시적인 말 앞에 두는 꼴이다. 그건 마치 동굴 속 순록 그림에 대한 사색에서 그림을 그리려는 충동이 비롯되었다고 말하는 것과 같다. 달리 말하자면 그림 그리기를 설명하면서 그것이 화가의 작품으로부터 발생했다고 하는 셈이다. 심지어 우리가 시詩라고 부르는 것이, 봄이 왔음을 경축하고자 공식적으로 찬가를 작곡하는 것과 같은 어떤 관습이나 어떤 젊은이가 종달새 소리를 듣고자 일정한 시간에 일어나 종이에 보고서를 쓰는 것과 같은 관습의 결과로 나타났다고 말하는 셈이기도 하다. 물론 젊은이들이 봄이면 종종 시인이 되곤 한다는 건 사실이다. 또 시인들이 있는 한, 어떠한 세속의 권력도 그들이 종달새에 대해 쓰지 못하게 막을 수 없다는 것도 사실이다. 그러나 시인들이 시인 이전에 존재하지는 않았다. 시가 시의 형식들로부터 발생하지는 않았다. 즉, 어떤 것이 이미 존재하고 있었음을 말해 주는 것으로는 그것이 처음에 어떻게 등장했는지를 적절하게 설명하지 못한다. 마찬가지로 우리는 종교가 종교의 형식들로부터 발생했다고 말할 수 없다. 그건 종교가 이미 존재했을 때 종교가 발생했다고 말하는 것에 불과하기 때문이다. 봄이나 종달새에 관한 무언가 시적인 것이 있음을 이해하는 데 어떤 특별한 정신이 필요하듯이, 꿈이나 죽은 자에 관한 무언가 신비적인 것이 있음을 이해하는 데에도 어떤 특별한 정신이 필요했다. 짐작하건대 그런 정신이란 우리가 인간 정신이라 부르는 것, 즉 이날까지 존재하는 있는 그대로의 인간 정신이었다. 시인들이 여전히 봄과 종달새에 대해 시를 쓰듯이, 신비가들은 여전히 죽음과 꿈에 대해 명상한다. 하지만 우리가 아는 한, 인간 정신을 결여한 어떤 것이 이러한 신비적인 연상을 조금이라도 감지한다고 암시하는 건 전혀 없다. 들판의 소에게는 종달새 소리를 들을 수 있는 비할 데 없이 좋은 기회가 많지만, 소가 그로부터 어떠한 시적 충동이나 교훈을 끌어내지는 않는다. 마찬가지로 살아 있는 양이 정교한 조상 숭배 체계의 토대로 죽은 양을 이용하기 시작하리라고 추측할 만한 어떠한 근거도 찾을 수가 없다. 봄에는 어린 네발짐승의 공상이 가벼이 사랑에 대한 생각으로 향할 수도 있겠지만, 수없이 봄이 이어진다 해도 이 네발짐승이 문학에 대한 생각으로 향하는 일은 절대 일어나지 않으리라는 것이야말로 맞는 말이다. 매한가지로 대부분의 다른 네발짐승들은 꿈을 꾸지 않는 듯 보이기는 하지만 개가 꿈을 꾼다는 건 사실이나, 우리는 개가 자신의 꿈을 정교한 체계나 종교적 의식으로 발전시키기를 오래도록 기다려 왔다. 너무 오래 기다린 나머지 그에 대한 기대를 단념하고 말았다. 그리하여 우리는 개가 자신의 꿈을 정신분석의 법칙들로 검토하는 모습을 보게 되리라 기대하지 않듯이, 개가 자신의 꿈을 성전 건설에 적용하는 모습을 보게 되리라 기대하지도 않는다. 요컨대 어떤 이유에서든 이런 자연스러운 경험과 심지어 자연스러운 감흥이 있다 해도, 인간을 제외한 어떠한 피조물도 예술과 종교 같은 창조적 표현으로부터 그들을 갈라놓은 그 선을 절대 넘지 못한다는 게 분명하다. 다른 피조물은 그 선을 절대 넘지 못하고 넘은 적도 전혀 없으며, 지금도 어느 모로 보나 그 선을 넘을 일은 거의 없어 보인다. 소가 금요일마다 금식한다며 풀을 먹지 않거나 크리스마스이브의 옛 전설에서처럼 무릎 꿇는다는 것이 자가당착의 의미에서는 불가능하지 않다. 그런 의미에서는 소들이 죽음을 오래 관조한 끝에 늙은 소가 듣다가 죽음을 맞은 선율[14]에 맞추어 숭고한 애통의 시편을 소리 높여 부르는 일도 가능할 터이다. 그런 의미에서는 달 위로 뛰어오른 소[15]를 기리며 소들이 상징적인 춤을 추어 천국에 가고픈 바람을 표현하는 것도 불가능하지 않다. 개가 꿈을 충분히 비축하여 마침내는 개들의 삼위일체 신 케르베로스[16]에게 신전을 지어 바칠 수 있게 될 수도 있다. 개의 꿈들이 잃어버린 개들의 영적 본향인 큰개자리 별에 대한 계시 속에서 언어 표현이 가능한 환시로 이미 변하기 시작했을 수도 있다. 이런 일들이 논리적으로는 가능하다. 우리가 불가능이라 부르는 전칭 부정[17]을 증명하기가

14 '늙은 소가 듣다가 죽게 된 선율'the tune the old cow died of이란, 한 농부가 소에게 여물을 먹이는 대신 여물이 없는 상황에 대한 노래를 지어서 불러 주었다는 이야기에서 비롯한 관용 표현이다. 어려운 상황을 타개할 수 있는 실제적 도움은 주지 않고 말로만 격려하는 경우나, 대안을 알고만 있을 뿐 실제로 행동하지는 않는 경우에 쓴다. 체스터턴은 비꼬는 의미에서 현실적이지 않은 관용구들을 일부러 가져다 쓰고 있다.

15 '소가 달을 뛰어넘었다'The cow jumped over the moon는 어린이들을 위한 민속 동요에 나오는 한 구절이다.

16 케르베로스Cerberus는 그리스 신화에서 지하 세계의 문을 지키는 머리 셋 달린 개다.

17 전칭 부정universal negative이란 명제의 주어가 나타내는 것의 전부에 대하여 어떤

논리적으로 어렵다는 의미에서 그러하다는 말이다. 그러나 개연성 있는 일들에 대한 그 모든 본능적 감각 곧 상식이라고 하는 것을 통해 어느 모로 보나 동물들이 그러한 의미에서 진화하지 않는다는 것을 우리가 오랫동안 알지 못했을 리 없다. 최소한으로 말한다 해도, 동물들이 동물적 경험에서 인간적 실험으로 이행하고 있다는 인적 증거[18]를 우리가 갖게 될 가능성은 전혀 없다. 다만 봄과 죽음, 심지어 꿈조차도 그저 경험으로만 간주한다면 그것들은 우리 인간의 경험인 만큼이나 동물들의 경험이기도 하다. 따라서 가능한 유일한 결론은, 이 경험들이 우리 인간의 정신을 제외한 어떠한 정신에서도 종교적 의미 같은 것을 전혀 창출하지 못한다는 것뿐이다. 우리는 결국 어떤 특정한 종류의 정신이 이미 살아 있었으며 그 정신은 하나뿐이었다는 사실로 되돌아오게 된다. 그 정신은 유일무이했고, 동굴 그림을 창안했듯이 신조信條[19]들을 창안할 수도 있었다. 종교의 재료들은 다른 모든 재료와 마찬가지로 헤아릴 수 없이 오랜 세월 동안 거기에 이미 놓여 있었다. 그러나 종교의 힘은 정신 안에 있었다. 사람은 이러한 것들에서 지금도 여전히 보고 있는 불가사의와 암시와 희망을 그때도 볼

사실을 부정하는 것을 의미하는 논리학적 용어다.

18 인적 증거personal evidence란 증인, 감정인 등 사람의 진술 내용을 증거로 하는 방법을 말한다.

19 체스터턴은 『이단』*Heretics*, 1905과 『정통』*Orthodoxy*, 1908, 『영원한 인간』에서 'creed'를 폭넓은 의미로 사용한다. 그리스도교 안에서 이 말은 좁은 의미에서 신경信經으로 주로 번역되지만, 체스터턴은 넓은 의미에서 신앙이나 신조라는 뜻으 로 쓰기도 한다. 이 책에서는 주로 '신앙의 조목 또는 교의' 또는 '굳게 믿어 지키고 있는 생각'이라는 의미에서 '신조'라 번역하고, 때에 따라 '신앙고백'이나 '신경'으로 옮겼다.

수 있었다. 그때도 사람은 꿈을 꿀 수 있었을 뿐 아니라 꿈에 대한 꿈을 꿀 수 있었다. 사람은 죽은 자를 볼 수 있었을 뿐 아니라 죽음의 그림자를 볼 수 있었다. 그래서 인간은 영원히 죽음을 믿을 수 없는 것으로 여기는 신비로운 신비화에 사로잡혔다.

인간이 여지없이 인간으로 보일 때라야 우리가 인간에 관한 이런 암시들도 갖게 된다는 건 사실이다. 본래 인간과 짐승을 연결한다고 주장되는 그 동물에 대해, 우리는 그 어떤 것도 단언할 수 없다. 그건 그 동물이 하나의 동물이 아니라 하나의 주장일 뿐이기 때문이다. 피테칸트로푸스가 무언가를 숭배했는지 우리가 확신할 수 없는 까닭은 피테칸트로푸스가 정말로 살긴 했는지가 확실하지 않기 때문이다. 피테칸트로푸스는 최초의 생물들 사이에 실제로 벌어져 있던 구멍을 채우기 위해 불러낸 환영일 뿐이다. 최초의 생물들이란 확실히 인간과 여느 다른 생물들이었고, 여느 다른 생물들이란 확실히 유인원이나 다른 동물들이었다. 매우 의심쩍은 몇 가지 파편들을 한데 모아다가 그러한 과도기적 생물을 암시하고자 했던 까닭은 어떤 특정한 철학에서 그러한 생물을 필요로 했기 때문이다. 하지만 그렇게 하는 것이 그 철학을 뒷받침하는 철학적인 무언가를 확립하기에 충분하다고 생각할 사람은 아무도 없다. 자바에서 발견된 두개골 조각 하나로는 종교에 대해서나 종교의 부재에 대해 어떠한 것도 확립할 수 없다. 만약 유인원-인간 같은 존재가 있었다면, 인간만큼 종교 의례를 많이 행했을 수도 있고 유인원만큼 종교에 무지했을 수도 있다. 유인원-인간은 신화학자였을 수도 있고 신화에 불과했을 수도 있다. 이 신비적 자질이 유인원에서 인간으로 이행하는 과정에서 나타났는지를 조사하는 일은 흥미로울지 모른다. 어떠한 유형이든 조사해 볼 만한 이행 과정이라는 게 정말로 있었다면 말이다. 달리 말해 그 잃어버린 고리가 없어진 것이 아니더라도, 잃어버린 고리라는 존재는 신비적이었을 수도 있고 아니었을 수도 있다. 다만 우리가 실제 인간에 대해 지닌 증거에 비해 그 잃어버린 고리가 인간적 존재인지 반半인간적 존재인지, 아니면 하나의 존재이긴 한지에 대한 증거는 전혀 없다. 심지어 가장 극단적인 진화론자들조차 그로부터 종교의 기원에 관한 진화론적 시각들을 추론하려 시도하지 않는다. 종교가 졸렬하거나 비합리적인 원천에서 천천히 자라났음을 입증하려고 할 때조차 그들은 최초의 인간이 인간이었음을 증명하는 데서 시작한다. 그러나 그들이 증명하는 것이라고는 이미 인간이었던 그 최초의 인간이 신비가였다는 점뿐이다. 최초의 인간이 졸렬하고 비합리적인 요소들을 사용했던 까닭은 인간이면서 신비가인 존재만이 그것들을 사용할 수 있기 때문이다. 우리는 다시금 이 단순한 진실로 돌아오게 된다. 즉, 비평가들은 추적할 수도 없는 아주 이른 시기에 그 본성상 뼈와 돌을 가지고는 증명할 수 없는 어떤 이행이 일어났고, 인간은 살아 있는 영혼이 되었다.

종교의 기원에 관한 이 문제를 건드릴 때, 그것을 설명하겠다는 이들이 실제로 하고 있는 일이란 그것이 별것 아닌 양 둘러대는 것이다. 무의식적으로 그들은 그 기원이 길게 늘어져서 점차 거의 보이지 않는 과정이 되면 덜 무서워 보인다고 느끼는 것이다. 하지만 사실 이런 시각은 실제 경험을 전적으로 위조한다. 그들은 완전히 다른 두 가지, 즉 진화의 기원에 대한 빗나간 암시들과 확고하고 자명한 인류라는 실체를 한데 가져다 두고는 그 둘이 단 하나의 짧은 선으로 이어진 듯 보일 때까지 자신이 서 있는 위치를 바꾸려 한다. 하지만 그건 시각적인 환영일 뿐이다. 실로 인간은 인간에 연결되어 있을 뿐, 원숭이라든가 그 사슬의 잃어버린 고리에 연결되어 있지 않다. 중간 생물들이 있었을지도 모르고, 그 생물들의 희미한 흔적들이 거대한 틈의 여기저기서 발견될 수도 있다. 이들이 정말 실재했다면, 인간과는 거의 닮지 않은 것들이었거나 우리와는 매우 다른 존재였다는 게 사실일 터이다. 그러나 동굴인간이나 순록인간으로 불리는 선사 시대 인간들에 관해서만큼은 어떠한 의미에서도 그건 결코 사실이 아니다. 그러한 부류의 선사 시대 인간들은 오늘날의 사람들과 같은 존재들이었으며, 과도할 정도로 우리 자신과 같은 사람들이었다. 그들은 아무런 기록이나 연대기를 남기지 않았고, 그 단순한 이유 때문에 우리는 그들에 대해 많이 알지 못하는 것 뿐이다. 우리가 그들에 대해 아는 모든 사실만을 가지고 바라보면 중세 영지나 그리스 도시의 사람들만큼이나 그들 역시 평범한 인간일 따름이다.

인간의 입장에서 인류를 길게 조망해 보면, 우리는 이 존재를 인간으로 인식하게 된다. 우리가 이 존재를 동물로 인식해야 한다면, 우리는 이 존재를 비정상적인 것으로 인식했어야만 한다. 내가 이러한 공론들에서 몇 번이나 그랬듯이 우리가 망원경을 반대편에서 보기로 결정한다면, 즉 우리가 인간의 형상을 인간이 아닌 세계로부터 투사하여 추정하기로 결정한다면, 우리는 다만 동물들 가운데 하나가 확실히 미쳤던 거라고 말할 수밖에 없다. 그러나 망원경을 올바른 쪽에서 본다면 혹은 내부에서 보기로 결정한다면, 우리는 그 존재가 정신이 온전하다는 것을 알게 된다. 그리고 이 원시인들도 정신이 온전했음을 알게 된다. 야만인에게서든 외국인에게서든 아니면 역사적 인물에게서든, 어떤 인간적 유대가 보이는 곳이라면 어디서든 우리는 그에 대해 환호한다. 예를 들어 우리가 원시적 전설에서 추론할 수 있는 모든 것, 그리고 우리가 야만적 생활에 대해 알고 있는 모든 것은 어떤 도덕적이고 신비적이기까지 한 관념을 뒷받침하는데, 그런 관념의 가장 흔한 상징이 바로 옷이다. 여기서 옷이란 것은 말 그대로 제의祭衣이며, 인간이 그것을 입는 까닭은 그가 사제이기 때문이다. 인간은 비록 동물일지라도 바로 이 점에서 다른 동물들과 구분된다. 알몸은 인간에게 자연스러운 상태가 아니다. 인간에게 알몸이란 삶이 아니라 오히려 죽음이다. 물론 사람은 추우면 죽는다는 통속적인 의미에서도 그러하다. 그러나 어떤 식으로든 온기를 얻기 위해 옷이 필요치 않았던 곳에서도 사람들은 품위나 체면이나 치장을 위해 옷을 입었다. 옷은 때때로 실용적인 가치 이전에 장식적인 가치가 우선시되는 듯 보인다. 또 거의 언제나 예절과 관련이 있다고 여겨진다. 이런 부류의 관례들은 시간과 장소에 따라 상당히 다양하게 나타난다. 그런데 이를 반추하는 데서 벗어나지 못하는 사람들이 있다. 그들에게는 시간과 장소에 따라 달라진다는 사실이 모든 관례를 등한시하기에 충분하다는 논거로 보인다. 그들은 그저 놀라워하며 옷이란 카니발 아일랜드[20]에서 다르고 캠던 타운[21]에서 다르다는 말을 지치지도 않고 반복한다. 그 이상 논의를

20 카니발 아일랜드Cannibal Islands는 남태평양의 피지Fiji를 이르던 옛 명칭이다. 축자적으로는 '식인종의 섬'이란 뜻이다.

진전시켜, 절망 속에서 품위에 대한 관념을 팽개치지는 못한다. 그러느니 차라리 매우 다양한 모양의 모자들이 있었고 어떤 모자들은 다소 별난 모양이기도 했으므로 모자는 중요하지 않다거나 아니면 모자란 아예 존재하지 않는다고 말하는 편이 낫다고 여길 터이다. 그리고 필시 일사병에 걸리거나 대머리가 되는 일 따위는 없을 거라고 덧붙여 말할 것이다. 어디에서나 사람들은 경멸이나 조악한 오해로부터 사적인 일들을 격리하거나 보호하려면 규범이 반드시 필요하다고 느껴 왔다. 그리고 무엇이 되었든 그런 형식들을 지키는 일은 품위와 상호존중을 유지하는 데 기여했다. 이 형식들이 다소 멀리 떨어져 있긴 하지만 성별 관계에 관련된다는 사실은 인류의 기록 맨 처음에 놓여야 하는 두 가지 사실을 실증한다. 첫째 사실은 원죄가 정말로 근원적이라는 것이다. 신학에서만이 아니라 역사에서도 원죄는 정말로 그 근원에 뿌리박고 있다. 그 밖에 다른 무엇을 믿어 왔든 사람들은 인류에게 문제가 되는 무언가가 있다고 믿어 왔다. 이 죄의식은 법 없이 사는 것을 불가능하게 만들었듯이 자연 상태가 되어 옷을 전혀 입지 않는 것을 불가능하게 만들었다. 하지만 무엇보다도 이런 죄의식은 모든 법률의 아버지이자 어머니인 둘째 사실에서 발견될 것이다. 그것 자체가 아버지이자 어머니인 존재, 곧 모든 왕좌와 심지어 모든 정치공동체[22]에 앞서는 것에 토대를 두었기 때문이다.

21 캠던 타운Camden Town은 런던 북서부의 한 구역이다.

22 정치공동체라고 번역한 'commonwealth'는 본래 '공동 선'을 뜻하는 말로 공동 선을 추구하고자 만들어진 정치적 공동체를 말한다. 반드시 독립된 국가나 국가들의 연방을 의미하는 것은 아니다.

그 둘째 사실이란 바로 가족이다. 여기서도 우리는 한 가지 평범한 것이 갖는 엄청난 비중을 유지해야 한다. 그에 대한 다양한 변형과 단계와 다소 합리적인 의심은 제거되어야 한다. 그것들은 마치 산 주위에 들러붙는 구름과 같다. 우리가 가족이라 부르는 것은 아마도 무질서하고 탈선적인 다양한 상황들에서 출발했거나 그런 상황들을 통과하여 자기 길을 헤쳐 나가야 했을 것이다. 하지만 가족은 그런 상황들을 견디고 살아남았을 게 분명하며, 그런 만큼 그런 상황들에 선행하지 않았을 가능성이 무척 높다. 우리가 공산주의와 유목 생활의 경우에서 보듯이, 형태가 없는 것이야말로 형태가 고정된 사회들의 곁에 붙어서 존재할 수 있었고 실제로 그렇게 존재했다. 그러나 무형無形 이전에 형태가 존재하지 않았음을 입증할 만한 것은 아무것도 없다. 정말 중대한 점은 형태가 무형보다 더 중요하다는 것이며, 인류라고 불리는 물질이 이 형태를 취했다는 것이다. 이를테면 근래에 언급되었던 성性에 관한 규칙 중에 보통 의만[23]이라 부르는 야만적인 관습보다 더 궁금증을 유발하는 것도 없다. 의만을 따르자면 아버지를 어머니처럼 다루게 되므로, 그건 마치 도착倒錯의 세계에서 나온 법칙 같아 보인다. 어쨌든 의만에는 신비적인 성 의식이 포함되어 있다는 게 분명하다. 그러나 많은 이들은 그것이 아버지가 부성의 책임을 받아들인다는 상징적 행위라고 주장해 왔다. 그렇다면 이 기괴한 익살극은 실제로 매우 엄숙한 행위다. 우리가 가족이라 부르는 모든 것과 우리가 인간 사회라고 알고 있는 모든 것의 토대이

23 의만擬娩, couvade이란 아내가 분만할 때 남편도 함께 진통하는 듯 흉내 내며 산고를 함께 치르는 것을 말한다.

기 때문이다. 이 어둠 속 시원을 모색하는 어떤 이들은 인류가 한때 가모장제 아래 있었다고 말해 왔다. 추측하건대 가모장제 아래서라면 인류는 맨카인드mankind가 아니라 우먼카인드womankind였을 것이다.[24] 하지만 다른 이들은 가모장제라 불리는 것이 단순히 도덕적 무질서 상태에 지나지 않았을 거라고 추측했다. 가모장제에서 아버지들은 모두 도망자이며 무책임했으므로 어머니만이 고정된 채로 남아 있었다는 말이다. 그 후에 남자가 자신이 창조한 것을 보호하고 인도하겠다고 결정하는 때가 왔다. 그래서 남자는 가장이 되었는데, 커다란 곤봉으로 여자들을 때리며 괴롭히는 사람이 아니라 책임질 줄 아는 사람이 되려고 노력하는 존경할 만한 사람으로서 가족의 수장이 되었다. 이 모든 것이 완전하게 사실일 수도 있고, 심지어 최초의 가족 활동이었을 수도 있다. 또 바로 그때 남자가 처음으로 남자답게 행동했으며, 따라서 처음으로 완전히 남자가 되었다는 건 여전히 사실일 것이다. 그러나 가모장제든 도덕적 무정부 상태든 우리가 그것을 무엇이라 부르든 간에, 그것이 역사 시대에도 분명히 그러했듯이 선사 시대에도 주기적 간격을 두고 발생했을 백 가지 사회적 소멸이나 야만적 퇴행 가운데 하나였을 뿐이라는 게 사실일 터이다. 의만 같은 상징은, 그것이 정말로 그러한 상징이었다면 한 종교의 첫 발흥보다는 이단의 억압을 기념하는 것일지 모른다. 우리는 인류라는 건축물에서 그로부터 비롯한 커다란 결과들을 제외하고는 이런 것들에 관해서 확실히 결론 내릴 수가 없다. 하지만 인류라는 건축물의 태반

24 영어에서 '남자'를 나타내는 'man'이 남자와 여자를 모두 아우르는 대표명사 '사람'의 뜻으로 쓰이는 상황이 뒤집혀야 한다는 말이다.

과 가장 훌륭한 부분이 무슨 양식으로 지어졌는지는 말할 수 있다. 가족이란 국가의 구성단위 곧 국가를 형성하는 세포라고 말할 수 있다. 실로 가족 주위에는 인간을 개미와 벌로부터 분리하는 신성한 것들이 모여 있다. 체면은 가족이란 천막의 휘장이고, 자유는 그 도시의 성벽이고, 재산은 가족의 농장이고, 명예는 가족의 깃발이다. 인류 역사의 실제적인 부분들에서 우리는 어머니와 아버지와 자식이라는 근본으로 돌아가게 된다. 이미 말했듯이 이 이야기가 종교적인 가정假定들에서 시작될 수는 없다 해도 어떤 도덕적 가정들이나 형이상학적 가정들로는 시작되어야만 한다. 그렇지 않으면 인간의 이야기는 전혀 이해될 수 없을 것이다. 그리고 이건 그 대안적 필연성의 아주 좋은 예다. 우리가 신의 삼위일체를 들먹이며 이야기를 시작하는 이들이 아니더라도, 인간의 삼위일체는 언급해야 한다. 그리고 그 삼각형이 세상의 패턴 속 어디에서나 반복되었음을 보아야만 한다. 모든 역사가 기대하고 그리로 인도되는 최고의 사건이란 단지 이 삼각형의 반전反轉이며 동시에 갱신이기도 한 무언가일 뿐이다. 행여 그렇지 않다면 그건 다른 삼각형과 교차되어 신성한 펜타클[25]을 만들어 내는 삼각형이다. 악령들이 마법사들의 펜타클보다 더욱 강력한 의미에서 두려워하는 것이 바로 이 펜타클이다. 옛 삼위일체는 아버지와 어머니와 자식의 삼위일체였으며 인간 가족이라 불린다. 새 삼위일

25 펜타클pentacle은 별이 원에 둘러싸인 형태의 상징물로서 중세 이래로 마법사들의 부적에 많이 사용되었다. 보통 오각형 별로 이해되나 육각형이나 칠각형 형태의 별인 경우도 있다. 19세기 후반부터 20세기 초까지 심령술이나 신지학에 대한 관심이 커지면서 펜타클 또한 유행했다.

체는 자식과 어머니와 아버지의 삼위일체이며 성가족聖家族이라는 이름을 갖는다. 탈바꿈한 세상이란 것도 위아래가 뒤집히지 않는 한 조금도 다를 게 없었듯이, 삼위일체 또한 완전히 뒤집히지 않는 한 어떠한 방식으로도 절대 바뀌지 않는다.

03

유구한
문명

시원始原을 바라보는 현대인은 낯선 땅에서 동이 트길 기다리며 헐벗은 고지대나 고독한 봉우리 뒤에서 여명이 밝아 오는 모습을 보려고 기다리는 사람과 같다. 그 시원의 밤에 오랫동안 건설되었다가 우리에게 상실된 위대한 도시들의 암흑 너머로 여명이 밝아 오고 있다. 이 거대한 도시들은 마치 거인들의 집과 같아서, 그 안에 있는 장식용 동물 조각들은 야자수보다 키가 크고 초상화는 그 크기가 사람의 열두 배쯤 된다. 정사각형으로 틀 잡힌 무덤들은 산처럼 별을 향해 찌를 듯이 솟아 있고, 수염과 날개가 달린 거대한 황소들은 신전 문 앞에서 저만치 노려보며 발을 한 번 구르기라도 하면 온 세상이 흔들릴 듯 하나 전혀 미동도 없이 언제까지고 서 있다. 역사의 여명은 인류가 이미 문명화되어 있었음을 드러낸다. 역사의 여명은 문명이 이미 오래된 것임을 드러낸다.

그리고 더욱 중요한 다른 점들 중에서도, 문명이 정말로 새로운 것이었던 그 이전의 알려지지 않은 시대에 관한 일반화된 생각이란 대부분 어리석은 것에 불과하다는 점을 드러낸다. 신뢰할 만한 자세한 기록이 남아 있는 인류 최초의 두 사회가 있으니 곧 바빌론과 이집트다. 고대인들의 비범한 재능으로 이룬 이 광대하고 장려한 두 문명은 우연히도 문화에 대한 현대인들의 가장 흔하고 거친 가정들에 반하는 증거들을 포함하고 있다. 우리가 유목민과 동굴인간과 숲속 노인[1]에 관한 허튼소리의 절반을 없애려 한다면, 이집트와 바빌론이라 불리는 확고하고 거대한 이 두 사실을 꾸준히 살피기만 해도 될 것이다.

물론 원시인들에 대해 이야기하는 이 공론가들 대부분이 염두에 두고 있는 것은 현대의 야만인들이다. 그들은 인류의 태반이 진보하거나 진화하지 않았다고 가정함으로써, 혹은 어떤 방식으로도 전혀 바뀌지 않았다고 가정함으로써 자신들의 점진적 진화론을 증명한다. 나는 변화에 관한 그들의 이론에 동의하지 않으며, 변화 불가능한 것들에 관한 그들의 교의에도 동의하지 않는다. 문명화된 인간이 최근에야 급속히 진보했다는 말에는 믿음이 가지 않는다. 나는 문명화된 인간이 그토록 신비롭게 불멸해야 하며 불변해야 하는지에 대해서도 정말 그 이유를 이해할 수 없다. 내가 보기에 이런 연구에는 좀 더 단순한 사고방식과 화법이 필요할 듯하다. 현대의 야만인들은 원시 시대에 살고 있지 않으니 원시인들과 정확히 같을 수 없다. 현대의 야만인들은 현대에

1 숲속 노인the old man of the forest이란 오랑우탄을 가리킨다. 말레이어 오랑우탄을 영어로 옮긴 표현인데, 여기서는 유인원에 가까웠던 인류의 조상을 가리킨다.

살고 있으므로 고대인들이 아니다. 우리가 지상에 존재하며 견딘 지난 수천 년의 세월 동안 우리 종족에게 어떤 일이 일어난 만큼 그들 종족에게도 어떠한 일이 일어났다. 그들은 어떤 경험을 했을 테고, 거기서 별 이득을 얻지는 못했더라도 그 경험들에 근거해서 행동했을 것이다. 우리가 바로 그러하듯이 말이다. 그들은 어떤 환경을 지녔고 환경의 변화를 겪었으며 아마도 적절하고 점잖은 진화 방식으로 거기에 적응했다. 그 경험들이 순탄한 것이었든 그 환경이 황량한 것이었든 간에 이건 사실이었을 것이다. 단조로운 도덕의 형식을 취할 때에도 거기엔 어떤 효과가 있기 때문이다. 그러나 수많은 총명하고 박식한 사람들의 눈에는 야만인들의 경험이 문명으로부터의 퇴보였을 개연성이 있어 보였다. 이런 시각을 비판하는 이들 대부분은 문명으로부터의 퇴보가 무엇인지에 대한 명확한 개념이 없었던 것 같다. 그들이 곧 진실을 깨달을 테니 하늘은 그들을 도우시기를. 동굴인간과 식인종 섬사람들이 어떤 특별한 도구 같은 것을 공유한다고 하면 그들도 만족할 듯하다. 그러나 어떤 이유로든 더 조야한 삶으로 퇴보한 민족들도 무언가를 공유하고 있으리라는 건 겉으로 보기에도 명백해 보인다. 우리도 화기火器를 잃는다면 활과 화살을 만들어야 할 것이다. 그렇다고 해서 우리가 활과 화살을 만든 최초의 인간들과 모든 면에서 필연적으로 같아져야 하는 건 아니다. 퇴각하던 러시아인들은 무기가 너무도 부족해서 나무를 깎아 만든 곤봉을 들고 싸웠다고 한다. 그러나 미래의 어떤 교수가 1916년 러시아 군인들은 숲에서 한 번도 나와 본 적 없는 스키타이족이었다고 추측한다면 오류를 범하는 것이다. 그건 마치 두 번째 유년기[2]에 있는 사람은 첫 번째 유년기를 정확히 반복해야 한다고 말하는 것이나 다름없다. 아기는 노인처럼 머리털이 별로 없다. 하지만 유아기에 대해 무지한 어떤 사람이 아기에게는 기다란 흰 수염이 있으리라고 추측한다면 오류다. 아기와 노인은 둘 다 잘 걷지 못한다. 그렇대도 나이 지긋한 신사가 바닥에 누워서 허공에 대고 즐겁게 발을 차리라고 기대한다면 실망할 것이다.

그러므로 인류 최초의 선구자들이 가장 마지막까지 가장 정체된 채로 남은 인류의 일부와 완전히 똑같았을 거라는 주장은 터무니없다. 분명히 그 둘 사이에는 전연 다르거나 정반대되는 점들이 많았을 것이다. 이러한 구분이 작동하는 방식의 한 가지 예이자 여기서 우리의 논증에 필수적이기도 한 사례가 있으니, 바로 정부政府의 본성과 기원에 관한 예다. 나는 이미 H. G. 웰스와 그가 그토록 친밀한 관계를 맺고 있는 듯한 그 '영감'에 대해 언급했다. 이 선사 시대 족장의 초상에 대해 선사 시대의 증거들이 알려 주는 엄연한 사실들을 고려할 때, 우리는 이 영특하고 다재다능한 작가가 자신이 역사를 써야 한다는 사실을 잠시 잊고서 아주 경이롭고 상상력이 풍부한 로맨스를 쓰는 꿈을 꾸었다고 말해야만 그 족장의 초상을 너그러이 봐줄 수가 있다. 적어도 나는 선사 시대 통치자를 '영감'이라 불렀다거나 예법상 그 철자를 대문자로 써야 했다는 걸 그가 어떻게 알아냈는지 상상할 수가 없다. 웰스는 그 통치자에 대해 "누구도 그의 창을 만지거나 그의 자리에 앉도록 허락되지 않았다"라고 전한다. 나는 '손대지 마시오'라

2　두 번째 유년기second childhood란 치매에 걸려 다시 어린아이처럼 된 상태를 말한다.

는 선사 시대 표시가 붙은 선사 시대 창이나 '영감 전용 좌석'이라는 글이 새겨진 온전한 왕좌를 발굴해 낸 사람이 있을 거라고는 믿지 못하겠다. 웰스가 그저 자기 머리에서 이야기를 꾸며 냈다고 하기는 어렵겠지만, 선사 시대 인간과 문명화된 인간 사이에 이렇게나 나란하며 또 의심스러운 유사성이 있음을 당연시했다고는 추정할 수 있겠다. 어쩌면 어떤 야만적인 부족이 실제로 족장을 영감이라 부르고, 그의 창을 만지거나 그의 자리에 앉는 것을 엄히 금했는지도 모른다. 이 경우에 족장은 미신적이고 전통적인 공포물에 둘러싸여 있는 인물로서 모르긴 해도 전제적이고 압제적일 것이다. 그러나 원시 정부가 전제적이고 압제적이었다는 증거는 조금도 없다. 물론 원시 정부가 전제적이고 압제적이었을 수는 있다. 원시 정부는 아무것이었을 수 있고 아무것도 아니었을 수도 있으며 아예 존재하지 않았을 수도 있다. 20세기의 어떤 음울하고 부패한 부족들에게서 전제정이 이루어진다는 사실이, 최초의 인간들이 전제적으로 통치받았음을 증명하는 건 아니다. 심지어 그러한 점을 시사하거나 암시하지도 않는다. 우리가 정말로 알고 있는 역사로부터 우리가 정말로 증명할 수 있는 한 가지 사실이 있다면, 그건 전제정이 하나의 발전 단계일 수 있다는 점, 많은 경우에 늦은 발전 단계이며 아주 많은 경우에 매우 민주적이었던 사회의 결말일 수 있다는 점이다. 전제정은 일반적으로 피로한 민주주의라고 정의할 수도 있다. 한 공동체에 피로가 쌓이면, 시민들은 참으로 자유의 대가로서 요구되는 그 부단한 경계를 덜 좋아한다. 그래서 자기들이 잠든 사이에 경비병 한 명만 무장시켜 도성을 지키게 하는 걸 더 좋아한다. 때로는 시민들이 갑작스레 전투적인 개혁을 실행하려는 목적에서 경비병을 필요로 했다는 것도 사실이다. 마찬가지로 그 경비병이 자기 혼자만 무장한 실력자임을 이용하여 동방의 술탄과 같은 폭군이 되려 한 경우가 많았다는 것 또한 사실이다. 다만 나는 왜 술탄과 같은 폭군이 다른 많은 인물보다 먼저 역사에 등장했으리라고 생각하는지 이해할 수 없다. 오히려 정반대로, 무장한 실력자는 분명 자기가 입은 갑옷의 우월성에 의지할 수밖에 없고 그런 종류의 무기는 더 복잡한 문명과 함께 등장하기 마련이다. 기관총이 있으면 한 사람이 스무 명도 죽일 수 있다. 부싯돌을 가지고는 그럴 가능성이 더 적을 게 분명하다. 무력과 공포로 통치하는 가장 강력한 실력자에 관해 떠도는 속 빈 말들은 그저 손이 백 개나 있는 거인이 등장하는 유아용 요정 이야기와 다를 게 없다. 고대 사회든 현대 사회든 어느 사회에서나 사람이 스무 명만 있으면 가장 강력한 실력자도 제압할 수 있다. 의심할 바 없이 그들은 낭만적이고 시적인 의미에서 정말로 가장 강력한 사람을 우러를 수도 있다. 하지만 이런 우러름은 상당히 독특한 것이어서, 가장 순수한 사람이나 가장 지혜로운 사람을 우러르는 것만큼이나 순수하게 도덕적이며 심지어 신비적이기까지 하다. 그러나 이미 확립된 전제정의 순전한 학대와 변덕을 견디는 정신은 오래되고 안정된, 그리고 아마도 경직되었을 사회의 정신이지 새로운 사회의 정신은 아니다. 그 이름이 함축하듯이 '영감'이란 옛 인류의 통치자다.

원시 사회는 순수한 민주정 같은 것이었을 개연성이 훨씬 더 높다. 오늘날까지도 상대적으로 단순한 농경 공동체들은 단연코 가장 순수한 민주정이다. 민주정은 복잡한 문명을 통해서는 제대로 작동하지 못하는 어떤 것이다. 원한다면 민주정이란 문명의 적이라 이를 수 있겠다. 또 우리 가운데 어떤 이들이 복잡성보다 민주정을 더 좋아한다는 의미에서 문명보다는 민주정을 좋아한다는 사실을 기억해야 한다. 어쨌든 대략적인 평등 속에서 자신의 땅을 일구고 마을의 나무 아래 모여 투표하는 소농들이야말로 가장 참되게 자치를 실행하는 사람들이다. 이토록 단순한 사상이 훨씬 더 단순한 사람들의 첫 번째 조건에서 발견되었을 가능성은 그렇지 않을 가능성보다 확실히 더 높다. 우리가 그 단순한 사람들을 사람으로 보지 않는다 하더라도, 그들이 전제정의 지배를 받았으리라는 상상은 확실히 과장된 것이다. 가장 유물론에 가까운 부류의 진화론적 가정에 기초하더라도, 사람들이 최소한 쥐나 떼까마귀만큼의 동지애도 지니지 않았을 이유는 전혀 없다. 틀림없이 그들에겐 무리 지어 사는 다른 동물들처럼 어떤 통솔자가 있었을 것이다. 하지만 통솔자가 있다는 사실이 '영감'을 섬기는 미신적인 백성들에게 있었다고 추정되는 그런 비합리적인 노예근성을 함의하지는 않는다. 테니슨의 표현을 빌려서 말하자면 시끄러운 떼까마귀 떼를 집으로 이끄는, 여러 번 겨울을 난 까마귀[3]에 상응하는 누군가가 있었을 게 틀림없다. 하지만 만약 그 존중받을 만한 새가 오래되고 부패한 아시아 술탄들의 방식을 따라 행동하

3 영국 빅토리아 시대의 시인 앨프리드 테니슨1809-1892의 대표시 「록슬리 홀」Locksley Hall에서 사랑을 잃은 젊은 화자가 자신이 아무리 오래 살아도 지금 낙담한 마음이 가시지 않으리라고 한탄하며 다음과 같이 말한다. "설사 내 이승의 여름들이 그토록 긴 세월에 이르도록 온다 하여도/마치 시끄러운 떼까마귀 떼를 집으로 이끄는, 여러 번 겨울을 난 까마귀처럼."

기 시작한다면 그 떼까마귀 떼는 아주 시끌시끌해질 테고, 여러 번 겨울을 난 그 까마귀는 더 많은 겨울을 나지 못하게 될 것이다. 이런 맥락에서 언급할 수도 있겠지만, 심지어 동물들 사이에서도 사람들 사이에서 전통이라 불리는 익숙함이든 지혜라 불리는 경험이든 어쨌든 짐승 같은 폭력보다는 다른 어떤 것이 존중받는 듯하다. 나는 까마귀들이 정말로 가장 나이 많은 까마귀를 따르는지는 알지 못하지만, 가장 힘이 센 까마귀를 따르지는 않으리라는 걸 알고 있다. 그리고 사람의 경우에는 야만인들이 연장자에 대한 어떤 의례를 통해 '영감'이라 하는 인물에 대한 공경을 계속 표했다고 하더라도, 적어도 그들에게 힘센 장사를 숭배하는 노예근성의 나약한 정서 같은 건 없었음을 알고 있다.

그렇다면 원시 예술과 종교 및 그 밖에 다른 것들이 그러하듯 원시 정부 또한 매우 불확실하게 알려졌거나 추측되었다고 말할 수 있겠다. 그러나 원시 정부가 발칸이나 피레네의 마을처럼 민중적이었다고 하는 것은 적어도 튀르키예의 조정朝廷이 변덕스럽고 비밀스러웠다고 하는 것만큼이나 훌륭한 추측이라 할 만하다. 산간 지방의 민주정과 동방의 궁정은 여전히 존재한다는 의미에서나 일종의 역사적 발전이라는 의미에서 현대적이다. 그리고 그 둘 가운데 궁정은 축적되고 부패된 것이라는 모습을 더 많이 지녔고, 마을은 변치 않고 원시적인 것이라는 모습을 더 많이 지녔다고 할 수 있다. 다만 이 지점에서 나의 연상은 오늘날 통용되는 억측에 관한 건전한 의심을 표현하는 정도를 넘어서지 않는다. 이를테면 현대인들조차 어떤 인종이나 민족이나 철학을 지지하기에 편리하다는 이유에서 자유주의 제도들의 기원을 야만인들이나 저개발 국가들에까지 소급해 왔다는 게 나로서는 꽤 흥미롭다. 마찬가지로 사회주의자들은 그들의 이상인 공유재산제가 아주 먼 옛날에도 있었다고 공언한다. 마찬가지로 유대인들은 그들의 오랜 율법에서 규정한 희년, 즉 더 정의로운 재분배 규정을 자랑한다. 마찬가지로 튜턴족은 의회와 배심원 제도를 비롯해 다양한 민중적 제도들이 북부 게르만 부족들에게 있었음을 자랑했다. 마찬가지로 켈트족에 우호적인 사람들이나 아일랜드의 과오를 증언하는 이들은 아일랜드의 족장들이 스트롱보우[4] 앞에서 증언했던 씨족 체제의 더욱 평등한 정의를 옹호해 왔다. 이 각각의 사례가 지닌 힘은 저마다 다르다. 다만 모든 사례에는 그를 대신할 어떤 사례가 있듯이, 나는 어떤 종류의 민중적 제도들이 초기의 단순한 사회들에서 결코 드물지 않았다는 일반 명제를 대신할 또 다른 사례가 있지 않을까 하고 생각한다. 이 학파들은 저마다 어떤 특별한 현대적 논지가 증명되었음을 말하는데, 이를 한데 모아 놓으면 더욱 오래되고 일반적인 진리, 즉 선사 시대 협의체에는 잔혹과 공포가 아닌 다른 무언가가 있었음을 가늠할 수 있다. 이 이론가들은 저마다 연마할 자신의 도끼를 지니고 있었지만, 기꺼이 돌도끼를 사용하려고도 했다. 다시 말해 그들은 돌도끼가 단두대만큼이나 공화적이었을 수도 있음을 시사한다.

4 스트롱보우Strongbow는 제2대 펨브로크 백작 리처드 드 클래어Richard de Clare, 1130-1176의 별칭으로, 잉글랜드의 노르만 계통 영주였던 그의 가문 이름이 와전되어 후대에 정착된 것이다. 그는 1167년 당시 여러 개의 소왕국으로 나뉘어 경쟁하던 아일랜드를 다른 노르만 영주들과 함께 정벌했으며, 이 일이 단초가 되어 이후 800년에 가까운 잉글랜드의 아일랜드 지배가 시작되었다.

그러나 사실은 이미 진행 중인 연극의 막이 오른다는 것이다. 어떤 의미에서 역사 이전에 역사가 있었다는 건 그야말로 역설이다. 하지만 '선사 시대 역사'에는 그런 비합리적 역설이 함축되어 있지 않다. 그건 우리가 알지 못하는 역사이니 말이다. 우리가 그 역사를 모른다는 한 가지 세부 사항을 제외하고는, 그 역사 역시 우리가 알고 있는 역사와 대단히 비슷할 개연성이 아주 높다. 그러므로 그것은 아메바에서 유인원까지, 또 유인원에서 불가지론자까지 하나의 일관된 경로를 통해 모든 것을 추적하여 찾아낸 척 가장하며 젠체하는 선사 시대 역사와는 정반대되는 것이다. 우리와 매우 다른 기묘한 생물들에 대해 우리가 모든 것을 낱낱이 아는가 하는 문제와는 상관없이, 그들은 우리가 그들에 대해 아무것도 알지 못한다는 사실을 제외하곤 우리와 아주 비슷한 사람들일 개연성이 매우 높다. 달리 말하자면 가장 오래된 기록들조차 간신히 닿을 수 있는 시기에도 인류는 이미 오래전부터 인류였으며 심지어 오래전부터 문명화되어 있었다는 것이다. 우리에게 있는 가장 오래된 기록들은 왕, 사제, 영주, 민중 집회 같은 것들을 단지 언급하는 데 그치지 않고 당연한 것으로 간주한다. 그 기록들은 오늘날 우리가 말하는 의미에서 거칠게나마 공동체로 인식할 수 있는 공동체들을 묘사한다. 그 공동체들 가운데 몇몇은 전제정이지만 항상 전제정이었다고 단언할 수는 없다. 어떤 공동체들은 이미 퇴락한 듯하고, 거의 모든 공동체가 이미 오래된 것으로 언급된다. 우리는 그 기록들 이전의 세상에서 정말로 무슨 일이 일어났는지 알지 못한다. 하지만 오늘날의 세상에서 일어나는 것과 아주 유사한 일들이 일어났음을 알게 된다면, 조금 알고 있는 사실에 결코 놀라지 않을 것이다. 우리에게 알려지지 않은 시대들이 여러 공화국과 제국으로 가득했음을 발견한다고 해서 모순되거나 당혹스러울 만한 점은 전혀 없을 터이다. 공화국은 군주정 아래 몰락했다가 다시 부흥하고, 제국들은 확장되어 식민지를 개척했다가 도로 그 땅을 잃었다. 또 여러 왕국이 합쳐져 세계국가를 이루었다가 쪼개져 작은 나라들로 나뉘었다. 여러 계급은 노예로 팔렸다가 다시금 행진하여 자유를 얻었다. 이 모든 인류의 행렬이 일련의 진보일 수도 있고 아닐 수도 있지만, 하나의 낭만인 것만은 확실하다. 그러나 이 낭만의 앞부분은 책에서 찢겨 나갔고, 우리는 그 부분을 영영 읽지 못할 것이다.

진화와 사회 안정에 관한 더욱 특별한 공상도 마찬가지다. 구할 수 있는 진짜 기록들에 따르면, 야만과 문명은 세상의 진보 과정에서 연속하는 두 단계가 아니었다. 야만과 문명은 나란히 존재했고 지금도 나란히 존재한다. 오늘날 문명이 있듯이 그때에도 문명이 있었다. 그때 야만이 있었듯이 오늘날에도 야만이 있다. 모든 인류가 유목 단계를 통과했다고들 하는데, 아직 그 단계에서 나오지 않은 사람들이 있다는 건 확실하다. 또 유목 단계에 전혀 진입하지 않은 이들도 있을 법해 보인다. 원시 시대부터 땅을 일구고 정착하여 사는 사람과 짐승을 치며 돌아다니는 사람은 뚜렷이 구분되는 인류의 두 유형이었다. 그리고 이 둘을 연대순으로 재배열하는 것은 역사를 크게 위조해 온 단계적 진보에 대한 광적인 집착을 드러낼 뿐이다. 사유재산이 어디서도 알려지지 않았으며 전 인류가 재산을 부정하며 살았던 원시 공산주의 단계가 있었다고들 한다. 그러나 이러한 부정의 증기들 자체가 다소 부정적이다. 재산의 재분배, 희년, 농지법은 다양한 간격을 두고 다양한 형태로 나타난다. 그러나 인류가 불가피하게 공산주의 단계를 통과했다는 말은 인류가 불가피하게 공산주의 단계로 돌아가리라는 평행 명제만큼이나 의심스럽게 들린다. 그런 말은 주로 가장 과감한 미래의 기획들은 과거의 권위를 불러낸다는 증거로서, 그리고 혁명가조차 자신이 반동분자라는 사실에 스스로 만족을 느낀다는 사실의 증거로서만 흥미를 끈다. 우리가 페미니즘이라 부르는 것에도 유사한 흥미로운 사례가 있다. 포획에 의한 혼인과 곤봉으로 아내를 구타하는 동굴인간에 관한 그 모든 의사疑似 과학적인 헛된 공론들이 있음에도, 페미니즘이 최신 유행의 구호가 되자마자 인류의 문명은 그 첫 단계에서 가모장제였다는 주장이 강력히 제기되었는데 이 사실은 주목할 만하다. 듣자니 곤봉을 들었던 것은 동굴여성이었다고 한다. 어쨌든 이 모든 생각들은 추측에 지나지 않으며, 별난 방식으로 현대적 이론과 유행의 행운을 좇는다. 어쨌든 그런 생각들은 기록으로서의 역사가 아니다. 기록에 근거하는 한, 우리는 야만과 문명이 언제나 세상 속에 나란히 존재해 왔다는 것이 전반적인 사실이라고 거듭 말할 수 있다. 문명은 때로 멀리 퍼져나가 야만인들을 흡수하기도 하고 때로는 쇠락하여 상대적인 야만으로 전락하기도 한다. 그리고 대부분 경우에는 야만인들이 거친 형태로 지녔던 관념과 제도를 보다 완성된 형태로 지닐 뿐이다. 정부라든가 사회적 권위, 예술, 특히 장식 예술, 성性에 관한 것을 비롯하여 다양한 종류의 신비와 금기, 그리고 이번 연구의 주된 관심사인 어떤 형태의 근본적인 것 곧 우리가 종교라고 부르는 것 말이다.

이집트와 바빌론이라는 태곳적 두 괴물은 이 문제에 관한 모델로서 특별히 제공된 것 같다. 실로 이집트와 바빌론은 이 현대 이론들이 얼마나 비효과적인지를 드러내는 아주 효과적인 모델이라 할 수 있다. 우리가 이 위대한 두 문화에 관해 알고 있는 위대한 두 진실은 조금 전에 고찰해 보았던 오늘날의 두 가지 오류와 정면으로 배치된다. 이집트의 이야기는 인간이 야만적이기에 필연적으로 전제정으로 시작하는 게 아니라, 오히려 많은 경우 인간이 문명화되었기에 전제정에 이르는 길을 찾아낸다는 교훈을 지적하려는 목적에서 지어낸 것일 수 있다. 인간은 경험이 쌓였기 때문에 그 길을 찾아낸다. 거의 같은 얘기지만, 많은 경우에 인간은 소진되었기에 그 길을 찾아내는 것이다. 바빌론의 이야기는 인간이 농부나 시민이 되기 전에 반드시 유목민이나 공산주의자가 될 필요는 없으며, 그러한 문화들이 늘 연속 단계를 이루는 것이 아니라 대개는 동시대에 공존한다는 교훈을 지적하기 위해 지어낸 것일 수도 있다. 심지어 글로 쓰인 우리의 역사와 함께 시작되는 이 위대한 두 문명을 다루는 데는 너무 기발해지거나 지나치게 확신하려는 유혹이 찾아들기 마련이다. 우리는 성혈[5]에 대해 추측하는 것과는 아주 다른 의미에서 바빌론의 벽돌을 해독할 수 있다. 그리고 우리는 신석기 동굴에 그려진 동물에 대해 아무것도 알지 못하지만, 이집트 신성문자에서 동물들이 의미하는 바는 분명하게 알고 있다. 하지만 여기에서도 수킬로미터에 이르는 설형문자를 한 줄 한 줄 해독해 낸 존경스러운 고고학자들조차 행간

5 성혈性穴, cup and ring stone은 돌이나 바위를 주로 원형으로 쪼아 새긴 선사 시대의 그림 혹은 문양이다.

에서 너무 많은 것을 읽어 내려는 유혹에 빠질 수 있다. 바빌론에 관한 진짜 권위자조차 자신이 어렵게 획득한 지식이 얼마나 단편적인 것인지를 잊을 수 있다. 바빌론은 그에게 단지 벽돌 반쪽을 던져 주었을 뿐이다. 물론 설형문자가 하나도 없는 것보다는 벽돌 반쪽이라도 있는 게 더 낫겠지만 말이다. 그러나 선사가 아니라 역사인, 진화가 아니라 교의인, 공상이 아니라 사상인 어떤 진실들은 실로 이집트와 바빌론으로부터 등장한다. 다음의 두 진실도 그런 진실들에 속한다.

이집트는 검붉은 사막의 적막을 가르는 강물을 따라 이어지는 초록 띠다. 이집트가 나일강의 신비로운 너그러움과 불길할 정도의 후덕함에 의해 창조되었다는 말은 속담 중에서도 아주 오래된 속담이라 할 수 있다. 우리가 처음 들어 보게 되는 이집트인들은 줄지어 늘어선 강변 마을들에 살고 있다. 이들 마을은 나일강의 둑을 따라 형성된, 작고 분리되었으나 상호협동적인 공동체들이다. 강이 여러 갈래로 나뉘어 넓은 삼각주 지역으로 흘러드는 지역은 전통적으로 다른 구역이나 민족이 시작되는 곳이었다. 다만 이러한 사실이 주요한 진실을 반드시 복잡하게 만드는 건 아니다. 상호의존적이면서도 다소 독립적인 이 민족들은 이미 상당히 문명화되어 있었다. 그들은 일종의 문장紋章, 즉 상징적이고 사회적인 목적들에 사용된 장식 예술을 지니고 있었다. 나일강을 오가는 배들은 제각기 어떤 새나 짐승을 나타내는 문양의 깃발을 달고 운항했다. 문장은 정상적인 인간성에 아주 중요한 두 가지를 포함한다. 이 둘이 결합하여 협력이라고 하는 고귀한 것을 낳고, 모든 농민과 자유로운 민중은 그에 의존한다. 문장의 예술은 독립성을 의미한다. 문장은 개별성을 표현하고자 상상으로 선택한 형상이기 때문이다. 문장의 과학은 상호의존성을 의미한다. 문장은 서로 다른 집단들 사이에 서로 다른 형상들을 인정하기로 한 합의이기 때문이다. 그것은 형상화의 과학이다. 그러므로 우리는 여기서 정확히, 자유로운 가족이나 집단 사이에서 이루어지는 협력이라 하는 타협을 이루게 된다. 이는 인류를 위한 가장 정상적 삶의 양태로서, 특히 사람들이 자신의 땅을 소유하고 그 땅에 의지해 살아가는 곳에서 명확히 드러난다. 새와 짐승의 형상을 언급하면 신화학자는 잠결에도 '토템'[6]이란 말을 우물거릴 것이다. 그런데 내 생각에, 신화학자의 문제 중 많은 부분은 그런 단어들을 잠결에 말하는 버릇에서 비롯한다. 이 거친 개략적 설명을 관통해서 나는 그러한 것들의 외면보다는 내면에 대해 계속 이야기하려고 시도했지만, 이러한 시도는 필연적으로 부적절할 수밖에 없었다. 그건 가능하면 용어의 측면만이 아니라 사고의 측면에서 내면을 고려하려는 시도였다. 토템을 갖는다는 게 실로 어떤 느낌이었는지에 대한 감이 없다면, 우리가 주절대는 토템에 관한 이야기는 아무런 가치도 없다. 그들에게는 토템이 있었고 우리에게는 토템이 없다는 것을 인정한다 해도 그렇다. 그들에게 토템이 있었던 까닭은 그들이 우리보다 동물들을 더 두려워했기 때문일까? 아니면 동물들과 더 친숙했기 때문일까? 늑대를 토템으로 지녔던 사

6 토템totem은 특정 집단이나 인물이 특수한 종교적 태도를 가지고 관계를 맺는 동물, 식물 광물 따위를 말한다. 토템이라는 말 자체는 아메리카 인디언 가운데 오지브와족이 독수리, 수달, 떡갈나무 등을 신성시하여 자신의 부족과 특수한 관계가 있다고 믿고 부족의 상징으로 삼았던 데서 유래한다.

람은 자신을 늑대인간이라고 느꼈을까? 아니면 늑대인간으로부터 도망치는 사람이라고 느꼈을까? 그는 자신을 엉클 리머스의 브레어 울프[7]라고 느꼈을까? 아니면 형제 늑대를 대하는 성 프란치스코처럼 느꼈을까? 그도 아니면 형제 늑대를 대하는 모글리처럼 느꼈을까? 토템이란 영국 사자[8]나 영국 불독 같은 것이었을까? 토템 숭배는 멈보점보[9]에 대한 흑인들의 느낌이나 점보[10]에 대한 아이들의 느낌과 비슷했을까? 나는 아무리 박식한 책이라 해도, 내가 이제껏 가장 중요한 문제라고 생각하는 이 문제에 조금이라도 빛을 밝혀 주는 민속학 책은 읽어 본 적이 없다. 나는 가장 이른 시기의 이집트 공동체들이 그들 각각의 상태를 나타내는 형상들에 관한 공통된 이해를 지녔으며, 이런 정도의 소통은 이미 역사의 시초에 존재했다는 의미에서 선사적이란 점을 거듭 말

7 엉클 리머스Uncle Remus는 미국의 작가이자 저널리스트였던 조엘 챈들러 해리스Joel Chandler Harris, 1848-1908가 흑인 민담을 모아서 1881년에 출간한 책의 주인공이자 화자다. 책에서 그는 독자들에게 이솝 우화와 같은 이야기들을 들려주는데, 이 이야기들은 주로 기지가 넘치는 브레어 래빗Brer Rabbit이 문제를 해결하는 구성으로 되어 있으며 브레어 폭스Brer Fox나 브레어 울프Brer Wolf 등 다른 동물들이 브레어 래빗을 방해하는 인물로 등장하곤 한다.

8 영국 왕실의 문장에는 세 마리의 황금 사자가 그려져 있다. 이는 십자군 전쟁에 참전에 용맹을 떨친 사자왕 리처드의 문장에서 시작되었다.

9 멈보점보Mumbo Jumbo는 흑인 부족인 만딩고의 '마마좀부'Mamajomboo가 와전된 것이라고 하는데, 이는 종교 의례에서 가면을 쓰고 춤을 추는 사람을 가리킨다. 일반적으로는 아프리카에 퍼져 있던 주술적인 신앙의 대상이나 행위를 두루 이르는 말로 쓰인다.

10 점보Jumbo는 1865년 런던 동물원에 들여온 아프리카 코끼리다. 워낙 큰 덩치 때문에 런던 시민들 사이에서 인기가 많았다. 현대 영어에서 보통 이상으로 큰 것을 가리킬 때 점보jumbo라고 하는 것도 이 코끼리의 이름에서 비롯된 것이다.

할 따름이다. 그러나 역사가 펼쳐짐에 따라, 이 소통의 문제가 그 강변 공동체들 사이에서 주요 문제로 떠오른 게 분명하다. 소통이 필요해지면 공동 정부가 필요해지고, 왕의 위대함이 커지며 왕의 그림자는 퍼져 나간다. 왕 이외에 어쩌면 왕보다 더 오래되었으며 구속력을 지닌 또 다른 존재가 있으니, 그는 바로 사제다. 짐작건대 사제는 사람들이 소통하는 데 사용하는 의례적 상징이나 기호와 더 많은 관계를 맺는다. 그리고 이곳 이집트에서는 우리가 역사 전부를 빚졌으며 역사와 선사 사이의 모든 차이를 빚진 기초적이고 명백히 전형적인 발명이 이루어졌으니, 그건 바로 원형적인 필기 곧 글쓰기의 기술이다.

이 태곳적 두 제국의 대중적인 그림들은 예상한 것의 절반만큼도 대중적이지 않다. 이 그림들 위로는 이교도들의 정상적이고 건강하기까지 한 슬픔보다는 과장된 우울의 그림자가 드리워 있다. 그 그림자는 원시인을 몸이 더럽고 영혼은 무서운, 기어다니는 짐승으로 만들기 좋아하는 비밀스러운 비관론의 한 자락이다. 물론 그 그림자는 사람들이 대부분 자신의 종교에 의해 움직인다는 사실에서 비롯한다. 특히 그것이 비非종교일 때 그러하다. 그런 사람들에게는 기본적이고 기초적인 것이면 무엇이든 반드시 사악한 것이어야 하는 탓이다. 그런데 이 원시적인 로맨스에서 엄청나게 격렬한 실험들이 우리에게 밀어닥쳤던 반면에 그 사람들 모두는 원시화되는 진짜 로맨스를 놓쳐 버렸다는 게 기이한 결과다. 그들은 전적으로 상상의 장면만을 묘사했다. 그 상상의 장면 속에서 석기 시대 사람들은 걸어 다니는 조각상 같은 석인石人들이고, 아시리아인이나 이집트인은 그들 자신의 가장 고풍스러운 예술처럼 뻣뻣한 모습이거나 꾸며져 있다. 그러나 이 상상의 장면을 만든 이들 가운데 우리가 익숙하게 바라보는 그것들을 처음으로 신선하게 바라보는 일이 정말로 어떠했을지를 상상해 본 사람은 아무도 없다. 그들은 불을 발견한 사람을 불꽃놀이를 발견한 아이처럼 바라본 적이 없다. 그들은 바퀴라 불리는 경이로운 발명품을 가지고 노는 사람을 무전기를 들어 올리며 장난하는 소년처럼 바라본 적이 없다. 그들은 젊은 세계를 묘사하면서 그 속에 젊은 정신을 넣어 본 적이 없다. 그러므로 그들의 원시나 선사에 관한 공상에는 농담이 없다. 실제적인 발명들과 관련된 실제적인 농담조차 없다. 그리고 이 점은 신성문자라는 특별한 경우에 매우 날카롭게 드러나 있다. 거기엔 필기나 작문이라는 인간의 고급한 기술이 농담으로 시작됐다는 진지한 암시가 있는 듯하기 때문이다.

어떤 이들은 그것이 말장난으로 시작된 것으로 보인다는 점을 유감스레 깨닫게 될 것이다. 왕이나 사제 혹은 어떤 책임 있는 사람들이 곤란할 정도로 길고 좁은 그 영토에서 강을 거슬러 메시지를 보내길 바라며 레드 인디언[11]의 글자 같은 그림글자로 메시지를 보낼 생각을 해냈다. 재미로 그림글자를 써 본 사람이라면 누구나 알아차리듯이 그들도 단어들이 늘 잘 들어맞지는 않는다는 걸 알게 되었다. 그리하여 세금을 나타내는 단어가 돼지를 나타내는 단어와 발음이 비슷할 때면 과감하게 나쁜 말장난을 하듯 돼지 그림글자를 적어 넣고 나머지는 운에 맡겼다. 그러므로 현대의 신성문자 학자라면 아무렇게나 모자를 하나 그리고서 그 뒤

11 레드 인디언Red Indian은 아메리카 대륙의 원주민들을 가리키는 말이다. 인종차별적 함의 때문에 오늘날에는 더 이상 사용되지 않는다.

에 숫자 1을 똑바로 적어 넣고는 '당장'이라는 말을 나타낸 것이라 할 법하다.[12] 그리하는 것이 파라오들에게도 충분히 좋았을 테고 그 학자에게도 충분히 좋을 테니 말이다. 그런데 글을 쓰고 읽는 것이 정말 새로운 일이었을 때는 이런 식으로 메시지를 쓰거나 읽는 것조차 틀림없이 큰 재미였을 것이다. 그리고 사람들이 고대 이집트에 관한 로맨스를 써야 한다면 (그리고 기도나 눈물이나 저주조차 사람들에게 그러한 습관을 멈추게 하지 못한 듯 보인다면) 나는 이런 장면이야말로 우리에게 고대 이집트인들이 인간이었음을 상기시켜 줄 거라고 제안한다. 내가 제안하려는 바는 누군가가 이런 장면을 묘사해야 한다는 것이다. 위대한 왕이 사제들 사이에 앉아 있고, 왕의 말장난이 점점 더 거칠고 용납하기 어려운 것이 되어 감에 따라 그들 모두가 그것이 암시하는 바로 인해 흥겹게 웃어대는 그런 장면 말이다. 이 암호를 해독할 때도 그에 합하여 흥분 어린 장면이 펼쳐질 것이다. 거기에는 추리 소설의 대중적 스릴을 모두 갖춘 추측과 단서와 발견이 있다. 이것이야말로 원시의 로맨스와 원시의 역사가 기록되어야 할 방식이다. 머나먼 시대에 통용되었던 종교적이거나 도덕적인 삶의 특질이 무엇이었든 그건 인습적으로 추정되는 것보다 훨씬 더 인간적이었을 테고, 그러한 시대의 과학적 관심은 틀림없이 강렬했을 것이다. 말言은 무선통신보다 더욱 경이로웠을 게 틀림없다. 평범한 것들을 가지고 하는 실험은 전기 쇼크보다 더욱 경이로웠을 게 틀림없다.

12 영어에서 '당장'은 'at once'라고 하는데, 이를 그림글자로 정확하게 표현하기는 어려우므로, 소리가 비슷한 모자(hat)와 숫자 1(once)을 이용해서 표기할 것이라는 이야기다.

우리는 누군가가 원시생활에 관한 생생한 이야기를 쓰길 여전히 기다리고 있다. 어떤 의미에서 보면, 여기서 요점은 바로 비어 있는 괄호다. 하지만 그 괄호는 과학의 모든 요정 이야기 가운데 최초이며 가장 매력적이며 이 이야기들에서 가장 활기찬 기관에 의해 정치 발전의 일반 문제와 연결된다.

우리가 이 학문 분야의 대부분을 사제들에게 빚졌다는 건 다들 인정하는 사실이다. 웰스 같은 현대 작가들이 교황제의 위계에 동조한다는 약점 때문에 비난받을 리는 없다. 하지만 적어도 그들은 이교 사제들이 예술과 학문을 위해 한 일을 인정하는 데 동의한다. 계몽된 이들 가운데 더 무지한 자들에게는 어느 시대든 사제들이 진보를 가로막았다고 말하는 인습이 정말로 있었다. 한번은 어느 정치인이 논쟁 중에 내게 말하길, 아마도 옛날에 어떤 사제가 바퀴의 발견에 저항했을 텐데, 내가 정확히 그 사제처럼 현대의 개혁에 저항하고 있다고 했다. 나는 그에 응수하여 바로 그 옛 사제가 바퀴를 발견했을 가능성이 훨씬 더 높다고 지적했다. 그 옛 사제가 글쓰기 기술을 발견하는 데 깊이 관련되었을 개연성은 압도적으로 높다. 사실 신성문자hieroglyphic라는 말 자체가 위계hierarchy라는 말과 비슷하지 않은가 말이다. 이 사제들의 종교는 어딘가 다른 곳에서 더 특별하게 묘사된 유형의 다소 복잡하게 얽힌 다신교였던 게 분명하다. 이 종교는 왕과 협력하여 한 시대를 거쳐 다음 시대로 전해졌으나, 왕자 시절에 자기만의 개인적인 유신론을 지녔던 왕에 의해 일시적으로 파괴되었다가[13] 세 번째 시

13 이집트 제18대 왕조 아멘호테프 4세Amenhotep IV, 재위 1350-1334 BC는 강력해진 신관들의 세력을 억제하고자 종래의 다신교를 금지하고 태양신 아톤Aton을 유일신

대에 들어 실제적으로 왕을 멸하고 왕을 대신하여 통치했다. 이 종교에서 일반적이며 필수적이라고 여긴 많은 것들에 대해 세상은 감사해야 한다. 그리고 그 일반적인 것들을 창조한 이들은 정말로 인류를 구한 영웅들 사이에 한자리를 차지해야 한다. 우리가 다소 비합리적으로 반응하는 그리스도교 안에서 안절부절못하는 대신 진짜 이교 안에서 편안하다면, 인류를 만들어 낸 이 이름 없는 이들에게 어떤 이교적 영예를 표해도 되겠다. 우리는 최초로 불을 발견한 사람이나 최초로 배를 만든 사람, 최초로 말을 길들인 사람의 동상을 가려 놓았을지도 모른다. 우리가 그들에게 화환이나 희생제물을 바친다면, 케케묵은 정치인들과 자선가들의 동상들로 우리의 도시를 흉하게 망치는 것보다 더 큰 의미가 있을 터이다. 그러나 그리스도교의 힘을 드러내는 이상한 표지들이 있으니, 그중 하나는 그리스도교가 유래한 이후로 우리 문명 안에서 어떠한 이교도도 진정 인간일 수 없었다는 사실이다.

여기서 요점은 종교 세력이든 왕정이든 이집트의 통치부가 소통 체계의 확립을 더더욱 필수적인 것으로 여겼으며 소통 체계에는 언제나 어떤 강압의 요소가 동반되었다는 사실이다. 국가가 더욱 문명화될수록 더욱 전제적으로 변했다는 게 반드시 변호의 여지도 없는 것만은 아니다. 국가가 더욱 문명화하고자 더욱 전제적으로 변해야 했다고 주장하는 것도 가능하다. 이런 주장은 어느 시대에나 독재정치를 옹호하기 위해 제기된다. 그런 주장이 역사의 가장 이른 시기에도 펼쳐졌다는 점을 보자니 흥미롭다. 그러

으로 숭배하는 새로운 일신교를 도입했으며 자신의 이름도 아크나톤Akhnaton으로 바꿨다.

나 국가가 가장 이른 시기에는 대체로 전제적이었지만 후대로 갈수록 더욱 자유로워졌다고 하는 것은 단연코 사실이 아니다. 역사가 실제로 진행되어 온 과정은 오히려 정반대였다. '영감'이란 존재와 그의 권좌와 창에 대한 극도의 공포 속에서 부족이 시작되었다고 하는 건 사실이 아니다. 적어도 이집트에서는 옛사람인 그 '영감'이 새로운 조건들을 공격하기 위해 무장한 새 사람이었을 개연성이 높다. 이집트가 복잡하고 완전한 문명으로 성장함에 따라 그의 창은 더욱 길어지고 권좌는 더욱 높아졌다. 이것이 바로 내가 '이 점에서 이집트의 역사가 지구의 역사'라고 말할 때 의미하는 바다. 이집트의 역사는 공포정치가 오직 역사의 처음에만 나타나며 끝에는 나타날 수 없다는 저속한 가정을 직접 부정한다. 우리는 나일강 강변에 형성된 작은 정치공동체들에서 다소 봉건적인 지주와 농부와 노예의 혼합체가 맨 처음 어떤 조건에 있었는지 알지 못한다. 다만 그건 훨씬 더 민중적인 소작제였을 것이다. 우리가 아는 건 그 작은 정치공동체들이 경험과 교육에 의해 자유를 잃게 되었다는 사실, 절대 주권은 고대의 것일 뿐 아니라 상대적으로 현대의 것이기도 하다는 사실, 그리고 진보라고 불리는 경로의 끝에 이르러 사람들은 왕에게로 회귀한다는 사실이다.

그 머나먼 시초의 간략한 기록에서 이집트는 자유와 문명이라는 기본 문제를 드러낸다. 사람들이 실제로 복잡성에 의해 다양성을 잃는다는 건 사실이다. 그들만큼이나 우리도 이 문제를 적절히 해결하지 못했다. 그리고 모든 폭정이 부족의 공포 외에 아무런 동기도 갖지 않는다고 하는 견해는 그 문제 자체의 인간적 품위를 저속하게 만든다. 이집트의 사례가 전제정치와 문명에 관한 오류를 논박하듯이, 바빌론의 사례는 문명과 야만에 관한 오류를 논박한다. 우리가 처음 듣게 되는 바빌론은 역시나 이미 문명화된 바빌론이다. 우리는 어떠한 것이 충분히 교육을 받아 입을 떼기 전에는 그에 대해 전혀 들을 수 없기 때문이다. 바빌론은 설형문자라는 것을 통해 우리에게 이야기한다. 뾰족뾰족하게 생긴 이 낯선 삼각형의 상징 체계는 이집트의 그림 같은 알파벳과 대조된다. 하지만 이집트의 예술이 아무리 상대적으로 경직되어 있다고 해도, 거기에는 너무 경직되어 어떠한 예술도 가질 수 없던 바빌로니아의 정신과는 또 다른 무언가가 항상 있다. 연꽃의 선에는 언제나 생기로운 우아함이 깃들어 있고, 화살과 새들의 움직임에는 강직함만이 아니라 속도감도 느껴진다. 억제되었으나 살아 있는 강의 곡선에는 우리가 '옛 나일강의 뱀'[14]에 대해 이야기할 때 나일강을 한 마리 뱀으로 생각하게 되는 무언가가 있다. 바빌론은 그림보다는 도형의 문명이었다. 자신의 신화적 상상력에 걸맞은 역사적 상상력을 지닌 W. B. 예이츠는 (실로 역사적 상상력은 신화적 상상력 없이는 불가능하다) '그들의 현학적인 바빌론으로부터'[15] 별들을 지켜보았던 사람들에 대해 참된 글을 썼다. 설형문자는 벽돌에 새겨졌고, 바빌론의 모든 건축물은 벽돌로 지어졌다. 벽돌은 진흙을 구워서 만들었는데, 이 진흙이라는 재료에는 조각이나 부

14 '옛 나일강의 뱀'the serpent of old Nile이란 표현은 클레오파트라의 별칭이다. 셰익스피어의 희곡 『안토니우스와 클레오파트라』*Anthony and Cleopatra*, 1623에서 연인이었던 안토니우스가 클레오파트라를 그렇게 부른 데서 유래한다.

15 예이츠W. B. Yeats, 1865-1939는 아일랜드를 대표하는 시인이자 극작가다. '그들의 현학적인 바빌론'their pedantic Babylon이란 구절은 그의 시 「새벽」Dawn, 1919에 나오는 표현이다.

조에서 형태 감각이 발전하지 못하게 가로막는 무언가가 있었다. 바빌론의 문명은 정적이지만 과학적이어서 생활 기구機構가 매우 발달했으며 어떤 면에서는 매우 현대적이기까지 했다. 바빌론 사람들도 현대인들처럼 고등한 독신 여성에 대한 동경을 많이 지니고 있었으며 독립적인 근로 여성을 공식 계층으로 인정했다고도 한다. 딱딱하게 굳힌 진흙으로 쌓아 올린 그 강력한 본거지에서는 거대한 규모의 벌집 같은 공리주의적 활동을 암시하는 무언가가 있었을 것이다. 그러나 아무리 거대했다고 하더라도 바빌론 역시 인간이 이룬 것이었다. 고대 이집트에서나 현대 잉글랜드에서 보이는 것과 똑같은 수많은 사회 문제들이 바빌론에서도 보인다. 그러나 그 폐단이 무엇이었든 바빌론 또한 인간이 가장 이른 시기에 이룬 명작들 가운데 하나였다. 바빌론 역시 티그리스와 유프라테스라는 전설적인 두 강에 의해 형성된 삼각주에 위치했고, 바빌론제국의 광대한 농업은 매우 과학적인 수로 체계에 의해 완벽하게 유지되었다. 전해 오는 이야기에 따르면, 거기에는 예술적이기보다 철학적이기는 했으나 고등한 지적 생활이 있었다. 그 근본 토대를 주도한 것은 고대 점성술의 지혜를 상징하게 된 인물들, 즉 아브라함의 교사인 갈대아인들[16]이다.

벽돌로 쌓은 거대한 장벽에 맞서듯이 이 견고한 사회에 대항

16 이스라엘 민족의 시조 아브라함의 고향은 갈대아의 우르다(창세기 11장 참조). 갈대아는 티그리스강과 유프라테스강 하류의 비옥한 충적토 평야지대를 가리키며, 그곳에 살았던 갈대아인들은 바빌론의 기초를 닦은 셈족 계통의 민족으로 고대 점성술을 발전시킨 것으로 알려졌다. 갈대아인Chaldee, Chaldean이라는 말은 점성가와 동의어로 사용되었다.

하여 이름 없는 유목민들의 군대가 시대를 좇아 거듭 밀려들었다. 그들은 처음부터 유목 생활을 시작했던 곳이자 오늘날에도 여전히 유목 생활의 무대가 되는 사막에서 왔다. 유목 생활의 본성에 대해 오래 숙고할 필요는 없다. 유목 생활이란 일반적으로 풀을 뜯을 땅을 찾는 짐승의 무리를 따라다니며 그 짐승들이 제공하는 젖이나 고기를 먹고 사는, 더없이 분명하고 심지어 편안한 생활이었다. 이러한 생활 방식이 안주할 집을 제외한 거의 모든 인간적인 것을 제공했으리라는 데는 의심할 여지가 전혀 없다. 짐승을 치던 수많은 목자들이 가장 이른 시기에 욥기의 모든 진리와 온갖 불가사의에 관해 이야기했다. 목자들 중에는 거의 편집광적인 유대인들의 유일신론을 무한한 불가사의로서 현대 세계에 제시한 아브라함과 그의 자손들도 있었다. 다만 그들은 복잡한 사회 조직을 이해하지 못하는 야생의 민족이었다. 그들 안에 있는 바람 같은 영靈이 복잡한 사회 조직에 맞서 계속 전쟁을 벌이도록 만들었다. 바빌론의 역사는 대체로 사막의 약탈자 무리로부터 자신을 방어하는 역사다. 유목민들은 한두 세기 간격을 두고 나타났다가 대개는 나타난 방식 그대로 물러났다. 어떤 이들은 침입한 유목민들이 섞여 들어 아시리아인들의 오만한 왕국을 니네베[17]에 건설했다고도 한다. 아시리아인들은 그들의 신전에 거대한 괴물들 곧 케루빔[18]같이 날개와 수염이 돋아난 황소들을 새겼으며, 수많은

17 니느웨라고도 하는 니네베Nineveh는 고대 아시리아의 수도다. 티그리스강의 동쪽 유역에 위치한다.

18 거룹이라고도 하는 케루빔Cherubim은 성경에 등장하는 천상의 존재다. 보통 천사론에서는 하나님 가장 가까이에 있는 세라핌 다음으로 높은 천사로 일컬어진다.

군사 정복자를 파견하여 마치 그 황소들의 거대한 발굽으로 짓밟듯이 세계를 짓밟았다. 아시리아는 제국의 막간극이긴 했지만, 어쨌든 막간극일 뿐이었다. 그 지역 전체의 주된 역사는 유랑하는 민족들과 참으로 고정되어 움직이지 않는 국가[19] 사이의 전쟁이다. 선사 시대에는 아마도, 역사 시대에는 확실히, 이 유랑하는 민족들은 서쪽으로 이동하며 찾아낼 수 있는 것이라면 무엇이든 모조리 소모해 버렸다. 마지막으로 찾아왔을 때 그들은 바빌론이 사라진 것을 발견했다. 이 일은 역사 시대에 일어났는데, 그때 그들을 이끈 지도자의 이름은 무함마드였다.

이제 잠시 멈추어 이 이야기를 다루어 보는 것도 가치가 있겠다. 왜냐하면 앞서 언급했듯이 유목 생활은 단지 선사 시대의 일이며 사회적 정착은 비교적 최근의 일이라고 하는 여전한 통념을 이 이야기가 직접 반박하기 때문이다. 바빌론인들이 이전에 유랑했다는 증거는 아무것도 없으며, 사막의 부족들이 이후에 정착했음을 보여 주는 증거도 거의 없다. 실로 유목 단계 이후에 정착 단계가 이어진다는 통념은 우리 모두가 그들의 연구에 많은 신세를 지고 있는 신실하고 참된 학자들이 이미 폐기한 상태다. 다만 나는 이 책에서 신실하고 참된 학자들과 논쟁하는 것이 아니라 방대하고도 모호한 여론과 논쟁을 벌이고 있는데, 불완전한 조사

창세기 3장 24절에서 하나님이 아담과 하와를 내쫓으시고 케루빔(그룹들)으로 동산을 지키게 하셨다는 대목에 처음 등장하며, 보통은 여섯 개의 날개를 가졌다고 한다. 다만 에스겔서에서는 사자, 소, 독수리, 사람의 얼굴을 하고 인간의 손과 송아지의 발을 가졌다고 묘사된다.

19 체스터턴은 국가를 나타내는 영어의 'state'를 '고정된', '정적인' 등의 의미를 갖는 'static'이라는 단어로 풀이하고 있다.

에서 싹터 미숙한 상태로 퍼져나간 이러한 여론이 인류사 전체에 대한 잘못된 통념을 유행시키고 말았다. 원숭이가 진화해 인간이 되었고 같은 방식으로 야만인이 진화해 문명인이 되었으니, 그러므로 각각의 모든 단계에서 우리가 야만을 뒤돌아보고 문명을 내다보아야 한다는 생각은 순전히 모호한 통념에 지나지 않는다. 불행히도 이런 통념은 이중의 의미에서 완전히 허공에 떠 있다. 그건 사람들이 옹호하는 어떤 논지라기보다는 그 안에서 살아가는 대기와 같다. 그런 분위기 속에서 사람들은 이론보다는 대상에 의해 더 쉽게 해답을 얻는다. 그러니 사소하게 나도는 말이나 글에서 그런 가정을 만들려는 유혹에 빠지는 누군가가 잠시 눈을 감고 저 경이로운 바빌론의 성벽이 마치 사람들로 들끓는 절벽처럼 광대하고도 희미하게 북적이는 모습을 봄으로써 한시나마 유혹을 억제할 수 있다면 좋을 것이다.

자, 우리에게는 그림자처럼 드리우는 확실한 한 가지 사실이 있다. 우리가 시초의 두 제국을 간단히 훑어보기만 해도, 덜 인간적이지만 종종 동등하게 가족적이라 여겨진 어떤 것에 의해 최초의 가족관계가 복잡해졌음이 드러난다. 노예제라 하는 어둠의 거인이 램프의 요정 지니처럼 불려 나와 돌과 벽돌로 된 거대한 작품들을 힘들게 짓고 있었다. 다시금 짚어 두지만, 뒤처진 것은 야만적인 것이라고 너무 쉽게 가정해서는 안 된다. 노예해방의 관점에서는 초기의 노예 상태가 후기의 노예 상태보다 어떤 면에서 더 자유로워 보이며, 어쩌면 미래의 노예 상태보다도 더 자유로워 보이기도 할 것이다. 인류의 일부에게 노동을 강제함으로써 전 인류를 위한 식량을 확보하는 것은 결국 매우 인간적인 방편이었다. 어쩌면 바로 그러한 이유에서 노예제가 다시 시도될지도 모른다. 하지만 한 가지 의미에서 옛 노예제에도 의의가 있었다. 노예제는 그리스도 이전의 모든 고대 세계에 관한 한 가지 근본적인 사실을 나타내는데, 그 사실은 처음부터 끝까지 그렇다고 상정해야 할 것이다. 그건 바로, 국가 앞에서 개인은 하찮은 존재라는 사실이다. 이는 바빌론의 어느 전제정치에서도 참이었던 만큼 헬라스[20]의 가장 민주적인 도시국가에서도 참이었다. 한 계층 전체의 개인들이 별로 중요하지 않거나 심지어 눈에 보이지도 않을 수도 있다는 사실은 이러한 정신을 나타내는 한 가지 표징이다. 그것은 오늘날 '복지사업'이라고 불리는 것을 위해 필요했기에 보통의 것이어야만 한다. 누군가 칼라일[21] 식의 명쾌한 문구를 의도하고선 "인간은 아무것도 아니며, 업적이야말로 모든 것이다"[22]라고 말한 적이 있다. 이 말은 이교도 노예 국가의 사악한 모토였다. 이런 의미에서, 어마어마한 기둥과 피라미드가 변함없는 하늘 아래 영원토록 솟아오르는 전통적인 비전에는 진실이 담겨 있다. 그 기둥과 피라미드는 개미처럼 일하고 파리처럼 죽어 가는, 자기 손으로 이룬 업적에 지워지는, 셀 수 없이 많으나 이름조차 없는 사람들의 고된 노동으로 이루어졌다.

그러나 우리가 이집트와 바빌론이라는 고정된 두 지점을 가

20 헬라스Hellas란 고대 그리스를 가리킨다.

21 토머스 칼라일Thomas Carlyle, 1795-1881은 영국 빅토리아 시대의 작가이자 사상가다. 이상주의적 사회개혁론을 발표하여 동시대인들에게 많은 영감을 주었다. 인간과 역사의 본질을 명쾌한 문장들로 표현한 것으로도 유명하다.

22 프랑스의 소설가 귀스타브 플로베르Gustave Flaubert, 1821-1880의 말이다.

지고 이야기를 시작한 데는 다른 두 가지 이유가 있다. 첫째로, 전통적으로 이집트와 바빌론은 고대 문명의 전형으로 고정되어 있다. 그리고 전통이 없는 역사는 죽은 것이다. 바빌론은 여전히 전래동요의 후렴구에도 쓰이고,[23] 이집트는 (환생을 기다리는 엄청난 수의 공주들과 함께) 여전히 불필요할 정도로 많은 소설의 주제로 자리한다. 다만 전통은 일반적으로 참된 사실이다. 충분히 대중적인 한에서, 거의 통속적이라 하더라도 그러하다. 그리고 이런 동요와 소설에 담긴 바빌론과 이집트에 관련된 요소에는 어떤 중요한 의미가 있다. 보통은 시대에 한참 뒤처진 신문들마저도 이미 투탕카멘의 치세까지 멀리 나아갔다.[24] 첫째 이유는 대중적 전설에 대한 상식으로 가득하다. 우리가 다른 현대적인 것들보다 이 전통적인 것들에 대해 더 많이 안다는 점, 그리고 우리는 언제나 그러했다는 점은 명백한 사실이다. 헤로도토스부터 카나본 백작[25]에 이르는 모든 여행자는 이 경로를 따른다. 오늘날 과학자들이 추측을 통해 펼쳐 놓은 원시 세계의 지도 위에는 인종의 이동이나 혼합의 흐름이 여기저기 점선으로 표시되어 있다. 비과학적인 중세의 지도 제작자들은 이 지도의 빈 공간을 '테라 인코그니

23 '바빌론까지는 얼마나 먼가'How many miles to Babylon라는 구절로 시작되는 오래된 전래동요가 있는데, 아이들이 놀이를 하며 부르던 노래였다고 한다.

24 이집트 제18왕조의 파라오인 투탕카멘Tutankhamun의 피라미드가 이집트 '왕가의 계곡'에서 처음 발견된 것이 1922년이었고, 그 피라미드에서 유명한 황금 마스크가 발굴된 것이 1925년이므로, 체스터턴이 이 책을 집필할 당시에는 발굴 작업이 사람들 사이에서 큰 관심을 끌었으나 아직 밝혀진 사실은 많지 않았다.

25 제5대 카나본 백작 조지 허버트George Herbert, 5th Earl of Carnarvon, 1866-1923는 영국의 귀족 재력가이자 아마추어 이집트학 연구자로, 투탕카멘의 피라미드 발굴을 후원했던 인물이다.

타'*Terra incognita*(미지의 땅)로 이르면서 만족했을 터이다. 그렇지 않다면, 마음을 끄는 이 빈 공간에다 어쩌면 순례자들이 맞닥뜨릴지 모를 상황을 나타낸다면서 용을 그려 넣었을 것이다. 그러나 오늘날의 과학적 추측들 역시 최선의 경우에조차 그저 추측일 뿐이다. 그리고 과학적 추측에서 비롯한 그 점선들은 최악의 경우에 용보다도 훨씬 더 전설적인 것일 수 있다.

그런데 불행히도 여기에는 사람들이 아주 쉽게 빠지는 오류가 하나 있다. 심지어 가장 똑똑한 사람들도 걸려 넘어지고 어쩌면 상상력이 아주 풍부한 이들이 특히나 빠지기 쉬운 오류다. 그건 하나의 관념이 더 크다는 의미에서 더 훌륭하다고 하는, 그러므로 더 근본적이고 고정되었으며 확실하다는 의미에서 더 훌륭하다고 가정하는 오류다. 어떤 사람이 티베트 한가운데 있는 초가집에서 홀로 살아간다면, 그는 자신이 중화제국에 살고 있다는 말을 들을 것이다. 그리고 중화제국은 확실히 멋지고 넓고 인상적인 것이다. 다만 그는 자신이 대영제국에 살고 있다는 말을 들을 수도 있는데, 그가 그 말에 깊은 인상을 받는 것도 온당하다. 흥미로운 점이 있다면, 그러한 정신 상태에서 그가 눈앞에 바로 보이는 자신의 초가집보다 눈에 보이지 않는 중화제국을 훨씬 더 확실히 느낄 수 있다는 사실이다. 그는 마음속으로 어떤 이상한 마법의 묘기를 부린다. 그 묘기에 의해 그의 경험은 초가집에서 비롯하나 그의 논증은 제국에서 시작되는 것이다. 때때로 그는 미쳐버린 나머지 자신의 초가집이 용좌龍座의 영토 안에 존재할 수 없음을 증명하고 있는 듯 보인다. 자신이 향유하는 그러한 문명 안에 돼지우리 같은 자기 집이 있을 수 없음을 입증하려는 것 같다.

그의 정신이상은 '중국이란 만물을 포괄하는 커다란 가설이므로 하나의 가설 이상의 것'이라고 가정하는 지적 착오에서 비롯한다. 현대인들은 이런 방식으로 끝도 없이 논쟁을 벌인다. 그리고 중화 제국보다 훨씬 덜 현실적이고 덜 확실한 것들에까지 그런 지적 착오를 확장한다. 이를테면 현대인들은 사람이 사우스 다운스[26]를 확신하듯이 태양계를 확신하지는 못한다는 사실을 잊어버린 듯하다. 태양계는 하나의 추론이며, 의심의 여지 없이 참된 추론이다. 여기서 요점은 그것이 매우 광대하고 원대한 추론이라는 사실, 그리고 그러하기에 현대인은 그것이 어쨌든 하나의 추론임을 잊고서 이를 기본 원칙으로 다룬다는 사실이다. 어쩌면 그 계산 전체가 오산임을 발견할 수도 있다. 이 경우에 태양과 별과 가로등은 완전히 똑같아 보일 것이다. 그러나 현대인은 태양계가 하나의 계산임을 잊고, 만약 태양이 그 계산에 들어맞지 않는다면 태양 자체를 부정할 준비가 되어 있다. 태양계와 중화제국같이 확인된 사실들의 경우에도 이것이 오류라면, 이는 정말로 확인되지 않은 이론들과 여타 사실들에 관련해서는 훨씬 더 파괴적인 오류일 것이다. 마찬가지로 역사, 특히 선사 시대의 역사에는 인종에 관한 일반화된 일정한 통념들로 이야기를 시작하는 끔찍한 관습이 있다. 나는 이러한 전도轉倒가 현대 정치에 초래한 혼란과 고통을 묘사하지는 않겠다. 인종이 민족을 산출했다고 모호하게 가정하는 탓에 사람들은 마치 민족이 인종보다 더 모호한 것인 양 이야기한다. 사람들은 스스로 하나의 결과를 설명할 이유를 꾸며 내고

26 사우스 다운스South Downs는 잉글랜드 남동부에 동서로 뻗은 초지성 구릉지다.

는, 그 이유를 정당화하기 위해 그 결과를 부정해 버리기까지 한다. 먼저 켈트인을 공리公理처럼 다루고는 다음에 아일랜드인을 추론처럼 다루는 식이다. 그러고선 어떤 훌륭한 호전적인 아일랜드 사람이 으르렁거리며 아일랜드인이 하나의 추론으로 다루어지는데 화를 내면 깜짝 놀란다. 사람들은 아일랜드인이 켈트인인지 아닌지와 상관없이 혹은 켈트인이 도대체 존재하는지 않는지와 상관없이 아일랜드인은 아일랜드인이라는 사실을 보지 못한다. 그리고 사람들은 이론의 크기 곧 공상이 사실보다 더 크다는 인식 때문에 한 번 더 오류에 빠진다. 산재하는 거대한 켈트 인종에 아일랜드인들이 포함되니, 아일랜드인들의 존재 여부는 당연히 켈트 인종에 의존할 수밖에 없다고 생각하는 것이다. 잉글랜드인과 독일인을 튜턴 인종에 쓸어 넣음으로써 완전히 제거해 버리고 말았던 것도 결국 똑같은 혼돈에서 비롯한 결과였다. 어떤 이들은 여러 인종이 결국 하나를 이룬다는 점에서 민족들이 서로 전쟁을 벌일 수 없다는 걸 증명하려고도 했다. 어쨌거나 나는 그저 말이 나온 김에 이 저속하고 진부한 사례들을 그러한 오류의 더욱 친숙한 사례들로 제시하는 것뿐이다. 여기서 논쟁이 되는 문제는 그러한 오류가 이런 현대적인 것들에 적용된다는 게 아니라, 오히려 가장 오래전 것들에 적용된다는 사실이다. 그런데 인종 문제가 더 먼 과거의 일이고 그에 관한 기록이 더 적을수록, 빅토리아 시대 과학자의 전도된 기묘한 확신은 더욱 확고해졌다. 오늘날까지도 과학적 전통을 따르는 사람에게 이러한 것들에 의문을 제기하는 일은 같은 종류의 충격을 준다. 그는 그것들을 기본 원칙으로 전환했지만, 그때 그것들은 그저 그의 최종적인 추론일 뿐이었다. 그는 이제 자신이 잉글랜드인이기보다 앵글로색슨족임을 더욱 확신하듯이 앵글로색슨인이기보다 아리아인임을 훨씬 더 확신한다. 그는 자신이 유럽인임을 알아차리지 못했다. 하지만 자신이 인도유럽인임을 의심한 적은 전혀 없다. 이런 빅토리아 시대의 이론들은 그 형태와 범위가 많이 바뀌었다. 그러나 가설을 빠르게 굳혀 이론으로 만들고 이론을 빠르게 굳혀 기정사실로 만드는 이런 습관이 아직까지 시류에서 벗어난 적은 없다. 사람들은 역사의 토대들이 확고히 안정되어야 한다거나, 최초의 단계들은 안전해야 한다거나, 또는 가장 큰 일반화된 통념은 명백해야 한다거나 하는 느낌에서 비롯한 정신적 혼돈을 쉽게 없애지 못한다. 그러나 그런 모순이 사람들의 눈에 역설처럼 보일지라도 그건 진실의 정반대다. 큰 것이야말로 비밀스러우며 눈에 띄지 않고, 작은 것이야말로 분명하고 거대하다.

지구상 모든 인종은 이런 공론空論의 주제가 되어 왔으며 그 주제의 윤곽을 암시하는 것조차 불가능하다. 다만 우리가 유럽 인종에 한하여 살핀다면 그 역사, 아니 그 선사先史는 내 인생만큼 짧은 동안에도 회귀적 혁명을 많이 겪었다. 전에는 유럽 인종을 코카서스 인종이라 불렀다. 나는 어릴 적에 코카서스 인종과 몽골 인종이 서로 충돌했다는 이야기를 읽었다. 브렛 하트[27]가 쓴 그

27 브렛 하트Bret Harte, 1836-1902는 미국의 소설가, 시인으로 캘리포니아 골드러시 당시 광부나 도박사 등의 이야기를 주로 다루었다. 여기서 체스터턴이 언급하는 구절은 하트의 시 「진실한 제임스에게서 들은 그 이상의 말」Further Language From Truthful James에 나온다. 브렛 하트는 시의 첫 번째 연과 마지막 연에서 "우리의 문명은 실패한 것인가?/혹은 코카서스인은 수명이 다 된 것일까?"라고 묻는다.

이야기는 '코카서스인은 수명이 다 된 것일까?'라는 물음으로 시작되었다. 얼마 지나지 않아 인도유럽인이 된 걸 보면 코카서스인은 수명이 다 되었던 게 분명하다. 이렇게 말하는 게 유감스럽기는 하지만, 때때로 인도유럽인은 인도게르만이라고 자랑스레 소개되곤 한다. 실로 힌두인[28]과 게르만인은 어머니나 아버지에 해당하는 유사한 단어들을 지녔다. 산스크리트어와 다양한 서구 언어들 사이에는 또 다른 유사점들도 있었다. 그래서 힌두인과 게르만인 사이의 표면적인 차이점들이 갑자기 사라지는 듯 보였다. 보통 이렇게 혼성적인 인격은 아리아인으로 묘사하는 편이 더 편리했다. 그리고 참으로 중요한 점은 아리아인이 인도의 고지대로부터 서쪽으로 행진했으며 그 고지대에선 그가 사용했던 언어의 파편들을 지금도 발견할 수 있다는 것이었다. 어린아이로서 이 이야기를 읽었을 때, 나는 모든 아리아인이 반드시 서쪽으로 행진하면서 자신의 언어를 뒤에 남겨 두었어야 할 필요가 있을까 하고 생각했다. 아리아인은 동쪽으로 행진하면서 자신의 언어를 함께 가져갔을 수도 있다. 그 이야기를 지금 읽는다면, 나는 이 문제 전체에 관한 나의 무지를 고백함으로써 스스로 만족해야 할 것이다. 그런데 내가 지금 그 이야기를 읽는 데는 상당한 어려움이 있다. 왜냐면 지금 작성되고 있는 이야기가 아니기 때문이다. 아리아인도 그 수명을 다한 듯하다. 어쨌든 아리아인은 단순히 이름만 바꾼 게 아니라 주소까지, 그의 출발지와 여행 경로까지 다 바꿨다. 한 새로운 이론에서는 우리 인종이 동쪽이 아니라 남쪽에서 오늘

28 힌두인이란 오늘날 인도인 중에서도 북부에 분포하는 아리안 계통의 사람들을 가리킨다.

날의 근거지로 이동해 왔다고 주장한다. 어떤 이들은 유럽인이 아시아가 아니라 아프리카에서 왔다고 한다. 또 어떤 이들은 유럽인이 유럽에서 왔다거나 혹은 유럽을 떠난 적이 없다고 하는 무모한 생각까지 했었다.

어쨌거나 선사 시대에 북쪽으로부터 다소간의 압력이 가해졌다는 증거는 어느 정도 있다. 그 압력으로 인해 그리스인들이 크레타 문화를 물려받게 되었고, 산 너머에 있던 갈리아인들[29]이 여러 차례 이탈리아의 들판으로 내려왔던 것 같다. 다만 내가 이런 유럽 민족학의 사례를 언급하는 까닭은 학식 있는 이들이 이제껏 결국 출발점으로 되돌아왔을 따름이라는 사실과, 학식 있는 이들에 속하지 않는 나로서는 그 박사들이 대체 어디쯤에서 의견이 갈리는지를 감히 판단할 수 없음을 지적하기 위해서다. 하지만 나는 내가 가진 상식을 이용할 수 있다. 그들의 상식은 잘 쓰이지 않아 조금 녹슬었다는 생각이 이따금 들기도 한다. 상식의 첫 행위는 구름과 산의 차이를 인식하는 것이다. 확언하건대 우리 모두가 이집트 피라미드의 존재를 안다는 그런 의미에서, 이러한 것들에 대해 그 무엇이건 아는 사람은 아무도 없다.

거듭 말하지만 합리적으로 추측할 수 있는 것과는 확연히 구분되어 역사의 가장 이른 단계에서 우리가 실제로 보게 되는 것은 땅을 덮은 어둠과 민족들을 덮은 커다란 어둠, 그리고 그 어둠 가운데 여기저기 하나둘 돌연히 빛을 발하는 인류의 작은 무리들

29 고대 로마인들이 갈리아라고 부르던 알프스 너머의 땅 곧 오늘날의 프랑스와 라인강 서안에 해당하는 지역에 살던 켈트인들을 말한다. 프랑스어로 갈리아를 골Gaul이라고 하기에 골족이라 부르기도 한다.

이다. 이들 가운데 두 개의 불꽃은 높이 솟은 초기 도시 중에서도 바빌론의 공중정원과 나일강의 거대한 피라미드에서 타오른다. 물론 드넓은 밤의 광야에도, 또 저 멀리 떨어진 지역들에도 아주 오래된 불빛들 혹은 아주 오래되었다고 추정될 수 있는 불빛들이 있다. 저 머나먼 동쪽의 중국에는 고대의 광대한 고등 문명이 있다. 멕시코와 남아메리카, 그리고 그 밖에 다른 지역들에도 문명의 잔재들이 있으며, 그 가운데 어떤 것들은 너무도 고등한 문명이었기에 가장 세련된 형태의 악마 숭배에 도달했다. 다만 차이점은 옛 전통이라는 요소에 있다. 이 잃어버린 문화들의 전통은 명맥이 끊어졌고, 중국의 전통은 여전히 살아 있긴 하나 우리가 그에 대해 무언가를 알게 될지 의심스럽다. 더욱이 고대 중국을 평가하려는 사람은 중국의 전통적인 평가 방식을 활용해야 할 텐데, 그러면 그는 다른 시간과 공간의 법칙을 따르는 또 다른 세계로 들어간 듯한 느낌을 받게 된다. 시간은 바깥을 향해 포개지며 단축되고, 수백 년의 세월이 억겁의 세월처럼 느리고 빽빽하게 흘러간다. 황인이 바라보듯이 그 장면을 바라보려는 백인은 마치 머리가 빙글빙글 도는 것만 같고, 땋아 늘인 머리채가 쑥쑥 자라나는 게 아닐까 생각한다.[30] 어쨌든 그는 첫 번째 천자天子의 태곳적 탑으로 이어지는 그 기묘한 시각을 과학적인 의미에서 취할 수 없다. 천자는 그리스도교 세계에 대한 진정한 대립물이자 유일하게 참된 대안적 세계이며, 어느 정도 위아래가 뒤집힌 채 거꾸로 걷고 있다. 앞에서 나는 중세의 지도 제작자와 그가 그리는 용에 대

30 변발辮髮을 중국인의 전형적인 특징으로 인식하고 있음을 알리는 표현이다.

해 언급했다. 하지만 아무리 괴물에 관심이 많다 해도, 중세의 어느 여행자가 용이 상서롭고 호의적인 존재로 여겨지는 나라를 발견하길 기대했겠는가? 중국 전통의 더욱 진지한 측면에 대해서는 또 다른 맥락에서 할 만한 이야깃거리가 있다. 하지만 나는 전통과 고대의 시험에 대해 이야기할 따름이다. 나는 중국을 옛 전통이라는 다리를 통해서는 닿을 수 없는 고대로서 언급하고 있으며, 바빌론과 이집트는 우리가 닿을 수 있는 고대로서 거론하고 있다. 헤로도토스는 인간이다. 하지만 런던의 한 찻집에서 중절모를 쓴 채 맞은편에 앉아 있는 중국인은, 헤로도토스가 인간이라는 의미에서 보자면 거의 인간이 아니다. 우리는 다윗과 이사야가 어떻게 느꼈는지를 안다고 여긴다. 하지만 그러한 방식으론 이홍장[31]이 어떻게 느꼈는지를 절대 확신할 수 없다. 헬레나나 밧세바를 앗아간 죄는 개인의 인간적 약점, 정념, 그리고 심지어 용서에 관한 격언의 한 부분이 되어 버렸다. 그리고 중국인의 덕목에는 그러한 것들에 대한 무언가 무시무시한 것이 담겨 있다. 이것이 바로 고대 이집트에서 현대 유럽으로 계속 이어지는 역사적 유산의 보존이나 파괴에 의해 만들어지는 차이다. 그런데 우리가 물려받은 세계는 무엇이었는지, 그리고 그 특별한 사람들과 장소들이 왜 그러한 세계에 속한 듯 보이는지를 물을 때, 우리는 문명화된 역사의 중심을 이루는 그 사실로 인도된다.

그 중심이란 바로 지중해였다. 지중해는 작은 바다이기보다

31 이홍장李鴻章, 1823-1901은 청나라 말기의 중신으로 태평천국의 난을 평정하여 득세한 뒤 서양 문물을 받아들여 부국강병을 추구하려 했던 양무운동을 주도한 인물이다.

는 하나의 세계였다. 다만 그 세계는 작은 바다의 특성을 지닌 세계였다. 시간이 흐를수록 낯설고 다양한 문화의 흐름이 서로 만나 통합을 이루는 장소가 되었기 때문이다. 나일강과 테베레강[32]이 하나같이 지중해로 흘러들 듯이 마찬가지로 이집트인과 에트루리아인[33]이 하나같이 지중해 문명에 기여한다. 드넓은 바다의 매력은 저 먼 육지에까지 퍼졌고, 사막의 아랍인들과 북쪽 산 너머 갈리아인들 사이에서는 일체감이 느껴졌다. 이 내해의 모든 해안을 따라 도는 공통의 문화를 점차 형성한 것이 고대 문명의 주된 과업이다. 나중에 다시 보겠지만, 이건 좋은 일이었던 만큼 때로는 나쁜 일이기도 했다. 오르비스 테라룸이라 하는 그 원형의 땅[34]에는 사악함과 경건함의 극단적 사례들이 자리했으며, 대조적인 인종들과 그보다 훨씬 더 대조적인 종교들이 있었다. 페르시아의 배들이 살라미스에서 밤을 보냈을 때[35]로부터 투르크의 배들이 레판토에서 도주하기[36]까지 지중해는 아시아와 유럽 사이에서 벌어진 끝없는 투쟁의 현장이었다. 나중에 특별히 언급하겠지만 지중

32 테베레강Tevere은 이탈리아 중부 아펜니노산맥에서 발원하여 로마를 관통하여 흐르는 강이다.

33 에트루리아인은 로마인보다 앞선 기원전 8세기경부터 이탈리아반도에서 최초로 독자적 문화를 이룬 민족이다.

34 오르비스 테라룸*orbis terrarum*은 '땅(세계)의 구'를 뜻하는 라틴어 표현으로 보통 지구나 세계를 나타내며, 구형의 세계 전체를 평면으로 나타낸 원형의 세계지도를 이르기도 한다. 여기서는 지중해를 둘러싼 환環지중해 세계를 의미한다.

35 기원전 480년에 발발한 살라미스Salamis 해전은 페르시아 전쟁에서 그리스 도시국가 연합이 크게 승리하여 전쟁의 승기를 잡은 전투다.

36 1571년의 레판토Lepanto 해전은 베네치아와 스페인을 주축으로 한 유럽의 신성동맹이 지중해 제해권을 두고 오스만제국과 맞서 큰 승리를 거둔 해전이다.

해는 두 가지 서로 다른 유형의 이교 사이에서 최고의 영적 투쟁이 벌어진 현장이었다. 이 두 종교는 라틴 도시들과 페니키아 도시들에서, 로마의 포룸과 카르타고의 시장에서 정면으로 부딪쳤다. 지중해는 전쟁과 평화의 세계이자 선과 악의 세계요, 지극히 중요한 모든 것의 세계였다. 아즈텍과 극동의 몽골로 말할 것 같으면, 지중해의 전통이 중요했으며 여전히 중요하듯이 그렇게 중요하지는 않았다. 지중해와 극동 지역 사이에는 물론 다양한 종류의 흥미로운 사교邪教들과 다양한 점령지들이 자리했고, 이들은 다소간 지중해와 관계가 있었으며 그에 비례하여 우리도 그것들을 이해할 수 있었다. 페르시아인들은 말을 타고 와서 바빌론을 멸망시켰는데, 우리는 한 그리스인의 이야기를 통해 이 야만인들이 어떻게 활시위를 당기고 진리를 말하는 법을 배웠는지를 알게 된다. 그리스의 알렉산드로스 대왕은 마케도니아인들을 거느리고 해 뜨는 동쪽으로 행군하여 이름 없는 왕들의 정원과 보고寶庫에서 일출 때의 구름 같은 빛깔을 띤 낯선 새와 낯선 꽃, 보석을 가지고 돌아왔다. 이슬람은 동쪽으로 이동하여 그 세계로 들어가서는 우리에게도 그 세계를 부분적으로나마 머릿속에 그려 볼 수 있는 곳으로 만들어 주었다. 그건 이슬람 자체가 우리 조상들의 오래된 옛 바다를 둘러싼 그 원형의 땅에서 태어났기 때문이다. 중세에는 무굴제국[37]이 그 신비를 간직한 채 더욱 웅대해졌다. 타타르인들[38]

37 무굴제국1526-1857은 오늘날의 인도와 파키스탄 및 아프가니스탄 대부분의 지역을 지배한 이슬람 제국이다.

38 타타르인은 오늘날 주로 중앙아시아에 분포하는 투르크 계열의 민족을 가리킨다. 12세기 이후 대부분 몽골제국에 흡수된 뒤 칭기즈 칸의 손자 바투 칸이 이들

이 중국을 정복했으나 중국인들은 그들을 거의 무시하다시피 했다. 이 모든 일이 그 자체로 흥미롭지만, 무게 중심을 유럽의 내륙과 바다로부터 아시아의 내륙 공간으로 옮기기란 불가능하다. 필경 지중해를 둘러싼 원형의 땅에서 사람들이 말하고 행하고 쓰고 지은 것들만 세상에 존재한다면, 그것만으로도 우리가 살아가는 세상의 가장 필수적이며 가치 있는 것 전부라 이를 수 있다. 그 남부의 문화가 북서 지방으로 퍼져 나가자 아주 경이로운 것들이 많이 탄생했다. 물론 그중에서도 가장 경이로운 것은 바로 우리 자신이다. 이후로 그 문화가 다시금 식민지와 신생국가에 퍼져 나갔을 때도, 문화이기만 하면 그건 여전히 동일한 문화였다. 그러나 호수 같은 그 작은 바다를 둘러싼 원형의 세계에는 그로부터 비롯한 확장과 반향과 해설과는 별개로 그 자체의 고유한 것들이 있었다. 즉, 공화정과 교회, 성경과 영웅 서사시, 이슬람과 이스라엘, 상실된 제국들의 기억, 아리스토텔레스와 만물의 척도[39]가 있었다. 내가 지중해 동부의 높이 솟은 도시 가운데 처음으로 빛이 비친 곳을 거론하며 이 글을 시작했던 까닭은 이 세계에 비친 최초의 빛이 정말로 빛이었기 때문이다. 그것은 낯선 별들의 의심스러운 별빛이 아니라 오늘도 여전히 우리가 그 안에서 걷고 있는 햇빛이다.

바빌론과 이집트가 친숙하고 전통적이며 우리에게만이 아니라 우리 조상들에게도 매력적인 불가사의라는 점에서 일종의 우

을 데리고 서쪽으로 이동한 결과, 러시아를 포함한 유럽에서는 몽골 세력을 모두 타타르Tartars라고 부르게 되었다.

39 고대 그리스 철학자 프로타고라스는 '인간이 만물의 척도다'라고 말했다.

선권을 지니기는 하나, 그럼에도 우리는 남쪽 바닷가에 오래된 문명이 오직 그 둘밖에 없었다거나, 문명이라곤 수메르인이나 셈족이나 콥트인의 문명일 뿐이었다거나, 더 나아가 아시아인이나 아프리카인의 문명만이 있었다고 상상해선 안 된다. 실제 연구 결과는 유럽의 고대 문명, 특히 우리가 아직도 모호하게 그리스인이라 부르는 이들의 문명을 점점 더 칭송한다. 그런 의미에서 그리스 신화의 그토록 많은 이야기에서 신들 이전에 신들이 있었듯이 그리스인들 이전에 그리스인들이 있었음을 이해해야 한다. 크레타섬은 미노아라는 문명의 중심이었다. 미노아는 고대 전설 속 인물인 미노스에게서 따온 이름인데, 현대 고고학자들은 미노스의 미궁을 실제로 발견했다.[40] 다만 항구와 배수 시설과 가정용 기계장치를 갖춘 이 정교한 유럽 사회는 북쪽의 이웃들이 침략하기 전에 쇠락했던 것으로 보인다. 우리가 역사를 통해 아는 헬라스를 만들어 냈거나 물려받은 이들은 바로 이 북쪽의 이웃들이었다. 하지만 가장 이른 시대의 문명은 이 세계에 훌륭한 선물을 주고 사라졌다. 그 선물은 너무나 훌륭해서, 이후로 지금까지 그에 보답하고자 하는 세계의 노력은 그저 헛되거나 기껏해야 표절에 지나지 않는다.

크레타섬과 주변 섬들의 맞은편에는 이오니아 해안이 펼쳐져 있고 그 어딘가에 도시가 하나 있었는데, 우리로서는 성벽이

40 미노스Minos는 크레타섬의 전설적인 왕이었다. 그리스 신화에 따르면, 바다의 신 포세이돈이 준 황소와 미노스 왕의 부인 사이에서 반인반수의 괴물 미노타우로스가 태어났다. 이에 미노스 왕은 천재적인 기술자 다이달로스에게 부탁하여 누구도 빠져나올 수 없는 미로로 된 궁을 지어 그 안에 괴물을 가두었다.

있는 마을이나 촌락이라 불러야 할 그런 부류의 도시였던 것 같다. 그 도시는 본래 일리온이라 일컬어지다가 나중엔 트로이라고 불렸는데, 이 이름은 절대 지상에서 사라지지 않을 것이다. 그리고 한 시인이 있었으니, 그는 걸인이었거나 연가戀歌를 지어 팔아먹는 사람이었을 수도 있고, 어쩌면 글을 읽고 쓰지도 못했을 수 있으며, 전승에 따르면 앞을 보지 못했다고도 한다.[41] 이 시인이 세상에서 가장 아름다운 여인을 되찾기 위해 이 도시와 전쟁을 벌이러 떠나는 그리스인들에 대한 서사시를 썼다. 세상에서 가장 아름다운 여인이 그 작은 도시에 살았다는 건 마치 전설처럼 들린다.[42] 하지만 그런 작은 도시보다 더 큰 무언가의 존재를 전혀 알지 못하는 누군가에 의해 세상에서 가장 아름다운 시가 쓰였다는 것만은 역사적 사실이다. 이 시는 그 시대의 말미에 나왔다고들 한다. 그 시원의 문화는 쇠락해 가던 와중에 그러한 시를 내놓았으나, 사람들은 그 절정기를 보았더라면 하고 바랄 것이다. 여하튼 이 시는 우리에게 최초의 시이며, 당연히 최후의 시일 수도 있다. 이 시는 필멸의 시선으로 바라본 필멸의 자기 운명에 대해 인간이 내뱉은 최초의 말이자 최후의 말일 수도 있다. 세상이 이교 세계로 변하여 소멸한다면, 살아남은 최후의 인간은 『일리아스』[43]를 읊고 죽는 편이 좋을 것이다.

41 기원전 8세기경에 활동한 호메로스는 고대 그리스 문학의 최고작으로 꼽히는 『일리아스』와 『오디세이아』의 저자로 알려졌지만, 실제 그가 어떤 인물이었는지에 대해서는 정확한 기록이 전해지지 않고 전설과 가설만 무성하다.

42 트로이 전쟁은 고대 그리스에서 최고의 미인으로 꼽히던 스파르타의 왕비 헬레네를 트로이의 왕자 파리스가 납치하면서 시작되었다고 전해진다.

43 『일리아스』는 현존하는 가장 오래된 고대 그리스 서사시다. 트로이 전쟁을 배경

그러나 고대 문명을 잘 드러내는 이 위대하고 인간적인 작품에는 역사적으로 매우 중요한 또 다른 요소가 들어 있다. 생각해 보면 그 요소에 대하여 역사의 합당한 자리가 주어진 적은 거의 없었다. 그 시인은 독자들도 승자보다는 패자 편에 동정을 느끼도록 작품을 구상했다. 이는 시적 기원이란 것 자체가 희미해져 갈 때도 시의 전통에서 더욱 커지는 정서다. 아킬레우스[44]는 이교 시대에 반신半神의 지위를 지녔으나 후대에 완전히 사라지지만, 헥토르[45]는 세월이 흘러 시대가 바뀌어도 더욱 위대해져서 그 이름은 원탁의 기사의 이름이 되었다.[46] 전설에 따르면 헥토르의 검은 롤랑[47]의 손에 쥐어졌고, 롤랑은 자신이 패배하던 그 마지막 파국과 영예의 순간에 패배자 헥토르의 무기를 마음껏 휘둘렀다. 헥토

으로 아킬레우스와 헥토르를 비롯한 여러 영웅의 이야기를 담고 있다.

44 아킬레우스Achilleus는 요정 테티스Tethis에게서 태어난 그리스의 반신반인 영웅이다. 트로이 전쟁에 참여하여 그리스의 승리를 이끌어내지만, 불사의 몸이었음에도 유일한 약점이었던 발뒤꿈치에 화살을 맞아 숨을 거두었다.

45 헥토르Hektor는 그리스 신화에 등장하는 트로이의 왕자다. 트로이 전쟁에서 트로이의 총사령관 역할을 맡아 용맹을 떨쳤으나 아킬레우스와의 결투에서 패해 목숨을 잃는다. 고결한 성품을 지닌 영웅으로 오래 기억되어 중세에는 기사도의 이상으로 꼽히는 9위인 가운데 한 명으로 공경되었다.

46 중세 기사도 문학의 중심인 '원탁의 기사단'에는 열두 명의 기사가 속했는데, 그 중 아서 왕의 양아버지이기도 한 엑터Ector는 그 이름이 그리스 신화의 헥토르에게서 비롯했다.

47 롤랑Roland은 중세 기사도의 전형으로 여겨지는 전설적인 인물이다. 역사적으로는 샤를마뉴 대제의 기사 가운데 하나였던 것으로 기록되었는데, 그의 무훈과 영웅적인 죽음에 관한 전설이 구전되다가 11세기에 이르러 『롤랑의 노래』*La Chanson de Roland*라는 대표적 중세 무훈시로 정착되었다. 그에게는 뒤랑달Durendal이라는 검이 있었다고 하는데, 대개는 원래 샤를마뉴 대제의 것이었다고 전해지나 그 이전에 트로이의 영웅 헥토르의 것이었다는 이야기도 있다.

르의 이름은 우리 인종과 종교가 겪었어야 할 모든 패배를 예시한다. 백 번의 패배를 겪고도 살아남았다는 것이야말로 그 이름이 거둔 승리다.

트로이의 최후에 관한 이야기에는 끝이 없을 것이다. 그 이야기는 영원히 살아 있는 메아리로 고양되어 우리의 절망과 희망처럼 불멸하기 때문이다. 우뚝 선 트로이는 오랜 세월 이름 없이 서 있었을지도 모를 작은 도시였다. 하지만 쓰러지는 트로이는 불꽃에 휩싸여, 불멸하는 절멸의 순간 속에 정지되었다. 트로이는 불로 파괴되었으나 그 불은 절대 파괴되지 않을 것이다. 그 도시가 그러하듯 그 영웅도 그러하다. 시원의 황혼 속에서 오래된 시구詩句를 따라 거슬러 올라가다 보면 최초의 기사가 된 인물을 발견하게 된다. 그의 칭호에는 예언적인 우연의 일치가 존재한다. 우리는 기사도라는 단어와 그것이 어떻게 말과 말 탄 이를 어우르는 듯 보이는지에 대해 이미 살펴보았다. 그건 호메로스의 우레 같은 6보격 운율과 『일리아스』를 끝맺는, 그 길게 약동하는 단어[48] 속에서 이미 오래전에 예견된 것이나 다름없다. 그건 우리가 기사도의 거룩한 켄타우로스[49]라고밖에 이름 지을 수 없는 통합체다. 그러나 이렇게 고대를 간략하게 살펴보면서도 그 성스러운 도시를 그 이름으로 부른 데는 다른 이유가 있다. 그러한 도시들의 성스러움은

48 일반적으로 알려진 『일리아스』의 마지막 구절은 이러하다. "말을 길들이는 자, 헥토르의 장례는 그러하였다." 그리스어 원전의 마지막 단어는 '말을 길들이는 자'hippodamoio인데, 이는 '말'hippos과 '길들이다'damazo를 결합한 말이다. 체스터턴은 이 단어를 기사도와 연결해서 생각하고 있다.

49 켄타우로스Kentauros는 머리와 상반신은 인간이고 하반신은 말인 그리스 신화 속 괴물이다.

지중해 북부의 해안 지방과 섬들에 불길처럼 번져 나갔고, 영웅들은 높은 담장이 쳐진 촌락들을 위해 목숨을 바쳤다. 그 작은 도시로부터 위대한 시민이 나왔다. 헬라스는 수많은 조각상을 보유했으나 그 걸어 다니는 조각상, 스스로 다스릴 줄 아는 인간의 이상형보다 더 웅대한 것은 그 무엇도 산출하지 못했다. 수많은 조각상의 헬라스는 하나의 전설이자 문학이었다. 그리고 성벽으로 둘러싸인 작은 나라들의 미로에서는 트로이의 비탄이 울려 퍼졌다.

나중에 덧붙여졌으나 우연이 아닌 후대의 한 전설에 따르면 트로이의 유민들은 이탈리아 해안에 공화국을 세웠다고 한다. 공화국의 덕德이 그러한 뿌리를 지녔다는 건 정신적 측면에서 사실이다. 바빌론이나 이집트의 궁지에서 비롯하지 않은 명예라는 신비가 바로 그곳에서 아시아와 아프리카에 도전하며 헥토르의 방패처럼 밝게 빛났다. 그리고 마침내 새날의 빛이 풀려나오고 독수리들이 세차게 날아오르며 그 이름이 도래했다. 로마의 등장에 온 세상이 깨어났을 때, 그 이름이 천둥처럼 울려 퍼졌다.

04

하나님과 비교종교학

한번은 어느 교수의 안내로 영국의 오래된 도시에 있는 로마 시대 유적을 보러 간 일이 있다. 그때 그 교수가 수많은 다른 교수들에 대한 풍자처럼 들리는 이야기를 해주었다. 강철같이 확고한 진중함을 견지하기는 했지만, 그 교수는 그 이야기가 우스갯소리라는 걸 이해했을 것이다. 다만 그것이 비교종교학이라는 분야에 대한 우스갯소리라는 건 깨달은 것 같기도 하고 아닌 것 같기도 하다. 나는 태양신의 두상을 가리켰다. 평범한 후광이 달린 태양신의 두상이었으나 동글납작한 얼굴이 아폴론처럼 소년 같지 않고 넵투누스나 유피테르처럼 수염이 나 있어 특이했다. 교수는 섬세하고도 정밀한 태도로 이렇게 말했다. "네, 그건 이 지역의 '술'Sul이라는 신[1]을 재현한 것 같군요. 최고 권위자들은 술이 미네르바와 동일한 신이라고 봅니다. 하지만 이 두상은 두 신의 동일시가 완전하지 않았음을 보여 주는 사례로 여겨져 왔습니다."

우리가 강력하게 절제된 표현이라고 이르는 것이 바로 이런 식이다. 어떠한 풍자보다도 현대 세계는 절제된 표현에 더 미쳐 있다. 오래전 벨록[2]의 풍자극에서 한 교수가 말하길, 어떤 아리아드네[3] 흉상을 현대적인 방식으로 조사했더니 실은 아리아드네가 아니라 실레노스[4]로 밝혀졌다고 했다. 그런데 그 흉상은 바넘[5]의 수염 난 여자 같아 보이는 미네르바의 진짜 모습보다 나을 게 없었다. 두 경우 모두 비교종교학의 '최고 권위자들'이 만들어 낸 수많은 동일시의 사례들과 아주 유사할 따름이다. 그들이 가톨릭의 신조를 여러 가지 엉뚱한 신화들과 동일시할 때도, 나는 웃거나 욕을 하거나 못되게 굴지 않는다. 나는 다만 점잖게 절제하여 그 동일시가 온전하지 않다고 말할 뿐이다.

내가 아직 젊은이였을 때 '인류교'란 말은 콩트주의에나 적용

1 술리스Sulis라고도 하는 술Sul은 고대 브리튼의 켈트 다신교에서 배스Bath에 있는 온천을 관장하는 신으로 숭배되었다. 브리튼을 정복한 로마인들은 이 신을 미네르바와 동일시하여 술리스 미네르바Sulis Minerva라고 불렀다.

2 힐레어 벨록Hilaire Belloc, 1870-1953은 프랑스 태생의 영국 작가, 역사가다. 1900년에 G. K. 체스터턴과 처음 만나 평생을 친구로 교류하며 가톨릭을 옹호하는 작품을 많이 남겼다.

3 아리아드네Ariadne는 그리스 신화에 등장하는 크레타의 왕 미노스의 딸이다. 미노스 왕이 미궁에 가두어 두고 인신 제물을 바쳤던 반인반수의 괴물 미노타우로스를 죽이고자 크레타에 숨어 들어온 아테네의 왕자 테세우스를 보고 사랑에 빠져 괴물을 죽일 수 있는 칼과 미궁에서 길을 찾을 수 있는 실타래를 주었다.

4 실레노스Silenos는 그리스 신화에서 술의 신 디오니소스를 추종하는 반인반수의 괴물이다. 지혜롭지만 늘 술에 취해 있는 모습으로 묘사된다.

5 P. T. 바넘Phineas Taylor Barnum, 1810-1891은 신체가 기형인 사람들이나 재주 부리는 동물들을 보여 주는 서커스 사업으로 크게 성공한 미국의 쇼맨이자 기업가다.

되는 용어였다.[6] 그건 집합적 인류를 최고 존재로 숭배하는 합리주의자들의 이론이었다. 심지어 나는 젊었을 때도 거기에 약간 이상한 점이 있다고 말했었다. 이른바 인류교는 삼위일체 교의를 신비적이고 광적인 모순이라고 일축해 버리고선 일억 개의 인격이 이루는 하나의 신을, 그 인격들을 뒤섞지도 않고 실체를 나누지도 않은 채로 숭배하라고 우리에게 요청하기 때문이다.

그런데 머리가 여럿인 괴물 같은 '인류'라는 우상보다는 그래도 정의가 가능하고 훨씬 더 상상도 가능한 또 하나의 실체가 있다. 더욱이 그것은 합리적인 의미에서 인류교라 부르기에 훨씬 더 나은 빛을 지녔다. 사실 인간은 우상이 아니다. 그러나 인간은 거의 어디에서나 우상을 숭배한다. 그리고 허다한 인류의 우상 숭배는 여러 면에서 현대의 형이상학적 추상 작용보다 더 인간적이고 호의적인 무언가를 지니고 있다. 아시아의 어떤 신에게 세 개의 머리와 일곱 개의 팔이 있다면, 적어도 그 안에는 미지의 힘을 우리에게서 멀리 가져가지 않고 우리에게로 더 가까이 가져다주는 물질적 육화[7]의 개념도 있을 것이다. 하지만 우리 친구인 브라운,

6 프랑스의 철학자, 사회학자인 오귀스트 콩트Auguste Comte, 1789-1857는 학문적으로 실증주의를 주창하고, 내세와 초월이 없는 현세적 종교인 인류교Religion de l'Humanité를 창시했다. 프랑스에서는 '실증주의 교회'Église positiviste라는 이름으로 더 많이 알려졌다. 콩트는 사회의 정신적 진보를 신학적 단계, 형이상학적 단계, 과학적 단계로 구분하고, 과학적 지식을 갖춘 성직자가 다스리는 사회를 이상사회로 보았다. 인류교는 인류의 합리적이고 과학적인 진보가 이루어지는 이상사회를 건설하기 위한 수단이다.

7 육화肉化는 정신적인 것이 물질적으로 구현되는 것을 의미하는 'incarnation'의 번역이다. 이 단어는 그리스도교에서 하나님이신 성자가 사람이 되셨음을 나타내는 성육신聖肉身을 가리킨다.

존스, 로빈슨이 일요일 산책에 나섰다가 우리 눈앞에서 변모되고 융합하여 어떤 아시아의 우상이 되고 말았다면 어떨까. 확실히 전보다는 멀어진 듯 보일 것이다. 브라운의 두 팔과 로빈슨의 두 다리가 뒤섞인 하나의 몸통에서 솟아 나와 흔들린다면 슬픈 작별의 인사로 보일 것이다. 한몸이 된 세 사람의 머리가 하나의 목 위에서 웃고 있는 것처럼 보인다면, 우리는 이 새롭고 다소 비정상적인 친구에게 붙일 이름을 두고도 망설일 것이다. 머리와 손이 여러 개인 동양의 우상에게는 신비란 부분적으로나마 이해 가능한 것이 된다는, 즉 자연의 무형적 힘이 어둡지만 물질의 형태를 취하게 된다는 어떤 느낌이 있다. 하지만 이건 여러 형태를 지닌 신에 대해서는 사실일지 몰라도 여러 형태를 지닌 인간에 대해서는 사실이 아니다. 인간은 덜 분리될수록 덜 인간적이다. 인간은 덜 외로울 때 덜 인간적이라고 할 수도 있겠다. 인간은 덜 고립될수록 덜 이해 가능한 존재가 된다. 엄격하게 진실을 말한다면, 사람들은 우리에게 가까이 다가올수록 더 멀어진다. 이 인도주의적인 종교의 윤리성가집은 인간적인 것은 무엇이든 보존하고 신적인 것은 무엇이든 제거한다는 원칙에 따라 신중하게 선별, 편집되었다. 그 결과 "내 인류를 가까이하게 함은"[8]이라는 수정된 형태의 찬송가까지 등장했다. 이 찬송가를 들을 때면 나는 언제나 복잡한 지하철 안에서 손잡이를 붙든 채 사람들에게 부대끼는 느낌이 들었다. 그런데 사람들이 몸은 그토록 가까이 있으면서 영혼은 그리도 멀리 있는 듯 보일 수 있다는 건 참 이상하고도 놀라운 일이다.

8 체스터턴은 19세기 영국에서 작곡된 유명한 성가 "내 주를 가까이하게 함은"Nearer, My God to Thee이라는 찬송가의 제목을 살짝 비틀어 인류교를 풍자하는 데 사용한다.

내가 여기서 다루는 인간적 일치를, 현대 산업의 단조로움이나 무리 짓기와 혼동해서는 안 된다. 그건 통교[9]이기보다 혼잡이기 때문이다. 인간적 일치는 홀로 남겨진 인간 집단들이, 심지어는 홀로 남겨진 인간 개인들도 참으로 인간적이라 불릴 수 있는 본능을 따라 어디에서나 추구해 온 것이다. 건전한 인간적인 것들이 모두 그러하듯 인간적 일치 또한 하나의 일반적 특성을 지니고 있으며, 이 특성에서 벗어나지 않는 한에서 매우 다양해졌다. 일치란 굴종적인 산업 도시의 앞과 주변에 펼쳐진, 오랜 자유의 땅에 속한 모든 것의 특징이기 때문이다. 산업주의는 그 생산품이 모두 하나의 패턴으로 되어 있다면서 자랑한다. 자메이카에 있는 사람이나 일본에 있는 사람이나 하나같이 똑같은 마개를 따고 똑같이 질 나쁜 위스키를 마실 수 있으며, 북극에 있는 사람이나 남극에 있는 사람이 똑같이 미심쩍은 통조림 연어에 대해 똑같은 정도로 낙관할 수 있다고 자랑하는 셈이다. 그러나 신들이 인간에게 준 선물인 포도주는 계곡마다 다르고 포도밭마다 다를 수 있으며, 백 가지 와인으로 변하되 그중에 위스키를 떠올리게 하는 와인은 전혀 없다. 또한 치즈는 백묵과 치즈의 차이를 망각하지 않아도 지방에 따라 제각기 달라질 수 있다. 내가 말하고 있는 건 무언가 의심할 바 없이 매우 방대한 차이들을 포함할 수 있

9 통교通交는 '함께 하나가 됨'이라는 의미의 'communion'을 번역한 말이다. 이 말은 그리스도교에서 성부와 성자, 신과 인간, 인간과 인간 사이의 역동적인 교제와 일치를 표현하는 데 쓰인다. 특히 성체성사의 빵과 포도주가 예수의 살과 피로 성변화聖變化한다고 믿는 가톨릭교회에서는 성체를 받아 모심으로써 그리스도와 일치를 이루는 영성체를 가리키는 말로 이 단어를 사용한다.

는 어떤 것이다. 그럼에도 나는 여기에서 그것이 하나임을 주장하려 한다. 현대의 성가신 문제들은 대부분 그것이 정말로 하나라는 사실을 깨닫지 못하는 데서 비롯한다는 게 나의 주장이다. 나는 비교종교학과 세계의 개별 종교 창시자들에 관한 모든 논의에 앞서, 그것을 하나의 전체로 인식하는 것이야말로 핵심이라는 논지를 제시하고자 한다. 즉, 우리가 인류라 부르는 커다란 유대紐帶에 속한 거의 태생적이고 평범한 어떤 것으로 그것을 인식해야 한다는 말이다. 여기서 '그것'이란 바로 이교주의다. 이제 나는 이교주의야말로 그리스도의 교회와 겨루는 유일한 진짜 경쟁자라는 점을 밝혀 보이려 한다.

비교종교학이란 참으로 '매우 비교적'이다. 다시 말해 비교종교학은 실로 정도와 거리와 차이의 문제여서 비교를 시도할 때만 상대적으로 성공을 거둔다. 그런데 자세히 들여다보면, 비교종교학이 정말로 비교 불가능한 것들을 비교한다는 걸 발견하게 된다. 우리는 세계의 위대한 종교들이 서로 나란하게 나열된 도표나 목록을 보는 데 너무 익숙해져서 그 종교들이 정말로 나란히 존재한다고 믿을 정도다. 우리는 그리스도, 무함마드, 붓다, 공자 하는 식으로 그 위대한 종교 창시자들의 이름이 한 줄에 늘어선 것을 보는 데 너무 익숙하다. 그러나 이건 하나의 속임수에 불과하다. 특정한 시점으로 이동함으로써 어떠한 사물이든 특정한 관계에 놓이도록 하는 시각적 환영의 한 가지 사례일 뿐이다. 이러한 종교들과 종교 창시자들, 즉 우리가 종교들과 종교 창시자들로 한데 묶기로 선택한 이들은 사실 어떠한 공통된 특성도 드러내지 않는다. 그러한 환영이 생겨나는 건 부분적으로나마 종교 목록에서 이슬람교가 그리스도교 다음에 오기 때문이다. 이슬람교는 그리스도교 이후에 등장했고, 대체로 그리스도교를 모방했다. 그러나 다른 동방의 종교들, 즉 우리가 종교라 부르는 것들은 그리스도교의 교회를 닮지 않았을 뿐 아니라 그들끼리도 서로 닮지 않았다. 목록의 끝단에 있는 유교를 살펴보면 전적으로 다른 사고思考의 세계를 만나게 된다. 그리스도교와 유교를 비교한다는 건 마치 유신론자를 잉글랜드의 대지주와 비교하거나 어떤 사람이 불멸을 믿는지, 아니면 백 퍼센트 미국 사람인지를 묻는 것과 같다. 유교는 하나의 문명일지는 몰라도 종교는 아니다.

사실 교회는 너무나 독특한 나머지 자신의 독특함을 증명할 수 없다. 가장 대중적이고 쉬운 증명법은 그에 상응하는 유사한 대상을 찾는 것인데, 교회에 상응하는 유사한 대상은 전혀 없기 때문이다. 그러니 입증하려는 것이 정말로 독특한 경우, 그 독특한 것을 뭉뚱그리도록 만들어진 잘못된 분류법을 사용해서는 오류를 드러내기가 쉽지 않다. 정확하게 동일한 사실이 다른 어디에도 존재하지 않기에, 정확하게 동일한 오류 또한 다른 어디에도 존재하지 않는다. 이 때문에 나는 그나마 가장 가까운 현상을 취하여, 그 유일한 사회 현상이 어떻게 다른 것들에 휩쓸리고 동화되는지 보여 주려 한다. 우리 대부분은 유대인들이 처한 입장에는 흔치 않은 독특한 무언가가 있다는 데 동의할 것이다. 유대인들과 동일한 의미에서 국제적인 민족이란 존재하지 않는다. 그들의 오랜 문화는 여러 나라에 흩어져 있음에도 여전히 뚜렷이 구별되며 파괴될 수 없는 문화로 남아 있다. 이제 여기서 하려는 일은 유대인의 저 이상한 독특함을 누그러뜨리려고 유랑민족들[10]의 목록을 작성하려는 시도와도 같다. 그건 무척이나 쉬운 일이다. 우선 그럴듯하게 비슷한 것을 가져다 놓고는 완전히 다른 것들을 덧붙여 나가면서 어쨌든 목록을 짜내면 그만이다. 그런 식으로 짜인 유랑민족들의 목록에서는 유대인 다음에 집시가 따라올 것이다. 집시는 하나의 민족은 아닐지라도 적어도 진짜 유랑민이기는 하다. 비교유랑민족학이라는 새로운 학문의 교수라면 쉽사리 다른 무언가로 쉽사리 넘어갈 수 있을 것이다. 설사 그것이 전혀 다른 것이어도 말이다. 그는 그토록 많은 여러 바다에 식민지를 흩어 놓은 잉글랜드인들의 방랑하는 모험에 관한 자신의 소견을 전하고는 그들을 유랑민이라 일컬을 수 있다. 물론 아주 많은 잉글랜드인들이 이상하게도 잉글랜드에서 가만히 있지 못하고 들썩이는 듯 보이는 건 사실이다. 조국을 떠난 잉글랜드인들 모두가 나라의 유익을 위해 떠난 건 아니라는 점도 사실이다. 잉글랜드인들의 방랑 제국을 언급하는 순간, 아일랜드인들의 이상한 유배 제국도 덧붙여 말해야 한다.[11] 똑같은 편재遍在와 불안이 잉글랜드인들에게는 기개와 승리의 증거가 되고 아일랜드인들에게는 공허와 패배의 증거가 되는데, 이는 우리의 제국 문학에서 주목할 만한 흥미로운

10 유랑민족nomadic nation은 주로 유목민족이라고 번역되지만, 여기서 저자가 말하는 'nomad'의 의미에는 정처 없이 돌아다니며 살아간다는 의미만 있을 뿐 목축의 의미는 전혀 들어 있지 않아 유랑流浪민족이라 옮겼다.

11 아일랜드인들은 12세기부터 점진적으로 잉글랜드에 정복되기 시작하여 16세기에 완전히 복속되었고 이후 끊임없는 수탈에 시달렸다. 18세기에서 19세기에는 대대적인 기근이 발생하면서 많은 아일랜드인들이 영국의 신대륙 식민지로 이주했다. 오늘날 아일랜드의 인구는 6백만 명이 조금 넘는 수준이지만 아일랜드계 미국인은 4천만 명 이상이다.

사실이다. 비교유랑민족학 교수는 생각에 잠겨 주위를 둘러보고는 최근에 독일인 웨이터, 독일인 이발사, 독일인 사무원 등 잉글랜드와 미국과 남미 공화국에 귀화한 독일인들[12]에 대한 훌륭한 논의가 있었음을 떠올릴 것이다. 그리하여 독일인들은 유랑민족 목록에서 다섯 번째 자리에 놓일 텐데, 이 지점에선 방랑벽이란 말과 방랑족이란 말이 매우 유용하게 쓰일 것이다.[13] 오늘날 팔레스타인이 된 지역에서 방황하는 독일인들이 발견되었다는 걸 (마치 경찰이 이야기하듯이) 시사함으로써 십자군에 대해 설명하는 역사학자들이 정말로 있기 때문이다. 어쨌든 이 교수는 이제 거의 마무리되었다고 하면서 마지막으로 필사적인 도약을 시도할 것이다. 그는 프랑스 군대가 유럽의 거의 모든 수도를 점령했으며 샤를마뉴나 나폴레옹을 따라 셀 수 없이 많은 정복지를 가로질러 행진했었다는 사실을 떠올릴 것이다. 그렇다면 이는 곧 방랑벽이며 유랑민족의 표식이 아닌가 말이다. 그러므로 그 교수는 자신의 여섯 유목민족을 모두 조밀하고 완전하게 정리하고는, 유대인은 더 이상 일종의 신비로운 민족이 아니며 심지어 신비로운 예외는 더더욱 아니라고 여길 것이다. 그러나 그보다 상식이 좀 더 있는 사람이라면, 그 교수가 단지 유랑의 의미를 확장함으로써 유랑 자체를 확장했을 뿐 아니라 그것이 전혀 아무런 의미도 갖지 못할

12 독일 지역에서는 16세기 종교개혁 이래 크고 작은 전란이 끊이지 않았고, 통일국가 수립이 늦어지면서 19세기까지도 민생이 안정되지 않았던 탓에 많은 독일인들이 유럽 내에서 안정적인 다른 나라로 이주하거나 정치·종교의 자유와 경제적 기회가 많은 신대륙으로 대거 이주했다. 양차 세계대전으로 반反독일 정서가 일기 전까지 독일계 이주민은 미국 내에서 가장 큰 이민 집단을 이룰 정도였다.

13 방랑벽wanderlust과 방랑족folk-wandering이라는 말은 모두 독일어에서 비롯했다.

때까지 확장했음을 깨달을 터이다. 전쟁사를 통틀어 프랑스 군인이 가장 멋지게 행진했다는 건 사실이다. 다만 프랑스 농민이 깊이 뿌리 내리고 정착해 사는 실체가 아니라면, 그렇게 깊이 뿌리 내리고 정착해 사는 실체 같은 것은 세상에 없다는 말도 똑같은 사실일 뿐 아니라 훨씬 더 자명한 사실이다. 다시 말해 프랑스 농민이 유랑민이라면 유랑민 아닌 사람은 아무도 없다는 말이다.

이것이 바로 존경스러운 모습으로 줄지어 선 세계 종교 창시자들과 비교종교학의 경우에 시도되었던 속임수다. 이 속임수는 타인들이 유대인을 분류하듯이, 그 목적에 맞는 새로운 범주를 만들고서 남은 자리 가득히 임시방편적인 것들과 이류 복제물들을 채워 넣고는 예수까지도 그 범주에 같이 넣어 분류하고자 한다. 나는 이 다른 종교들이 그 자체의 진짜 특성이나 범주에 있어 훌륭한 경우가 많지 않다고 말하려는 게 아니다. 유교와 불교는 훌륭하지만, 유교나 불교를 가리켜 교회라고 부른다면 그건 참이 아니다. 그건 마치 프랑스인들과 잉글랜드인들이 훌륭한 민족이지만, 그들을 유랑민족이라고 부른다면 허튼소리가 되는 것과 마찬가지다. 그리스도교 세계와 그것을 모방한 이슬람 세계 사이에는 닮은 점이 몇 가지 있긴 하다. 같은 맥락에서 유대인과 집시 사이에도 닮은 점이 좀 있다. 그러나 이런 맥락을 계속 따르자면 손에 쥐어지는 어떤 것으로든 목록을 만들어 낼 수 있을 터이다. 같은 범주에 속하지 않는 것들도 한 목록에 넣을 수 있다는 말이다.

이렇게 종교의 역사를 개괄하면서, 나는 나 자신보다 훨씬 더 학식 있는 사람들이 받아 마땅한 경의를 표하는 한편으로 이 현대적 분류 방식을 묵살하려고 한다. 확실히 그러한 방식에 의해 역사의 사실들이 위조되었다고 여기기 때문이다. 나는 여기서 종교 혹은 종교들에 관한 대안적 분류법을 제시할 것이다. 나는 그 분류법이 모든 사실을, 그리고 그 사실들만큼 중요한 모든 공상을 포괄한다는 걸 사람들이 알게 되리라 믿는다. 나는 종교를 지리적으로 나누지 않을 것이며, 이를테면 수직적으로 나누어 그리스도인, 무슬림, 브라만, 불자佛子 등으로 구별하지도 않을 것이다. 그 대신에 심리학적으로 그리고 어떤 의미에서는 수평적으로 나누어, 때로는 똑같은 나라나 똑같은 사람 안에 존재할 수도 있는 영적 요소들과 영향들의 지층들을 구분하려 한다. 우선 교회는 잠시 따로 놓아 두고 신God, 신들, 악마들, 철학자들 같은 표제 아래 인류 대다수의 자연 종교를 구별해 보겠다. 이런 분류 방식이 종교를 서로 비교하는 기존의 인습적인 방식보다는 사람들의 영적 경험을 성공적으로 분류하는 데 훨씬 더 도움이 되리라고 본다. 그리고 기존의 방식으로는 다수의 유명한 인물들이 그저 강제적으로 각 자리에 배정되었지만, 이 방식에 따른다면 자연스레 자기 자리에 들어가게 될 것이다. 나는 이런 표제들이나 용어들을 이야기 서술과 암시에서 여러 차례 사용할 것이며, 그리하여 내가 의도한 표제들과 용어들의 의미를 잘 정의할 수 있을 것이다. 이 장에서 나는 최초이자 가장 단순하고 가장 숭고한 것을 가지고서 논의를 시작하려 한다.

'이교도'인 인류의 요소들을 고찰할 경우, 우리는 묘사 불가능한 것을 묘사하려고 시도하는 데서 시작해야 한다. 많은 사람은 그것을 부인하거나 적어도 무시하면서 묘사의 어려움을 넘어가려 한다. 그러나 중요한 것은 무시한다고 소거되지 않는다는 사실이다. 사람들은 모든 위대한 것이 하나의 씨앗으로부터 혹은 자신보다 더 작은 무언가로부터 자라난다는 진화론적 편집증에 사로잡혀 있다. 모든 씨앗은 나무로부터 혹은 자신보다 더 큰 무언가로부터 비롯된다는 사실은 잊은 듯하다. 너무 작아서 추적할 수조차 없기에 망각되어 버린 어떤 소소한 일에서 종교가 비롯하지 않았다고 추측하는 데는 매우 타당한 근거가 있다. 오히려 종교는 너무나 커서 도저히 다룰 수 없었기에 포기된 관념에서 비롯했을 개연성이 훨씬 더 크다. 이 많은 사람들이 만물을 다스리는 한 분 하나님이라는 단순하지만 압도적인 관념을 처음부터 가지고 시작했다고 생각할 만한 아주 좋은 이유가 있다. 악마 숭배같이 거의 비밀스럽기까지 한 방탕에 빠져든 건 나중 일이라는 것이다. 인정하건대 민속학자들이 너무나 좋아하는, 야만적인 신앙들에 대한 조사 결과조차 그러한 시각을 뒷받침하는 것으로 밝혀지는 경우가 많다. 바로 그 가장 무례하고, 인류학자들이 말하는 의미에서 원시적인 야만인들 가운데 일부는 높은 도덕적 기풍을 지닌 순수한 일신교를 지닌 것으로 밝혀졌다. 한 선교사가 다신교를 믿는 아주 야성적인 부족에게 전교하고 있었다. 부족 사람들은 선교사에게 그들의 신들에 관한 이야기를 모두 들려주었고, 이야기를 들은 선교사는 그들에게 영이시며 사람들을 영적 기준에 따라 심판하시는 한 분 하나님에 대해 이야기해 주었다. 그런데 갑자기, 마치 누군가가 비밀을 발설하고 있다는 듯 이 아둔한 야만인들이 흥분하여 웅성대기 시작하더니 서로를 향해 소리쳤다. "아타호칸! 그가 지금 아타호칸에 대해 말하고 있다!"[14]

아마도 그 다신교 신자들 사이에서는 아타호칸에 대해 발설하지 않는 것이 예의 바르고 점잖은 태도였을 것이다. 아마도 그 이름은 우리 중 어떤 이들의 이름만큼 직접적이고 엄숙한 종교적 권고에 썩 잘 맞는 이름은 아닐 것이다. 하지만 다른 많은 사회 세력은 늘 그런 단순한 관념들을 덮어서 가리거나 뒤섞어서 혼란스럽게 만든다. 그 오래된 신은, 보다 개방적인 시기에는 성가신 것으로 여겨지는 오래된 도덕을 상징했을 터이다. 어쩌면 악마와의 교류는 오늘날 강신술이 유행하듯이 유력한 상류층 사람들 사이에서 더욱 유행했을 가능성도 있다. 어쨌든 이와 비슷한 사례는 얼마든지 있다. 그리고 그러한 예들은 모두 사람들 사이에서 이야기되는 것과는 구분되는 것으로서 사람들이 당연히 여기는 것에 대한 명백한 심리를 증언해 준다. 캘리포니아의 한 레드 인디언에게서 한마디씩 받아 적은 이야기 가운데 눈에 띄는 예가 하나 있는데, 그 이야기는 전설적이고 문학적이며 다정한 흥취로 시작한다. "해는 아버지이며 하늘의 통치자다. 해는 큰 추장이다. 달은 해의 부인이며 별들은 그 자식들이다." 그렇게 무척이나 참신하고 복잡한 이야기가 계속되다가 중간에 갑자기 여담 하나가 끼어든다. 해와 달은 무언가 해야 할 일이 있는데, "그건 만물의 장소 위에 사는 위대한 영에 의해 그 일을 하도록 명령을 받았기 때문이다." 이는 대부분의 이교주의가 하나님에 대해 갖는 태도와 정확히 일치한다. 하나님은 추정되고 망각되었다가 다시금 우연히 기억되는 무언가이다. 이것이 이교도 특유의 관습은 아닐 것이다.

14 프랑스 출신의 예수회 선교사 폴 르죈Paul Le Jeune, 1591-1664 신부의 기록에 따르면, 아메리카 원주민 중 오늘날 미국 동북부 온타리오 호수 주변에 살았던 휴런족은 최고의 존재이자 만물을 창조한 신으로서 아타호칸Atahocan을 믿었다고 한다.

더 높은 신적 존재는 때로 더 높은 도덕 등급에서 기억된다. 그것은 일종의 신비다. 하지만 이제껏 진실로 말해 왔듯이, 야만인은 늘 자신의 신화에 대해서는 말이 많고 자신의 종교에 대해서는 말이 없다. 실제로 오스트레일리아의 야만인들은 고대인들이 대척점으로서 정말 가치 있다고 생각했을, 본말이 전도된 세계를 보여 준다. 야만인들은 아기가 둘로 나뉘어 해와 달이 되었다는 이야기나 우주에 있는 거대한 젖소의 젖이 뿌려져 비가 된다는 이야기를, 단지 사람들과 어울리기 위해 대수롭지 않은 담소를 나누듯이 한다. 그들은 여자와 백인은 들어오지 못하도록 봉인된 비밀의 동굴 속으로 물러나는데, 그곳에는 무시무시한 입회식이 열리는 사원이 자리하고 있다. 의례용 악기에서는 천둥소리가 울려 퍼지고, 희생제물에선 핏방울이 떨어진다. 그에 맞추어 사제가 최후의 비밀들을 속삭인다. 오직 입회자에게만 알려지는 그 비밀들이란 정직이 최선의 방책이라는 것, 약간의 친절은 누구에게도 해를 끼치지 않는다는 것, 사람들은 모두 형제라는 것, 그리고 오직 한 분이신 하나님, 전능하신 아버지, 보이는 것과 보이지 않는 것 모두의 창조주가 존재한다는 것이다.

달리 말해, 여기서 우리는 그 야만인이 자신의 믿음에서 가장 역겹고 불가능한 부분들을 모조리 시전하면서도 가장 분별 있고 믿을 만한 부분들은 은폐하는 듯한 종교사에 호기심을 갖게 된다. 하지만 그에 대한 설명은 그 부분들이 야만인의 믿음에 속한 부분들이 아니라는 것, 혹은 적어도 동류의 믿음에 속한 부분들이 아니라는 것이다. 신화는 하늘이나 용오름이나 열대의 비처럼 거창하면서도 터무니없는 이야기일 뿐이다. 그러나 신비는 참된 이야기이며 진지하게 여겨지도록 비밀스레 다루어진다. 사람을 전율케 하는 무언가가 유신론에 있다는 사실은 너무나 잊히기 쉽다. 여러 명의 개별 인물들이 실은 모두 동일인이었음이 밝혀지는 소설이 있다면 그 작품은 분명 큰 화제를 불러일으킬 것이다. 해와 나무와 강이 여러 신이 아니라 유일한 신이 변장한 모습이라는 관념 또한 그러하다. 아, 슬프다! 우리는 아타호칸을 당연시하는 것 역시 그저 너무나 쉬운 일임을 알게 된다. 그러나 아타호칸이 희미해져 자명한 진리 속으로 사라지든 비밀로 수호되어 선풍적인 존재로 보존되든, 그가 늘 오래된 자명한 진리 또는 오래된 전통이라는 사실은 분명하다. 아타호칸이 순전한 신화의 개선된 산물임을 보여 주는 증거는 전혀 없지만, 모든 것이 그가 신화에 선행하는 존재임을 드러낸다는 것이다. 아타호칸을 숭배하는 부족들은 가장 단순한 부족들이다. 그들에게는 유령의 흔적도, 무덤에 바치는 공물의 흔적도 전혀 없다. 허버트 스펜서[15]와 그랜트 앨런[16]이 모든 관념 가운데 가장 단순한 관념의 기원을 찾으려 했던 복잡한 문제들의 흔적도 전혀 없다. 그들에게 다른 무엇이 있었다 한들 하나님이라는 관념의 진화 같은 것은 전혀 없었다. 하나님이라는 관념은 은폐되고, 회피되고, 거의 망각되었으며, 심지

15 허버트 스펜서Herbert Spencer, 1820-1903는 현대 사회학의 토대를 마련한 영국의 사회학자다. 당대 자연과학의 성과들을 폭넓게 받아들여 실증적이고 체계적인 학문으로 사회학의 체계를 잡았으며, 특히 생물학적인 진화로만이 아니라 사회학적인 진화론을 주장하여 동시대 사상계에 큰 영향을 끼쳤다.

16 그랜트 앨런Grant Allen, 1848-1899은 영국 태생의 캐나다 작가다. 허버트 스펜서 등의 사상에 크게 영향을 받고 19세기 후반 진화론의 옹호자로 활발하게 활동했으며 공상 과학 장르의 시초라 할 수 있는 작품들을 발표했다.

어 별것 아닌 듯 설명되기까지 했다. 하지만 하나님이라는 관념은 절대 진화하지 않았다.

다른 곳에서도 이런 변화를 나타내는 징후들이 꽤 있다. 예를 들어 다신교조차 몇몇 일신교를 결합해 놓은 것처럼 보이는 경우가 많다는 사실에 그 변화가 함축되어 있다. 하나의 신은 올림포스산에서 작은 자리를 하나 얻게 될 뿐이다. 그 신이 자신의 작은 계곡에 사는 동안 땅과 하늘과 모든 별을 소유했다 하더라도 그렇다. 그 신은 작은 민족들이 거대한 제국으로 융합되듯이 지역적 보편을 포기하고서 결국 보편적 제약으로 들어가고 만다. 판[17]의 이름은, 그가 한때는 세상의 신이었다가 숲의 신이 되었음을 암시한다. 제우스의 이름은 '하늘에 계신 우리 아버지'를 이교적으로 번역한 것에 가깝다. 하늘로 상징되는 위대한 아버지의 경우처럼, 우리가 여전히 '어머니 대지'라 부르는 위대한 어머니의 경우도 마찬가지다. 많은 경우에 데메테르와 케레스와 키벨레[18]는 사람들에게 다른 신이 필요치 않을 만큼 신의 직분 전체를 떠맡을 능력이 있어 보인다. 따라서 수많은 사람이 다른 신들이 아니라 오직 이 신들 가운데 한 신만을 만물의 창조주로 숭배했다는 것도 충분히 있었을 법한 일로 보인다.

중국처럼 세계에서 가장 거대하고 인구가 많은 지역에서 위

17 판Pan은 그리스 신화에서 염소와 닮은 모습으로 등장하는 목신牧神인데, 춤과 음악을 즐기지만 때로는 사람들에게 공포를 불러일으키는 것으로 묘사되기도 한다. 체스터턴은 판의 이름이 '전체'나 '모두', '범汎-'을 뜻하는 그리스어 계통의 접두사 'pan-'과 같은 형태라는 점에 착안하여 보편성에 관해 이야기하고 있다.

18 데메테르Demeter, 케레스Ceres, 키벨레Cybele는 각기 고대 그리스, 로마, 프리기아의 신화에서 대지와 곡식을 주관하는 여신들이다.

대한 아버지라는 보다 단순한 관념이, 어떤 의미에서 더 이상 숭배되지 않게 되었는지는 몰라도 경쟁 관계의 다른 숭배 대상들과 뒤얽혀 아주 복잡해지는 일은 일어나지 않았다. 최고 권위자들은 유교가 어떤 의미에서는 불가지론이긴 하지만 희미하게나마 유신론을 지니고 있으므로, 오래된 유신론에 직접 모순되지는 않는다고 생각하는 것 같다. 유교는 마치 예의 바른 사람들이 응접실에서 욕설을 내뱉고 싶은 욕구를 느끼는 것과 같이 하나님을 하늘이라 부르는 유신론이다. 하지만 하늘은 머리 위 저 멀리에 있다 할지라도 여전히 머리 위에 있다. 우리는 하나의 단순한 진실이 여전히 진실이긴 하더라도 저 멀리까지 물러나 버렸다는 인상을 받는다. 단지 이 구절만으로도 우리는 서구의 이교 신화 속에 있는 똑같은 관념으로 되돌아 가게 된다. 하늘과 땅의 분리에 관한 신비롭고 상상력이 풍부한 그 모든 신화 속에는 더 높은 어떤 권능이 세상으로부터 철회되었다는 개념 같은 것이 분명히 들어 있다. 백 가지 형태의 여러 이야기에서 하늘과 땅은 한때 서로 사랑했다거나 온전히 하나였다고 언급된다. 그런데 어떤 건방진 녀석이, 대개는 말을 잘 듣지 않는 어떤 아이가 하늘과 땅을 밀어내 떨어뜨려 놓았으며 그 결과 깊은 구렁 위에서 분열과 분리를 바탕으로 이 세상이 지어졌다는 것이다. 이런 이야기 중에서도 가장 난잡한 이야기는 그리스 문명에서 전해지는 우라노스와 크로노스의 신화[19]다. 반면에 가장 매력적인 이야기는 작은 고추 모

19 하늘의 신 우라노스Uranus와 땅의 여신 가이아Gaia 사이에서 열두 명의 티탄(거인 신)이 태어나는데, 그중 막내가 크로노스Kronos다. 크로노스는 어머니 가이아를 도와 자식들을 가두는 등 악행을 일삼는 우라노스를 거세하여 응징한다.

종이 점점 자라나 뚜껑 같은 하늘 전체를 들어 올렸다고 하는 미개한 흑인들의 이야기다. 이 이야기는 열대의 여명을 좋아하는 우리 화가들 가운데 어떤 이들에게서 세상의 여명에 대한 아름답고 야만적인 비전이 되었다. 신화들, 그리고 현대인들이 신화에 대해 제시하는 상당히 신화적인 설명들에 대해서는 다른 장에서 논의할 것이다. 나로서는 대부분의 신화가 더 피상적인 또 다른 차원에 있다고 생각하지 않을 수 없기 때문이다. 그러나 하나의 세계를 둘로 찢어 놓는 이 원시적 비전에는 궁극의 관념들에 관한 무언가가 더 많이 들어 있는 게 확실하다. 그것이 의미하는 바를 배우고자 한다면 가장 학구적이고 가치 있는 민속학 도서들을 독파하기보다도 그저 들판에 누워 하늘을 바라보는 편이 훨씬 나을 것이다. 그러면 하늘이 지금보다 우리에게 더 가까워야 한다는 말, 하늘이 한때는 지금보다 가까웠으리라는 말, 하늘은 단지 생경하고 한없이 깊은 것이 아니라 어떤 방식으로 우리에게서 찢겨 나가 작별을 고하는 것이이라는 말의 의미를 알게 될 것이다. 그리고 그걸 알게 된 사람의 마음에는 다음과 같은 흥미로운 추측들이 슬금슬금 떠오를 것이다. 어쩌면 결론적으로 신화를 만든 사람은 구름을 케이크처럼 자를 수 있다고 생각하는 천치거나 동네 바보는 아니었을 터이다. 더욱이 그 사람 안에는 유행처럼 혈거인에게 귀착시키는 것 이상의 무언가가 있었을 터이다. 토머스 후드[20]는 시간이 흐르면서 자신이 소년이었을 때보다 하늘로부터 더 멀리 떨어져 있다는 점을 전해 준 것이 나무의 우듬지들밖에 없었노

20 토머스 후드Thomas Hood, 1799-1845는 영국의 시인, 유머 작가다.

라고 말했는데, 그때 그가 마치 혈거인처럼 말했을 가능성은 별로 없었을 것이다. 여하튼 하늘의 주인인 우라노스가 시간의 신 크로노스에 의해 권좌에서 물러나게 되었다는 전설은, 이 서사시의 저자에게 무언가를 의미할 것이다. 그건 다른 무엇보다도 처음으로 부성父性이 축출되었음을 의미할 것이다. 신들 이전에 신들이 있었다는[21] 바로 그 개념 안에 하나님의 관념이 있다. 오래된 옛 질서에 대한 모든 암시 속에는 더 큰 단순성의 관념이 들어 있다. 그런 암시는 역사 시대에 보이는 증식의 과정을 통해 뒷받침된다. 신들과 반신半身들과 영웅들이 바로 우리 눈앞에서 청어 떼처럼 불어난다. 그리고 그들은 한 집안에 오직 한 명의 창시자가 있었음을 암시한다. 신화는 점점 더 복잡해지고, 바로 그 복잡함을 통해 애초에는 그것이 더욱 간단했다는 사실이 암시된다. 그러므로 과학적이라 하는 부류의 외적 경험을 토대로 하더라도, 인간은 일신교에서 시작했으며 나중에 다신교로 발전했다거나 혹은 퇴보했다는 제언에는 매우 훌륭한 논거가 있다. 그러나 내가 관심을 두는 것은 외적 진실보다는 내적 진실이다. 그리고 이미 말했듯이 내적 진실을 묘사하기란 거의 불가능하다. 우리는 '사람들이 그것에 대해 말하지 않았다는 것'이 전체적 요점이 되는 그 무언가에 대해 말해야만 한다. 우리는 그저 낯선 언어나 담화만이 아니라 낯선 침묵을 번역해 내야 한다.

나는 모든 다신교와 이교주의 이면에는 거대한 함축적 의미

21 그리스 신화에서는 하늘의 신 우라노스와 땅의 신 가이아 사이에서 열두 명의 티탄이 태어났고 그중 하나인 크로노스에게서 태어난 제우스와 그 형제들, 그리고 제우스에게서 태어난 그 자녀들이 올림포스의 주요 신들이 되었다고 한다.

가 있지 않을까 생각한다. 나는 우리가 이 야만적인 신조들이나 그리스의 기원들 여기저기서 그 함축적 의미의 단서만 얻게 되지 않을까 생각한다. 그것은 정확히 우리가 하나님의 현존이라는 말을 통해 의미하는 바가 아니다. 어떤 의미에서는 하나님의 부재라고 부르는 게 훨씬 더 참될 수도 있다. 그러나 부재가 곧 존재하지 않음을 의미하지는 않는다. 부재하는 친구들을 위해 건배한다고 해서 삶에서 모든 친구 관계가 부재한다는 뜻은 아니다. 존재하는 것이 잠시 자리를 비웠다는 뜻일 뿐, 존재 자체를 부정하는 게 아니다. 그건 빈 의자처럼 무언가 긍정적인 것이다. 이교도들이 올림포스산보다 더 높은 어좌를 보았다고 하면 그건 과장일 것이다. 그보다는, 예언자가 하나님을 뒤에서 보았다고 하는 구약성경의 그 거대한 이미지[22]를 취하는 편이 진실에 더 가까울 것이다. 그건 마치 측량할 수 없는 어떤 현존이 세상을 향해 자신의 등을 보여 준 것과도 같다. 그러나 그것이 모세와 그 민족의 일신교만큼 의식적이고 생생한 것이어야 한다고 여긴다면, 다시금 그 의미를 놓치고 말 것이다. 나는 이 관념이 압도적이기에 이교도 민족들이 조금이나마 이 관념에 압도되었을 거라고 말하려는 게 아니다. 오히려 정반대로, 우리 모두가 하늘을 이고 다니듯이 이 관념은 너무나 커다랗기에 이교도들이 오히려 가볍게 이고 다녔다. 새나 구름 같은 어떤 세부적인 것을 응시할 때 우리는 그 엄청난 파란색 배경을 무시할 수 있다. 즉, 하늘을 무시할 수 있다. 하늘은 모두를 전멸시킬 수 있는 힘으로 우리를 압도하기에 오히려 아무것도

22 하나님을 직접 본 사람은 없다. 하나님의 모습을 보여 달라고 요청하는 모세에게 하나님은 얼굴이 아닌 등을 보여 주신다. 출애굽기 33장 참조.

아닌 것처럼 느껴진다. 이러한 존재는 인상을 남기되 다소 미묘한 인상을 남길 수밖에 없다. 하지만 내게 이교 문학과 종교가 남긴 인상은 매우 강력하다. 다시 말하건대 우리의 특별한 성사적 의미에서는 하나님 현존의 부재가 있다. 그러나 매우 현실적인 의미에서는 하나님 부재의 현존이 있다. 우리는 이교 시가詩歌의 불가해한 슬픔 속에서 하나님 부재의 현존을 느낀다. 나는 고대의 모든 경탄할 만한 인물들 가운데 성 프란치스코만큼 행복한 사람이 또 있었을까 의심스럽다. 우리는 황금시대의 전설에서 그것을 느끼며, 미지의 하나님이 희미해져 운명의 신이 되었을 때조차 신들 자체는 궁극적으로 다른 무언가에 연관되어 있다는 모호한 함의 속에서도 새삼 그것을 느낀다. 무엇보다도 이교 문학이 더욱 순수한 고대로 회귀하여 더욱 직접적인 목소리로 말하는 듯하여 우리 자신의 일신교적 단음절어[23]를 제외하고는 그에 걸맞은 단어가 하나도 없는 것 같은 그 불멸의 순간들에 그것을 느낀다. 우리는 소크라테스가 판사들에게 남긴 작별 인사 같은 문장 속에서 '하나님' 말고는 다른 어떤 것도 말할 수 없다. "나는 가서 죽고, 여러분은 남아서 살아갈 것이다. 신God만이 우리 가운데 누가 더 나은 길을 가는지 알고 계신다." 마르쿠스 아우렐리우스[24]의 최고의 순간

23 유일신 하나님을 뜻하는 영어의 'God'을 가리킨다.

24 마르쿠스 아우렐리우스Marcus Aurelius, 121-180는 로마제국의 전성기를 이끈 오현제 중 마지막 황제로 꼽힌다. 정치와 군사에 능한 통치자였을 뿐 아니라 대표적인 스토아 철학자로서 자신의 사색을 담은 『명상록』을 저술한 것으로도 유명한데, 뒤에 인용된 문장은 『명상록』에 나오는 구절로 그 내용은 이러하다. "시인은 '케크롭스의 사랑스런 도시여'라고 노래하는데, 그대는 '제우스의 사랑스런 도시여'라고 말할 수 없겠는가?"

들에 대해서도 우리는 다른 단어를 사용할 수가 없다. "그들은 케크롭스[25]의 사랑스런 도시라고 말할 수 있는데, 그대는 신God의 사랑스러운 도시라고 말할 수 없겠는가?" 우리는 베르길리우스[26]가 고통을 겪는 모든 이들을 향하여 그리스도 이전 그리스도인의 진정한 외침으로 말하고 있는 장대한 시구에서도 다른 단어를 사용할 수 없다. "더욱 끔찍한 일들을 견뎌낸 그대여, 신God께서는 이 또한 끝을 내시리라."

요컨대 이교도 사이에서도 신들보다 더 높은 무언가가 존재한다는 느낌이 있었다. 그러나 그것은 더 높기에 훨씬 더 멀리 있다고 느껴졌다. 베르길리우스조차도 더 높고도 더 가까운 다른 신성神性의 수수께끼와 역설을 읽을 수 없었다. 그들에게 참으로 신적인 것이란 아주 멀리 떨어져 있는 것이었고, 너무 멀어서 그들 마음으로부터 떨쳐 버리게 되는 것이었다. 그것은 내가 나중에 쓰게 되는 순전한 신화와는 점점 더 관계가 없어졌다. 하지만 우리가 대부분의 신화가 어떠한지 고려해 본다면, 심지어 이 안에도 막연한 순수성에 대한 일종의 암묵적인 인정이 있었다. 유대인들이 형상을 통해 지고의 신성을 강등시키지 않으려 하듯이 그리스인들은 심지어 상상을 통해서도 신성을 강등시키려 하지 않았다. 그리스의 신들이 더욱더 장난과 난봉으로만 그리스인들의 기억

25 케크롭스Kekrops는 고대 그리스 아테네를 창건한 초대 왕으로 뱀 혹은 물고기의 꼬리를 지녔다고 한다. 아테네 여신을 도시의 수호신으로 삼고 아테네인들에게 읽고 쓰는 법, 혼인과 장례를 가르쳤다.

26 베르길리우스Vergilius, 70-19 BC는 로마의 서사시인이다. 트로이의 장군 아이네아스의 유랑을 노래한 라틴어 서사시 『아이네이스』*Aeneis*의 저자로 유명하다. 인용된 구절은 『아이네이스』 제1권 198절에 있는 구절이다.

에 남게 되었을 때도 그건 상대적으로 경외의 움직임이었다. 하나님을 잊는 것은 경건한 행위였다. 달리 말하자면, 사람들이 더 낮은 수준을 수용하고서 그것이 더 낮은 수준임을 여전히 반쯤은 의식했다는 걸 암시하는 무언가가 그 시대의 분위기 속에 있었다. 이 무언가에 알맞은 단어를 찾아내기란 쉽지 않은 일이다. 그런데 정말로 적절한 단 하나의 단어가 준비되어 있다. 이 사람들은 그 밖에 다른 것은 아무것도 의식하지 못했을지라도 타락만큼은 의식했다. 그리고 그건 이교도의 인성人性에 대해서도 똑같이 참이었다. 타락한 이들은 떨어진 높이를 잊었다 해도 떨어졌다는 사실만큼은 기억할 것이다. 이교도의 모든 정서 뒤에는 기억 속에 비었거나 단절되어 기억날 듯 기억나지 않는 무언가가 있다. 우리가 잊었음을 기억하게 하는 순간적인 힘 같은 것이 있다. 인성에 대해 가장 무지한 자들도 땅을 봄으로써 그들이 하늘을 잊었음을 알게 된다. 이런 자들에게도 마치 어린 시절의 기억처럼, 그들 자신이 더 단순한 언어로 이야기하던 시절이 있었다는 것 또한 여전히 사실이다. 앞서 인용한 시구에서처럼 베르길리우스 같은 로마인이 노래의 칼을 휘두르며 얽히고설킨 신화들을 헤치고 나간 순간들이 있었다. 잡다한 신들의 무리가 갑자기 침몰하여 시야에서 사라지고, 아버지 하늘만이 하늘에 홀로 있게 된 순간들이었다.

이 후자의 예는 이 과정의 다음 단계와 밀접한 관련이 있다. 잃어버린 아침의 밝은 빛은 제우스, 혹은 판이나 그 형인 아폴론[27]의 형상에 여전히 머물러 있다. 이미 언급했듯이 이들은 야훼나

27 아폴론은 제우스와 여신 레토 사이에서 태어났고, 판은 제우스와 님프 사이에서 태어났으므로 그 둘은 이복형제라고 할 수 있다.

알라처럼 제각기 단독으로 존재하던 신이었을 것이다. 그들은 어떤 과정을 통해 이 단독의 보편성을 잃었는데, 여기서 그 과정에 대해 반드시 언급할 필요가 있다. 그건 후대에 혼합주의[28]라 불리는 것이 취한 과정과 매우 비슷한 혼성의 과정이었다. 이교 세계 전체가 만신전을 짓기 시작했던 것이다. 이교도들은 그리스인의 신들만이 아니라 야만인의 신들까지, 유럽의 신들만이 아니라 아시아와 아프리카의 신들까지 점점 더 많은 신들을 받아들였다. 아시아와 아프리카의 신들 가운데 어떤 신은 그다지 유쾌한 신이 아니었음에도 그들은 신이 많아질수록 더욱 즐거워했다. 그들은 본래 있던 신들과 동등한 권좌에 외래의 신들을 앉혔으며, 때로는 외래의 신들을 본래의 신들과 동일시했다. 이것이 자기들의 종교 생활을 풍요롭게 한다고 여겼던 것 같다. 하지만 이는 우리가 종교라 부르는 모든 것의 궁극적 상실을 의미했다. 태양과 같은 단 하나의 원천을 지닌 고대의 단순한 빛이, 상충하는 여러 가지 빛과 색깔의 눈부신 광경 속에 흐려지다 결국 사라졌다. 하나님은 실로 신들에게 희생제물로 바쳐졌다. 경박한 표현이긴 하지만 말 그대로, 하나님이 감당하시기에는 신들이 너무 많았다.

그러므로 다신교는 일종의 큰 웅덩이다. 이교도들이 종교들을 한 웅덩이에 몰아넣는 데 동의했다는 의미에서 그러하다. 바로 이 점이 고대와 현대의 여러 논쟁에서 매우 중요하다. 이방인의 신이 우리 자신의 신만큼 좋은 신일 거라고 말하는 것이 자유롭고 계몽된 자세로 여겨진다. 이교도들은 그들 도시의 신이나 집안

28 혼합주의Syncretism는 상이한 여러 믿음이나 사상을 융합하는 것을 말한다. 대체로는 신화의 영역에서 전혀 다른 전통들을 하나로 통합하려는 시도를 가리킨다.

의 신에다가 산에서 내려온 거칠고 환상적인 디오니소스나 숲에서 기어 나온 텁수룩하고 투박한 판을 더하는 데 동의하면서 스스로 매우 자유롭고 계몽되었다고 생각했을 게 틀림없다. 그러나 정확히, 이 더 큰 관념들 때문에 모든 관념 중에 가장 큰 관념을 상실하고 말았다. 온 세상을 하나로 만드는 것은 바로 부성父性의 관념이며 그 역 또한 참이다. 자기네 신의 단독 조각상과 개별 이름에 집착하는 구식의 고대인들은 틀림없이 무지몽매하고 시대에 뒤처진 미신적 야만인으로 여겨졌다. 그러나 이 미신적인 야만인들이야말로 철학으로 구상된 혹은 심지어 과학으로 구상된 전우주적 힘과 훨씬 더 비슷한 무언가를 보존하고 있었다. 무례한 반동주의자가 일종의 예언자적 진보주의자가 되는 이 역설은 아주 간단명료한 단 하나의 결과를 낳는다. 순수하게 역사적인 의미에서, 똑같은 맥락에 놓인 다른 논쟁들과는 상관없이, 그것은 태초로부터 작고 외로운 민족 위로 단 하나의 변함없는 빛을 비추어 준다. 이 역설 속에는 마치 수세기 동안 봉인되어 있던 종교의 수수께끼 안에 정답이 들어 있듯이 유대인들의 사명과 의미가 깃들어 있다.

이런 의미에서 세상이 유대인 덕분에 하나님을 알게 되었다는 건 사실이다. 세상은 유대인들이 비난당하는 많은 것 덕분에, 어쩌면 유대인들에게 있는 비난받을 만한 많은 것 덕분에 그 진리를 알게 되었다. 우리는 이미 바빌론제국의 주변부에서 목축하던 다른 민족 가운데 유랑민이었던 유대인의 위치를 언급했는데, 극도로 오래된 어두운 영토를 가로질러 그들이 유랑하며 걸어간 기이한 경로는 무척이나 이채롭다. 그들은 아브라함과 목자 제후들의 근거지를 떠나 이집트로 갔다가, 그 수가 배로 늘어나서는 팔레스타인의 산지로 들어왔고, 크레타에서 온 필리스티아인들에 맞서 싸웠으며, 결국엔 바빌론의 포로가 되었다. 하지만 그들은 페르시아 정복자들의 시온주의 정책에 따라 다시 그들의 산간 도시로 돌아가서는 쉼 없는 그 놀라운 로맨스를 계속 이어갔고 우리는 아직 그 끝을 보지 못했다. 그러나 방랑하는 내내, 특히 방랑 초기에 그들은 나무 성궤 안에 세상의 운명을 지고 다녔다. 성궤는 특색 없이 단조로운 상징을 지녔으나 그 상징은 분명히 보이지 않는 하나님의 상징이었다. 성궤의 유일한 핵심적 특색이란 특색 없음이라고 말할 수 있다. 그리스도교 문화는 창조적 자유를 선언했고, 그 자유를 통해 고대의 예술들마저 무색하게 만들었다. 하지만 우리가 그 창조적 자유를 선호한다 하더라도, 당대에 히브리 민족이 어떠한 형상도 금지했다는 사실이 지닌 결정적인 중요성을 과소평가해서는 안 된다. 그것은 넓게 개방된 공간을 둘러싸고 지어진 장벽이 그러하듯 확장성을 보존하고 영구화하는 제약의 전형적인 예다. 하나님은 조각상으로 표현될 수 없었기에 영으로 남았다. 어쨌든 하나님의 조각상이 있었다고 하더라도 그건 당시의 그리스 조각상이나 후대의 그리스도교 조각상이 지닌, 상대를 무장 해제시키는 위엄과 기품을 지니지는 못했을 것이다. 하나님은 괴물들의 땅에서 살고 계셨다. 이 괴물들 곧 몰록, 다곤, 끔찍한 여신 타니트[29]가 무엇이었는지를 더욱 충분히 생각해 볼 기

29 몰록(몰렉)Moloch, 다곤Dagon, 타니트Tanit는 모두 고대 지중해 지역과 중근동 지방에서 널리 숭배되던 신들이다. 몰록은 소의 머리를 한 모습이었으며, 가나안과 페니키아 지방의 암몬인들이 주로 섬기며 인신공양을 바친 것으로 알려져 있다. 구

회가 있을 것이다. 만약 이스라엘의 신이 하나의 형상을 지녔더라면 그건 남근男根 형상이었을 것이다. 그저 그 신에게 육체를 부여하는 것만으로도 이스라엘인들은 다신교의 일부다처제라든가 천국의 하렘에 대한 환시 등 신화의 가장 나쁜 요소들을 불러들였을 것이다. 예술 거부에 관한 이러한 의견은 단지 비판가들이 제약되어 있기 때문에 종종 역으로 비판당하는 제약의 첫 사례다. 하지만 똑같은 비판가들의 또 다른 비판에서 훨씬 더 강력한 사례를 찾아볼 수도 있다. 사람들은 종종 코웃음을 치며, 이스라엘의 하나님은 전쟁의 신이었고 다른 신들을 시기하는 원수로서 그들과 경쟁하며 맞서 싸우는 '순전히 야만적인 만군의 주님'일 뿐이라고 비웃듯이 말하곤 한다. 그런데 이스라엘의 하나님이 전쟁의 신이었던 것은 이 세상을 위해서였다. 하나님이 다른 모든 신들의 경쟁자이자 원수였던 것은 바로 우리를 위해서였다. 통상적인 방식대로라면 그들은 하나님을 친구로 여기는 막막한 재난을 겪기 십상이었을 것이다. 그랬더라면 그들은 하나님이 사랑과 화해의 손을 내밀어 바알[30]을 품에 안고 아스타르테[31]의 채색된 얼굴에 입을 맞추며, 다른 신들과 우정을 나누며 맘껏 즐긴다고 보

약성경 신명기와 레위기에 언급되며 악마로 취급된다. 다곤은 메소포타미아 지역에서 셈족이 섬기던 다산의 신으로, 물고기 형상으로 표현되곤 했다. 성경에서는 필리스티아인들(블레셋 사람들)이 주로 섬기던 대표적인 우상으로 언급된다. 타니트는 페니키아에서 섬기던 달의 여신으로, 성경에 등장하는 가장 대표적인 이방인들의 우상인 바알의 부인이라고 한다.

30 바알Baal은 특히 폭풍우를 주관하는 풍요와 다산의 신으로, 고대 가나안인들이 숭배했다. 바알 신앙은 이스라엘의 야훼 신앙과 끊임없이 경쟁하는 한편 많은 영향을 주고받았다.

31 이슈타르라고도 하는 아스타르테Astarte는 셈족의 풍요와 다산의 여신이다.

기 십상이었을 것이다. 또한 인도 만신전의 소마[32]라든가 올림포스의 넥타르,[33] 혹은 발할라의 미드[34]를 얻으려고 별로 된 자신의 왕관을 팔 신이 절대 아니라고 하기 십상이었을 것이다. 하나님을 숭배하는 이들은 모든 이교 전통의 통합과 혼합주의의 계몽된 경로를 따르기가 따르기 십상이었을 것이다. 그리고 실제로 하나님을 따르는 이들이 늘 이 쉬운 비탈을 따라 미끄러졌다는 것은 명백한 사실이다. 여기에는 영감을 받은 선동가들의 거의 악마적인 에너지가 요구되었으며, 이 선동가들은 영감과 파멸의 바람 같은 말들로 신들의 일치를 증언했다. 최종적인 신앙의 문화를 형성하는 데 기여한 고대의 조건들을 더 많이 이해할수록, 우리는 이스라엘 예언자들의 위대함에 대해 현실적이고 현실주의적인 경외감을 더 많이 갖게 될 것이다. 온 세상이 거대한 혼돈의 신화 속으로 녹아드는 동안, 부족에 국한되어 편협한 신이라고 불린 이 신은 그렇게 불리게 된 바로 그 이유로 인해 온 인류의 근본 종교를 보존했다. 그 신은 충분히 부족적이어서 보편적일 수 있었다. 그 신은 편협하되 우주만큼 편협했다. 한마디로 제우스-아몬[35]이라

32 소마soma는 고대 힌두교 제의에서 쓰였다고 하는 전설적인 의례용 음료다. 브라만에게 초자연적인 힘과 영생을 부여했다고 전한다.

33 넥타르nectar는 그리스 신화에 등장하는 신들의 음료다. 인간이 마시면 신처럼 죽지 않게 되고 신과 같은 능력을 얻게 된다고 한다.

34 발할라Valhalla는 북유럽 신화의 주신主神 오딘의 궁전이다. 미드mead는 북유럽 신화에 등장하는 마법의 벌꿀 술이다. 이 음료를 마시는 이는 누구나 시인이 되고 학자가 되어 시를 쓰고 모든 지식에 통달할 수 있게 된다.

35 제우스-아몬Jupiter-Ammon은 그리스 최고의 신 제우스와 이집트의 태양신 아몬을 결합한 존재다. 로마제국 시대에는 제국 내 여러 지역의 신들이 이와 같이 통합되어 하나의 신으로 숭배되는 경우가 많았다.

는 인기 있는 이교의 신이 있었다. 그러나 야훼-아몬이라는 신은 없었다. 야훼-제우스라는 신도 없었다. 혹시라도 이런 신들이 있었다면, 분명히 야훼-몰록이라는 또 다른 신도 있었을 것이다. 만약 그랬다면 자유롭고 계몽된 종교의 합병자들이 제우스까지 나아가기도 전에, 만군의 주님의 형상은 일신교적 창조주이자 통치자임을 나타내는 모든 암시로부터 벗어나 왜곡되었을 것이며, 그 어떤 야만적 물신物神보다도 훨씬 더 나쁜 우상이 되었을 것이다. 그 신은 티레와 카르타고[36]의 신들만큼 문명화되었을 수도 있었을 터이다. 그 문명이란 것이 의미하는 바에 대해서는, 다음 장에서 악마들의 권능이 어떻게 유럽은 물론 이교 세계의 건강마저 거의 파괴해 버렸는지에 주목하여 더 충실히 살펴볼 것이다. 하지만 만약 일신교가 모세의 전통에서 실패했더라면 세계의 운명은 훨씬 더 치명적으로 왜곡되었을 것이다. 나는 이어지는 문단에서, 요정 이야기와 종교의 환상적인 로맨스를 엮어 낸 이교 세계의 건전성에 대한 공감이 내게도 없지 않음을 보여 주고자 한다. 그러나 나는 또한 그 요정 이야기와 로맨스들이 장기적으로는 결국 실패할 수밖에 없었음을 보여 주고자 한다. 만물 속 유일한 권위가 지닌 위대한 본래의 단순함으로 돌아갈 수 없었더라면 세상은 길을 잃고 말았을 것이다. 우리가 그 근본적인 단순함을 보존한다는 것, 여전히 시인과 철학자가 어떤 의미에서 보편지향기도를 여

36 티레Tyre는 오늘날 레바논 남부 지중해 연안에 위치한 고대 페니키아의 대표적 항구 도시였다. 카르타고Carthago는 오늘날 튀니지의 북아프리카 지중해 해안에 위치했던 페니키아의 식민도시로, 한때 지중해의 패권을 장악할 만큼 강력한 도시국가로 성장했다.

전히 바칠 수 있다는 것, 우리가 넓고 고요한 이 세상에서 지상의 모든 민족 위로 아버지답게 펼쳐지는 하늘 아래 산다는 것, 철학과 자선이 합리적인 사람들의 종교에서는 자명한 진리라는 것, 결국 우리가 하는 이 모든 것은 질투하는 하나님의 탁월하고도 고요한 축복을 베풀어 준, 비밀스럽고 쉴 줄 모르는 한 유랑민족 덕분이다.

유대인들이 지닌 그 독특한 소유는 이교 세계에서 이용할 수도 접근할 수도 없는 것이었다. 그것은 또한 질투하는 민족의 소유였기 때문이다. 유대인들은 별로 인기가 없었는데, 부분적으로는 그들의 편협함이 로마 세계에 이미 잘 알려졌기 때문이고, 그들이 스스로 일하여 물건을 자기 손으로 만들어 내기보다는 그저 교환을 위해 물건을 다루는 습관에 이미 빠져 있었기 때문이다. 또한 다신교는 고립된 일신교가 길을 잃고 헤맬 수 있는 일종의 정글이 되었기 때문이다. 하지만 일신교가 정말로 그 안에서 얼마나 완전하게 길을 잃었는지를 알아차린다는 건 이상한 일이다. 더 많은 논란을 불러일으키는 문제들과는 별개로 이스라엘의 전통에는 이제 온 인류에게 속하는, 그리고 어쩌면 그때에도 온 인류에게 속했을 것들이 존재한다. 유대인들에게는 세계의 거대한 주춧돌 가운데 하나가 있으니, 그건 바로 욥기다. 욥기는 확실히 『일리아스』와 그리스 비극들에 견줄 만하며, 그 작품들보다도 더욱더 이 세계의 여명에 이루어진 시가와 철학의 이른 만남과 이별이었다. 욥기는 영원한 두 바보, 즉 낙관론자와 비관론자가 시간의 여명에서 파멸되는 모습을 지켜보는 엄숙하고 희망 어린 통찰을 보여 준다. 철학은 실제로 이교의 비극적 아이러니를 완성하는

데, 이는 정확히 철학이 더 일신교적이고 그래서 더 신비적이기 때문이다. 욥기가 신비에 오직 신비로 답한다는 건 명백한 사실이다. 욥은 수수께끼로 위로받았지만, 어쨌든 위로받기는 했다. 바로 여기에, 예언이라는 의미에서, 권위 있게 말하는 것들의 한 유형이 있다. 의심하는 자가 "난 이해 못 해"라고밖에 말할 수 없을 때, 아는 자는 단지 "넌 이해 못 해"라고 답하거나 이를 반복할 수밖에 없다는 게 사실이다. 그리고 그런 힐책을 들으면 언제나 마음속에 갑작스러운 희망이 솟고 이해할 가치가 있어 보이는 무언가를 감지하게 된다. 하지만 이 강력한 일신교의 시가詩歌는 다신교의 시가 넘쳐나던 고대 세계에서 주목받지 못한 채로 남아 있었다. 유대인들이 고대의 지적 세계 전체로부터 욥기와 같은 것을 지켜냈어야 했다는 것은 따로 떨어져 있으면서 흔들리지도 않고 공유되지도 않은 채로 전통을 유지하던 방법을 나타내는 표징이다. 그건 마치 이집트인들이 조심스레 삼가 대大피라미드를 보이지 않게 숨겼다는 것과 같다. 그러나 이교주의의 결말 전체의 특성인 상치되는 목적과 막다른 난국에는 다른 이유들도 있었다. 결국 이스라엘의 전통은 오직 진실의 절반만을 쥐고 있었다. 우리가 대중적인 역설을 이용하여 그것을 더 큰 절반이라 말한다 해도, 절반은 절반이다. 나는 다음 장에서 신화 전체를 관통해 흐르는 지역성과 인격성에 대한 애정을 개략적으로 다루어 볼 참이다. 다만 여기서는 그 안에 진실이 있었으나, 그 진실이 설령 더 가볍고 덜 핵심적이었어도 밖으로 유출될 수는 없었으리라는 점만을 짚도록 하겠다. 욥의 비애는 헥토르의 비애에 합치되어야 했다. 그런데 욥의 비애는 우주의 비애였던 반면에 헥토르의 비애는 그 도시의 비애였다. 헥토르는 오직 거룩한 트로이의 기둥으로서 하늘을 가리키며 서 있을 수 있었기 때문이다. 하나님이 회오리바람으로부터 말씀하실 때는 광야에서 말씀하시는 것도 당연하다. 그러나 유랑민의 일신교는 들판과 울타리와 성곽 도시와 신전과 번화가의 그 모든 다채로운 문명에 충분치가 않았다. 유랑민의 일신교와 문명이 더 확고하고 가정적인 종교 안에서 결합할 수 있을 때면 이러한 것들의 차례도 올 터였다. 그 이교도 군중의 여기저기서, 자신의 생각을 순수한 유신론에 빚진 철학자를 발견할 수 있었다. 그러나 이 철학자는 민중 전체의 관습을 바꿀 권력을 가지지 못했거나, 아니면 가졌다고 생각하지 못했다. 심지어 그러한 철학들에서조차 다신교와 유신론의 교섭이라는 이 심층적인 일의 참된 정의를 찾기가 쉽지 않다. 아마도 그 일에 대해 언급하거나 이름을 부여할 수 있는 가장 가까운 곳은 그 문명 전체부터 멀리 떨어져 있고, 고립된 이스라엘보다는 로마에서 더 멀리 떨어진 곳에 있다. 그것은 내가 언젠가 어떤 힌두 전승에서 들었던 격언 속에 있다. 그 전승에 따르면 사람들만이 아니라 신들 또한 그저 브라흐마[37]의 꿈일 뿐이며, 브라흐마가 깨어날 때 모두 죽어 없어질 것이다. 사실 이러한 이미지 속에는 그리스도교 세계의 영혼에 비해 건전함이 덜한 아시아의 영혼에 관한 무언가가 들어 있다. 그것을 가리켜 그들이 평화라 부를지라도, 우리는 절망이라 불러야 하겠다. 이 허무주의에 대해서는 나중에 아시아와 유럽을 더 온전히

37 브라흐마Brahma는 세계를 창조하고 우주의 근본 원리를 주관하는 힌두교의 우주의 근원이자 원리인 브라흐만이 인격화된 신으로 보통 네 개의 머리와 팔을 가진 모습으로 묘사된다.

비교하면서 고찰할 수 있겠다. 여기서는 신적 각성이라는 그 관념 속에는 신화에서 종교로 향하는 경로에 함축된 것보다 더 많은 환멸이 들어 있음을 말하는 정도로 충분하다. 하지만 그 상징은 매우 미묘하면서도 한 가지 측면에서 정확하다. 그 상징은 신화와 종교라는 관념들 사이의 불균형과 심지어는 단절을 시사한다. 다시 말해 두 범주 사이에 넓고 깊은 골이 있음을 나타낸다는 말이다. 하나님과 신들 사이에서 어떠한 비교도 불가능하다는 건 그야말로 비교종교학의 붕괴를 의미한다. 하나님과 신들 사이에서 가능한 비교란, 한 사람과 그의 꿈속에서 걸어 다닌 사람들 사이의 비교밖에 없다. 다음 장에서는 신들이 사람들처럼 걸어 다니는, 그런 꿈의 황혼을 지적하려고 시도할 것이다. 하지만 일신교와 다신교의 뚜렷한 차이를 그저 어떤 이들에게는 하나의 신이 있고 다른 이들에게는 여러 신들이 있다는 식으로 생각하는 사람은 거대하고 화려한 브라흐마의 우주론에 뛰어드는 편이 차라리 진리에 더 가까이 다가가는 길일 것이다. 그러면 그는 죽은 만물 위로 동이 트듯이 브라흐마의 두 눈이 뜨일 때, 사물의 너울과 손이 여러 개인 창조자들, 후광을 빛내며 옥좌에 앉은 동물들, 별들과 밤의 지배자들이 얽혀 있는 연결망을 통해 전해지는 전율을 느낄 것이다.

05

인간과 신화들

여기서 신들이라 칭하는 것들은 대부분 신이 아니라 백일몽이라 할 수 있겠다. 신들을 꿈에 비유한다고 해서 꿈이 실현될 수 있음을 부정하는 건 아니다. 신들을 여행자들의 이야기에 비교한다고 해서 그 이야기들이 참된 이야기일 수 있음을, 혹은 적어도 정직한 이야기일 수 있음을 부정하는 건 아니다. 사실 그것은 여행자가 자기 자신에게 들려주는 그런 부류의 이야기다. 이 신화라고 하는 것은 시적詩的인 사람들에게 속한다. 이상하게도 요즘은 신화란 상상의 산물이며, 따라서 예술 작품이라는 사실이 잊힌 듯하다. 신화를 만드는 데는 시인이 필요하다. 신화를 비판하는 데도 시인이 필요하다. 그러한 전설들의 민중적 기원이 증명하듯이 세상에는 시인이 아닌 사람들보다 시인인 사람들이 더 많다. 그러나 내가 제대로 설명되는 걸 전혀 들어 보지 못한 어떤 이유로, 이 민중적인 시들에 대한 비판적 연구서를 쓰는 일을 전혀 시적이지 않은 소수의 사람들만 할 수 있게 되었다. 우리는 수학자에게 소네트를 맡기거나 계산을 잘하는 아이에게 노래를 맡기지는 않는다. 그런데도 우리는 민속을 과학처럼 다룰 수 있다는 환상과도 같은 생각에 빠져 있다. 그런 것들은 예술적으로 평가되지 않고서는 절대 제대로 평가되지 못하는데 말이다. 한 대학 교수가 멀고 먼 옛날에는 깃털 달린 커다란 뱀[1] 말고는 아무것도 없었다는 이야기를 폴리네시아 사람에게서 듣고서 마음이 설레지도 않고 그 이야기가 사실이기를 바라는 충동을 절반도 느끼지 못한다면, 그는 절대 그런 이야기들을 판단할 사람이 못 된다. 그 교수가 인디언의 최고 권위에 근거하여 원시의 영웅이 해와 달과 별들을 상자에 담아서 가지고 다녔다는 이야기를 확신하여 그렇게나 매혹적인 상상의 이야기를 들은 어린아이처럼 손뼉을 치고 발을 구르지 않는다면, 그는 그런 문제에 대해서는 아무것도 알지 못하는 것이다. 이런 테스트는 터무니없는 게 아니다. 원시의 아이들과 야만의 아이들도 다른 아이들과 똑같이 웃고 발길질한다. 세상의 유년기를 새로이 다시 그려 내려면 우리에겐 어떤 단순함이 있어야 한다. 한 전사가 달을 향해 할머니를 던져 올렸다는 이야기를 유모에게서 들은 히아와타[2]는 마치 암소가 달 위로 뛰어올랐다[3]는 이야기를 유모에게서 들은 여느 잉글랜드 아이처럼 웃었다. 어

1 깃털 달린 뱀은 주로 아즈텍 문명과 마야 문명에서 숭배했던 케찰코아틀Quetzalcoatl이라는 신인데, 보통 땅과 하늘을 연결하는 상징으로 이해된다. 체스터턴은 이 깃털 달린 뱀에 관한 신화를 오스트레일리아 원주민들의 무지개뱀 창조 신화와 혼동한 듯하다.

린아이는 대부분의 어른들처럼 농담을 잘 이해한다. 그뿐만 아니라 어떤 과학자들보다 어린아이가 농담을 더 잘 이해한다. 심지어 환상적인 것에 대한 궁극적인 판별 기준은 부적절한 것의 적절성이다. 이러한 판별 기준은 순전히 예술적이기에 순전히 자의적인 것으로 보일 게 틀림없다. 어린 히아와타가 다만 경제적인 가계 운영을 위해 노인을 희생시키는 부족의 관습을 존중해서 웃었던 거라고 내게 말하는 학자가 있다면, 나는 그렇지 않다고 힘주어 말하겠다. 암소가 달 위로 뛰어오른 건 어린 암소가 달의 여신 아르테미스에게 제물로 바쳐졌기 때문이라고 내게 말하는 학자가 있다면, 나는 그렇지 않다고 힘주어 답하겠다. 암소가 달 위로 뛰어오르는 것은 그것이 명백하게 옳은 일이기 때문이다. 신화는 상실된 예술이며, 실제로 상실된 몇 가지 예술 가운데 하나다. 뿔 달린 달과 뿔 달린 달송아지[4]는 조화롭고도 고요한 하나의 패턴을 이룬다. 자기 할머니를 하늘로 던져 올린다는 게 좋은 행동은 아니지만 완벽하게 좋은 취향이긴 하다.

2 히아와타Hiawatha는 오늘날 미국 뉴욕주에 해당하는 지역에 살았던 아메리카 원주민 오논다가족과 모호크족의 추장이다. 실존 인물로서 전설적인 이야기들의 주인공으로 널리 알려졌으며, 대체로 자신에게 대항하는 자연의 힘을 정복하는 진보와 문명의 화신으로 그려진다. 19세기 미국 시인 롱펠로가 「히아와타의 노래」The Song of Hiawatha, 1855라는 일종의 서사시를 발표했는데, 히아와타의 유년 시절을 노래하는 제3장에서 체스터턴이 언급하는 내용이 등장한다. 다만 어린 히아와타에게 전사의 이야기를 들려주는 것은 히아와타의 할머니 노코미스다.

3 '암소가 달 위로 뛰어올랐다'라는 말은 영국의 전래 동요에 나오는 구절이다. '달 위로 뛰어올랐다'to jump over the moon라는 표현은 아주 높이 뛰어올랐다는 뜻이지만 너무 기쁘고 행복하다는 의미로도 쓴다.

4 뿔 달린 달horned moon은 초승달을 의미한다. 달송아지mooncalf라는 말은 머리가 나쁘거나 멍하게 시간을 보내는 사람을 가리키는 비속어다.

아름다운 것의 한 갈래가 추한 것임을 예술가들은 이해한다. 하지만 과학자들은 좀처럼 예술가들이 이해하듯 이해하지 못한다. 과학자들은 기괴한 것이 갖는 정당한 자유를 좀처럼 감안하지 못한다. 그들은 미개한 신화를 단지 거칠고 어설픈 것 곧 퇴락의 증거로 일축하려 한다. 야만적인 신화에는 하늘에 닿을 듯한 언덕 위에서 새로이 빛나는 전령 헤르메스의 아름다움이 없기 때문이다. 하지만 거기에는 정말로 모크 터틀이나 매드 해터[5]의 아름다움이 있다. 어떤 사람이 시는 시적이어야 한다고 늘 주장한다면, 이는 그 자체로 그가 산문적임을 여실히 증명해 준다. 때로 유머는 우화의 문체에만 있지 않고 그 주제에도 있다. 야만인 중에서도 가장 거칠다고 알려진 오스트레일리아의 원주민에게는 바다와 세상의 모든 물을 삼켜 버린 거대한 개구리에 관한 이야기가 있다. 이 개구리가 다시 물을 토해 내도록 하는 방법은 그를 웃게 만드는 것밖에 없었다고 한다. 모든 동물이 온갖 우스꽝스러운 짓을 하며 개구리 앞을 지나갔지만, 개구리는 마치 빅토리아 여왕처럼 전혀 재밌어하지 않았다. 그러나 우아하게 꼬리 끝으로 일어서서 필사적인 위엄을 떨쳐 보인 장어 앞에선 결국 무너지고 말았다. 이 우화로부터 훌륭한 환상적 문학 작품이 얼마든지 만들어질

5 모크 터틀Mock Turtle과 매드 해터Mad Hatter는 루이스 캐럴Lewis Carroll, 1832-1898의 『이상한 나라의 앨리스』*Alice's Adventure in Wonderland*, 1865에 등장하는 인물들이다. 모크 터틀은 본래 온전한 거북이였으나 이제는 머리, 꼬리, 뒷다리가 송아지처럼 변해서 늘 우울한 인물이다. 흔히 '모자 장수'로 번역되는 매드 해터는 하트의 여왕을 위해 노래를 불러 주었다가 '시간을 죽였다'는 혐의로 사형을 선고받았고, 이후 방면되었으나 시간의 복수로 영원히 오후 6시에 머물며 티파티밖에 할 수 없게 된 인물이다.

수 있다. 기쁨에 넘치는 웃음의 대홍수가 일어나기 전의 메마른 세상에 대한 비전 속에는 철학이 있다. 마치 물로 된 화산처럼 물을 뿜어내는 거대한 괴물 속에는 상상이 있다. 펠리컨이나 펭귄이 지나갈 때 눈이 휘둥그레지는 괴물의 얼굴을 생각해 보면 무척이나 재미있다. 어쨌든 개구리는 웃었다. 하지만 민속학자는 여전히 근엄한 표정을 지은 채로 남아 있다.

더욱이 우화가 예술로서 열등하다 해도, 우화는 과학으로 적절하게 판단할 수 없을뿐더러 과학이라 판단하기는 훨씬 더 적절치 못하다. 어떤 신화는 어린아이가 처음 그린 그림처럼 너무 투박하고 괴상하다. 하지만 아이는 그림을 그리려고 애쓰는 중이다. 그러므로 아이의 그림을 마치 어떤 도식이나 도식을 만들려고 의도한 그림인 양 다루는 것은 오류다. 학자가 야만인에 대해 과학적으로 언술할 수는 없다. 야만인은 세상에 대해 과학적으로 언술하지 않기 때문이다. 야만인은 상당히 다른 무언가를 말하고 있다. 그건 신들에 관한 잡담이랄 수 있겠다. 원한다면 우리는 검토할 시간이 주어지기 전에 그 말이 먼저 믿어졌다고 할 수 있다. 믿을 시간이 주어지기 전에 받아들여진 것이라고 하는 게 더욱 참되겠다.

고백하건대 나는 신화들이 혹은 (보통 그러하듯이) 단 하나의 신화가 흩뿌려지듯 널리 퍼져 나갔다고 하는 이론 전체를 의심한다. 우리의 본성과 조건 속에 있는 무언가가 수많은 이야기를 비슷하게 만든다는 건 사실이다. 그럼에도 각각의 이야기는 독창적일 수 있다. 한 사람이 다른 사람과 똑같은 동기를 가지고 이야기한다고 해도, 다른 사람에게서 이야기를 빌려오지는 않는다. 전설에 관한 논쟁 전체를 문학에 적용하고, 문학을 저속한 표절 편집증으로 바꾸어 버리기란 쉬운 일일 것이다. 나는 오래된 공통의 신화들을 통하는 것만큼이나 수월하게 개별적인 현대 소설들을 통하여 황금가지[6] 같은 개념을 추적하는 일에 착수하려 한다. 나는 베키 샤프[7]의 치명적인 꽃다발로부터 루리타니아[8]의 공주들이 흩뿌린 장미들에 이르기까지, 거듭 형상화되는 많은 꽃과 같은 무언가를 찾아내는 일에 착수하려고 한다. 그러나 이 꽃들이 똑같은 흙에서 솟아난다 해도 그건 손에서 손으로 던져져 시들어 버린 꽃과 똑같은 꽃이 아니다. 그 꽃들은 늘 생생하다.

모든 신화의 참된 기원이란 것이 너무나 빈번하게 발견되곤 했다. 셰익스피어의 작품 안에 암호가 너무나 많은 것처럼, 신화를 풀어내는 열쇠들도 너무나 많다. 모든 것이 남근을 상징한다. 모든 것이 토템에서 나왔다. 모든 것이 파종과 수확이고, 모든 것이 혼령과 무덤 제물이고, 모든 것이 희생의 황금가지이고, 모든 것이 해와 달이다. 모든 것이 모든 것이다. 자신의 편집증보다 좀

6 황금가지Golden Bough는 영국의 민속학자 J. G. 프레이저James George Frazer, 1854-1941가 1890년에 출간한 비교종교학 저서의 제목이기도 하다. 프레이저는 본래 이탈리아의 한 숲에 전승되는 사제 의식에서 신성시하는 특정한 나무를 연구하던 중 유럽은 물론 여타 종교·신화·민담 등에서 비슷하게 신성시되는 나무가 있음을 발견하고, 연구를 확장하여 아리아인의 문화 전반에서 공통의 심층적 상징 구조가 있음을 주장했다. 황금가지는 바로 그러한 공통된 심층적 상징 구조를 표상한다.

7 베키 샤프Becky Sharp는 영국의 유명한 풍자소설가 윌리엄 메이크피스 새커리William Makepeace Thackeray, 1811-1863의 대표작 『허영의 도시』*Vanity Fair*, 1848에 등장하는 대조적인 두 주인공 가운데 하나다. 낮은 신분으로 태어나서 타고난 영리함으로 상류 사회에 진입하지만 행복하지 못한 삶을 살게 되는 인물이다.

8 루리타니아Ruritania는 영국의 소설가 앤서니 호프Anthony Hope, 1863-1933의 소설 『젠다성의 포로』*The Prisoner of Zenda*, 1894의 배경이 되는 가상 왕국이다.

더 많은 것을 알았던 모든 민속학자들, 앤드루 랭[9]처럼 폭넓게 읽고 비판적 양식을 지닌 모든 이들이 이러한 것들이야말로 머리를 어질어질하게 만든다고 고백했다. 그런데 문제는 이 이야기들을 마치 과학적 대상이라도 되는 듯이 밖에서만 보려고 애쓰는 데서 비롯한다. 이 이야기들은 그 안에서 보아야만 한다. 그리고 자신은 이야기를 어떻게 시작할 것인지 스스로 물어야 한다. 하나의 이야기는 어떤 것으로도 시작될 수 있으며 어디로든 나아갈 수 있다. 한 마리 새를 가지고도 이야기를 시작할 수 있지만, 그 새가 굳이 토템이어야 할 이유는 없다. 태양을 가지고도 이야기를 시작할 수 있지만, 그 이야기가 굳이 태양 신화일 필요는 없다. 흔히 세상에는 단 열 가지 플롯만이 존재한다고들 한다. 그리고 거기에는 되풀이되는 공통 요소들이 분명히 있을 거라고들 한다. 만 명의 아이들에게 동시에 이야기를 시켜 보자. 아이들이 숲속에서 무엇을 했는지 꾸며내서 이야기해 보라고 해보자. 그러면 그리 어렵지 않게 태양 숭배라든가 동물 숭배를 암시하는 유사점들을 발견할 것이다. 어떤 이야기들은 꽤 그럴듯하고, 어떤 이야기들은 유치하고, 또 어떤 이야기들은 어쩌면 너저분할지도 모른다. 그러나 이야기는 오직 이야기로서만 판단할 수 있다. 현대 어법으로 말하자면 이야기는 오직 미학적으로만 판단할 수 있다. 순전히 느낌에 불과한 미학이란 것이 아무런 권리도 갖지 못하는 곳에서조차 이제는 권좌를 찬탈하도록 허락되었고, 실용주의로 이성을 망가뜨리고 무질서로 도덕률을 결딴내도록 허락되었다. 하지만 명백히

9 앤드루 랭Andrew Lang, 1844-1912은 스코틀랜드의 시인, 소설가다. 여러 민담을 수집했으며 인류학 발전에 기여한 공로가 높이 평가된다.

순수하게 미학적인 것에 대해 오히려 순수하게 미학적인 판단을 내리도록 허락되지 않는다는 건 참 이상한 일이다. 우리는 어떤 것이든 상상해도 되지만, 요정 이야기만은 상상해선 안 된다.

자, 첫째가는 사실은 가장 단순한 사람들이 가장 미묘한 생각들을 지닌다는 것이다. 모두가 이 사실을 알 것이다. 모두가 한때는 어린아이였기 때문이다. 어린아이는 무지하지만, 자신이 말할 수 있는 것보다 많은 것을 알고 있으며 단지 전반적인 분위기를 느낄 뿐 아니라 미세한 음영까지 느낀다. 그리고 이 문제에는 몇 가지 미세한 음영들이 있다. 자신이 바라보는 아름다운 대상 속에 담긴 어떤 의미와 어떤 이야기를 찾기 위한 예술가의 고통이라고밖에 할 수 없는 것을 가져 본 적 없는 사람은 그것을 이해하지 못한다. 비밀에 대한 예술가의 갈구, 품고 있는 이야기를 말해 주지 않고 달아나는 듯한 탑이나 나무에 대한 예술가의 분노를 알 수 없는 것이다. 예술가에게는 인격적인 것이 아니라면 그 어느 것도 완전하게 느껴지지 않는다. 인격이 없다면 세상의 의식 없는 눈먼 미인은 그저 목 없는 조각상처럼 정원에 서 있을 뿐이다. 한 사람이 탑이나 나무와 씨름하여 마침내 그것이 거인이나 숲속 요정처럼 말하게 하려면 다만 소소한 시인이 되기만 하면 된다. 이교 신화는 자연의 권능을 인격화한 것이라고들 한다. 이런 말은 어떤 의미에선 참이지만 매우 불만족스러운 말이다. 왜냐면 이 말에는 자연의 권능은 추상이며 인격화는 인공적이라는 뜻이 내포되어 있기 때문이다. 신화는 알레고리가 아니다. 이 경우에 자연의 권능은 추상이 아니다. 마치 중력의 신이 있다는 것 같은 이야기가 아니라는 말이다. 폭포의 정령은 있을 수 있겠지만 순전한 물의 정령이라면 모를까, 순전한 낙하의 정령 따위는 있을 수 없다. 의인화는 비인격적인 무언가에 관한 것이 아니다. 요점은 인격이 의미를 가지고 물을 완전하게 만든다는 것이다. 산타클로스는 눈과 호랑가시나무의 알레고리가 아니다. 산타클로스는 그저 눈사람처럼 눈이라는 물질에 인공적으로 사람의 형태를 부여한 것이 아니다. 그는 하얗게 변한 세상과 상록수에 새로운 의미를 부여하여 눈 자체가 차갑기보다 따뜻하게 보이도록 하는 존재다. 따라서 판별의 기준은 순수하게 상상의 산물이다. 하지만 상상의 산물이라고 해서 허상인 것만은 아니다. 신화가 전부 현대인들이 허위라는 의미에서 주관적이라고 부르는 것이 되지는 않는다. 모든 참된 예술가는 의식적으로든 무의식적으로든 자신이 초월적 진리에 닿고 있음을 느낀다. 참된 예술가는 이미지들이 너울을 통해 보이는 것들의 그림자임을 느낀다. 달리 말해 자연의 신비가는 무언가가 거기 있음을 안다. 구름의 뒤편이나 나무 속에 무언가가 있음을 분명히 알고 있다. 그는 아름다움을 추구하는 것이 그것을 찾아내는 방법임을 믿는다. 상상이란 그것을 불러낼 수 있는 일종의 주문임을 믿는다.

우리는 우리 자신 안에서 일어나는 이러한 과정을 이해할 수 없으며, 우리에게서 아주 먼 동료 피조물들 안에서 일어나는 이러한 과정은 더더욱 이해하지 못한다. 이런 것들을 분류하는 데 따르는 위험은 그것들을 분류하면서 자칫 이해하는 듯 느낄 수 있다는 것이다. 황금가지처럼 정말로 훌륭한 민간 전승은 너무 많은 독자에게, 이를테면 손궤나 동굴 속에 있다는 거인이나 마법사의 심장에 관한 이러저러한 이야기가 단지 '바깥의 영혼'[10]이라 불리는 무언가 어리석고 정체된 미신을 '의미할' 뿐이라는 생각을 남겨 줄 것이다. 그러나 우리는 이런 것들이 무엇을 의미하는지 알지 못한다. 왜냐면 그것들에 감동받은 우리 자신이 어떤 의미를 갖는지 알지 못하기 때문이다. 이야기 속에서 어떤 이가 '이 꽃을 꺾어라. 그러면 바다 건너 성에 사는 공주가 죽으리라'고 말한다고 해보자. 우리는 왜 우리의 무의식 속에서 무언가가 떠오르며 움직이는지, 혹은 불가능한 것이 왜 거의 불가피해 보이는지 알지 못한다. '그리고 왕이 촛불을 끄자 저 멀리 헤브리디스 제도[11]의 해안에서 왕의 배들이 난파되었다'라는 문장을 읽었다고 하자. 우리는 왜 이성이 그 문장을 거부하기 전에 상상이 그걸 수용하는지, 혹은 그러한 상응이 어째서 영혼 속 무언가에 상응하는 것 같은지 알지 못한다. 우리 본성의 아주 깊은 곳에 있는 것들, 커다란 것들이 작은 것들에 의존한다는 데 대한 어떤 흐릿한 감각, 우리에게 가장 가까이 있는 것들이 우리의 능력 훨씬 너머로까지 펼쳐진다는 어떤 어두운 암시, 물질적 실체 속에 있는 마법에 대한 어떤 성사적 느낌, 흐려지는 과거의 많고 많은 감정들, 이런 것들은 '바깥

10 서양의 민간 전승에서는 인물들이 자기 영혼을 몸 밖으로 빼내어 식물이나 동물은 물론 어떤 사물 안에 보관했다는 여러 이야기가 전해 온다. 전투에 나가는 영웅이 자신의 영혼을 나무 속에 맡겨 둔다든가, 어떤 마법사는 (다른 곳에 꺼내 두었기에) 심장이 없다든가 하는 이야기들이 그러한 예다. 민속학자 프레이저는 저서 『황금가지』에서, 이렇게 몸 밖으로 꺼내 따로 보관된 영혼을 '바깥의 영혼'external soul이라는 개념으로 정립했다.

11 헤브리디스Hebrides 제도는 스코틀랜드 서편 대서양에 있는 5백여 개의 섬으로 이루어진 제도이다. 고대에는 켈트인이 거주했고 8세기부터 노르웨이가 지배했으나 13세기에 스코틀랜드에 양도되어 오늘에 이른다. 신비로운 지형과 기후로 인해 북유럽 신화의 주요 배경으로 등장한다.

의 영혼'과 같은 관념 속에 있다. 심지어 야만인들의 신화 속에 있는 권능도 시인들의 은유 속에 있는 권능과 같다. 그러한 은유의 영혼은 단연코 '바깥의 영혼'인 경우가 많다. 최고의 비평가들이 말하길, 최고의 시인들에게서 직유란 종종 텍스트에서 완전히 분리된 듯 보이는 그림이라고 한다. 직유란 저 멀리 떨어진 성과 꽃, 헤브리디스 제도의 해안과 촛불만큼이나 아무런 관련도 없다. 셸리[12]는 종다리를 성의 작은 탑 위에 있는 젊은 여인에 비유하고, 두꺼운 나뭇잎 사이에 파묻힌 장미에 비유한다. 이 시인은 우리가 상상할 수 있는 그 무엇보다도 하늘의 종달새를 닮지 않은 일련의 것들에 종달새를 비유한다. 나는 영문학의 순수한 마법이 가장 강력하게 발휘된 부분은 키츠의 「나이팅게일」[13] 중에서도 사람들이 많이 인용하는 부분, 그러니까 위험한 바다의 포말 위로 열리는 들창에 관한 구절이라고 생각한다. 누구도 그 이미지가 어디서 온 것인지 모르게 등장한다는 점에 주목하지 않았다. 그것이 아무 관련도 없는 룻에 대한 언급 다음에 갑자기 튀어나온다는 점도, 그것이 시의 주제와 아무 관련도 없다는 점도 의식하지 않았다.

12 퍼시 비시 셸리Percy Bysshe Shelley, 1792-1822는 영국의 낭만주의 시인이다. 바이런과 교우하며 실제로 낭만적인 삶을 살다 요절했다.

13 존 키츠John Keats, 1795-1821는 영국의 낭만주의 시인으로서 대표작의 원제목은 「나이팅게일에게 부치는 노래」Ode to a Nightingale다. 저자가 여기서 언급한 구절들은 총 여덟 개 연으로 된 시의 제7연에 나오는데 다음과 같다. "너는 죽으려고 태어나지 않았다, 불멸의 새여!/어떤 굶주린 세대도 너를 짓밟지 못한다/지나가는 이 밤에 내가 듣는 목소리는/그 옛날 황제와 광대도 들었으리라/어쩌면 같은 노래가 가로질렀으리라/룻의 슬픈 가슴을. 고향이 그리울 때면/그녀는 타향 곡식밭에 서 있었으니/같은 노래가 때로는/마법의 들창을 매혹하여 포말 위로 열리게 하였구나/위험한 바다, 황량한 요정의 나라에서."

이 세상에서 나이팅게일을 찾으리라고 합리적으로 기대할 수 없는 곳이 있다면 그건 바로 바닷가의 창턱이다. 하지만 오직 그와 똑같은 의미에서, 어느 누구도 바닷속 손궤 안에서 거인의 심장을 찾아내길 기대하지는 않을 것이다. 그러므로 시인의 은유를 분류하는 건 매우 위험한 일이 된다. 셸리가 "아이가 자궁에서 나오듯이, 유령이 무덤에서 나오듯이"[14] 구름이 나오리라고 말할 때, 앞엣것은 거친 탄생 신화의 사례이며 뒤엣것은 조상 숭배가 된 유령 숭배의 잔존이라고 하는 게 가능할 수도 있겠다. 그러나 그것은 구름을 다루는 그릇된 방식이다. 그것은 학식 있는 이들을 폴로니어스[15]의 조건 속에 두어 구름을 족제비나 고래처럼 생각하기 쉽게 만든다.

두 가지 사실이 이 백일몽의 심리에서 나온다. 다만 이 두 사실 모두, 신화는 물론 종교의 발전 과정에서 줄곧 염두에 두어야 하는 사실들이다. 첫째, 이 상상의 인상들은 엄밀하게 한 지역이나 장소에 관련된 경우가 많다. 그것들은 알레고리로 전환된 추상이 아니라 집약되어 거의 우상이 된 이미지다. 시인이 느끼는 건 어떤 특정한 숲의 신비이지 임학林學이라든가 삼림 분과의 신비가 아니다. 시인이 숭배하는 것은 특정한 산의 봉우리이지 고도라는 추상적 관념이 아니다. 그러므로 우리는 신이 단지 물일 뿐 아니

14 퍼시 셸리가 쓴 시 「구름」The Cloud의 끝부분에 나오는 구절이다.

15 폴로니어스Polonius는 셰익스피어의 비극 『햄릿』*Hamlet*에 등장하는 인물이다. 햄릿의 아버지를 죽이고 왕위를 찬탈한 클로디어스의 재상이자 햄릿을 사랑한 오필리어와 그 오빠 레어티스의 아버지다. 왕의 충성스러운 신하이자 자식을 사랑하는 아버지이지만, 자신을 대단한 책략가로 착각하며 성급하게 판단하고 여기저기 참견하다 결국 불행을 자초한다.

라 하나의 특별한 강일 때도 많다는 걸 깨닫는다. 신은 바다일 수도 있다. 바다는 시내처럼 단일한 것, 세계를 돌아 흐르는 강이기 때문이다. 궁극적으로 의심할 바 없이 확실한 것은 수많은 신들이 확장되어 원소가 된다는 점이다. 그러나 신들은 편재하는 존재 이상의 무엇이다. 아폴론은 단지 태양이 빛나는 곳이라면 어디에나 머무는 게 아니다. 아폴론의 집은 델포이의 바위 위에 있다. 아르테미스는 지상과 천상과 지옥 세 곳 모두에 동시에 존재할 수 있을 정도로 훌륭하지만, 에페소인들의 아르테미스는 더욱 훌륭하다. 한 장소와 연결되는 이런 느낌이 가장 저열한 형태로 드러나는 것이 바로 백만장자들이 자신의 자동차에 두는 것과 같은 단순한 물신物神이나 부적이다. 그러나 그런 느낌이 고매하고 진지한 의무들과 연결되는 곳에서는 고매하고 진지한 종교와 같은 무언가로 굳어질 수 있다. 즉, 도시의 신들이나 심지어는 집안의 신들로 굳어질 수도 있다.

둘째, 결과는 이러하다. 이 이교 신앙들에는 성실과 불성실의 모든 음영이 있다는 것이다. 정확히 어떤 의미에서 아테네인은 아테나에게 희생제물을 바쳐야 한다고 정말로 생각한 것일까? 어떤 학자가 그에 대한 해답을 정말로 확실히 알고 있을까? 어떤 의미에서 존슨 박사[16]는 거리의 모든 기둥을 건드려야 한다거나 오렌지 껍질을 모아야 한다고 생각한 것일까? 어떤 의미에서 어린

16 최초의 근대적 영어사전을 편찬했다고 알려진 영국의 시인, 평론가 새뮤얼 존슨Samuel Johnson, 1709-1784을 말한다. 그는 과도하게 술을 마시고 음식을 즐기고 글을 읽었던 것으로 유명했으며, 본문에 기술된 것과 같은 특이한 버릇들에 관련된 여러 일화를 남겼다.

아이는 모든 포석을 하나씩 건너뛰며 밟아야 한다고 생각하는 것일까? 적어도 두 가지 사실만은 매우 분명하다. 첫째, 더 단순하고 자의식이 덜한 시대에는 이러한 형태들이 더 진지해지지 않고도 더 확고해질 수 있었다. 백일몽은 더 많은 예술적 표현의 자유로, 하지만 여전히 몽유병자의 가벼운 발걸음 같은 무언가로, 백주 대낮에 실행될 수 있었다. 존슨 박사에게 (관대한 그의 허락을 얻어) 고풍스러운 망토를 입히고 화관을 씌워 보자. 그는 그 옛 아침 하늘 아래로 당당히 움직이면서 땅의 한계와 인간 생애의 한계에 서 있는, 낯선 경계의 신들이 조각된 일련의 신성한 기둥[17]을 건드릴 것이다. 앞서 말한 어린아이를 고전 신전의 대리석과 모자이크에서 해방하여 흑백 격자무늬가 새겨진 바닥에서 놀게 해보자. 그러면 그 아이는 기꺼이, 한가로이 떠돌던 자신의 백일몽이 실현된 그곳을 진중하면서도 우아하게 춤추기에 알맞은 탁 트인 벌판으로 만들 것이다. 하지만 그런 기둥과 포석은 현대적인 제약 아래 있다 해도 더 현실적이거나 덜 현실적이지 않다. 진지하게 취급한다고 해서 그것들이 정말로 훨씬 더 진지해지는 것은 아니다. 그것들에는 늘 변치 않는 부류의 성실함이 있다. 그 성실함이란 삶의 표면 아래 있는 매우 현실적인 영성들을 표현하는 한 상징으로서의 예술이 지닌 성실함이다. 그러나 그것들은 예술과 같은 의미에서 성실할 뿐, 도덕과 같은 의미에서 성실한 것은 아니다. 한 괴짜가 모아 놓은 오렌지 껍질은 지중해 축제의 오렌지나 지중해 신화의 황금사과가 될 수도 있다. 그러나 전자와 후자는

17 고대 로마에서는 땅의 경계를 표시할 때, 그 윗부분에 경계의 신 테르미누스Terminus의 상반신을 조각한 기둥을 세워 두었다.

절대 같은 차원에 있지 않다. 이 둘은 눈먼 걸인에게 오렌지를 주는 것과, 일부러 오렌지 껍질을 놓아서 눈먼 걸인이 넘어져 다리가 부러지도록 하는 것이 같지 않은 만큼 서로 다르다. 양자 사이에는 정도의 차이가 아니라 범주의 차이가 있다. 어린아이는 개의 꼬리를 밟는 것이 잘못된 일이라 생각하듯 포석을 밟는 것이 잘못된 일이라고 생각하지 않는다. 존슨이 나무 기둥들을 건드린 까닭이 장난이든 감상이든 공상이든 다른 무엇이든 간에, 그가 하나님의 죽음이자 인간의 생명인 그 무서운 나무 기둥에 손을 뻗을 때 감지했던 느낌으로 다른 나무 기둥들을 건드렸던 건 절대 아니었다.

이미 언급했듯이 그러한 분위기 속에 어떤 현실성이나 심지어 어떤 종교적 감상이 전혀 들어 있지 않다는 말은 아니다. 사실 가톨릭교회는 사람들에게 지역적 전설과 더 가벼운 의례 행위를 보급하는 이 대중적인 사업을 전부 인수하여 떠들썩한 성공을 거두었다. 이런 부류의 이교주의 전체가 순수하고 자연과 닿아 있는 한, 그것이 이교 신들에 의해 수호되었던 만큼 수호성인들에 의해 수호되지 말아야 할 이유는 없다. 어찌 되었든 가장 자연스러운 공상에도 서로 다른 정도의 진지함이 있는 법이다. 숲에 요정이 있다고 공상하는 것, (그런 공상은 많은 경우에 어떤 숲이 요정들에게 적합하다고 공상하는 것일 뿐이다) 그리고 정말로 겁을 집어먹고는 귀신이 나온다고 하는 집 앞을 지나가기보다는 1마일이나 더 먼 길로 돌아가게 되는 것, 그 둘 사이에는 절대적인 차이가 있다. 이 모든 것의 이면에는 아름다움과 두려움이란 매우 실제적인 것이며 또한 실제 영적 세계와 관련되어 있다는 사실이 자리한다. 아름다움과 두려움을 조금이라도 건드리는 것은 심지어 의심이나 공상에서조차 영혼을 깊숙이 휘젓는 일이다. 우리 모두는 이 점을 이해하며, 이교도들도 이를 이해한다. 요점은 바로 이런 의혹과 공상 없이는 이교주의가 참으로 우리의 영혼을 휘젓지 못했다는 것이다. 그 결과, 오늘날 우리는 이교주의에 관해서 의혹과 공상 이상의 어떤 것도 지닐 수 없게 되었다. 최고의 비평가들은 누구든지, 이를테면 이교 헬라스의 가장 위대한 시인들이 그들의 신들에 대해 지녔던 태도가 그리스도교 시대를 사는 사람들에겐 무척 기이하고 곤혹스러운 것이라는 데 동의한다. 신과 인간 사이에는 공공연한 충돌이 있는 것 같은데, 신과 인간 중 누가 영웅이고 누가 악당인지에 대해서는 모두가 의심하는 듯하다. 이런 의심은 『바쿠스의 무녀들』*Bacchae*를 쓴 에우리피데스처럼 의심하는 자에게만 적용되는 것은 아니다. 그것은 『안티고네』*Antigone*를 쓴 소포클레스처럼 온건한 보수주의자, 혹은 심지어 『개구리』*Batraxoi*를 쓴 아리스토파네스 같은 보통의 보수주의자 토리 당원에게도 적용된다. 때로 그리스인들은 다른 무엇보다도 경외에 믿음을 두었으나 경외할 대상이 아무도 없었던 것처럼 보일 것이다. 다만 이 퍼즐의 요점은 이러하다. 이 모두가 공상과 몽상에서 시작되었다는 사실에서 온갖 모호함과 다양함이 일어난다는 것, 그리고 구름 속에 성을 짓기 위한 건축의 규칙 따위는 전혀 없다는 것이다.

이것이 바로 여러 갈래로 가지를 치는 신화라는 강력한 나무의 실상이며, 이 나무는 온 세상으로 가지를 뻗는다. 서로 분리된 하늘 아래 저 멀리까지 뻗은 가지에는 아시아의 값비싼 우상들과 아프리카의 설구워진 물신들과 숲속 민담의 요정나라 임금들과 공주들이 마치 색색의 새들처럼 깃들인다. 포도나무와 올리브나무 사이로는 라틴족의 라레스[18]가 묻혀 있고, 올림포스의 구름 위로는 최고의 그리스 신들이 떠다닌다. 이러한 것들이 신화다. 신화에 전혀 공감하지 못하는 사람은 사람들에게도 공감하지 못한다. 그러나 신화에 많이 공감하는 사람은 그리스도교나 이슬람교가 하나의 종교라는 의미에서 신화란 종교가 아니며, 과거에도 절대 종교가 아니었음을 확실히 깨달을 것이다. 신화는 종교가 충족시키는 욕구들 가운데 어떤 것들을 충족시키는데 특히 특정한 날짜에 특정한 일을 하려는 욕구, 쌍둥이와도 같은 축제와 격식의 욕구를 충족시킨다. 그러나 신화는 한 사람에게 달력을 주기는 해도 신조를 제공하지는 않는다. 한 사람이 자리에서 일어나서 '전능하신 천주 성부 천지의 창조주를 나는 믿나이다'라고 말하고 사도신경의 나머지 부분을 외듯이, 자리에서 일어나서 '제우스와 헤라와 포세이돈 등등을 믿나이다'라고 말하는 사람은 하나도 없었다. 많은 이들이 어떤 신들은 믿고 다른 신들은 믿지 않거나, 어떤 신들은 더 많이 믿고 다른 신들은 더 적게 믿거나, 아니면 어떠한 신이든 아주 모호한 시적인 의미에서만 믿었을 뿐이다. 사람들이 손상되지 않게 온전히 지키고자 싸우고 고통을 당하는 하나의 정통 질서 안으로 모든 신화가 수렴된 때는 단 한 순간도 없었다. 더구나 어느 누구도 '나는 오딘과 토르와 프레야를 믿나이다'라는 식으로 말하지 않았다. 올림포스 바깥에서는 올림포스의 질서조

18 라레스Lares는 고대 로마에서 집이나 밭과 같은 장소나 그 장소의 기능을 지켜 준다고 믿었던 수호신들이다. 단수형은 라르Lar이지만 보통 라레스라는 복수형으로 쓰인다.

차 흐려지고 혼동되기 때문이다. 내게는 토르가 절대 신이 아니었고 다만 영웅이었다는 게 분명해 보인다. 종교를 닮은 어떠한 것에서도 신을 닮은 누군가를 두고선, 마침내 거인의 장갑이었음이 밝혀지는 커다란 동굴 속에서 더듬거리는 난쟁이로 묘사하지는 않을 것이다. 그것은 모험이라 불리는 영광스러운 무지이며, 토르는 아마도 위대한 모험가였을 것이다. 그러나 토르를 신이라 부르는 건 야훼를 '잭과 콩나무'에 비교하려는 것과 같다. 오딘은 진짜 야만인 족장이었던 것 같은데, 어쩌면 그리스도교 이후 암흑시대의 족장이었을 것이다. 다신교는 그 끄트머리에서부터 흐릿해지며 요정 이야기들이나 야만적인 회상들 속으로 사라진다. 그건 진지한 일신교도가 믿는 일신교와 같은 것이 아니다. 다시 말하지만 다신교는 아이가 태어날 때나 도시를 수호할 때와 같이 고귀하거나 고양된 순간들에 어떤 고양된 이름이나 고귀한 기억을 외치려는 욕구를 충족시킨다. 그러나 그 고양된 이름은 그저 이름일 뿐인 허다한 사람들에 의해 너무 많이 쓰였다. 그래서 결국 그 이름은 인류 깊숙이에 있는 어떤 것을 정말로 충족시켰거나, 아니면 부분적으로나마 충족시키기에 이르렀다. 그건 알 수 없는 힘들의 몫으로 무언가를 넘겨준다는 관념이다. 그건 포도주를 땅바닥에 붓는 것, 반지를 바다에 던져 버리는 것, 한마디로 하자면 희생이라는 관념이다. 그것은 우리의 이점을 최대한도까지 추구하지는 않겠다는 현명하고 가치 있는 관념이다. 우리의 미덥잖은 자부심의 균형을 맞추기 위해 무언가를 저울의 다른 쪽에 올려놓는다는 관념이며, 우리의 땅을 위하여 자연에 십일조를 바친다는 관념이다. 오만함이나 분수에 맞지 않는 잘난 체의 위험에 관한 이 깊은 진실이야말로 모든 위대한 그리스 비극들을 관통하여 흐르며 그 비극들을 위대하게 만드는 요소다. 그러나 그 진실은 노여움을 달래야 할 신들의 진짜 본성에 관한 거의 수수께끼 같은 불가지론과 나란히 흐른다. 저 위대한 그리스인들에게서 그러하였듯 그 투항의 몸짓이 가장 장엄한 곳에서는, 신이 황소를 얻음으로써 더 나아질 거라는 관념보다는 인간이 소를 잃음으로써 더 나아질 거라는 관념이 참으로 훨씬 강하다. 보다 저속한 형태의 희생제사에서는 신이 정말로 그 희생제물을 먹는다는 걸 암시하기 위해 사람들이 기괴한 행동을 하는 경우가 많다고들 한다. 하지만 이런 사실은 내가 신화에 대해 이야기하며 처음 언급했던 오류에 의해 거짓임이 입증됐다. 그건 백일몽의 심리를 잘못 이해한 것이다. 움푹 팬 나무에 고블린[19]이 있다고 상상하는 어린아이는 고블린을 위해 케이크 한 조각을 남겨 두는 것처럼 미숙하고 물질적인 행동을 할 것이다. 시인이라면 신에게 꽃과 과일을 바치는 것처럼 더욱 품위 있고 우아한 행동을 할 수 있을 것이다. 그러나 두 행동의 진지한 정도는 같을 수도 있고, 또 얼마든지 다를 수도 있다. 이상적인 공상이 신조가 아닌 것만큼이나 그 미숙한 공상도 신조는 아니다. 이교도는 그리스도인처럼 믿지 않는 것만큼이나 무신론자처럼 불신하지도 않는다. 이교도는 자신이 그에 대해 추측하고 창안하는 여러 힘들의 현존을 느낀다. 사도 바울은 그리스인들에게는 알려지지 않은 신에게 바치는 제대가 있노라고 했다. 하지만 사실 그리스인들의 모든 신은 미지의 신이다. 사도 바울이 그리스인들

19 고블린Goblin은 작고 못생겼으며 사람들에게 심술궂은 장난을 친다고 하는 요정이다.

이 알지도 못한 채로 숭배한 신이 누구인지를 선언했을 때야말로 역사에 진짜 균열이 발생했다.

그런 모든 이교주의의 실체는 이렇게 요약할 수 있겠다. 이교주의는 오직 상상만을 통해 신적 현실에 이르려는 시도다. 상상의 장에서는 이성이 전혀 상상을 제한하지 않는다. 가장 이성적인 문명에서조차 이성이란 종교와 분리된 것이라는 사실이 역사 전체를 조망하는 데 있어 절대적으로 중요하다. 그런 종교들이 타락하거나 수세에 놓일 때, 몇몇 신플라톤주의자나 몇몇 브라만이 종교들을 합리화하고자 노력했지만, 그럴 때조차 단지 그 종교들을 알레고리로 만들려고 했을 뿐이라는 건 사후에 덧붙인 생각에 불과하다. 그러나 현실에서 신화의 강과 철학의 강은 서로 나란히 흘러가다가 그리스도교 세계라는 바다에 이르러서야 서로 만나 뒤섞인다. 단순한 세속주의자들은 여전히 교회가 이성과 종교 사이에 일종의 분열을 가져온 것처럼 이야기한다. 하지만 교회는 처음으로 이성과 종교를 결합하려 했다. 그 이전에는 사제와 철학자를 그렇게 통합하려는 시도조차 전혀 없었다. 교회 이전에 신화는 상상을 통해 신을 추구하거나 아름다움의 수단들을 통해 진리를 추구했는데, 이는 아름다움이 가장 기괴한 추함을 포함한다는 의미에서 그렇게 했던 것이다. 그러나 상상은 그 자체의 법칙들을 지녔고 따라서 그 자체의 업적들을 가지고 있는데, 논리학자들과 과학자들은 누구도 그 업적들을 이해할 수 없다. 신화는 수천 가지 터무니없는 생각들을 통해 그 상상적 본능에 진실하게 남아 있었다. 돼지가 달을 먹는다거나 세상이 소에게서 잘려져 나온다는 모든 미숙한 우주적 판토마임, 난해하고 기형적인 아시아의 예술,

뚜렷하고 뻣뻣하게 묘사된 이집트와 아시리아의 인물화, 세상을 변형하고 하늘을 대체하는 듯한 광포한 예술의 온갖 깨어진 거울을 통해 신화는 이견이 있을 수 없는 그 무언가에 대해 진실하게 남아 있었다. 그 무언가란, 어떤 유파의 예술가들이 그 특별한 기형적 형태 앞에 갑자기 멈춰 서서 '내 꿈이 이루어졌다'고 말하는 걸 가능하게 하는 것이다. 그래서 우리 모두는 이교의 신화나 원시의 신화가 무한히 암시적이라고 느끼되, 다만 우리가 충분히 지혜로워서 그 신화들이 무엇을 암시하는지 묻지 않는 동안에만 그렇게 느낀다. 우리 모두는 프로메테우스가 하늘나라에서 불을 훔쳤다는 것이 의미하는 바를 느끼되, 다만 젠체하는 비관론자나 진보론자가 그 의미를 설명하기 전까지만 느낀다. 우리 모두는 "잭과 콩나무"의 의미를 알되, 다만 다른 사람에게서 그 의미를 듣기 전까지만 안다. 이런 의미에서 신화를 받아들이는 이들은 무지한 이들이라는 게 참 사실이다. 그러나 그러한 까닭은 시를 제대로 감상할 줄 아는 이들은 무지한 이들이기 때문이다. 상상에는 그 나름의 법칙과 업적이 있었다. 그리고 하나의 엄청난 힘이 상상의 형상들에 정신이나 진흙으로, 남태평양 제도의 대나무나 헬라스 산들의 대리석으로 옷을 입히기 시작했다. 그러나 상상의 업적에는 늘 한 가지 골칫거리가 있었다. 여기서 나는 그 골칫거리를 분석하려 애를 썼으나 허사였다. 결론적으로 다음과 같이 기술할 순 있을 터이다.

인간이 숭배를 자연스럽게 여겼다는 것, 심지어 부자연스러운 것들에 대한 숭배까지 자연스럽게 여겼다는 것이 문제의 핵심이다. 우상의 자세는 경직되고 이상했는지 몰라도 숭배자의 몸짓은 너그럽고 아름다웠다. 숭배자는 몸을 숙일 때 더욱 자유로워졌다고 느꼈을 뿐 아니라 오히려 절을 할 때 실제로 키가 더 커졌다고 느꼈다. 이후로 숭배자에게서 숭배의 몸짓을 금하는 것이라면 어떤 것이든, 그의 성장을 막고 그를 영원히 마비시키는 것이 되었다. 이후로 단지 세속적이기만 하다는 것은 예속이며 억압이 된다. 사람이 기도할 수 없다면 입에 재갈을 물린 것이고, 사람이 무릎을 꿇을 수 없다면 족쇄가 채워진 것이다. 그러므로 우리는 이교주의 전체를 통해서 신뢰와 불신이라는 기이한 이중적 느낌을 받는다. 사람은 인사와 희생의 몸짓을 취할 때, 신주神酒를 따르고 검을 들어 올릴 때, 자신이 뭔가 가치 있고 웅장한 행위를 하고 있음을 안다. 그는 사람이 하게끔 되어 있는 행위를 행한다는 걸 안다. 그러므로 그의 상상적 실험은 정당화된다. 그러나 이 실험은 상상으로 시작했기에 그 안에는, 특히 그 대상 안에는 어떤 흉내에 불과한 것이 끝까지 남게 된다. 지성의 긴장된 순간들이 오면, 이 흉내에 불과한 것은 그리스 비극의 견딜 수 없는 아이러니가 된다. 사제와 제대 사이 혹은 제대와 신 사이에는 어떤 불균형이 있는 것 같다. 심지어 사제가 신보다 더 엄숙하고 더 신성해 보이기도 한다. 신전의 모든 질서는 견고하고 온당하며 우리 본성의 어떤 부분들을 충족시키는데, 그 중심만은 예외다. 신전의 중심은 마치 춤추는 불꽃처럼 이상하리만큼 가변적이고 모호해 보인다. 그것은 신전 전체가 지어진 바탕이 되는 최초의 생각이다. 그리고 이 최초의 생각은 여전히 하나의 공상이며 거의 경망에 가깝다. 그 낯선 만남의 장소에서 인간은 조각상보다 더 조각상 같아 보인다. 인간 자신은 기도하는 소년상[20]의 고귀하고 자연스러운 태도로 영원히 서 있을 수 있다. 그러나 그 받침대에 쓰인 이름이 제우스이든 암몬이든 아폴론이든 간에, 소년이 숭배하는 신은 프로테우스[21]다.

기도하는 소년상은 어떤 욕구를 채워 주기보다 표현한다고 할 수 있다. 소년의 두 손은 일반적이고 필수적인 행동에 따라 들려졌다. 다만 소년의 두 손이 비었다는 것 역시 하나의 비유다. 그러한 욕구의 본성에 관해서는 이야기할 것이 많지만, 여기서는 우선 이렇게 말할 수 있겠다. 결국 기도와 희생이 자유이자 확장이라고 하는 참된 직관은 보편적 부성父性이라는 광대하나 반쯤 잊힌 개념을 다시금 소환한다. 이미 우리는 모든 곳에서 이 개념이 아침 하늘로부터 희미해져 가는 모습을 보았다. 이건 진실이지만, 진실의 전부는 아니다. 이교도로 대변되는 시인 안에는 자신의 하나님을 한 장소와 연결하는 데 있어 전적으로 틀리지 않았다는 파괴 불가능한 직관이 남아 있다. 그런 직관이 신앙의 영혼에는 없더라도 시의 영혼에는 있다. 시인들 가운데 가장 훌륭한 시인이 시인을 정의하기를, 시인은 우리에게 절대자 혹은 무한자의 우주를 주는 것이 아니라 자신의 더 큰 언어로 하나의 주거지와 하나

20 기도하는 소년상은 많지만, 그 가운데 가장 유명한 것이 현재 베를린 고전고고학 박물관에 소장된 고대 그리스의 청동상이다. 똑바로 선 자세로 두 팔을 위로 들어 올린 모습인데, 이 자세 때문에 기도하는 소년상이라는 이름이 붙었다. 하지만 소년상의 두 팔은 남은 어깨 등을 토대로 근대에 복원된 것이다. 그래서 이 소년상이 정확히 기도를 하는 것인지에 대해서는 다양한 이견이 있다.

21 프로테우스Proteus는 그리스 신화에 등장하는 바다의 신이다. 포세이돈의 아들이지만 포세이돈의 물개를 관리하는 목자로 여겨지기도 한다. 다른 바다의 신들처럼 모습을 자유로이 바꿀 수 있다.

의 이름을 준다고 했다. 그저 범신론자이기만 한 시인은 없다. 셸리처럼 가장 범신론적이라고 간주되는 시인들은 이교도들이 그러했듯이 어떤 장소적이고 특별한 이미지들로 시작한다. 결국 셸리가 종달새에 관한 시를 쓴 것은 종달새가 종달새였기 때문이다.[22] 그 시를 남아메리카에서 사용할 목적으로 종달새를 타조로 바꾸어 제국적 번역본 혹은 국제적 번역본을 출간할 수는 없을 것이다. 그러므로 신화적 상상이란 마치 원을 그리며 어떤 장소를 찾거나 혹은 그 장소로 돌아가려고 맴돌듯이 움직인다고 하겠다. 한마디로 신화란 탐색이다. 신화는 반복되는 욕망을 반복되는 의심과 결합하는 것이다. 즉, 어떤 장소를 찾는다는 생각에서 지극하고 절실한 성실함을 이미 찾아낸 모든 장소에 관한 아주 어둡고 깊고 신비로운 경박함과 뒤섞는 것이다. 이제까지는 외로운 상상이 우리를 이끌었지만, 이후에는 외로운 이성에 의지해야 한다. 이 길에서 상상과 이성이 동행했던 곳은 아무 데도 없다.

거기가 바로 이 모든 것이 종교 곧 이 서로 다른 차원들이 그 안에서 서로 만나 단단히 결합한 실제로부터 달라진 지점이다. 이 모든 것은 어떻게 보이느냐가 아니라 본질이 무엇인가 하는 데서 그 실제와 달랐다. 하나의 그림은 하나의 풍경처럼 보일 수도 있다. 아주 세세한 부분까지 정확하게 하나의 풍경처럼 보일 수 있다. 그림이 풍경과 다른 유일한 부분은 그림은 풍경이 아니라는 것뿐이다. 차이가 있다면, 엘리자베스 여왕과 그녀의 초상을 구분하는 정도일 뿐이다. 오직 신화적이고 신비적인 세계에

22 퍼시 셸리가 1820년에 완성한 시 「종달새에게」To a Skylark을 말한다. 종달새의 노래는 자연의 은유 혹은 상징이며, 시인은 자연의 의미를 이해하고자 애쓴다.

서만 초상이 그 사람보다 먼저 존재할 수 있었고, 그러하기에 초상은 더욱 모호하고 의심스러운 것이었다. 그러나 신화의 분위기를 느끼고 그것을 먹고 산 사람이라면 누구라도 한 가지 의미에서 신화가 스스로 실제라 공언하지 않았다고 하는 내 말의 의미를 알 것이다. 이교도들에게는 실제에 대한 꿈이 있었다. 그들은 그들의 표현대로 어떤 꿈들은 상아의 문으로 들어오고 다른 꿈들은 뿔의 문으로 들어온다는 걸 처음으로 인정한 이들이었을 것이다. 그 꿈들은 실제로 매우 선명해지는 경향이 있다. 그토록 감미롭거나 비극적인 것들에 관련된 꿈은 잠 속에서도 심장이 부서지는 느낌이 들게 해서 잠든 이를 깨울 수 있다. 그런 꿈들은 계속해서 만남과 헤어짐, 죽음으로 끝나는 삶이나 삶의 시작인 죽음같이 열정적인 주제들을 맴도는 경향이 있다. 데메테르는 납치된 자식을 찾으러 고통받는 세상을 헤맨다.[23] 이시스는 오시리스의 사지四肢를 한데 모으려고 그저 헛되이 땅 위로 두 팔을 뻗는다.[24] 언덕 위로는 아티스[25]를 애도하는 소리가 들려오고, 숲을 가로질러 아도니스[26]를 애도하는 소리가 들려온다. 바로 거기서 그 모든 애도

23 수확과 곡물의 여신 데메테르Demeter에게는 제우스와의 사이에서 얻은 딸 페르세포네가 있었는데 저승의 신 하데스가 제우스의 동의를 얻어 페르세포네를 저승으로 납치했다. 데메테르는 딸을 찾아 나섰고, 그러는 동안 작물의 생육이 멈추어 세상이 황폐해졌다. 결국 데메테르가 딸 페르세포네를 찾긴 했지만, 하데스의 꼬임에 빠져 저승의 석류를 먹어 버린 페르세포네는 이승과 저승을 오가며 살게 되었다. 이에 페르세포네가 저승에 머무는 동안은 데메테르 여신이 시름에 잠겨 작물을 기를 수 없는 계절이 되었다고 한다.

24 이집트의 여신 이시스Isis는 세트에 의해 죽임을 당한 남편 오시리스Osiris를 찾아서 온 세상을 두루 다니다가 결국 나일강에 뿌려진 남편의 시체를 찾아 거두어 소생시킨다. 이로써 풍요의 신 오시리스는 죽음과 소생을 상징하게 되었다.

에 심오하고 신비로운 의미가 뒤섞인다. 죽음은 구원이자 위무가 될 수 있다. 그러한 죽음은 회복의 강을 이루는 신성한 피를 우리에게 선사한다. 완전한 선善은 부서진 신의 몸을 한데 모으는 데서 발견된다. 전조라는 것이 그림자임을 기억하는 한, 우리는 이것들을 가리켜 참으로 전조라 이를 수 있을 것이다. 그림자라는 은유는 여기에서 극히 중대한 진실을 매우 정확히 짚어 낸다. 그림자란 하나의 모양이기 때문이다. 그림자는 질감이 아니라 모양을 복제하는 것이다. 이것들은 진짜와 비슷한 무언가였다. 그것들이 서로 비슷했다는 말은 그것들이 서로 달랐다는 말과 다르지 않다. 무언가가 개와 비슷하다는 말은 그것이 개가 아니라고 말하는 또 다른 방법이다. 이러한 동일성의 의미에서, 신화적 존재는 사람이 아니다. 이시스를 참으로 인간이라 생각한 사람은 없다. 데메테르를 역사적 인물로 생각한 사람도, 아도니스를 한 교회의 창립자로 생각한 사람도 없다. 그들 가운데 어느 누가 세상을 바꾸었다는 관념도 전혀 없었다. 오히려 그들의 반복되는 죽음과 삶이 불변하는 세상이라는 슬프고도 아름다운 짐을 짊어졌다. 그들 가운

25 아티스Attis는 그리스 신화에서 죽음과 부활을 상징하는 신이다. 인간 여성과 사랑에 빠진 아티스는 이를 질투한 다른 신에 의해 죽임을 당했다가 나무로 다시 살아났다고 한다.

26 아도니스Adonis는 그리스 신화에 등장하는 대표적인 미소년이다. 미의 여신 아프로디테가 사냥을 즐기는 이 소년을 사랑하게 되었고, 아프로디테의 연인이었던 전쟁의 신 아레스는 큰 멧돼지로 변신하여 사냥 중인 아도니스를 물어 죽였다. 아도니스의 주검을 발견한 아프로디테가 슬피 울자 아도니스가 흘린 피에서 꽃이 피었는데 그것이 아네모네다. 죽은 아도니스는 저승의 신 하데스의 부인인 페르세포네의 사랑을 받게 되었고, 이를 질투한 아프로디테는 제우스에게 탄원하여 아도니스가 저승과 이승을 오가며 살게 했다.

데 어느 누구도 혁명일 수 없었다. 다만 해와 달의 순환이라는 의미에서만 혁명이었을 뿐이다.[27] 그들이 우리가 추구하는 그림자들과 바로 우리 자신인 그림자들을 의미한다는 사실을 보지 못한다면, 우리는 그들의 의미를 간과하게 된다. 어떤 희생제사적이고 공동체적인 측면들에서, 그들은 어떤 종류의 신이 그들을 충족시킬 수 있는지를 자연스레 암시한다. 그러나 그들은 충족되었다고 공언하지 않는다. 그들이 그렇게 공언한다고 말하는 사람이 있다면, 그는 시를 잘 판별하지 못하는 사람이다.

이교도 그리스도[28]에 대해 말하는 이들은 그리스도교보다 이교주의에 덜 공감한다. 그 사교邪教들을 '종교'라 부르고 교회의 확신이나 도전과 '비교'하는 이들은 무엇이 이교주의를 인간적으로 만드는지, 혹은 왜 고전 문학이 여전히 노래처럼 대기 중에 떠도는지를 우리보다 잘 이해하지 못한다. 기아飢餓가 음식과 똑같다고 증명하는 일은 굶주린 이들을 위한 인간적인 다정함과는 영 거리가 먼 행동이다. 희망이 행복해지려는 욕구를 파괴한다고 주장하는 것은 젊은이들에 대한 정다운 이해가 전혀 아니다. 오로지 추상적으로 동경되는 정신의 이미지들이, 구체적이라는 이유에서 숭배의 대상이 되는 살아 있는 사람이나 살아 있는 정체政體

27 혁명을 나타내는 단어 'revolution'의 본래 의미는 '회전'이다.

28 이교도 그리스도Pagan Christs는 자유주의와 세속주의를 표방한 영국의 저널리스트 출신 정치인 J. M. 로버트슨이 1903년에 발표한 저서의 제목이기도 하다. 이는 소위 '예수 신화'Jesus myth를 주장하는 이들이 사용하는 표현으로 예수의 탄생, 생애, 죽음, 부활 등에 관한 이야기들이 다른 이교도 신화에도 존재한다는 사실을 내세워 예수가 '인간이 되신 하나님'이라는 그리스도교 교의를 부정하는 것은 물론, 그가 역사적 인물이 아니라 신화적 구성일 뿐이라고 주장한다.

와 함께 같은 세상에 존재한다고 주장하는 건 순전히 비현실적이다. 도둑 놀이를 하는 소년이 참호 속에서 첫날을 보내는 병사와 똑같다거나, '불가능하지 않은 그녀'[29]에 대한 소년의 첫 공상들이 혼인성사와 똑같다고 말하는 편이 차라리 나을 것이다. 그것들은 표면적으로 비슷한 지점에서 근본적으로 갈라진다. 우리는 심지어 그것들이 똑같을 때조차 똑같지 않다고 말해도 될 터이다. 하나는 실제고 다른 하나는 그렇지 않기 때문에 그 둘은 서로 다르다. 내 말은 둘 중 하나는 참이고 다른 하나는 참이 아니라는 게 아니다. 둘 모두가 참이라 하더라도, 하나가 참이라는 것과 똑같은 의미에서 다른 하나도 참이 되지는 않는다는 것이다. 나는 그것이 참이 되는 의미를 모호하게나마 제시하고자 노력했다. 하지만 그것은 의심할 바 없이 매우 미묘하고 묘사하기가 거의 불가능하다. 그건 너무나 미묘해서, 그것을 우리 종교의 경쟁자로 내세우는 학자들은 자기 연구의 전체 의미와 목적을 아예 놓쳐 버린다. 우리는, 심지어 우리 중에 학자가 아닌 이들까지도 아도니스의 주검 위로 울려 퍼진 그 텅 빈 외침 속에 무엇이 있었는지, 왜 대지의 여신은 죽음의 신에게 딸을 시집보냈는지를 학자들보다 더 잘 알고 있다. 우리는 그들보다 엘레우시스 밀교 제전[30]에 더 깊이 들어갔다. 그리고 문 안에 있는 문이 오르페우스의 지혜를 지키는 더 높은 단계마저 통과했다. 우리는 모든 신화의 의미

29 '불가능하지 않은 그녀'the not impossible she란 어구는 상상 속의 연인을 가리킨다. 성공회 성직자였다가 가톨릭으로 개종했으며 영국 형이상학파를 대표하는 시인 리처드 크래쇼Richard Crashaw, 1613-1649의 작품 「그의 (상상 속) 정부에 대한 바람들」Wished to his (Supposed) Mistress에 등장하는 표현이다.

를 안다. 우리는 완벽한 입회자에게 계시되는 최후의 비밀을 안다. 그것은 '이러한 것들이 존재한다'라고 말하는 사제나 예언자의 목소리가 아니라, '이러한 것들은 왜 존재할 수 없는가?'라고 외치는 몽상가와 이상주의자의 목소리다.

30 고대 그리스의 엘레우시스Eleusis에서는 유명한 밀교 제전이 열렸다. 대지의 여신 데메테르의 딸 페르세포네가 지하 세계에서 지상으로 올라와 어머니와 합일하는 것을 기리는, 즉 농번기의 시작을 알리는 축제에서 시작되었으며 후대에 영혼 불멸성의 관념이 혼합되어 밀교 제전으로 발전했다고 한다.

06

마귀들과
철학자들

나는 이런 상상적인 부류의 이교주의에 대해 조금 상세히 숙고해 보았다. 이런 이교주의는 세상을 신전으로 가득 채웠고 어디서나 대중적인 축제를 주관한다. 내가 보기에, 문명의 중심을 이루는 역사는 그리스도교 세계라는 최종 단계 이전의 또 다른 두 단계로 구성된다. 첫째 단계는 상상적인 부류의 이교주의와 그보다 가치가 떨어지는 어떤 이교주의 사이의 투쟁이었고, 둘째 단계는 상상적인 부류의 이교주의가 스스로 가치를 떨어뜨리는 과정이었다. 매우 다양하고 때로 매우 모호하기도 한 다신교에는 원죄라는 약점이 있었다. 이교의 신들은 사람들을 주사위처럼 던져 버리는 존재로 묘사되었다. 사실 사람들은 정말로 기울어진 부정한 주사위다. 특히 성性에 관해 사람들은 불균형한 상태로 태어난다. 남자들은 미친 상태로 태어난다고까지 할 수 있다. 사람들은 신성함에 이르기 전에 제정신에도 이르지 못한다. 이런 불균형이 날개 달린 공상들을 끌어내렸고, 불어나는 신들의 오물로 이교주의의 결말을 채워 버렸다. 그러나 여기서 깨달아야 할 첫째 요점은 이런 부류의 이교주의가 또 다른 부류의 이교주의와 이른 시기에 충돌을 일으켰다는 점이다. 그리고 근본적으로 영적인 그런 투쟁의 이슈가 정말로 세계의 역사를 결정지었다는 점이다. 이를 이해하기 위해 우리는 바로 그 다른 부류의 이교주의를 검토해야 한다. 그건 훨씬 더 간략하게 고찰할 수 있다. 실로 매우 현실적인 의미에서, 그 이교주의에 대해서는 덜 이야기할수록 더 좋다. 우리가 첫 번째 종류의 신화를 백일몽이라 불렀다면, 두 번째 종류의 신화는 악몽이라 불러야 할 테니 말이다.

미신은 모든 시대에 계속 재발하며, 특히 이성주의의 시대에 그러하다. 나는 오찬 식탁에 모인 발군의 불가지론자들 전체에 맞서 종교적 전통을 옹호했던 일을 기억한다. 우리의 대화가 끝나기 전에, 그들은 제각기 부적이나 주물呪物을 주머니에서 꺼내거나 시곗줄에 달아 놓았다면서 보여 주기도 했다. 그들은 그 부적이나 주물을 자기 몸에서 떨어뜨려 놓은 적이 없음을 인정했다. 나는 거기 있던 사람들 중에 그런 물신을 갖추는 데 소홀한 유일한 사람이었다. 미신은 이성주의의 시대에 계속 재발한다. 미신이란 것이 이성주의와 동일하지는 않더라도, 회의주의와 무관하지 않은 어떤 것에 의지하기 때문이다. 미신은 적어도 불가지론과 매우 긴밀하게 연결되어 있다. 그것은 민중적인 이교주의에서 특정 장소와 관련해서 신령神靈을 불러내는 주문들처럼, 정말이지 매우 인간적이고 지성적인 감성에 의지한다. 그러나 그것은 불가지론적 감성이다. 왜냐면 그것이 두 가지 느낌에 의지하기 때문인데, 첫째는 우리가 우주의 법칙들을 실제로는 알지 못한다는 느낌이며, 둘째는 우주의 법칙들이 우리가 이성이라 부르는 것과는 아주 다를 수 있다는 느낌이다. 그러한 사람들은 거대한 것이 흔히 아주 작은 것에 의지한다는 현실의 진상을 실감한다. 특정한 아주 작은 것 하나가 열쇠나 실마리가 된다고 하는 속삭임이 전통이라든가 다른 무언가로부터 들려오면 인간 본성 깊은 곳에 있는, 전혀 무의미한 것도 아닌 무언가가 그들에게 그럴 가능성이 없지 않다고 속닥인다. 이런 느낌은 여기서 고찰하는 두 형태의 이교주의 모두에 존재한다. 하지만 두 번째 형태의 이교주의를 보면서 우리는 그것이 변형되어 더욱 끔찍한 또 다른 영靈으로 가득 찼음을 발견하게 된다.

나는 신화라고 불리는 더 가벼운 것을 다루면서 신화의 여러 측면 가운데 가장 논란의 여지가 많은 측면에 대해서는 거의 아무런 말도 하지 않았다. 바다의 영이나 원소들을 불러내는 그런 주문들이 광대한 심연으로부터 영들을 불러낼 수 있는 범위에 대해서나 혹은 (셰익스피어 풍으로 냉소하는 사람들이 표현하듯이) 영들이 그러한 부름을 받았을 때 정말로 나타나는지는 거의 언급하지 않았다는 말이다. 이런 문제가 대단히 실제적으로 들리기는 하지만, 나는 이런 문제가 신화의 시적인 본분에서 지배적인 역할을 하지는 않았다고 생각하며 그 점에서 내가 옳다고 믿는다. 하지만 나는 증거에 근거하여, 그런 영들이 그저 나타나기만 한 것에 불과하더라도 때로는 정말로 나타났음이 훨씬 더 명백한 사실이라고 생각한다. 그러나 우리가 미신의 세계를 살펴보자면 거기에는 더욱 미묘한 의미에서 미미한 차이의 그림자가 드리우는데, 그것은 깊어지고 어두워지는 그림자다. 가장 민중적인 미신이란 여느 민중 신화만큼이나 경박하다는 게 의심의 여지 없이 확실하다. 사다리 아래로 지나갔다[1]는 이유로 하나님이 번개를 내리시리라는 걸 교의로서 믿는 사람은 없다. 사람들은 오히려 사다리 주변을 돌면서 가벼운 운동을 하며 기분 전환을 하는 경우가 더 많다. 그런 행동에는 내가 막연하게나마 이야기했던 것, 즉 그토록 낯선 세상에서 일어날 수 있는 일들에 관한 공허한 불가지론 이외에 다른 것이 더 들어 있지도 않다. 그런데 확고하게 결과를 찾아내려 하는 또 다른 종류의 미신이 있으니, 이런 미신은 현실주의적 미신이라 할 수 있겠다. 이런 미신에서는 영들이 응답하는지 혹은 실제로 나타나는지가 훨씬 더 진지한 문제로 다루어진다. 앞서 말했듯이 내게는 영들이 때로는 응답하거나 나타난다는 게 무척이나 확실해 보인다. 다만 그에 관해서는 이 세상 많은 악의 시초가 된 뚜렷한 차이가 있다. 사람들이 타락하여 정말로 덜 영적인 세계의 덜 바람직한 이웃들에게 더 가까이 다가갔기 때문이든, 아니면 단순히 사람들이 열렬하거나 탐욕스러운 경향에 따라 악을 더 쉽게 상상했기 때문이든, 나는 마녀들의 흑마술이 신화의 백마술보다 훨씬 더 실제적이고 훨씬 덜 시적이었다고 믿는다. 나는 마녀의 정원이 님프의 숲보다 훨씬 더 정성스레 관리되었을 거라 상상한다. 심지어 선善의 밭에서보다 악惡의 밭에서 더 많은 열매가 맺혔으리라 상상한다. 우선은 실제적인 문제를 다룰 때면 어떤

1 세워진 사다리 밑으로 지나가면 불행이 닥친다는 것은 영국과 미국 등지에 널리 퍼져 있는 미신이다.

충동이, 어떤 절박한 충동이 사람들을 더욱 어두운 힘 쪽으로 몰아갔을 것이다. 실제로 문제를 해결해 주는 건 더 어두운 힘들이라는 비밀스럽고 비뚤어진 느낌이란 게 있었다. 더 어두운 힘들에 터무니없는 일 따위는 없다고 느꼈던 것이다. 그런데 그 민중적인 경구에는 요점이 정확히 표현되어 있다. 순전한 신화의 신들에게는 터무니없는 일들이 너무나 많았다. 신화의 신들에게는 좋으면서도 말도 안 되는 일이 아주 많았다. 즐겁고도 우습다는 의미에서, 우리는 재버워키[2]의 난센스라든가 점블리스[3]가 거주하는 땅에 대해 이야기를 나눈다. 그러나 마귀에게 자문을 구한 사람은 형사나 특히 사설 탐정에게 자문을 구하는 많은 이들과 마찬가지로 그것이 더러운 일이긴 하지만 정말로 실행되리라고 느꼈다. 사람은 님프를 만나기 위해 숲으로 들어간 게 아니다. 님프를 만나리라는 희망을 품고 숲으로 들어간 것이다. 그건 밀회라기보다는 모험이었다. 그러나 악마는 하기로 한 일들을 정말로 실행했으며, 심지어 어떤 의미에서는 자신이 한 약속들까지도 성실히 이행했다. 때로는 맥베스 같은 사람이 뒤늦게 후회하며 마귀가 약속을 어기길 바랄 때조차도.

2 '재버워키'Jabberwocky는 루이스 캐럴의 『거울 나라의 앨리스』*Through the Looking-Glass, and What Alice Found There*, 1871에 삽입된 난센스 시의 제목이다. 시 자체는 전통적인 형식을 엄격히 따르지만, 캐럴이 창안한 혼성 조어들이 등장하기 때문에 내용을 이해하기 어렵다. 재버워키라는 말 자체가 뜻이 통하지 않는 무의미한 단어를 가리키는 용어로 사용되기도 한다.

3 점블리스Jumblies는 영국의 화가, 음악가, 작가인 에드워드 레어Edward Lear, 1812-1888의 난센스 시 「점블리스」The Jumblies, 1871에 등장하는 머리가 녹색이고 손은 파란색인 사람들이다. 그들이 새로운 땅을 찾아 바다로 나가 모험을 한다는 것이 시의 주된 내용이다.

미숙하거나 미개한 여러 인종들의 이야기들에 따르면, 마귀 숭배는 신 숭배의 뒤에 이어졌으며 심지어는 하나뿐인 최고의 신에 대한 숭배 뒤에도 나타났다. 아마도 대부분의 경우 고등한 신은 너무 멀리 있어서 소소한 문제들을 가지고서 그에게 호소할 수는 없다고 느껴지고, 그래서 사람들은 더욱 문자 그대로의 의미에서 친숙하다는 이유로 신령들을 불러냈을 것이다. 그러나 일이 되게끔 해주는 마귀들을 이용하려는 생각을 하자 마귀들에게 더 잘 맞을 법한 새로운 생각이 떠오른다. 그 생각은 참으로 마귀들에게 잘 맞는 생각이라 할 수 있겠다. 그건 바로 꼼꼼하고 까다로운 마귀들의 사회에 자신을 맞추려는 생각이다. 더 가벼운 종류의 미신으론 소금을 뿌리는 것처럼 좀 하찮고 사소한 몸짓이 세계의 신비로운 기계 장치를 작동시키는 숨겨진 용수철을 건드릴 수도 있겠다는 생각을 재미 삼아 떠올리곤 한다. 결국 그런 생각 속에는 '열려라 참깨' 같은 무언가가 있다. 하지만 하급 신령들에게 호소하는 경우는 그 몸짓이 매우 사소할 뿐 아니라 매우 저급한 것이어야 한다는 끔찍한 생각이 뒤따른다. 순전히 추하고 무가치한 부류의 유치한 짓거리를 해야 한다는 것이다. 조만간 한 사람이 그가 떠올릴 수 있는 가장 역겨운 짓을 의도적으로 행하기 시작한다. 극단적인 악을 저질러야만 지하 세계에 있는 악의 힘들로부터 어떤 관심이나 응답을 억지로라도 받아 내리라고 느끼는 것이다. 이것이 바로 세상에 존재하는 식인 풍습 대부분이 의미하는 바다. 대부분의 식인 풍습은 원시적인 관습이나 짐승 같은 관습이 아니다. 그것은 인공적이며 예술적이기까지 하며 일종의 예술을 위한 예술이다. 사람들이 식인 풍습을 행하는 것은 그걸 끔찍하다고 생각하지 않아서가 아니라 오히려 끔찍하다고 생각하기 때문이다. 문자 그대로의 의미에서 끔찍한 공포를 먹어 치우길 바라는 것이다. 그러한 까닭에 오스트레일리아의 원주민들처럼 미개한 인종은 식인종이 아니지만, 뉴질랜드의 마오리족처럼 훨씬 더 세련되고 총명한 인종은 식인종인 경우가 종종 발견되는 것이다. 그들은 오히려 충분히 세련되고 총명해서 때때로 자의식적인 악마 숭배에 빠져든다. 그러나 그들의 정신을 이해한다면, 혹은 정말로 그들의 언어까지 이해한다면, 우리는 아마도 그들이 순수한 식인종처럼 무지한 채로 행동하고 있지 않음을 알게 될 것이다. 그들이 그렇게 행동한 까닭은 그것이 잘못되었다고 생각하지 않아서가 아니라 오히려 정확히 잘못되었다고 생각하기 때문이다. 그들은 흑미사[4]에 참여한 퇴폐적인 파리 사람처럼 행동하는 셈이다. 하지만 흑미사는 진짜 미사를 피해 지하에 숨어야 한다. 달리 말하자면 마귀들은 그리스도교가 이 땅에 오신 뒤로 줄곧 은신처에 숨어 지내고 있다. 고등한 야만인들의 식인 풍습은 백인의 문명에서 벗어나 숨어 있다. 그러나 그리스도교 세계의 도래 이전에는, 특히 유럽 바깥에서는 언제나 그러했던 게 아니다. 고대 세계에서 마귀들은 종종 용처럼 멀리까지 나돌곤 했다. 마귀들은 공공연하게 신으로 추대될 수 있었다. 마귀의 거대한 형상들이 북적이는 도시 중심에 마련된 공공의 신전 안에 세워질 수 있었다. 그런데 전 세계에서 뚜렷하고 확고한 이 사실의 흔적들을 현대인들이 간

4 흑미사Black Mass란 악마 숭배 집단에서 행하는 예식을 가리킨다. 일정한 형식이 있는 것은 아니지만, 겉으로 보기에 가톨릭교회의 미사 형식을 취하되 그 핵심이 되는 성체와 제대 등을 파괴하거나 능욕하는 형태를 취한다.

과한다는 점은 무척이나 흥미롭다. 사실 세계에서 가장 고등한 문명들에서는 사탄의 뿔이 높이 들려 별들을 찔렀을 뿐 아니라 태양의 얼굴에까지 닿았다. 하지만 현대인들은 그 모든 악이 원시적인 진화의 초기 단계에 해당한다고 말할 따름이다. 멕시코와 페루에서 고대 제국을 이루었던 아즈텍인들과 아메리카 원주민들을 예로 들어 보자. 그 제국들은 이집트나 중국만큼 정교했다. 다만 우리 시대에 중심이 되는 문명에 비해 활기가 덜했을 뿐이다. 그런데 우리 시대의 중심 문명을 비판하는 사람들은 (이 문명이 그들 자신의 문명임에도) 이 문명이 저지른 범죄들을 단죄하는 데 있어 적법한 의무를 행할 뿐 아니라, 정도에서 벗어나 범죄의 희생자들을 이상화하는 신기한 버릇마저 지니고 있다. 이들은 늘 유럽 문명이 도래하기 전 그곳에는 바로 에덴동산이 있었다고 추정한다. 스윈번은 『해 뜨기 전의 노래』[5]에서 여러 민족이 함께 부르는 그 활기찬 합창을 통해 남아메리카를 정복한 스페인에 관하여 한 가지 표현을 사용했는데, 내겐 늘 그 표현이 사뭇 낯선 인상을 주었다. 스윈번은 '죄 없는 땅에 퍼져 나간 그녀[6]의 죄와 후손'에 관해, 그리고 그들이 '인간의 이름을 저주받게 했으며 세 번이나 하나님의 이름을 저주받게 한' 방식에 관해 무언가를 이야기했다. 스페인인들이 죄를 지었다고 말해야 한다면 그건 충분히 합리적일 수

5 앨저넌 찰스 스윈번Algernon Charles Swinburne, 1837-1909은 영국의 시인, 평론가다. 당시 영국의 속물주의를 비판하고, 이교적이고 관능적인 작품들을 발표했다. 『해 뜨기 전의 노래』*Songs before Sunrise*, 1871는 이탈리아 독립운동에 자극을 받아 창작한 작품들을 모은 시집이다.

6 스페인을 여성으로 의인화하여 표현하고 있다.

있겠다. 하지만 도대체 왜 남아메리카인들이 죄가 없다고 말해야 하는 걸까? 왜 그 대륙에 천상의 완벽한 대천사들이나 성인聖人들만이 살았다고 가정해야 하는 걸까? 가장 존경할 만한 이웃 동네에 대해 그렇게 말한다면, 그건 힘있는 이야기가 될 것이다. 하지만 우리가 잘 모르는 사회에 대해 그렇게 말할 때는, 그건 오히려 우스운 이야기가 된다. 우리는 이 죄 없는 사람들의 죄 없는 사제들이 죄 없는 신들을 숭배했다고 알고 있다. 그런데 그 신들은 그들의 햇빛 찬란한 낙원의 술과 음식으로서 끔찍한 고통이 동반되는 인신공양을 부단히도 받아 주었다. 우리는 또한 이 아메리카 문명의 신화에서, 단테가 언급한 본능을 거스르거나 본능에 어긋나는 요소를 언급할 수도 있겠다. 그런 요소는 어디에서나 마귀들의 부자연스러운 종교를 통하여 거꾸로 흐르며, 단지 윤리에만 있는 것이 아니라 미학에도 있다. 그리스의 형상이 가능한 한 아름답게 만들어졌듯이 남아메리카의 우상은 가능한 한 추하게 만들어졌다. 그들은 그들 자신의 본성과 사물의 본성을 거슬러 거꾸로 행하면서 신비로운 힘을 찾고 있었다. 하늘도 보고서 금이 간 거울처럼 쪼개질 그런 얼굴을 금이나 화강암 혹은 숲속의 짙은 붉은색 통나무에다 새기려는 열망은 항상 존재했다.

어찌 되었든 채색되고 도금된 열대 아메리카의 문명이 인신공양에 체계적으로 가담했음은 매우 분명한 사실이다. 내가 아는 한, 에스키모인들이 인신공양에 가담했던 적은 결단코 없었다. 에스키모인들은 그럴 만큼 충분히 문명화되지 못했다. 그들은 순백의 겨울과 끝없는 어둠에 단단히 갇혀 있었다. 춥고 궁핍한 삶이 그들의 고귀한 열망을 억눌렀고 영혼의 온화한 기류를 얼려 버렸다. 날이 더 밝고 더 환한 햇빛이 비치는 곳이라야 그런 고귀한 열의가 확실하게 타올랐다. 더 풍요롭고 더 많이 교육받은 땅에서는 영혼의 온화한 기류가 제대祭臺 위로 흘렀다. 지옥의 웃음소리 같은, 귀에 거슬리는 기다란 이름들이 공포나 고통 속에서 그것을 요청했고, 눈을 휘둥그레 뜨고 소리 없이 크게 웃는 표정의 가면을 쓴 위대한 신들이 그것을 마셨다. 이런 문명의 개화를 일으키는 데는 더 따뜻한 기후와 더 과학적인 경작이 필요했다. 그래야 커다란 잎사귀들과 화려한 꽃들이 태양을 향해 자라나며, 스윈번이 헤스페리데스[7]의 정원에 비유한 그 정원에 금빛, 진홍빛, 자줏빛을 더해 줄 수 있었다. 적어도 그 용에 대해서만큼은 의심할 바가 전혀 없었다.

이와 관련해서 내가 스페인과 멕시코에 대해 특별한 논란을 불러일으키려는 건 아니다. 하지만 말이 나온 김에 언급하자면 그런 논란이 어떤 의미에서는 로마와 카르타고에 관하여 나중에 반드시 제기되어야 할 바로 그 질문과 닮았다. 두 경우 모두에 잉글랜드인들이 늘 따르는 기괴한 버릇이 있다. 즉, 잉글랜드인들은 늘 유럽인들의 반대편에 서서 경쟁 상대의 문명을 대변한다. 그들은 그 문명의 죄가 만천하에 명명백백하게 드러날 때조차 스윈번의 표현대로 그 문명이 결백하다고 말한다. 카르타고 또한 고등

7 헤스페리데스Hesperides는 그리스 신화에 등장하는 석양의 님프들이다. 천공을 떠받치고 있는 아틀라스의 세 딸이라고 한다. 이들은 세상의 서쪽 끝에 있는 정원에서 라돈이라는 용과 함께 황금사과나무를 지키고 있었다. 영웅 헤라클레스가 용을 무찌르고 황금사과를 차지하자 헤스페리데스는 슬픔에 잠긴 나머지 나무로 변했다.

문명이었다. 정말로 훨씬 더 고도로 문명화된 문명이었다. 카르타고 역시 그 문명을 공포의 종교 위에 세웠고, 인신공양 제사에서 피어오르는 연기를 사방으로 날려 보냈다. 어쨌든 우리 자신의 기준과 이상에 못 미친다는 이유로 우리 자신이 속한 인종이나 종교를 질책하는 것은 매우 온당한 일이다. 그러나 우리와 매우 반대되는 기준과 이상을 천명한 다른 인종과 종교보다 우리 인종과 종교가 더욱 낮은 곳으로 떨어졌다고 주장하는 것은 어리석은 일이다. 그리스도인이 종교가 없는 야만인보다 더 나쁘다거나, 스페인 사람이 아메리카 원주민보다 더 나쁘다거나, 심지어 로마인이 카르타고인보다 잠재적으로 더 나쁘다고 말하는 데는 한 가지 현실적인 의미가 있다. 하지만 그렇게 말하는 데는 단 하나의 의미만 있을 뿐이며, 그 의미 역시 그리스도인이 명백하게 더 나쁘다는 데 있지 않다. 그리스도인이 더 나쁜 이유는 다만 더 나아지는 것이 그의 본분이기 때문이다.

이 도치된 상상은 차라리 언급하지 않는 편이 더 나은 결과를 낳는다. 그 가운데 몇몇은 정말로 알려지지 않은 채 유명해질 수도 있다. 그것들은 순수한 이들에겐 순수하게 보이는 그 극단적 악에 관한 것들이기 때문이다. 그것들은 너무나 비인간적이어서 심지어 추잡한 것일 수조차 없다. 그러나 이 어두운 구석에 훨씬 더 오래 머무르지 않더라도, 반反인간적 불가지론이 흑마술의 전통 속에서 거듭 재발하는 듯 보인다는 사실이 여기서 무관하지 않다는 언급은 해도 괜찮겠다. 예를 들어 아동이라는 관념에 대한 신비적 혐오가 흑마술 전통의 모든 곳에서 흐른다고 의심할 수 있다. 출산을 막는 것이 가장 흔한 마녀의 저주임을 기억한다면 마녀에 대한 민중적 분노를 더 잘 이해할 수 있을 것이다. 히브리인 예언자들은 히브리 민족이 아이들을 상대로 한 그런 전쟁을 수반하는 우상 숭배로 거듭 빠져드는 데 끊임없이 저항했다. 이스라엘의 하나님에 대한 이 역겨운 변절이 때로 이스라엘 안에서 의례적 살인이라 불리는 형태로 등장했음은 충분히 있음직한 일이다. 물론 의례적 살인을 행한 건 유대교의 대표자가 아니라 무책임한 개별 유대인 악마 숭배자들이었을 것이다. 악의 세력이 특히 어린아이를 위협한다는 이런 의식은 중세 유아 순교자의 엄청난 인기에서 다시 발견된다. 초서[8]가 가장 사악한 마녀로 설정한 인물은 높은 격자창 너머를 쳐다보다가 돌투성이 거리를 따라 흘러가는 물줄기에서 재잘거리는 어린 성인 휴[9]의 노랫소리를 듣게 된 음흉한 이방 여인이었는데, 이는 잉글랜드의 전설을 또 다른 버전으로 제시한 사례일 뿐이다.

하여간 그러한 공론에서 이 이야기에 관련된 부분은 특별히

8 제프리 초서Geoffrey Chaucer, 1343-1400는 영문학의 아버지로 여겨지는 작가다. 그의 대표작인 운문소설 『캔터베리 이야기』*The Canterbury Tales*는 런던 근교 여관에 모여든 캔터베리 순례객들이 여행의 따분함을 풀기 위해 서로에게 들려주는 이야기들로 구성되어 있다.

9 어린 성인 휴Little Saint Hugh는 1255년 영국에서 실종되었다가 우물에서 사체로 발견된 아홉 살 소년을 부르는 호칭이다. 당시 민간에 널리 퍼져 있던 이야기대로 어린아이의 피를 원하는 유대인들에 의해 '의례적 살인'을 당했다는 소문이 돌았고, 당국이 처음으로 사건에 대해 직접 수사를 진행하여 많은 유대인을 체포하고 처형했다. 교회 당국에 의해 공식적으로 시성된 바 없으나, 당시는 물론 20세기 초에 이르기까지 어린 순교자 성인으로 추앙받았다. 초서는 『캔터베리 이야기』 중 「수녀원장의 이야기」The Prioress's Tale 편에서 유대인들의 '의례적 살인'에 따라 살해되었으나, 죽어서도 계속 성모 마리아를 찬양하는 성가를 불렀다는 소년의 이야기를 전하면서 어린 성인 휴를 언급한다.

지중해 동쪽 끝에 집중되었다. 그곳에서는 유랑민들이 점차 무역상으로 변했고 전 세계와 교역하기 시작했다. 실로 무역과 여행과 식민지 확장이라는 의미에서, 그곳엔 이미 전 세계에 걸친 제국과 같은 무언가가 있었다. 그곳의 풍요로움과 호화로움을 보여 주는 상징이었던 자색 염료는 콘월의 마지막 바위산에 이르도록 멀리까지 팔려 나가는 물건들은 물론이고 신비로운 아프리카 전역의 고요한 열대 바다에까지 들어가는 범선들의 돛을 물들였다. 지도 전체를 자색 물감으로 칠했다고 해도 과언이 아닐 터이다. 그건 이미 세계적인 성공이었다. 티레의 왕자들은 공주들 가운데 하나가 스스로 낮추어 유다라 불리는 어떤 부족의 족장과 혼인했음[10]을 굳이 귀찮게 알려고 하지 않았을 것이다. 아프리카 식민지 변경의 상인들은 로마라는 마을이 언급되자 수염이 덥수룩한 셈족 특유의 입술을 비틀며 그저 가볍게 웃었을 것이다. 그 팔레스타인 부족의 일신교와 이탈리아의 작은 공화국의 덕목들보다 공간적으로나 정신적으로 더 멀리 떨어져 있는 듯한 것도 없었을 터이다. 하지만 그 둘 사이를 가르는 것은 단 하나밖에 없었고, 바로 그것이 그 둘을 하나로 결합했다. 로마의 집정관들과 이스라엘의 예언자들이 좋아했던 것은 매우 달랐으며 병립할 수도 없었다. 다만 그들은 같은 대상을 증오한다는 점에서 서로 일치했다. 두 경우 모두에서, 그 증오 자체를 그저 혐오스러운 것으로 표현하기란 무척이나 쉬운 일이다. 너무나 쉬워서 갈멜산에서 살육을 벌이고 열변을 토하는 엘리야[11]와 아프리카누스의 사면에 반대하여 고

10 북왕국 이스라엘의 아합 왕Ahab, 재위 873-851 BC은 페니키아의 이세벨을 왕비로 맞아들였으며, 페니키아의 신 바알을 숭배했다. 열왕기상 16장 29-32절 참조.

함치는 카토[12], 둘 중 한 사람을 가혹하고 비인간적인 인물로 만들 수 있을 정도다. 두 사람은 나름의 한계와 지역적인 감정을 지녔던 것이 사실이지만, 그들에 대한 이런 식의 비판은 상상력이 부족하고 그러하기에 비현실적이다. 그런 비판에는 거대한 중간자가 빠져 있다. 그 무언가란 동쪽과 서쪽을 모두 대면하면서 동쪽과 서쪽의 적들에게 지역적 감정을 불러일으키는 어떤 것이다. 바로 그 중간자가 이 장에서 다룰 첫 번째 주제다.

티레와 시돈에 중심을 두었던 그 문명은 무엇보다도 지극히 현실적이었다. 그 문명은 예술 쪽으로는 거의 남긴 것이 없으며, 시는 단 한 편도 남기지 못했다. 그러나 매우 효율적이었다는 점에서 자부심을 내세웠다. 철학과 종교에서는, 우리가 이미 언급했던 대로 즉각적인 효과를 추구하는 이들에게서 발견되는 이상하고 때로는 비밀스러운 일련의 사고를 따랐다. 그러한 사고방식에는 모든 성공의 비밀에 이르는 지름길이 있다는 관념이 존재하는 법이다. 그건 수치를 모르는 철저함으로 세상에 충격을 줄 만한 것이다. 현대적으로 적절하게 표현하자면, 그들은 기대된 성과를 내놓는 사람들을 신뢰했다. 그들 스스로가 자기네 신 몰록과

11 구약성경에 등장하는 이스라엘의 주요 예언자 가운데 하나인 엘리야는 갈멜산에서 바알 신의 예언자들과 대결하여 승리한 뒤 바알 신의 예언자들을 살육했다. 열왕기상 18장 참조.

12 마르쿠스 카토Marcus Cato, 234-149 BC는 로마의 정치인으로 기원전 184년에 감찰관으로 선출되어 이전에 자신의 상관이었던 스키피오 아프리카누스의 부정을 고발하고 탄핵했다. 스키피오는 한니발이 이끈 카르타고를 무찌르고 당시의 아프리카를 평정하여 아프리카누스라는 이름을 얻고 원로원의 프린켑스(제1인자)로서 최고 권력을 누렸으나, 카토의 공격으로 결국 원로원에서 물러났으며 이듬해에 사망했다.

거래를 하면서도 기대된 성과를 내고자 주의를 기울였다. 이 흥미로운 거래에 대해서는 이 문명에 대한 나머지 이야기에서 앞으로 여러 차례 다루어야 할 것이다. 다만 여기서는 어린아이들에 대한 어떤 태도에 관해 내가 제시한 바 있는 이론이 이 거래와도 관련되었음을 언급하는 것으로 충분하겠다. 팔레스타인에서는 유일신 하나님의 종이, 로마에서는 모든 집안 신들의 수호자들이 바로 그 거래에 반대하여 동시적인 분노를 불러일으켰던 것이다. 이것은 온갖 차이와 분열로자연스레 크게 나뉘었지만, 하나로 결합되면 이 세상을 구원할 두 가지에 큰 도전이 되었다.

나는 이교도들을 영적으로 구분하면서 네 번째이자 마지막 부류에 속하는 이들을 '철학자들'로 칭했다. 고백하건대 여기에는 일반적으로 다른 이름으로 분류될 많은 이들이 포함되며, 여기서 철학이라 불리는 것들은 많은 경우에 종교라 일컬어진다. 하지만 나는 내 설명이 더 현실적일 뿐 대상을 덜 존중하는 건 아니라고 여겨지리라 믿는다. 우선 우리는 철학을 취하되 그 정상적 윤곽을 추적할 수 있는 가장 순수하고 분명한 형태로 취해야 한다. 그런 형태의 철학은 가장 순수하고 분명한 윤곽들로 이루어진 세계에서 발견할 수 있다. 그런 세계란 바로 우리가 앞선 두 장에서 그 신화와 우상을 고찰했던 지중해 문화다.

다신교, 혹은 이교주의의 다신교적 측면과 이교도 사이의 관계는 가톨릭과 가톨릭 신자 사이의 관계와 절대 같지 않았다. 다신교는 삶의 모든 측면을 충족시키는 우주관, 즉 모든 것에 대해 말해 주는 무언가와 관련된 완전하고 복잡한 진리가 절대 아니었다. 그것은 인간 영혼의 한 측면만을 충족시킬 따름이었다. 우리가 그 측면을 가리켜 종교적 측면이라 부른다 해도 말이다. 내 생각에는 상상적 측면이라 부르는 게 더 합당할 듯하다. 어쨌든 그것은 바로 이러한 측면을 충족시키되 포화 상태에 이르도록 충족시켰다. 그 세계는 온통 이야기와 사교들로 섞여 짜인 직물 같았다. 그리고 그 직물에는, 우리가 이미 보았듯이 비난할 데 없는 색색의 실들 사이로 검정 실이 들고 났다. 그것은 더욱 어두운 이교주의인 사탄 숭배였다. 다만 이것이 모든 이교도가 오직 이교 신들만 생각했음을 의미하지는 않는다는 걸 우리 모두 안다. 정확히는 신화가 오직 마음의 한 가지 측면만을 충족했기 때문에, 이교도들이 마음의 다른 측면에서는 완전히 다른 무언가를 향해 돌아섰던 것이다. 그런데 그것이 완전히 달랐음을 깨닫는 게 매우 중요하다. 그건 너무나 달라서 모순될 수조차 없었다. 너무나 이질적이었기에 충돌을 일으키지도 않았다. 어느 공휴일에 사람들이 무리를 이루어 아도니스의 축제[13]나 아폴론을 기리는 운동 경기에 몰려드는 동안에, 어떤 사람은 집에 머물면서 만물의 본성에 관한 작은 이론을 생각하고 싶어 하기도 했다. 그의 취미는 때때로 하나님의 본성에 관한, 혹은 심지어 바로 그런 의미에서 신들의 본성에 관한 사유라는 형태를 취하기도 했다. 그러나 그는 자신이 사유한 신들의 본성을 자연의 신들에 대립시킬 생각은 거의 하지 않았다.[14]

13 그리스 신화에서 미의 여신 아프로디테의 연인으로 등장하는 아름다운 청년 아도니스의 억울한 죽음을 기리는 행사였다. 여성들만 참여하는 이 축제에서는 다산을 바라는 의식이 치러졌다. 프레이저는 아도니스가 '죽었다 살아나는 신'의 원형이 되는 한 예라고 보았다. 아도니스에 대해서는 제1부 제5장 주26 참조.

추상 작용을 연구하는 최초의 학자에게 이러한 추상 작용을 역설하는 불가피한 일이다. 그는 적대적이기보다는 방심한 상태였다. 그의 취미가 우주일지도 모르지만, 처음엔 그 취미란 것도 화폐 수집이나 체커 게임처럼 사적인 것이었다. 심지어 그의 지혜는 공공의 소유물이자 거의 하나의 정치 상황이 되었을 때조차도 민중적이고 종교적인 제도들과 같은 차원에 놓인 적은 거의 없었다. 엄청난 상식을 지녔던 아리스토텔레스는 아마도 모든 철학자 가운데 가장 위대한 철학자였다. 확실히 그의 철학은 모든 철학 가운데 가장 실제적인 철학이었다. 그러나 아르키메데스가 자신의 지렛대를 일종의 우상이나 물신으로 세워 도시의 수호신상을 대체하려는 생각을 하지 않았던 것과 마찬가지로, 아리스토텔레스 역시 델포이의 아폴론과 나란히 절대자를 내세워 그와 유사하거나 경쟁하는 종교로 삼으려 하지는 않았다. 만약 그랬다면 우리는 에우클레이데스가 이등변 삼각형을 위해 제단을 쌓거나 빗변의 제곱을 위해 희생제물을 바치는 모습도 그려 볼 수 있을 터이다. 에우클레이데스가 수학을 숙고했듯이 아리스토텔레스는 형이상학을 숙고했다. 이는 진리에 대한 사랑이나 호기심, 혹은 그저 재미를 위한 것이었다. 다만 그런 종류의 재미가 또 다른 종류의 재미, 즉 황소나 백조로 변신하는 제우스에 관한 비열한 로맨스를 기리며 춤을 추거나 노래를 부르는 재미를 과히 방해한 것 같지는 않다. 사람들이 민중적인 다신교를 방해하지 않고도 철학자가 될 수 있었으며 심지어 회의론자가 될 수 있었다는 사실은,

14 여기서 본성과 자연은 같은 영어 단어 'nature'를 번역한 것이다. 체스터턴은 'nature'에 두 가지 뜻이 모두 있음을 이용하여 일종의 언어유희를 펼쳐 보인다.

아마도 민중적인 다신교가 피상적이었고 신실하지 못했음을 증명하는 증거일 것이다. 이 사상가들은 하늘에 걸린 색색깔 구름의 윤곽조차 바꾸지 않고도 세상의 토대를 움직일 수 있었다.

사상가들은 세상의 토대를 움직였다. 심지어 기이한 타협안 때문에 도시의 토대를 움직이지 못할 듯 보일 때조차 그러했다. 고대의 위대한 두 철학자는 우리에게 실로 건전한 관념의 수호자이며 심지어 거룩한 관념의 수호자로 보인다. 그들의 금언은, 기록되기에는 너무도 완벽하게 답변된 회의적 질문들에 대한 답변처럼 읽힐 때가 많다. 아리스토텔레스는 '사람은 정치적 동물'이라는 근본적 언명으로 백 명의 무정부주의자들과 괴짜 같은 자연 숭배자들을 괴멸했다. 어떤 의미에서 플라톤은 '관념이 실체'라는, 즉 사람이 실재하듯 관념도 실재한다는 근본적인 사실을 역설함으로써 이교적 유명론[15]의 공격을 받았던 가톨릭의 실재론을 예견했다. 하지만 플라톤은 종종 사람이 실재하지 않기에 관념은 실재한다거나, 사람이 관념과 충돌하는 곳에서는 사람을 고려할 필요가 없다는 공상에 빠진 듯 보일 때도 있었다. 플라톤은 도시에 시민을 맞추려고 하는 이상을 추구했다는 점에서 우리가 페이비언주의[16]라고 이르는 것과 같은 사회적 감성을 지니고 있었

15 유명론唯名論, Nominalism은 중세 스콜라철학의 보편 논쟁에서 보편은 개체에서 추상하여 얻은 공통의 이름일 뿐 실재하지 않는다고 주장하는 이론이다.

16 페이비언주의Fabianism란 19세기 말부터 영국에서 유행한 지적 사회 운동으로, 혁명보다는 계몽과 개혁을 통한 이념 실천을 통한 점진적 진보를 주장한 사회주의 운동을 가리키는 말이다. 1884년 페이비언 협회Fabian Society가 설립되었으며, 조지 버나드 쇼, H. G. 웰스, 버트런드 러셀 등 당대 지식인들이 대거 참여했다. 이 협회는 1900년 영국 노동당 창립에 큰 역할을 했다. 체스터턴 또한 페이비언 협

다. 그건 마치 이상적인 모자에 상상 속의 머리를 맞추려는 것과 같다. 플라톤은 여전히 위대하고 영광스레 남아 있기는 하지만, 유행을 따르는 모든 변덕쟁이의 아버지가 되었다. 아리스토텔레스는 앞으로 만물의 육체와 영혼을 결합하게 될 성사적[17] 분별을 더욱 완전하게 예견했다. 그는 도덕의 본성뿐 아니라 인간의 본성도 숙고했으며 빛과 더불어 눈도 고찰했기 때문이다. 이 두 위인은 그러한 의미에서 건설적이고 보수적이었지만, 그럼에도 그들이 속했던 세상은 사유가 공상에 이를 만큼 자유로운 세상이었다. 다른 많은 위대한 지식인들이 그들을 따랐다. 어떤 이들은 덕德이라는 추상적 이상을 칭송하고, 다른 이들은 더욱 이성주의적으로 행복 추구의 필연성을 추종했다. 전자의 사람들에게는 스토아Stoics라는 이름이 붙었고, 그 이름은 인류의 주된 도덕적 이상들 가운데 하나로 정평이 났다. 그들의 이상은 정신 자체를 강화하여 재난이나 고통을 참고 견디는 기질이 되게 하는 것이다. 그러나 수많은 철학자가 퇴락하여 우리가 여전히 궤변론자라고 부르는 존재가 되었음은 공공연한 사실이다. 스토아 철학자들은 이곳저곳 돌아다니며 불편한 질문들을 해대는 일종의 직업적 회의론자가 되었으며, 대체로 사람들을 귀찮게 굴며 그에 대한 대가를 후하게 받았다. 그것은 위대한 소크라테스에게서 대중적 인기를 앗아갔

회의 초기 회원이었으나, 협회가 제2차 보어 전쟁에 찬성하는 것에 반대하여 탈퇴했다.

17 가톨릭교회에서 성사sacrament란 비가시적인 은총과 가시적인 상징의 결합으로 여겨진다. 어느 한쪽이라도 결여되었다면 그것은 성사가 아니다. 이러한 맥락에서 체스터턴은 관념과 물질, 영혼과 육체의 결합을 말하기 위해 성사적sacramental이라는 표현을 사용한다.

던 그런 소란스러운 질문들과 우연히도 닮았다. 소크라테스의 죽음은 철학자들과 신들 사이에 맺어진 영구적 휴전 협정에 모순되는 것일 수도 있겠다. 하지만 소크라테스는 다신교를 비난한 일신론자로 죽었던 것도 아니고, 우상들을 비난한 예언자로 죽었던 것도 확실히 아니다. 도덕은 물론 어쩌면 정치에도 순수하게 개인적인 영향이 작용한다는 개념이 옳든 그르든 실제로 있었다는 사실은 행간을 읽는 이들에게라면 누구에게나 명백하다. 그리스인들이 신화를 농담으로 생각했든 이론을 농담으로 생각했든, 전반적인 절충 상태는 여전히 유지되었다. 신화와 철학 가운데 어느 하나가 다른 하나를 정말로 파괴하는 충돌은 전혀 일어나지 않았으며, 그중 하나가 다른 하나와 정말로 화해하는 통합도 전혀 일어나지 않았다. 물론 신화와 철학이 서로 협력하지 않았다는 것은 확실하다. 오히려 철학자는 사제의 경쟁자였다. 그러나 양자는 일종의 역할 분담을 받아들인 듯했고 동일한 사회 체계를 구성하는 부분들로 남았다. 또 하나의 중요한 전통이 피타고라스에게서 내려오는데, 그가 매우 중요한 까닭은 우리가 반드시 살펴보아야 하는 동방의 신비가들과 아주 가까웠기 때문이다. 피타고라스는 수數가 궁극적 실체라고 하는 일종의 수학적 신비주의를 가르쳤다. 하지만 그 역시 브라만들처럼 영혼의 윤회를 가르쳤던 것 같다. 그리고 동방 현자들의 채식과 음수飮水에 관한 전통적인 요령들을 추종자들에게 전수했던 것으로 보인다. 이런 요령들은 특히 로마제국 후기의 주요 인물들처럼 사교계를 이끌던 사람들 사이에서 흔히 공유되었다. 이제는 동방의 현자들로, 그리고 서방과는 다소 다른 동방의 분위기로 넘어감으로써 다른 경로를 통해 더 중요한 진실에 접근할 차례다.

그 위대한 두 철학자 가운데 한 사람이 말하길, 철학자들이 왕이거나 왕들이 철학자라면 좋을 거라고 했다.[18] 그 철학자는 너무 좋아서 진실일 수 없는 것에 대해 말했던 셈이지만, 실제로 그것이 사실인 경우도 드물지 않았다. 어쩌면 역사에서 눈에 띈 적이 거의 없긴 하나 어떤 유형의 철학자는 정말로 왕다운 철학자라고 불릴 수 있을 것이다. 우선 실제 왕권과는 별개로, 현자는 종교의 창시자라 불리는 존재는 아니었을지라도 때때로 정치의 창시자와 비슷한 존재가 되기도 했다. 이에 관한 좋은 사례이자 세계에서 가장 위대한 현자는 바로 그런 생각을 가지고 아시아의 광대한 공간을 가로질러 그 경이로운 세계로 우리를 데려갈 것이다. 그 세계는 다양한 사상과 제도가 존재하는 지혜로운 세계다. 그런데 우리는 중국에 대해 이야기할 때마다 이를 가볍게 일축해 버리곤 한다. 인류는 매우 이상한 수많은 신들을 섬겨 왔고, 수많은 이상과 심지어 수많은 우상에게 그 자신을 충실하게 내맡겨 왔다. 중국은 실로 지성을 믿기로 선택한 사회다. 중국 사회는 지성을 진지하게 다루어 왔는데, 그러한 나라는 이 세상에 중국밖에 없을 것이다. 매우 이른 시기부터 중국에서는 실제로 왕에게 조언할 철학자를 지명하여 '왕과 철학자'라는 딜레마에 대처했다. 이는 사적인 개인으로부터 공적인 제도를 만들어 낸 것이었다. 그 개인이 이 세상에서 해야 할 일이라고는 오직 지성을 갖추어야 한다는 것뿐이었다. 물론 중국에는 동일한 패턴을 띤 다른 제도들

18 플라톤은 민주정을 어리석은 대중에 의한 정치라고 비판하며 철학자-왕에 의한 철인정치를 이상으로 제시했다.

이 많았고 지금도 많다. 중국에서는 모든 특권과 지위가 공개적 시험 제도를 통해 창출된다. 거기에는 우리가 귀족정이라 부를 수 있는 것이라곤 전혀 없다. 중국은 지식계급이 지배하는 민주정이다. 여기서 요점은 왕에게 조언할 철학자들이 있었으며, 그 가운데 한 명은 분명히 훌륭한 철학자이자 훌륭한 정치인이었다는 사실이다.

공자는 종교의 창시자도 아니었고, 종교적인 교사조차 아니었다. 심지어 그는 종교적인 사람도 아니었을 가능성이 있다. 공자가 무신론자였던 것은 아니다. 보아하니 그는 우리가 불가지론자라 부르는 사람이었다. 그러나 정말로 중요한 점이 있으니, 여기서 공자의 종교에 대해 이야기하는 것 자체가 완전히 부적절한 일이라는 것이다. 그건 마치 롤런드 힐[19]이 어떻게 우편 제도를 확립했는지, 혹은 베이든 파월[20]이 어떻게 보이스카우트를 조직하게 되었는지를 이야기하면서 신학을 가장 먼저 다루는 것과 같다. 공자는 하늘의 메시지를 인류에게 전달하려 했던 것이 아니라 중국을 조직하려 했다. 그리고 그는 틀림없이 과도할 정도로 훌륭하게 중국을 잘 조직한 것 같다. 그래서 그는 도덕을 많이 다루었다. 하지만 도덕을 엄격하게 예의범절에만 한정했던 것은 아니다. 훌륭한 맞상대인 그리스도교 세계와 대조해 보면, 공자의 체계와 그 나라의 특이성은 공자가 온갖 형태의 외적인 삶을 영구화해야

19 롤런드 힐Rowland Hill, 1795-1879은 영국의 교육자, 발명가다. 아동의 자주성을 촉진하는 교육 제도의 확충을 위해 노력하는 한편, 1840년 우표를 고안하여 근대적인 우편 제도를 처음으로 확립했다.

20 베이든 파월Baden Powell, 1857-1941은 영국의 군인, 작가로 보이스카우트의 창립자다.

한다고 역설했다는 점이다. 이는 외면의 연속성을 통해 내면의 평화를 보존하기 위한 방안이었다. 습관이 육체는 물론 정신의 건강에 얼마나 긴밀하게 관련되어 있는지를 아는 사람은 공자의 사상에 담긴 진리를 이해할 것이다. 그러나 그런 사람은 조상을 숭배하는 것과 거룩한 황제를 공경하는 것이 그저 관습일 뿐 신조가 아니었음도 이해할 것이다. 공자가 종교의 창시자였다고 말하는 것은 위대한 그에게 부당한 일이다. 하지만 그가 종교의 창시자가 아니었다고 말하는 것도 부당하다. 그것은 제러미 벤담[21]이 그리스도인 순교자가 아니었다고 말하고자 굳이 애쓰는 것만큼이나 부당하다.

그러나 철학자들이 왕의 친구가 아니라 정말로 왕이 되었던 매우 흥미로운 사례들이 있다. 철학자와 왕의 결합은 우연이 아니다. 그러한 결합은 철학자의 역할에 관한 다소 규정하기 힘든 질문과 크게 관련되어 있다. 거기에는 왜 철학과 신화가 좀처럼 단절되지 않았는지에 대한 힌트가 들어 있다. 그건 단지 신화에 좀 경솔한 무언가가 있기 때문만은 아니었다. 철학자에게 좀 거만한 무언가가 있기 때문이기도 했다. 철학자는 신화를 무시하기도 했지만, 군중을 무시하기도 했다. 철학자는 신화와 군중이 서로 잘 맞는다고 생각했다. 이교 철학자는 대중의 사람이었던 적은 거의 없으며, 어쨌든 정신에 있어서는 전혀 대중의 편에 속하지 않았다. 그는 대체로 민주주의자가 아니었으며, 오히려 민주주의를 신랄하게 비판하는 경우가 많았다. 그에게는 귀족적이고 인도적인

21 제러미 벤담Jeremy Bentham, 1748-1832은 공리주의의 대표적 구호가 된 '최대 다수의 최대 행복'이라는 말로 유명한 영국의 정치철학자로서 무신론자였다.

여유로운 분위기가 있었다. 그의 역할은 우연히도 그러한 위치에 있게 된 사람들에 의해 아주 쉽게 행해지는 것이었다. 왕자라든가 어떤 유력한 인물이 햄릿이나 『한여름 밤의 꿈』*Midsummer Night's Dream*의 테세우스처럼 철학적인 사람이 되는 건 매우 쉽고도 자연스러운 일이었다. 그리고 세상의 매우 이른 시절부터 이런 왕후王侯다운 지식인들이 실제로 존재했다. 기록이 남은 최초의 시대에도 그러한 지식인이 있었으니, 그는 태고의 왕좌에 앉아 고대 이집트를 굽어보았다.

흔히 이단자 파라오라고 불린 아크나톤[22]에 대해 가장 흥미로운 점은 그가 어쨌든 그리스도교 이전 시대에 개인적인 철학의 이름으로 민중적인 신화에 스스로 맞서 싸운 철인왕哲人王의 한 본보기였다는 사실에 있다. 철학자-왕은 대부분 마르쿠스 아우렐리우스 황제[23]의 태도를 취했다. 아우렐리우스 황제는 여러 면에서 군주이자 현자인 사람의 모델이다. 그는 이교적 원형극장이나 그리스도교도의 순교를 용인했다는 이유로 비판을 받아 왔다. 그러나 그것은 철인왕의 전형적인 태도였다. 이런 부류의 사람들은 정말로 대중 서커스를 생각하듯이 대중 종교도 생각했기 때문이다.

22 아크나톤Akhnaton은 기원전 1352년에서 1335년까지 재위한 고대 이집트 제18왕조의 파라오인 아멘호테프 4세를 말한다. 테베의 수호신 아몬의 사제들이 지나치게 큰 권력을 갖게 된 것을 경계하고자 종래의 다신교 체제를 폐지하고 태양신 아톤을 유일신으로 숭배하는 일신교를 도입했다. 이는 세계사에서 최초로 기록된 일신교라고 평가된다. 태양신 안톤은 빛살이 갈라지는 원반 형태의 태양으로 묘사되었고, 파라오는 아멘호테프라는 이름을 아크나톤으로 바꾸었다. 하지만 파라오 사후에 다시 다신교 체제가 부활하고 아몬의 사제들이 권력을 장악했다.

23 마르쿠스 아우렐리우스에 대해서는 제1부 제4장 주24 참조.

필리모어 교수[24]는 아우렐리우스 황제가 '위대하고 훌륭한 사람이었으며, 그 자신이 그걸 알고 있었다'고 심오하게 말했다. 이단자 파라오는 그보다 더 성실하고, 어쩌면 더 겸손한 철학을 지니고 있었다. 지나치게 자부심이 강한 사람은 싸울 수도 없다는 생각에 당연한 귀결이 따르기 때문이다. 대부분의 경우 싸움을 하게 되어 있는 사람들은 겸손한 사람들이다. 어쨌든 이집트의 왕자는 아주 단순했기에 자신의 철학을 진지하게 여길 수 있었으며, 그렇게 지적인 왕자들 사이에서도 오직 그만이 일종의 쿠데타를 꾸밀 수 있었다. 그는 단 한 번의 황제다운 몸짓으로 이집트의 높은 신들을 바닥으로 내리치고, 원반 형태의 보편적 태양을 일신교적 진리의 번쩍이는 거울로서 모든 사람을 향해 들어 올렸다. 그에게는 그러한 이상주의자들에게서 종종 발견되는 다른 흥미로운 사상들도 있었다. 우리가 소小영국주의자[25]에 대해 말하는 그런 의미에서, 그는 소小이집트주의자였다. 예술에 있어 그는 이상주의자였기에 현실주의자였다. 현실주의란 다른 어떤 이상보다 더욱 불가능한 것이기 때문이다. 그러나 결국 그에게는 필리모어 교수의 그림자가 가만히 그 뒤를 밟았던 마르쿠스 아우렐리우스의 그림자 같은 것이 드리운다. 이 고귀한 왕자의 문제는 그가 도덕군

24 존 필리모어John Swinnerton Phillimore, 1873-1926를 가리키는 것 같다. 영국의 고전학자로 옥스퍼드 대학에서 수학했고 글래스고 대학에서 강의했다. 체스터턴처럼 당시에 로마가톨릭으로 개종한 지식인들 가운데 하나였다.

25 소小영국주의자Little Englander란 영국이 국제 문제에 되도록 관여하지 말아야 한다고 주장하는 영국인을 가리키는 말이다. 19세기 자유당 내에서 대영제국의 확장에 반대하는 무리가 형성되었고, 이들은 영국의 식민지를 경제적 부담이라 느끼고 식민지에 자율권을 인정해야 한다고 주장했다.

자인 척 잘난 체하는 데서 벗어나지 못했다는 점이다. 그런 태도에서 풍기는 냄새는 너무도 강력한 탓에 흐려진 향신료들 사이에서도 이집트 미라에 그대로 들러붙어 있을 정도다. 다른 많은 훌륭한 이단자들과 마찬가지로, 이단자 파라오가 지녔던 문제는 아마도 자신보다 덜 교육받은 이들의 민중적인 믿음과 이야기 속에 무언가가 있지는 않은지 자문한 적이 전혀 없었다는 것이었다. 그런데 이미 말했듯이 민중적인 믿음과 이야기 속에는 정말로 무언가가 있었다. 구체적인 특성과 지역성의 요소, 거대한 애완동물 같은 신들의 행렬, 귀신 나오는 장소들을 지치지도 않고 주시하는 일, 그 많은 신화 속 방랑에는 진짜 인간적인 갈망이 있었다. 자연은 이시스의 이름을 지니지 않을 수도 있다. 이시스는 오시리스를 정말로 찾고 있지 않을 수도 있다. 그러나 자연이 무언가를 정말로 찾고 있다는 것은 사실이다. 자연은 늘 초자연적인 것을 찾고 있다. 훨씬 더 분명한 무언가가 그런 욕구를 충족시킬 수 있었다. 하지만 태양 원반을 지닌 위엄 있는 군주는 그것을 충족시키지 못했다. 왕의 실험은 민중적인 미신의 맹렬한 반발로 실패했다. 그러는 와중에 사제들이 민중의 어깨를 밟고 일어서서 왕의 권좌에 올랐다.

내가 왕후다운 현자의 예로 취하려 하는 그다음으로 훌륭한 예는 위대한 붓다, 고타마 싯다르타이다. 고타마가 일반적으로 철학자들과 같은 범주로 분류되지 않는다는 걸 모르지 않지만, 나는 내가 얻은 모든 정보로부터 이것이 그의 엄청난 중요성에 대한 진정한 해석이라고 더욱더 확신하게 되었다. 그는 현재까지 왕후로 태어난 지식인들 가운데 가장 훌륭하고 가장 선한 지식인이었다. 그의 반항은 아마도 사상가와 권력가의 결합에서 나온 모든 행위 가운데 가장 고귀하고 가장 신실한 행위였을 것이다. 그의 반항이 세상에 대한 단념이었기 때문이다. 마르쿠스 아우렐리우스는 세련된 반어법으로 궁궐에서조차 삶을 잘 살 수 있다고 말하는 데 만족해했다. 성질이 더 불같았던 이집트의 왕은 심지어 궁궐에서 혁명이 일어난 뒤에도 더 잘 살 수 있을 거라고 결론지었다. 그러나 위대한 고타마는 유일하게 자신이 궁궐 없이도 살 수 있음을 입증했다. 아우렐리우스는 인내에 의지하고 아크나톤은 혁명에 의지했다. 그러나 결국 더 절대적인 무언가가 있는 쪽은 권력을 포기하는 쪽이다. 권력 포기야말로 어쩌면 절대군주가 할 수 있는 정말로 절대적인 단 하나의 행동일 것이다. 인도의 왕자는 동양의 부귀와 영화 속에 자라났지만 일부러 궁 밖으로 나가 걸인의 삶을 살았다. 그것은 장엄한 일이지만 전쟁은 아니다. 즉, 그리스도교적 의미에서 필연적으로 십자군일 이유는 없다는 것이다. 그것은 한 걸인의 삶이 성인聖人의 삶이었는가, 아니면 철학자의 삶이었는가 하는 문제를 해결해 주지 않는다. 그것은 이 위대한 인물이 정말로 디오게네스[26]의 함지나 히에로니무스[27]의

26 디오게네스Diogenes, 400-323 BC는 사람이 덕이 있으면 그로써 족하다고 주장하는 고대 그리스 퀴니코스(견유犬儒) 학파의 대표적인 철학자다. 남루한 옷차림으로 커다란 함지 안에 들어가 생활했다고 한다.

27 성 히에로니무스Hieronymus 혹은 성 예로니모St. Jerome, 347-420는 로마가톨릭교회의 4대 교부 가운데 하나로 꼽히는 주요 성인이다. 그리스어 역본인 70인역 성경을 라틴어로 번역하여 이른바 '불가타 성경'을 정립한 것으로 특히 유명하다. 그는 성경 번역 이전에 예수 그리스도의 환시를 보고 광야로 나가 동굴 속에 살며 금욕적인 은수 생활을 했다.

동굴에 들어가야 하는지를 결정하지 않는다. 나는 이제 붓다 연구에 가장 가까이 있는 듯한 이들과, 그에 대해 가장 명확하고 총명하게 글을 쓰는 이들을 통해 확신하게 되었다. 그는 단순히 하나의 성공적인 철학 유파를 창립한 철학자였으며, 순전히 아시아의 그 모든 전통이 자리한 더욱 신비롭고 비과학적인 환경에 의해 일종의 신적 존재 혹은 거룩한 존재로 변환되었을 뿐이다. 그러므로 이 지점에서 우리가 지중해에서 동아시아의 신비 속으로 이동하면서 건너게 되는, 보이지 않지만 생생한 그 경계선에 대해 반드시 한마디 해야 하겠다.

자명한 이치처럼 그로부터 진리를 거의 얻어 낼 수 없는 것도 없다. 특히 그것이 정말로 참일 때는 더욱 그러하다. 우리는 버릇처럼 아시아에 대해 이러저러한 이야기들을 하는데, 그런 이야기들은 거짓은 아니지만 우리에게 거의 도움이 되지 않는다. 왜냐면 우리는 그 안의 진리를 이해하지 못하기 때문이다. 이를테면 아시아는 노쇠했다거나 과거지향적이라거나 진보적이지 않다고 하는 이야기 말이다. 그리스도교 세계가 더 진보적이라는 말은 사실이다. 다만 정치적 개선을 둘러싸고 소란이 끊이지 않는다는 다소 편협한 생각과 별로 관계없는 의미에서 그러하다. 그리스도교는 현세에서든 내세에서든 다양한 교의들에 따라 다양한 방식으로 결국 어딘가에 이를 수 있다고 믿기에, 그리스도교 세계에서도 그렇게 믿는다. 욕망은 충족되기 마련이므로 새로운 삶에 의해서든 오래된 사랑에 의해서든, 아니면 어떤 형태의 긍정적 소유나 성취를 통해서든 세상의 욕망 또한 충족될 수 있다. 이외에도 익히 알듯이 사물에는 어떤 리듬이 있을 뿐 순전한 진보라는 건 없다. 모든 것이 흥하고 망한다. 다만 우리가 그 리듬이란 것을 통제할 수 없고 계산할 수 없을 뿐이다. 아시아의 대부분 지역에서 그 리듬은 굳어진 채 되풀이되었다. 그건 더 이상 뒤죽박죽인 세상이 아니라 하나의 순환하는 바퀴다. 매우 지적이고 매우 문명화된 그 모든 민족에게 일어난 일이란, 그들이 일종의 우주적 순환 속에 갇혔다는 것이다. 그 순환의 텅 빈 중심을 차지한 것은 정말로 무無다. 그런 의미에서 실존의 가장 나쁜 점은 그저 그런 식으로 영원히 계속될 수 있다는 사실이다. 그것이 바로 아시아는 늙었다거나 진보적이지 않다거나 혹은 과거를 돌아보고 있다고 말할 때 우리가 정말로 의미하는 바다. 그것이 바로 심지어 아시아의 구부러진 칼조차 그 눈부신 바퀴로부터 끊어져 나온 원호로 보이는 까닭이며, 아시아의 구불구불한 장신구조차 절대 살해되지 않는 뱀처럼 도처에서 회귀하는 것으로 보이는 까닭이다. 그건 진보라는 정치적 허울과는 별 관련이 없다. 모든 아시아인이 머리에 톱 해트[28]를 쓴다 해도 그 마음에 여전히 이런 정신을 지니고 있다면, 단지 그 모자들이 행성처럼 사라졌다가 다시 돌아올 테지 하고 생각할 것이다. 모자를 잡으려고 뒤쫓아 달려가면[29] 천국에 이르거나 심지어 집에 이를 수 있으리라고는 생각하지 못할 것이다.

28 톱 해트top hat는 18세기 말부터 서양 남자들이 정장 차림에 맞추어 쓰기 시작한 실크 소재의 모자다. 위가 평평한 원통형 몸체에 넓지 않은 챙이 둘린 형태다.

29 체스터턴은 저서 『모든 것을 고려해 볼 때』*All Things Considered*, 1908에 「자기 모자를 뒤쫓아 달리는 일에 관하여」On Running After One's Hat라는 제목의 짧은 에세이를 실었다. 체스터턴은 바람에 날린 자기 모자를 잡으려고 뒤쫓아 뛰기 싫어하는 까닭은 그것이 우습게 보이기 때문인데, 사실 인간은 우스운 존재이고 우스운 행동이야말로 '구애하는 것'과 같이 할 만한 가치가 있다고 언급한다.

붓다가 천재를 발휘하여 그 문제를 다루었을 때는 이미 동방의 거의 모든 데서 이런 우주적 감성이 흔했다. 너무도 과도해서 사람을 질식시킬 듯한 신화의 정글이 정말로 있었던 것이다. 그럼에도 민속의 민중적인 결실을 시들게 했을지 모를 더 고급한 비관론보다 그 민중적인 결실에 더욱 공감하는 것도 가능하다. 다만 모든 사항을 공정하게 참작한다 해도, 아주 많은 동방의 자생적인 표상이 우상 숭배임을 반드시 기억해야 한다. 그건 하나의 우상에 대한 지역적이고 축자적인 숭배였다. 이는, 적어도 브라만들이 보기에는 브라만교 체계에 대해서는 사실이 아니었을 것이다. 하지만 브라만이라는 말만으로도 우리에겐 훨씬 더 중요한 실체가 떠오를 것이다. 이 위대한 실체란 바로 고대 인도의 카스트 제도[30]다. 카스트 제도에도 중세 유럽의 길드 제도에 있던 실제적 장점 가운데 일부가 있었을 수 있다. 그러나 그 제도는 그리스도교 민주정과 대조될 뿐 아니라 사회적 우월성을 영적 우월성처럼 생각한다는 사실에서 극단적 유형의 그리스도교 민주정과도 대조된다. 이로써 카스트 제도는 그리스도교 세계의 형제애로부터 근본적으로 구분될 뿐 아니라 상대적으로 평등한 이슬람과 중국의 평원에 홀로 우뚝 솟은, 교만의 강력한 층층 산이 된다. 그런 구조가 수천 년 동안 고정불변이었다는 사실은 태곳적부터 제자리걸음

30 카스트Caste 제도는 인도의 세습적 계급 제도이다. 승려 계급인 브라만, 귀족과 무사 계급인 크샤트리아, 평민인 바이샤, 노예인 수드라의 네 계급과 여기에 포함되지 못하는 불가촉천민인 달리트가 있다. 본래 정복자인 인도-아리안족이 원주민을 지배하는 과정에서 생겨난 사회 제도로 계급에 따라 일상 생활에 엄중한 규제가 존재한다.

인 그 반복의 정신을 보여 주는 또 하나의 실례다. 신지학자들[31]이 해석한 대로 우리가 불교 신자들에게 결부시키는, 널리 퍼진 관념이 하나 더 있다. 실로 가장 엄격한 불교 신자 가운데 어떤 이들은 그 관념을 거부할뿐더러 훨씬 더 경멸적으로 신지학자들을 거부한다. 그러나 그 관념이 불교 안에 있든 오직 불교의 탄생지에만 있든 단지 불교의 한 전통이나 어떤 모방 안에만 있든, 그것은 되풀이라는 원칙에 전적으로 부합하는 관념이다. 바로 환생이라는 관념 말이다.

그러나 윤회라는 것은 신비한 관념이 아니다. 초월적 관념도 아니며 그러한 의미에서 종교적 관념도 아니다. 신비주의는 무언가 초월적인 경험을 품고 있다. 종교는 경험이 줄 수 있는 것보다 더 좋은 선과 더 나쁜 악을 일별하기를 추구한다. 윤회는 오직 경험을 반복한다는 의미에서만 경험을 확장할 따름이다. 어떤 사람이 자신이 태어나기 전에 바빌론에서 무엇을 했는지 기억하는 건 머리를 한 방 얻어맞기 전에 자신이 브릭스턴[32]에서 무엇을 했는지 기억하는 것만큼이나 전혀 초월적이지 않다. 연속적으로 이어지는 삶들은 무엇이 되었든 인간의 삶을 짓누르는 한계 아래 놓여 있는 한, 그저 인간의 삶일 뿐이다. 윤회란 하나님을 마주 보거

31 신지학神智學, Theosophy은 근대 합리주의와 유물론에 반하여 인간의 지식과 인식을 초월하는 신비적 계시와 신적 직관을 중시하는 철학 사상 혹은 종교 운동을 말한다. 1875년 러시아 출신의 여성 철학자 헬레나 블라바츠키Helena Petrovna Blavatsky, 1831-1891가 뉴욕에 설립한 신지학회를 중심으로 20세기까지 많은 영향을 끼쳤다. 개별 종교나 철학 등을 넘어서는 근원적 지혜를 추구했으며 보편적 인류애를 강조했다.

32 브릭스턴Brixton은 19세기 후반에 성장한 런던 남부의 주거 지역이다.

나 혹은 악마를 불러내는 것과는 아무런 관련도 없다. 달리 말하자면 윤회란 운명의 쳇바퀴로부터 필연적으로 벗어나 있지 않으며, 어떤 의미에서는 그 자체가 운명의 쳇바퀴다. 윤회는 붓다가 창시한 것이든 혹은 붓다가 발견한 것이든, 아니면 붓다가 발견했다가 완전히 단념한 것이든, 아시아적 분위기의 일반 특성을 지닌 무언가였다. 바로 그 아시아적 분위기 안에서 붓다는 윤회를 향한 올바른 지적知的 태도에 관한 특별한 이론을 가지고서 지적인 철학자의 역할을 수행해야 했다.

불교가 단지 철학일 뿐이라는 시각에 불교 신자들이 분개할 수 있다는 것은 이해가 된다. 우리가 철학을 단지 그리스의 소피스트들이 여러 개의 세상을 공처럼 던지고 받으며 놀았던 지적인 게임일 뿐이라고 이해한다면 말이다. 더 정확히 진술하자면, 아마도 붓다는 심리학적 규율이라 할 수도 있을 형이상학적 규율을 만든 사람이다. 붓다는 이 모든 반복되는 슬픔에서 벗어나는 한 가지 방법을 제시했는데, 그 방법이란 그저 욕망이라 불리는 망상을 제거하는 것이었다. 그건 조급한 마음을 억누름으로써 우리가 원하는 것을 더 많이 얻어야 한다거나, 더 나은 방식으로나 더 나은 세상에서 그것을 얻어야 한다는 게 아니었다. 단연코 우리가 원한다는 것 자체를 중단해야 한다는 뜻이었다. 사람이 현실이란 정말로 존재하지 않으며 자신의 영혼을 포함해 모든 것이 매 순간 소멸된다는 걸 한번 깨닫고 나면, 그는 실망을 예견하고 실체 없이 변화하여 (그가 존재한다고 이를 수 있는 한) 어떤 무심함의 황홀경 속에 존재하게 될 것이다. 바로 이러한 상태를 가리켜 불교 신자들은 지복至福의 경지라 부른다. 여기서 이 점을 논하기 위해 우리의 이야기를 중단하지는 않을 것이다. 하지만 확실히 그러한 상태란 절망과 구별할 수 없는 상태다. 이를테면 나는 그들이 왜 욕망 일반에 대한 단념을 가장 이기적인 욕망에 적용하면서도, 마찬가지로 가장 자애로운 욕망에 적용하지는 말아야 하는지 이해할 수 없다. 참으로 연민의 왕인 붓다는 사람들을 불쌍히 여기되 그들이 죽어 가기 때문이 아니라 살아 있기에 연민하는 듯하다. 그 밖에도 어떤 총명한 불교 신자는 '중국과 일본의 민중적인 불교에 대해 설명하자면, 그런 불교는 불교가 아니다'라고 썼다. 그런 불교는 의심할 바 없이 더 이상 순전한 철학이 아니라 다만 순전한 신화가 된 것이다. 한 가지는 확실하다. 불교는 멀게나마 우리가 교회라고 부르는 것과 닮은 어떠한 것도 절대 되지 못했다는 사실 말이다.

종교의 역사 전체가 정말로 O와 X로 이루어진[33] 하나의 패턴에 불과하다는 말은 그저 농담처럼 들릴 것이다. 하지만 여기서 O는 무無를 의미하지 않고, 다만 X가 나타내는 양陽에 대비되는 음陰을 의미할 뿐이다. 물론 이러한 상징은 우연이긴 하지만, 그건 정말로 일치하는 우연이다. 아시아의 정신은 정말로 동그란 O에 의해 재현될 수 있다. 영零이라는 의미에서는 아니지만 적어도 원이라는 의미에서는 그러하다. 입으로 자기 꼬리를 물고 있는 뱀이라는 그 훌륭한 아시아의 상징은 동방의 철학과 종교에 속한 일치와

33 간단한 빙고 게임이라고 할 수 있는 너트앤크로스Noughts and Crosses를 염두에 두고 하는 말이다. 가로세로 3줄씩 9개의 칸으로 나뉜 게임판에 두 사람이 너트(O)와 크로스(X)를 번갈아 그려 나가다 한 줄로 연달아 3개의 무늬를 먼저 그리는 사람이 이긴다.

반복의 관념에 대한 정말 완벽한 이미지다. 그것은 정말로 한편으론 모든 것을 포함하는 곡선이며, 다른 한편으론 무無에 이르는 곡선이다. 그런 의미에서 그것은 모든 논쟁이 돌고 도는 순환 논쟁이라고 고백하는 것이거나 장담하는 셈이다. 그에 상응하는 상징인 붓다의 바퀴卍는 서방에선 보통 스와스티카Swastika라 불리는데, 단지 상징에 불과하긴 하지만 그것을 산출한 상징 의미가 얼마나 건전한지는 우리가 이해할 수 있다. 보통의 십자가는 두 선이 직각으로 만나 서로 반대되는 방향들을 가리키지만, 스와스티카는 반복되는 곡선으로 회귀한다는 점에서 원과 다르지 않다. 사실 그 꺾인 십자가는 바퀴로 변해 가는 십자가인 셈이다. 이것들이 마치 자의적인 상징들이기라도 하다는 듯이 묵살하기 전에, 우리는 동양과 서양 모두에서 그것들을 산출하거나 선별한 상상적 본능이 얼마나 강렬했는지를 기억해야 한다. 십자가는 역사적 기억 이상의 무언가가 되었다. 십자가는 쟁점으로 떠오른 진짜 요점에 관한 진실을 거의 수학 도식에 의한 것처럼 전달한다. 즉, 하나의 충돌이 밖으로 뻗어 나가 영원에 이른다는 관념이다. 십자가가 문제의 핵심이라는 말은 참일 뿐 아니라 심지어 동어반복이다.

달리 말해 십자가가 그 표상으로나 실제로나 정말로 상징하는 것이란 전부이며 전무全無인 원으로부터 깨치고 나온다는 관념이다. 십자가는 모든 것이 정신에서 시작되고 끝나는 순환 논쟁에서 벗어난다. 우리는 여전히 상징을 다루고 있으므로, 성 프란치스코에 관한 이야기를 통해 비유적으로 설명할 수 있겠다. 어느 날 성인이 새들에게 강복을 해주었더니 새들이 사방으로 부는 바람을 따라 무한히 멀리 날아가며 하늘에 거대한 십자가를 그렸다고 한다. 자유로이 비행하는 새들과 비교하자면, 스와스티카의 모양은 자기 꼬리를 물려고 하는 고양이와 닮았다. 더 대중적인 알레고리를 들자면, 성 게오르기우스의 이야기를 할 수 있겠다. 성 게오르기우스가 괴물의 입에 창을 찔러 넣었다는 것은 스스로를 집어삼키는 뱀의 고립을 깨뜨리고 들어가 뱀에게 자기 꼬리 대신 물어뜯을 무언가를 주었다는 뜻이다. 진리의 비유로 쓰일 수 있는 공상들이 많이 있긴 하지만, 진리 그 자체는 추상적이고 절대적이다. 그럼에도 비유를 들지 않고 진리를 요약하기란 쉽지 않다. 그리스도교는 그리스도교 바깥에 있는 확고한 진리에 호소한다. 그러한 의미에서 영원할 뿐 아니라 외부적인 무언가에 호소하는 셈이다. 그리스도교는 사물이 실재한다고 선언한다. 달리 말하자면 사물이 정말로 사물임을 선언하는 것이다. 이 점에서 그리스도교는 상식과 일치한다. 그러나 종교사 전체는 이러한 상식이 소멸한다는 사실을 보여 준다. 다만 그 상식을 보존할 그리스도교가 있는 곳만은 예외다.

그리스도교가 없는 곳에서 상식은 존재할 수 없다. 아니면 적어도 지속될 수 없다. 순전한 사유 자체가 건전한 상태로 남아 있지 못하기 때문이다. 어떤 의미에서 사유는 너무나 단순해져서 건전한 상태로 남을 수 없게 된다. 철학자들을 유혹하는 것은 미묘함보다는 단순함이다. 철학자들은 늘 불건전한 단순화에 이끌린다. 그건 마치 깊은 구렁 위에서 간신히 균형을 잡은 사람이 죽음과 허무와 허공에 매료되는 것과 같다. 성전 꼭대기에 간신히 서서 스스로를 내던지지 않고 균형을 유지하는 데는 또 다른 종류의 철학자가 필요하다. 이에 대한 명확한, 너무나도 명확한 설명

가운데 하나는 모든 것이 꿈이고 망상이며 자아 바깥에는 아무것도 없다는 것이다. 또 하나의 설명은 모든 것이 돌고 돌아 되풀이된다는 것이다. 그리고 또 다른 설명은 불교적인 설명이라고들 하는 동양적인 설명인데, 우리에게 문제가 되는 것은 결국 우리가 창조된 상태라는 관념이다. 우리가 다양한 차별성과 개성을 지니고 있다는 의미에서 그러하다. 다시금 녹아들어 하나의 일치를 이룰 때까지는 어떤 것도 온전치 못하리라는 것이다. 요컨대 이 이론에 따르면 창조란 곧 타락이다. 이런 관념이 역사적으로 중요한 까닭은 그것이 아시아의 어두운 중심에 쌓여 있다가 다양한 시기에 다양한 형태로 유럽의 흐릿한 경계 너머로 들어왔기 때문이다. 바로 여기서, 우리는 마니[34]라는 신비로운 인물을 떠올릴 수 있겠다. 마니카이우스라고도 불리는 마니는 전도轉倒의 신비가이며 수많은 사교와 이단의 아버지인데, 우리는 그를 가리켜 비관론자라고 불러야 한다. 마니보다 높은 자리에는 조로아스터[35]라는 인물을 둘 수 있겠다. 사람들 사이에서 그는 너무도 단순한 이 설명들 가운데 또 다른 설명으로 인식되었다. 즉, 선과 악은 대등하며, 모

34 페르시아 출신의 예언자 마니Mani, 216-274는 조로아스터교와 그리스도교의 요소들을 차용하여 선과 악, 빛과 어둠, 영과 육이 대립하는 이원론적 세계관을 바탕으로 하는 마니교를 창시했다. 마니 자신은 조로아스터교를 신봉하는 페르시아 황제에 의해 처형되었으나, 마니교는 중국과 로마에 전파되어 4-5세기까지 유행하다 소멸했다. 마니교에 대해서는 서론 주24 참조.

35 조로아스터Zoroaster는 고대 페르시아 출신의 예언자다. 조로아스터에 대해서는 알려진 것이 거의 없어서 생몰연대조차 기원전 7세기부터 기원전 16세기까지 학자마다 다르게 추정한다. 그가 창시한 조로아스터교는 선악이원론에 기초한 대표적인 고대 종교로서 인류 역사상 처음으로 국제적인 세계 종교로 발전했고 이후 유대교, 그리스도교, 이슬람은 물론 영지주의와 불교에도 영향을 주었다.

든 원자 속에서 선과 악이 서로 대등하게 싸우고 있다는 것이다. 그는 또한 신비가라 불릴 수 있는 현자들의 일파에 속한다. 바로 그 신비로운 페르시아의 정원으로부터[36] 미지의 신 미트라[37]가 육중한 날개를 펄럭이며 날아와서는 로마의 마지막 황혼을 어지럽혔다.

세상에 동이 틀 무렵 머나먼 이집트인들이 세운 태양 원반[38]은 모든 철학자의 거울이자 모델이 되었다. 철학자들은 그 태양 원반으로부터 많은 것을 만들어 냈고 때로는 그것에 미쳤다. 특히 동방의 현자들에게서 마찬가지로 그 원반이 머릿속에서 돌고 도는 바퀴가 되었을 때 그러했다. 그러나 요점은, 철학자들 모두가 실존이란 그림이 아니라 도식에 의해 표현될 수 있다고 생각한다는 것이다. 신화를 만들어 내는 유치한 이들의 조악한 그림들은 이러한 시각에 반대하는 거칠고 활기찬 저항이다. 철학자들은 종교가 실제로 패턴이 아니라 그림이라는 걸 믿을 수 없다. 종교가 우리 정신 바깥에 실재하는 무언가의 그림이라는 것은 더더욱 믿을 수 없다. 때때로 철학은 그 원반을 온통 검게 칠하고 비관론자

36 마니와 조로아스터는 서로 다른 시대의 인물이긴 하지만, 모두 오늘날 이란에 해당하는 페르시아 출신이다. 고대 페르시아는 아케메네스 왕조 시기(기원전 6세기-기원전 4세기)에 조경 기술을 발전시켜 독특한 정원 형태를 확립한 것으로 알려져 있다.

37 미트라Mithra는 1세기에서 4세기의 로마제국에서 특히 군인들 사이에 널리 퍼진 미트라교의 신이다. 철저한 비밀을 유지하던 밀의 종교였기 때문에 미트라교에 대해 알려진 바는 많지 않지만, 조로아스터교의 태양신 미트라에 대한 숭배가 로마로 유입된 것이라는 견해가 일반적이다. 미트라교에 대해서는 서론 주23 참조.

38 고대 이집트의 아크나톤이 유일신으로 숭배한 태양신 아톤의 상징물을 말한다. 아크나톤에 대해서는 제1부의 제3장 주13과 제6장 주22 참조.

를 자처한다. 때때로 철학은 그 원반을 온통 하얗게 칠하고 낙관론자를 자처한다. 또 때때로 철학은 그 원반을 정확히 반반씩 검은색과 흰색으로 나누고 그 자신을 페르시아의 신비가들과 같은 이원론자라고 부른다. 지면이 허락한다면, 나는 이 페르시아의 신비가들을 충분히 다루어 보고 싶다. 그 신비가 가운데 어느 누구도 그 비율들을 마치 실제 비율처럼 그리기 시작한 한 사람을 이해하지 못했다. 그 사람은 그 비율들을 살아 있는 방식으로 배치했으므로 수학적인 제도사가 본다면 비율이 전혀 맞지 않는다고 했을 것이다. 동굴 속 최초의 예술가처럼, 그 사람은 불신하는 사람의 눈앞에 심하게 굽은 패턴처럼 보이는 형상에 담긴 새로운 목적의 제안을 드러냈다. 그때 그는 자신의 도식을 왜곡하는 듯 보였지만 실제로는 사상 처음으로 한 형태의 윤곽선을, 한 '얼굴'의 윤곽선을 따라 그리기 시작했던 것이다.

07

신들과 마귀들의 전쟁

정치와 윤리가 모두 경제의 표현이라고 하는 유물론적 역사 이론은 아주 단순한 오류에 불과하다. 그런 이론은 삶의 필수 조건들과 삶의 정상적인 집착들을 혼동한 데서 비롯하는데, 사실 그 둘은 매우 다르다. 그건 마치 사람이 두 다리로만 걸어 다닐 수 있기에 신발과 양말을 사기 위한 경우가 아니라면 절대 걷지 않는다고 말하는 것과 같다. 사람은 먹을 것과 마실 것이라는 두 가지 버팀목 없이는 살아갈 수 없다. 이 두 가지는 두 다리처럼 사람을 지탱한다. 그런데 역사 속에서 사람을 움직인 동기란 먹을 것과 마실 것밖에 없었다고 말한다면, 마치 군사 행진이나 종교 순례의 목표가 틀림없이 킬먼세그 양의 황금 다리[1]나 윌러비 패턴 경의

1 유머 가득한 풍자시를 발표한 것으로 유명한 토머스 후드Thomas Hood, 1799-1845의 『킬먼세그 양과 그녀의 값비싼 다리』*Miss Kilmansegg and Her Precious Leg*에 관한 내용

이상적이며 완벽한 다리[2]에 있었다고 말하는 것과 다름없다. 그러나 인류의 이야기를 구성하는 것은 그러한 움직임들이며, 그러한 움직임들 없이는 사실상 어떠한 이야기도 존재하지 않을 것이다. 어쩌면 소야말로 순수하게 경제적인지도 모른다. 소들이 풀을 뜯어 먹고 더 나은 목초지를 찾아 나서는 것 이상의 일을 하는 걸 우리가 볼 수 없다는 의미에서 그렇다. 하지만 바로 그러한 까닭에, 소의 역사가 열두 권짜리 책으로 나온다고 해도 그다지 흥미진진한 이야기는 될 수 없다. 양과 염소 또한 적어도 외부적 행위에 있어서는 순수하게 경제적인 것 같다. 하지만 바로 그러한 까닭에, 양들은 자세히 이야기할 만한 장대한 전쟁과 제국의 영웅이 되지 못한다. 그리고 바로 그러한 까닭에, 양보다 더 활동적인 염소 또한 '용맹한 염소들의 빛나는 업적'이라든가 그 비슷한 제목의 아동 서적이 나오도록 영감을 주지 못한다. 그러나 경제적 존재로서 인간의 이야기를 지어내는 움직임들과는 별개로, 진짜 인간의 이야기는 소와 양의 동기가 미치지 못하는 곳에서 시작된다고 말할 수 있겠다. 십자군 병사들이 집에서 나와 폭풍 몰아치는

이다. 부유한 은행가의 어리석은 딸이었던 킬먼세그는 사고로 한쪽 다리를 잃은 뒤 아버지를 졸라 황금으로 만든 의족을 했는데, 이것이 사람들의 이목을 더욱 끌게 되고 결국 돈을 노리고 접근한 사기꾼과 결혼하여 재산을 탕진한 뒤 황금 의족까지 잃게 될 상황에 처한다.

2 영국 빅토리아 시대의 소설가 조지 메러디스George Meredith, 1828-1909의 희비극 소설 『이기주의자』*The Egoist*, 1879에 관한 내용이다. 소설의 주인공 윌로비 패턴 경Sir Willoughby Patterne은 미남에 부자지만 자기중심적인 성격 때문에 청혼한 여성들로부터 번번이 거절당하다가 결국에는 겸손해져서 본래 약혼자와 결혼하게 된다. 작가 메러디스는 주인공 패턴 경의 다리를 길게 묘사함으로써 그의 성격과 인품을 드러낸다.

황야로 들어갔던 까닭이, 소들이 황야에서 나와 더 편안한 목초지로 옮겨 가는 까닭과 같다고 주장하기는 어려울 것이다. 북쪽으로 향했던 북극 탐험가들이 남쪽으로 향했던 제비들과 똑같은 물질적 동기에 따라 행동했다고 주장하기는 어려울 것이다. 인간의 이야기에서 종교 전쟁과 순전히 모험적인 탐험 같은 것들을 모두 들어낸다면, 그 이야기는 더 이상 인간의 이야기가 아닐뿐더러 그냥 이야기조차 아닐 것이다. 역사의 윤곽은 인간의 의지로 결정되는 결정적인 곡선과 각으로 이루어진다. 경제적 역사란 그냥 역사조차 되지 못할 것이다.

그러나 이 명백한 사실 외에도 심각한 오류가 하나 있다. 음식 없이 살 수 없다는 이유로 음식을 위해 살아야 할 필요는 없다. 사실 인간의 정신에 가장 많이 떠오르는 것은 인간의 실존에 필수적인 경제적 기제가 아니라 그 실존 자체다. 매일 아침 일어나 바라보는 세상과 그 세상에서 인간이 차지하는 일반적 위치의 본성 말이다. 인간에게는 생계보다 더 가까운 것이 있으니, 그것은 삶이다. 인간이란 정확히 어떤 일에서 자신의 임금이 나오는지, 정확히 어떤 임금에서 자신의 끼니가 나오는지 일단 명심하고 난 다음에는 오늘은 좋은 날이라거나 이곳은 참 이상한 세상이라고 열 번은 곰곰이 생각한다. 삶은 살 만한 가치가 있는 것인지 결혼은 과연 낭패인지를 고민하고, 자식들 때문에 기뻐하고 당황하며, 젊은 시절을 기억하고, 그런 어떤 방식으로든 어렴풋이나마 인간의 신비로운 운명을 살핀다. 이는 대다수 사람에게 해당하는 사실이며, 심지어 그 비인간적이고 흉물스러운 모습으로 경제 이슈를 전면에 내세운 병적인 현대 산업주의의 임금 노예들에게도 해당한다. 이는 또한 전체 인류 가운데 실로 큰 부분을 차지하는 수많은 농부나 어부나 사냥꾼에게도 헤아릴 수 없을 만큼 부합되는 사실이다. 심지어는 윤리가 경제에 의존한다고 생각하는 메마른 현학자들조차 경제가 실존에 의존한다고 인정하지 않으면 안 된다. 수많은 평범한 의심들과 공상들도 실존에 관한 것이다. 즉, 우리가 어떻게 살 수 있는가에 관한 것이 아니라, 우리가 왜 사는가에 관한 것이다. 이에 대한 증명은 간단하다. 자살만큼이나 간단하다. 머릿속에서 우주를 거꾸로 뒤집어 보면 모든 정치경제학자 또한 거꾸로 뒤집힌다. 죽기를 바라는 한 사람이 있다고 가정해 보자. 그가 어떻게 살아야 하는지를 장황하게 설명하는 정치경제학 교수는 그에게 정말 지겨운 사람밖에 되지 못한다. 그리고 인류의 과거를 하나의 이야기로 만들어 내는 모든 시작과 결정은 순수 경제학의 직통 경로를 우회시키는 특성을 지니고 있다. 경제학자는 자살한 사람의 장래 봉급을 계산하는 일에서 면제되듯이 순교자를 위해 노인 연금을 준비해 두는 일에서도 면제될 수 있겠다. 경제학자는 순교자의 미래를 위해 대비할 필요가 없듯이 수도승의 가족을 위해서도 대비할 필요가 없다. 경제학자의 계획은 자신의 나라를 위해 죽는 병사에 따라, 자신의 땅을 특별히 사랑하는 농부에 따라, 이러저러한 일을 금지하거나 허용하는 종교에 다소 좌우되는 사람에 따라, 더 적지만 다양한 정도로 변경된다. 그리고 이들 모두는 생계에 관한 경제적 셈법이 아니라 삶에 관한 근본적 견해로 회귀한다. 이들 모두는 한 사람이 눈眼이라는 이상한 창문으로 세상이라는 이상한 광경을 내다볼 때 근본적으로 느끼는 것으로 회귀한다.

현명한 사람이라면 누구라도 이 세상에 긴 단어를 더 이상 들여오지 않기를 바랄 것이다. 다만 우리에게 어떤 새로운 것, 곧 심리적 역사라 하는 것이 필요하다 말하는 건 무방할 것 같다. 그건 심리적 역사라고 할 수 있겠다. 내가 말하려는 건 한 인간의 정신에서, 특히 평범한 한 인간의 정신에서, 공인된 형식이나 정치적 선언으로부터 정의되거나 추론되는 것과는 구별되는 것으로서 사물이 의미했던 바에 관한 고찰이다. 나는 이미 토템이라든가 다른 어떤 민중적 신화와 같은 사례에서 그에 대해 간단히 언급한 적이 있다. 어떤 수컷 고양이가 토템으로 불렸다는 이야기를 듣는 것만으로는 충분하지 않다. 특히 그 수컷 고양이가 토템이라 불리지 않았을 때라면 말이다. 우리는 그것이 어떻게 느껴졌을지 알기 원한다. 위팅턴의 고양이[3] 같았을까, 아니면 마녀의 고양이 같았을까? 그 수컷 고양이의 진짜 이름은 패시틀일까, '장화 신은 고양이'일까? 이는 우리가 정치적이고 사회적인 관계의 본질을 다룰 때 필요한 것이다. 우리는 우리 자신만큼 분별 있고 이기적이기도 한 평범한 많은 사람의 사회적 유대를 이루는 진짜 감성을 알기 원한다. 로마 군단의 황금독수리라는 낯선 토템이 하늘에 떠 있는 멋진 모습을 보았을 때 병사들은 어떻게 느꼈을까? 주군의 방패에 새겨진 사자나 표범 같은 토템에 대해 가신들은 어떻게 느꼈을까? 역사의 내부라고 더 단순하게 부를 수 있는 역사의 주관적 측면을 간과하는 한, 역사학에는 예술이 더 잘 넘어설

3 "딕 위팅턴과 그의 고양이"Dick Whittington and His Cat라는 영국 민담에서 나온 유명한 표현이다. 위팅턴이라는 가난한 남자가 가진 것이라고는 고양이 한 마리밖에 없었는데, 그 고양이가 쥐 떼를 소탕해 주어 큰돈을 벌게 되었다는 이야기다.

수 있는 어떤 한계가 늘 있을 것이다. 역사학자가 그렇게 할 수 없는 한, 허구가 사실보다 더 진실될 것이다. 현실은 소설에, 심지어 역사 소설에 더 많이 있을 것이다.

전쟁의 심리만큼 이 새로운 역사가 필요한 곳도 없다. 우리의 역사는 공적인 것이든 사적인 것이든 공식 문서들로 인해 경직되어 있다. 그 문서들은 우리에게 사물 그 자체에 대해 아무것도 말해 주지 않는다. 최악의 경우, 우리에게는 오직 공식 포스터들밖에 없는데, 이 포스터들은 공식적인 것이었으므로 절대 자발적인 것이었을 리가 없다. 최선의 경우에도 우리에게는 오직 비밀 민주정밖에 없는데, 이 민주정은 비밀스러운 것이었기 때문에 절대 민중적인 것이었을 리가 없다. 이 두 가지 중 하나에 근거하여, 다툼을 지속시킨 진짜 이유에 관한 역사적 판단이 이루어진다. 정부들이 식민지나 상업적 이권을 차지하기 위해 싸운다, 항구나 높은 관세 때문에 싸운다, 금광이나 진주 채취를 위해 싸운다고 판단하는 것이다. 그렇게 판단할 거라면 차라리 정부들이 전혀 싸우지 않는다고 답한다 해도 충분하겠다. 싸우는 이들은 왜 싸우는 것일까? 전쟁이라 불리는 끔찍하고도 경이로운 일을 지속시키는 심리는 무엇일까? 군인에 대해 조금이라도 아는 사람이라면 수백만의 사람들을 무력으로 통치할 수 있다고 하는 교수들의 어리석은 생각을 믿지 않는다. 군인들이 모조리 게을러진다면, 그 모든 게으름뱅이를 벌하는 일은 불가능할 터이다. 군인들이 조금만 게을러져도 반나절 만에 군사작전을 전부 날려 버리고 말 것이다. 사람들은 그 정책에 대해 어떻게 느꼈을까? 정치인으로부터 그 정책을 받아들인 거라고 말한다면, 사람들은 그 정치인에 대해 어떻게 느꼈던 것일까? 가신들이 영주를 위해 맹목적으로 전쟁에 나가 싸웠다면, 그 맹목적인 가신들은 그들의 영주에게서 무엇을 보았던 것일까?

익히 알려진 것 가운데 오직 현실정치[4]라는 용어로만 적절하게 제시할 수 있는 것이 있다. 사실 현실정치란 거의 제정신이 아닐 만큼 비현실적인 정치다. 현실정치에서는 늘 사람들이 물질적 목적을 위해 싸운다는 말을 어리석고 고집스럽게 반복한다. 싸우는 그 사람들에게는 물질적 목적이 단 한순간도 물질적이지 않다는 생각은 하지 못한 채로 말이다. 급료를 위해 죽으려는 사람은 아무도 없듯이 어떤 경우에도 현실정치를 위해 죽으려는 사람은 아무도 없다. 네로 황제라 해도 사자한테 잡아먹히는 일에 시간당 1실링의 급료를 주기로 하고 그리스도인 백 명을 고용할 수는 없었다. 돈을 위해 순교하려는 사람은 없기 때문이다. 그러나 현실정치가 제시하는 비전은 유례가 없을 만큼 말도 안 되고 믿기지도 않는다. 어느 병사가 이렇게 말한다는 걸 어느 누가 믿겠는가? "내 다리가 거의 떨어져 나가려고 하지만, 나는 다리가 떨어져 나갈 때까지 계속 싸우겠어. 결국 나는 우리 정부가 핀란드만에서 부동항을 획득함으로써 얻을 혜택들을 모두 누릴 테니까." 어느 점원이 군대에 징집되어 가면서 이렇게 말한다는 걸 어느 누

4 현실정치Realpolitik는 이념이나 명분보다는 권력과 실익을 근거와 목적으로 삼는 정치 외교의 기조나 정책을 말한다. 독일의 정치가이자 작가인 루드비히 폰 로하우Ludwig von Rochau가 19세기 중반에 처음 만들었고, 이후 독일 전역에서 인기를 끌어 철혈정책을 펼친 것으로 유명한 오토 폰 비스마르크Otto von Bismarck가 독일 통일을 이룩하는 데 크게 기여했다. 19세기 말부터 유럽 전역에서 오늘날과 같은 의미로 널리 사용되었다.

가 생각이나 할 수 있겠는가? "어쩌면 가스 공격을 받아서 고통스레 죽을지도 모르지만, 그래도 남태평양에서 진주조개를 캐는 잠수부가 될 생각을 하면 위안이 된다. 그 일은 이제 나와 내 동포들에게 새롭게 열린 직업이 되었으니까." 유물론적 역사는 모든 역사 가운데, 혹은 심지어 모든 낭만 가운데 가장 미친 듯이 믿기지 않는 것이다. 무엇이 전쟁을 개시하든 전쟁을 지속하는 것은 영혼 속에 있는, 종교와 유사한 어떤 것이다. 그것은 사람들이 삶과 죽음에 대하여 느끼는 무언가다. 죽음이 임박한 사람은 하나의 절대자를 마주하는 것이다. 그 사람은 죽음이 어떻게든 끝내 버릴 상대적이고 동떨어진 복잡한 문제들에 신경 쓰고 있을 뿐이라는 말은 터무니없는 소리다. 그가 어떤 충성심에 의해 버티고 있다면 그건 죽음만큼이나 단순한 충성심이 분명하다. 그런 충성심은 일반적으로 두 개의 관념인데, 본래 하나인 관념의 두 가지 측면이다. 첫째는 단지 모호하게 집home이라고만 알려져 있을 뿐 위기에 처했다고들 하는 무언가에 대한 사랑이다. 둘째는 그것을 위협하는 어떤 이상한 것에 대한 반감과 저항이다. 첫째 관념은, 우리가 여기서 논의할 필요는 없긴 하지만, 보기보다 훨씬 더 철학적인 관념이다. 사람은 자기 민족의 집이 파괴되는 것은 물론 변화되는 것조차 원하지 않는다. 그 집에 동반되는 좋은 것들을 빠짐없이 기억할 수가 없기 때문이다. 그건 자신이 그리워하게 될 그 모든 것을 헤아릴 수조차 없기에 자신의 집이 불타 버리길 원치 않는 것과 같다. 따라서 사람은 모호하고 추상적으로 들리는 무언가를 위해 싸우지만, 사실 그 무언가는 집이다. 그런데 그 부정적 측면은 그만큼 강력할 뿐 아니라 그만큼 고귀하다. 사람들은 적들이 오랜 원수인 동시에 영원한 이방인이라고 느껴지고, 프랑스인이 프로이센인에 대해서 느끼거나 동방의 그리스도인들이 튀르키예인에 대해 느끼듯이 적들의 분위기가 생경하고 적대적이라고 느껴질 때 가장 격렬하게 싸운다. 만약 우리가 그것은 종교의 차이 때문이라고 말한다면, 사람들은 어느새 종파와 교의에 관한 따분한 언쟁에 말려들 것이다. 우리는 그들을 불쌍히 여기며 그것은 죽음과 햇빛의 차이라고 말할 것이다. 그것은 정말로 우리의 눈과 낮 사이에 어두운 그림자처럼 드리우는 차이다. 사람들은 심지어 죽음의 순간에도 이 차이에 대해 생각할 수 있다. 그것은 삶의 의미에 관한 차이이기 때문이다.

사람들은 이러한 것들 속에서 정책보다 훨씬 더 높고 거룩한 무언가에 의해 움직인다. 세계대전의 가장 암울한 시기에도 사람들은 육체의 고통을 느끼거나 사랑하는 이들로 인한 정신적 고통을 겪으면서 버텼다. 하지만 항복을 거부하는 동기로서 외교적 대상들을 세세하게 신경 쓰던 건 이미 먼 옛날 일이었다. 나 자신은 물론 내가 잘 아는 이들에게 항복을 불가능하게 만든 것은 하나의 광경이었다고, 나는 장담할 수 있다. 그건 바로 독일 황제가 말을 타고 파리에 입성하는 광경이었다.[5] 그건 나의 이상주의자 친구들 가운데 몇몇이 사랑이라고 묘사하는 감성이 아니다. 나는 기꺼이 그것을 미움 곧 지옥과 지옥의 모든 일에 대한 미움이라 부르며, 또한 그들이 지옥을 믿지 않기에 미움을 믿지 않아도 된다는 사실을 기꺼이 인정한다. 그러나 이 만연한 편견을 앞에 두고

5 프로이센의 빌헬름 1세는 1871년 프로이센-프랑스 전쟁에서 승리한 뒤 파리에 직접 입성하여 베르사유궁에서 독일제국 수립을 선포하고 1대 황제로 즉위했다.

종교 전쟁의 의미에 대한 이해를 확실히 하기 위해서는, 불행히도 이렇게 긴 서론이 반드시 필요했다. 두 세상이 만날 때면 종교 전쟁이 일어난다. 그건 세상에 대한 두 가지 비전이 만나는 순간이며, 더 현대적인 말로 하자면 서로 다른 두 가지 도덕의 대기가 만나는 순간이다. 한 사람이 숨 쉬는 공기가 다른 사람에겐 독이 된다. 역병에 양지바른 자리를 하나 내어 줄지 이야기하는 것은 헛된 일이다. 그리고 우리가 정말로 그때 지중해에서 일어났던 일을 알려 한다면, 여담을 희생해서라도 반드시 이 점을 이해해야 한다. 테베레강 주변에서 공화국이 부상하고 있었을 때, 바다 건너에서는 이 공화국을 능가하고 경멸하는 카르타고가 아시아의 온갖 신비에 가려진 채 제국의 모든 부족과 속국을 이끌고서 등장했다.

고대 이탈리아의 종교는 전체적으로 우리가 신화라는 표제하에 고찰했던 바로 그 혼합물이었다. 그리스인들이 신화에 대한 천부적 소질이 있었던 반면에 라틴족[6]은 종교에 대한 현실적 소질을 지녔던 것으로 보인다. 양쪽 모두 신의 수를 많이 늘리긴 했지만, 때로는 각기 정반대의 이유로 그리했던 것 같다. 그리스의 다신교는 나뭇가지처럼 위로 뻗어 나가 꽃을 피웠던 데 반해 이탈리아의 다신교는 나무뿌리처럼 아래로 뻗어 나간 듯이 보인다. 전자의 가지들은 가볍게 위로 뻗어서 꽃을 피웠으나 후자의 가지들은 열매가 무거워서 아래로 늘어졌다고 하는 편이 사실에 가깝겠다. 라틴족이 늘려 놓은 신들은 인간에게 더 가까이 다가온 듯

6 고대 이탈리아의 테베레강 유역 평야지대에 살다가 도시국가 로마를 건설하는 민족을 말한다. 라틴어 명칭을 따라 라티움족이라고도 한다.

하나 그리스의 신들은 일어나 아침 하늘로 멀어져갔다는 말이다. 이탈리아의 사교들이 우리에게 깊은 인상을 남기는 점은 그 지역적인 특성, 특히 가정적인 특성이다. 신들이 마치 파리처럼 집 근처에 우글거리는 듯한 인상을 받는다. 이탈리아의 신들은 마치 기둥이나 건물 주변 박쥐들이나, 처마 아래 새들처럼 무리 지어 달라붙어 있다. 지붕의 신, 문설주의 신, 출입문의 신, 심지어는 배수관의 신도 있다. 모든 신화는 일종의 요정 이야기라는 견해가 제시된 바 있다. 하지만 이들의 신화는 참으로 난롯가 이야기 혹은 놀이방 이야기라고 불릴 법한 특별한 종류의 요정 이야기였다. 왜냐면 이건 의자와 탁자가 엘프처럼 조잘대는 집안 내부에 관한 이야기였기 때문이다. 옛날 이탈리아 농부들의 집안 신들은 훌륭하면서도 어설픈 나무 조각상 같았다. 퀼프[7]가 부지깽이로 두드려 팬 뱃머리 조각상보다도 더 특색이 없었던 모양이다. 이 가정종교는 말 그대로 매우 가정적이었다. 물론 얽히고설킨 이탈리아 신화 속에는 덜 인간적인 요소들도 있었다. 그리스 신들과 겹치는 신들도 있었고, 밑바닥에는 더 흉한 것들이 여기저기 널려 있었다. 사제가 살인자를 살해하는 아리키아[8]의 제의 같은 잔인한 이교주의의 실험들이 행해지기도 했다. 하지만 이런 것들은 늘 이교주의에 잠재되어 있던 것들이다. 라틴족의 이교주의만이 갖는

7 대니얼 퀼프Daniel Quilp는 찰스 디킨스의 소설 『오래된 골동품 가게』*The Old Curiosity Shop*, 1840에 등장하는 기괴한 악당이다.

8 아리키아Aricia는 로마에서 남동쪽으로 25킬로미터 떨어진 작은 도시다. 본래는 에트루리아의 도시국가였으나 기원전 4세기 중반에 로마에 정복된 이래 수도 로마의 근교 도시로 기능했다.

특이성은 확실히 아니었다. 라틴족 이교주의의 특성은 대략 이렇게 말할 수 있겠다. 신화가 자연의 힘을 인격화했다면, 라틴족 신화는 자연을 인간의 힘에 의해 변형된 것으로 인격화했다. 곡식의 신은 있었으나 풀의 신은 없었고, 소의 신은 있었으나 숲속 야생동물의 신은 없었다. 요컨대 이탈리아의 종교는 우리가 농경이라고 말하는 문자 그대로의 문화였다.[9]

이와 더불어 여전히 많은 이들에게 라틴족의 퍼즐이나 수수께끼로 남아 있는 역설이 있었다. 그들의 종교는 덩굴식물같이 소소한 것에 이르기까지 집안 곳곳에 퍼져 있었다. 그런데 많은 이들이 보기에 그 종교와는 정반대인 듯한 정신이 공존했으니, 바로 반란의 정신이었다. 제국주의자들과 반동주의자들은 로마를 질서와 복종의 본보기로 삼는다. 하지만 로마는 그와 정반대였다. 고대 로마의 진짜 역사는 현대 파리의 역사와 훨씬 더 비슷하다. 현대의 언어로 말하자면, 로마는 바리케이드로 지어진 도시라고 할 수도 있다. 야누스의 문[10]은 닫힌 적이 전혀 없었다고들 한다. 밖에서는 끊임없이 전쟁이 이어졌으며 그만큼 안으로는 끊임없이 혁명이 이어졌음도 거의 사실이었기 때문이다. 최초의 평민 폭동으로부터 최후의 노예 전쟁에 이르기까지, 세상에 평화를 강요한 국가가 실제로는 전혀 평화롭지 못했다. 통치자들 자신이 반역자였다.

9 여기에서 체스터턴은 종교cult와 농경agriculture과 문화culture가 모두 '(땅을) 일구다'라는 뜻의 라틴어 동사 'colere'에서 파생되어 나온 단어임을 상기시키고 있다.

10 야누스Janus는 얼굴이 둘 혹은 넷이라고 하는 로마의 신이며 주로 출입문의 수호신으로 알려져 있다. 로마에 있던 야누스의 문은 전쟁이 벌어지던 때에는 열어 두고 전쟁이 멈추었을 때는 닫아 두었다. 하지만 전쟁이 끊이지 않았기 때문에 기나긴 로마 역사에서 이 문이 닫힌 것은 두 번뿐이라고 한다.

사적인 생활 속 종교와 공적인 생활 속 혁명 사이에는 실제 상관관계가 있다. 그럼에도 영웅적인 이야기들은, 아내가 당한 모욕을 되갚은 폭군 살해에 기초해 로마 공화국이 건설되었음을 우리에게 상기시킨다.[11] 호민관은 딸이 당한 모욕을 되갚은 또 하나의 폭군 살해 이후 재확립되었다.[12] 이 이야기들이 전하는 진리란 가정을 신성하게 여기는 사람만이 국가를 비판할 기준이나 자격을 지니게 되리라는 것이다. 오직 그런 사람만이 도시의 신들이나 집안의 신들보다 더 거룩한 무언가에 호소할 수 있다. 그러한 까닭에 사람들은 가정의 일에 엄격하다고 생각했던 바로 그 민족들이 이를테면 아일랜드인들과 프랑스인들처럼, 정치에서는 한시도 평온하지 못한 것을 보고 혼란스러워한다. 이런 국내적 주안점[13]에 대해서는 한동안 숙고할 만한 가치가 있다. 왜냐면 이것이야말로 집의 내부처럼, 역사의 내부라는 것이 여기서 의미하는 바에 대한

11 선대 왕을 살해하고 왕위에 오른 로마의 제7대 왕 루키우스 타르퀴니우스 수페르부스는 폭정을 저질러 백성의 원성을 샀다고 한다. 그의 아들 섹스투스 타르퀴니우스가 자기 사촌의 아내 루크레티아를 위협하여 강간하는 일이 벌어졌고, 이에 그녀의 남편과 아버지가 섹스투스를 죽여 복수하는 과정에서 백성들의 반란이 일어나 기원전 509년 왕을 축출하고 집정관을 선출하면서 공화정이 성립되었다.

12 기원전 494년 로마의 유력한 권력자였던 아피우스 클라우디우스는 전직 호민관 루키우스 베르기니우스의 딸 베르기니아에게 욕정을 품었다가 거절당하자 그녀가 사실은 노예의 딸이라는 주장을 일으켜 그녀를 차지하려 했다. 아버지 베르기니우스는 딸의 명예와 자유를 지키고자 저항하다 결국 자기 손으로 딸을 죽였다. 이에 귀족들의 권력에 반감을 품고 있던 평민들이 봉기했고, 그 결과 평민의 권익을 보호하기 위해 설치된 호민관의 권한이 더욱 강화되었다.

13 체스터턴은 보통 '국내적 주안점'이라는 뜻으로 사용되는 'domestic point'가 '가정적 주안점'이라고 읽힐 수 있다는 점을 염두에 두고 가족과 국가를 연결지어 사용하고 있다.

정확한 예가 되기 때문이다. 로마의 정치사들은 로마의 정치인들이 이러저러한 냉소적 행위나 잔혹한 행위를 했다고 말한다는 점에서 충분히 옳을 듯하다. 하지만 로마를 아래로부터 들어 올린 그 정신은 모든 로마인의 정신이었다. 그 정신을 가리켜 원로원을 떠나 다시 쟁기를 잡은 킨키나투스[14]의 이상이라 부른다 해도 위선이 아니다. 그런 부류의 사람들은 먼저 자기 마을을 모든 면에서 강화하고, 마을의 승리를 이탈리아인들과 심지어 그리스인들 너머로 확장하고 난 뒤에야 세상을 바꾸는 전쟁을 맞닥뜨렸다. 여기에서 나는 그 전쟁을 가리켜 신들과 마귀들의 전쟁이라 부르겠다.

그 내해內海의 반대편 해변에는 '새로운 도시'라는 이름의 도시가 세워졌다. 이 도시는 이탈리아의 그 도시보다 훨씬 더 오래됐고, 더 강력했으며, 더 번성했다. 그러나 이 도시에는 그 이름을 부적절한 것으로 만드는 어떤 분위기가 여전히 남아 있었다. 이 도시가 새롭다고 불린 까닭은 뉴욕이나 뉴질랜드와 같은 식민지였기 때문이다. 그곳은 티레와 시돈이라는 거대한 상업 도시가 지닌 에너지와 팽창력의 전초지이거나 정착지였다. 거기에는 새로운 나라와 식민지의 특색인, 자신에 찬 상업적 전망이 있었다. 이 도시는 어떤 강철 같은 확신으로 가득 차서 말하길 좋아했다. 어느 누구도 이 새로운 도시의 허가 없이는 바닷물에 손을 담글 수

14 킨킨나투스Cincinnatus, 519-430 BC는 로마 공화정의 정치인이자 군사 지도자였으며 이후 로마 시민의 모범으로 추앙된 인물이다. 전설에 따르면, 본래 농사를 짓고 살았던 킨킨나투스는 적군이 침입하자 원로원에 의해 갑작스레 독재관으로 임명되어 로마의 군사를 이끌고 나가 승전을 거둔다. 하지만 그는 권력에 안주하지 않고 전쟁이 끝나자 곧장 집으로 돌아가 다시 농사를 지었다고 한다.

없을 것만 같았다. 이 도시의 주민들은 커다란 두 항구도시 출신으로, 그 항구도시들과 마찬가지로 거대한 선박들에 거의 전적으로 의존했기 때문이다. 이 도시는 티레와 시돈에서 무역에 대한 엄청난 재능과 상당한 여행 경험을 들여왔으며 그 밖에 다른 것들도 들여왔다.

앞 장에서, 나는 어떤 유형의 종교 이면에 놓인 심리에 대해 넌지시 말했었다. 시적인 결과와는 별개로 실제적 결과를 갈망하는 이들에게는 공포와 강박의 영들에 의탁하려는 경향이 있으며, 신들을 꺾을 가망이 없으니 아케론강[15]을 움직이려는 경향이 있다. 거기에는 늘 더욱 어두운 이 힘들이 정말로 활동한다는 희미한 관념이 자리하는데, 전혀 터무니없지만은 않은 이야기다. 페니키아 계열 민족들의 내적 심리에는 이 이상한 부류의 비관적인 실용주의가 크게 자라나 있었다. 로마인들이 카르타고라고 부른 그 새로운 도시에서는 페니키아 본국 도시들에서처럼 만물을 주관하는 신을 몰록이라 불렀다. 이 신은 '주님'이라는 뜻의 바알이라고 알려진 신과 동일한 신이었던 것 같다. 로마인들은 처음엔 그 신을 무어라 불러야 할지 혹은 어떻게 생각해야 할지 알지 못했다. 그래서 그리스나 로마에서 기원한 신화 가운데 가장 저속한 신화로 돌아가, 자식들을 집어삼킨 사투르누스[16]에게 견주어

15 아케론강Acheron은 그리스 신화에 나오는 저승의 강이다. 사람이 죽으면 헤르메스의 안내를 받아 이 강에 이르게 되는데, 강을 건너려면 사공 카론에게 뱃삯을 지불해야 한다.

16 사투르누스Saturnus는 그리스 신화의 크로노스에 해당하는 신으로 열두 티탄 가운데 하나다. 어머니인 대지의 여신 가이아와 함께 아버지인 하늘의 신 우라노스를 몰아내고 신들의 왕이 되었으나 자신의 권좌를 지키기 위해 자식들을 잡아먹었다.

야 했다. 그러나 몰록 숭배자들은 그렇게 저속하거나 원시적이지 않았다. 그들은 고상하고 사치스러운 물건들이 풍부한, 성숙하고 세련된 문명의 일원이었다. 그들은 아마 로마인들보다도 훨씬 더 문명화되어 있었을 것이다. 그리고 몰록은 하나의 신화가 아니었다. 적어도 몰록의 식사만큼은 신화가 아니었다. 대단히 문명화된 민족이었음에도 카르타고인들은 정말로 한데 모여서 어린아이들을 커다란 불가마 속에 던져 넣음으로써 그들의 제국에 하늘의 축복이 내리기를 기원했다. 우리가 그러한 조합을 실감할 수 있는 유일한 방법이란 구레나룻을 넓게 기르고 굴뚝처럼 높은 모자를 쓴 수많은 맨체스터 상인이 매주 일요일 열한 시면 아이가 산 채로 구워지는 모습을 보기 위해 교회에 가는 모습을 상상하는 것뿐이다.

정치적이거나 상업적인 싸움의 초기 단계들은 지나칠 만큼 세세한 부분들까지 추적할 수 있다. 순전히 정치적이거나 상업적이기 때문이다. 포에니 전쟁은 한때 영원히 끝나지 않을 듯이 보였으며, 그 시작점을 말하는 것도 쉽지 않았다. 막연하게나마 그리스인들과 시칠리아인들은 이전에 이미 유럽 편에서 그 아프리카 도시에 맞서 싸웠었다.[17] 카르타고는 그리스를 무찌르고 시칠리아를 정복했으며, 히스파니아[18]에도 단단히 자리를 잡았다. 라

17 고대 시칠리아에는 기원전 8세기에 그리스인이 먼저 도착하여 식민도시 시라쿠사를 건설했다. 카르타고는 기원전 7세기에 페니키아에서 독립한 뒤 지중해 서부로 세력을 확장하면서 시칠리아 서부를 차지했다. 이후 오랫동안 두 도시는 시칠리아와 지중해의 패권을 두고 경쟁하고 대립했으며, 카르타고와 로마가 처음 맞붙게 되는 제1차 포에니전쟁264-146 BC 역시 카르타고와 시라쿠사가 대립하는 과정에 로마가 개입함으로써 시작되었다.

틴 도시국가 로마는 히스파니아와 시칠리아 사이에 끼어 있었으므로, 만약 로마인들이 쉽게 함락되는 부류의 민족이었다면 금방 함락되고 말았을지 모른다. 그러나 이 이야기의 진짜 관심은 로마가 함락되었다는 사실에 있다. 물질적 요소뿐 아니라 어떤 도덕적 요소가 없었더라면, 이 이야기는 카르타고가 로마는 이제 끝이라고 단정하는 데서 마무리됐을 것이다. 흔히 화친을 맺지 않았다는 이유로 로마를 비난한다. 하지만 그런 부류의 민족과 평화로이 지낼 수 없다는 것이야말로 참된 민중적 본능이었다. "델렌다 에스트 카르타고"*Delenda est Carthago*[19] 즉 '카르타고는 파괴되어야 한다'라고 했다는 이유로 로마인들을 비난하는 경우도 흔하다. 하지만 어느 모로 보나 로마 자체가 파괴되었다는 사실을 잊는 일이 더 흔하다. 영원히 로마에 감돌았던 성스러운 정취가 너무 자주 잊히면서도 고착되어 있었던 이유는 부분적으로 로마가 죽음에서 갑자기 되살아났기 때문이다. 카르타고는 다른 무역 국가들과 마찬가지로 귀족정이었다. 부유한 이들이 가난한 이들에게 가한 압력은 맞서 저항할 수 없는 것일 뿐 아니라, 특정 개인에 관한 것도 아니었다. 그러한 귀족정은 특정 개인에 의한 통치를 절대 허용하지 않으며, 아마도 그러한 까닭에 카르타고의 귀족정에서는 특정 개인의 재능을 질투했던 것 같다. 하지만 천재는 어디에서나 나올 수 있으니, 통치 계층에서 나오지 말란 법도 없다. 마치 세계 최고

18 히스파니아Hispania는 고대 로마에서 오늘날의 이베리아 반도를 통칭하던 지명으로, 오늘날 '스페인'이라는 국명의 어원이기도 하다.

19 제3차 포에니전쟁149-146 BC을 앞두고 로마 공화정의 대표적 정치인이었던 카토가 전쟁의 필요성을 역설했던 연설 가운데 마지막 결론 문장의 축약문이다.

의 시험을 최대한 끔찍한 것으로 만들기라도 하려는 듯, 카르타고의 위대한 가문에서 한 남자가 태어날 운명이었다. 그는 황금빛 궁궐에서 태어났으되 어디서 나왔는지 모를 나폴레옹의 에너지와 독창성을 함께 지녔다. 로마는 기적 같은 군사 작전에 의해 이탈리아 본토가 북쪽으로부터 침략받았음을 깨닫고 전쟁 중 최악의 위기에 처했다. '바알의 은총'이라는 뜻의 이름을 지닌 한니발이 막대한 병력을 이끌고 별이 총총한 고립무원의 알프스를 넘었던 것이다. 그는 무시무시한 신들의 이름을 걸고서 기필코 파괴하겠노라 맹세했던 도시를 향해 남하했다.

한니발은 로마를 향해 난 도로를 따라 행군했고, 그에 맞서 전쟁에 뛰쳐나온 로마인들은 마치 마법사와 싸우는 듯한 느낌이 들었다. 로마의 뛰어난 두 개 군단이 한니발의 왼쪽과 오른쪽에서 트레비아 강변의 늪으로 빠져들었다.[20] 그보다 훨씬 더 많은 로마군이 끔찍한 칸나이의 소용돌이에 빨려들었다.[21] 다시 그보다 훨씬 더 많은 로마군이 전진했으나 결국 한니발의 손길에 무너지고

20 한니발Hannibal Barca이 이끄는 카르타고 군대가 알프스를 넘어오자, 로마 군대는 알프스산맥과 아펜니노산맥 사이의 트레비아강을 경계로 방어진을 펼친다. 기원전 218년 이탈리아 본토에서 벌어진 카르타고와 로마의 첫 전투는 뛰어난 기병대와 함께 코끼리 군단을 활용하여 탁월한 전략을 펼친 카르타고의 대승으로 끝났다. 이로써 로마는 알프스 이남의 갈리아 지방을 한니발에게 내주었고, 수도 로마가 직접적인 위협에 처하게 됐다.

21 트레비아 전투 이후 한니발의 군대는 이탈리아 전역을 유린했다. 기원전 216년 로마는 8만 명의 병사들을 이끌고 칸나이에서 전세를 만회하려 했다. 하지만 뛰어난 기병대를 활용해 포위섬멸 작전을 펼친 한니발이 다시금 대승을 거두었다. 로마군 전사자가 5만 명에 달했던 칸나이 전투는 로마사에서 가장 큰 패배였지만, 세계 전쟁사에서는 교과서적인 포위섬멸전으로 꼽힌다.

말았다. 모든 재난을 드러내는 최고의 표징은 반역인데, 이제 로마 휘하의 부족들이 추락하는 로마의 대의에 등을 돌리기 시작했다. 난공불락의 적군은 여전히 로마를 향해 더욱더 가까이 다가오고 있었다. 다양한 민족들로 구성된 카르타고의 군대는 규모를 계속 불리면서 그 위대한 지도자를 따라 마치 범세계적 가장행렬을 벌이듯이 행진했다. 산이 걸어가는 듯 코끼리들은 땅을 흔들었고, 거인 같은 갈리아 사람들은 야만적인 갑주를 입었으며, 가무잡잡한 히스파니아 사람들은 몸에 금을 둘렀고, 검은 누미디아 사람들은 굴레도 씌우지 않은 사막의 말을 타고서 매처럼 빙빙 돌다 쏜살같이 달려들었다. 탈영병과 용병과 그 밖에 잡다한 사람들로 구성된 무리가 그 뒤를 이었다. 그리고 '바알의 은총'이라는 자가 앞장서서 이들 모두를 이끌었다.

로마의 점쟁이들과 필경사들은 그 시간에 이 세상 사람이 아닌 듯한 천재가 태어난다거나, 코끼리의 머리를 한 아이가 태어난다거나, 별이 우박처럼 떨어진다고 말했다. 그들은 현대의 역사학자에 비해 정말로 무슨 일이 일어났는지를 훨씬 더 철학적으로 파악했던 셈이다. 현대의 역사학자는 거기에서 무역의 경쟁 관계를 결판내는 전략적인 성공 말고는 아무것도 보지 못한다. 하지만 그 시간, 그 현장에서는 그것과 아주 다른 무언가가 느껴졌다. 그건 마치 외래의 공기가 본래의 대기 속으로 들어올 때면 안개나 더러운 냄새처럼 느껴지는 것과 같다. 자연이 그 자체로 부자연스러워지는 끔찍한 징조들로 로마인들의 상상을 채운 것은 순전한 군사적 패배도 아니고, 순전한 상업적 경쟁 관계도 확실히 아니다. 그것은 라틴족의 산 위에 서서 무시무시한 얼굴로 평원을 가로질러 바라보는 몰록이었다. 돌로 된 발로 포도밭을 짓밟은 바알이었다. 질질 끌리는 베일 뒤에서 미움보다 더 끔찍한 사랑을 속삭이는 보이지 않는 타니트였다. 불타는 이탈리아의 곡식밭과 망가진 이탈리아의 포도덩굴은 실제 사건 이상의 그 무엇이었다. 그것들은 알레고리였다. 가정적이고 생산적인 것들이 모두 파괴되었다는 의미였으며, 잔혹함이라 불리며 인간성을 훨씬 능가하는 그 비인간성 앞에서 인간적이었던 것들이 모두 시들었음을 의미했다. 집안 신들은 그들의 초라한 지붕 밑 어둠 속에서 낮게 허리를 숙였다. 담장 너머로 바람을 타고 들어온 마귀들이 허리 숙인 집안 신들을 타 넘고 다니며 산 너머 야만인들의 나팔을 불었다. 알프스의 문이 부서졌다. 전혀 저속하지 않고 오히려 매우 엄숙한 의미에서, 그것은 풀려난 지옥이었다. 신들과 마귀들의 전쟁은 이미 끝난 듯했다. 신들은 모두 죽었다. 독수리들은 사라졌고 군단들은 부서졌다. 로마에는 오직 명예와, 절망의 차가운 용기만 남았다.

카르타고를 위협한 것은 세상에 오직 하나밖에 없었으니, 그것은 카르타고 자신이었다. 여전히 카르타고에서는 모든 성공한 상업 국가들이 지닌 한 가지 강력한 요소가 작동했고, 우리가 아는 한 가지 정신이 현존했다. 확고한 감각과 기민함을 지닌 이들이 대규모 기획을 관리했다. 여전히 최고 금융 전문가들이 조언했고, 정부는 영리적 사업이었다. 현실적인 실무자들이 폭넓고 분별있게 미래를 전망했다. 그런데 이러한 상황에서 로마인들은 희망을 품었다. 전쟁이 길어지면서 비극적 결말을 향해 나가는 듯 보임에 따라, 오히려 지금의 희망이 헛되지 않으리라는 이상하고 희박한 가능성이 점차 자라나기 시작했다. 카르타고의 평범한 사업가들은 동류의 사람들이 생각하듯 사는 민족과 죽는 민족이라는 맥락에서 생각했으며, 로마가 단지 죽어 가는 것이 아니라 이미 죽은 게 분명하다고 보았다. 전쟁은 끝났다. 그들이 보기에 이 이탈리아 도시에는 더 이상 저항할 희망조차 없었고, 또한 누구라도 희망이 없을 때 저항한다는 것은 생각할 수도 없었다. 이런 상황에서 고려해야 할 폭넓고 건전한 일단의 또 다른 사업 법칙들이 남아 있었다. 전쟁은 돈으로 하는 것이었으며 실로 돈이 많이 들었다. 아마도 카르타고의 사업가들은 동류의 사람들이 그러하듯 결국 전쟁은 돈이 들기에 조금 사악한 것이 분명하다고 느꼈다. 이윽고 평화의 시기가 왔다. 하지만 이 시기는 더더욱 경제를 위한 시기였다. 여전히 한니발은 병력 증원을 요청하는 전문들을 가끔씩 보내왔지만, 그건 우스꽝스럽고 시대착오적인 요청이 되었다. 이제는 훨씬 더 중요한 일들에 신경을 써야 했다. 로마의 이러저러한 집정관이 메타우루스강에서 최후의 돌격을 감행하여 한니발의 형제를 죽이고는 그의 머리를 한니발의 군영에 내던져 라틴족의 분풀이를 했다는 이야기는 사실일 것이다.[22] 그런 미친 듯한 행동은 라틴족이 그들의 대의에 대해 완전히 절망한 상태임을 보여 주었다. 그러나 쉽게 흥분하는 라틴족조차 잃어버린 대의에

22 몇 차례 커다란 패배를 경험한 로마는 한니발과 그의 군대를 이탈리아반도 안에 가두는 지공 전술을 펴면서 이탈리아 바깥에 있는 한니발의 근거지들을 차례로 공략해 무너뜨렸다. 이에 기원전 207년 한니발의 동생 하스드루발이 군사를 이끌고 다시금 알프스를 넘어 이탈리아로 진격하였으나, 메타우루스강에서 로마군의 기습을 받고 크게 패했다. 로마군은 전사한 하스드루발의 목을 잘라 한니발의 군영에 던져 넣었다고 한다.

끝도 없이 집착할 정도로 미칠 수는 없었다. 카르타고의 최고 금융 전문가들은 그렇다고 주장했고, 우려를 자아내는 다소 기이한 보고서들을 점점 더 많이 써냈다. 위대한 카르타고제국은 그렇게 주장하고 행동했다. 그런 무의미한 선입견, 상업 국가들의 그런 저주, 그런 어리석음은 어떤 면에서 실용적이고, 천재는 어떤 면에선 소용없다는 주장을 따라 카르타고인들은 그 위대한 군사의 달인을 굶기고 버렸다. 신들은 카르타고에 한니발을 주었으나, 그건 그저 헛된 일이 되었다.

왜 어떤 사람들은 야비한 것이 고결한 것을 전복해야 한다는 기이한 생각을 품는 것일까? 왜 그들은 명석함과 잔혹함 사이에 어떤 희미한 관계가 있다거나, 사람이 우둔해도 비열하기만 하면 문제 될 게 없다고 생각하는 것일까? 왜 애매하게 기사도 전체를 감상적이라고 생각하며, 모든 감상을 약점이라고 치부하는 것일까? 모두가 그러하듯이, 그들이 주로 종교에 의해 생각을 부여받았기 때문이다. 모두에게 그러하듯이, 그들에게는 사물의 본성에 관한 그들의 생각 자체가 제1의 사실이다. 즉, 그들에게 제1의 사실이란 어떤 세상에 살고 있는지에 대한 그들의 관념이다. 그리고 그들에게 신앙이란 유일하게 궁극적인 것은 공포뿐이며, 따라서 세상의 중심은 악하다는 것이다. 그들은 삶보다 죽음이 더 강하며, 따라서 산 것보다 죽은 것이 더 강하리라고 믿는다. 그 죽은 것이 금과 철과 기계이든지, 돌과 강과 자연의 힘이든지 상관없다. 우리가 티 테이블에서 만나거나 가든 파티에서 말을 주고받는 사람들이 바알이나 몰록을 비밀스레 숭배하는 이들이라고 하는 이야기는 한날 공상으로 들릴 수 있다. 그러나 이런 상업적 정신에는 자체적인 시각이 있으며, 그 시각이 바로 카르타고의 시각이다. 그 시각 안에는 카르타고를 무너뜨린 치명적 결함이 들어 있다. 페니키아의 힘이 무너진 까닭은, 이 유물론이란 것이 현실적인 사고에 터무니없이 무관심하기 때문이다. 유물론자들은 영혼을 불신함으로써 정신을 불신하게 된다. 유물론자들은 너무 현실적이어서 도덕적일 수 없기에, 모든 현실적 군인이 군대의 사기라 부르는 것마저 부인한다.[23] 그리고 사람들이 더 이상 싸우려고 하지 않을 때면 돈이 대신 싸워 줄 것이라고 믿는다. 페니키아의 상업 귀족들이 바로 그러했다. 그들의 종교는 절망의 종교였다. 심지어 현실적 운세가 희망적일 때도 그러했다. 그러니 운세에 희망이 없을 때조차 로마인들이 희망할 수 있었음을 그들이 어떻게 이해할 수 있었겠는가? 그들의 종교는 힘과 공포의 종교였다. 그러니 사람들이 힘에 굴복할 때조차 여전히 공포를 무시할 수 있음을 그들이 어떻게 이해할 수 있었겠는가? 세계에 대한 그들의 철학은 그 중심에 피로가 있었다. 무엇보다도 그들은 전쟁에 지쳐버렸다. 그러니 전쟁에 지쳤을 때조차 여전히 전쟁에 덤벼드는 사람들을 그들이 어떻게 이해하겠는가? 한마디로 하자면 정신이 없는 것들, 돈과 잔혹한 힘, 그리고 짐승의 마음을 지닌 신들 앞에서 그토록 오랫동안 허리를 숙였던 그들이 어떻게 인간의 정신을 이해하겠는가? 그들은 너무나 업신여겼던 나머지 오히려 발로 밟아서 끄지 못했던 잉걸불이 곳곳에서 다시 살아나 불꽃을 일으킨다는 소식에 불현듯 정신이 들었다. 하스드루발은 패배했고, 한니발

23 체스터턴은 영어에서 도덕moral과 사기moral(e)의 철자가 같다는 점을 이용해 둘을 연결하고 있다.

은 수적으로 불리했으며, 스키피오는 이미 전선을 히스파니아로 그리고 아프리카로 옮겨 갔다. 그 황금도시의 문 앞에서 한니발은 마지막으로 싸웠고 패했다. 카르타고는 몰락했으며, 사탄이 몰락한 이래로 그렇게 몰락한 것은 이제껏 없었다. 새로운 도시라는 그 이름은 이제 이름으로만 남았다. 모래 위에 돌 하나 남지 않았다. 최후의 파멸 이전에 전쟁이 한 번 더 있긴 했지만, 카르타고의 파괴는 최종적이었다. 다만 수세기가 지난 뒤 도시의 기초를 깊이 파고 들어간 사람들이 무더기를 이룬 수백 개의 작은 해골들을 찾아냈을 따름이다. 카르타고의 종교가 남긴 거룩한 유물이었다. 카르타고가 몰락한 것은 그 자신의 철학에 충실했기 때문이며, 그 철학의 논리적 결론대로 우주에 관한 자신의 시각을 끝까지 따랐기 때문이다. 몰록이 제 자식들을 먹어 버렸다.

신들은 다시 일어났고, 마귀들은 결국 패배했다. 그러나 마귀들은 패배한 자들에게 패배했으며, 죽은 자들에게는 거의 패배할 뻔했다. 로마Rome의 낭만romance을 이해하는 사람은 아무도 없다. 이후에 로마가 다시 일어나 거의 운명적으로 정해진 듯하고 근본적으로 자연스레 보이는 대표의 지도력을 갖게 된 연유를 이해하는 사람도 전혀 없다. 로마는 공포와 굴욕이라는 고통을 통해 유럽의 영혼인 건전한 정신을 계속해서 입증했는데, 누가 그러한 고통과 굴욕을 잊지 않고 기억하는가? 로마가 제국의 중심으로 우뚝 서게 된 까닭은 한때 폐허와 황야 한가운데 홀로 서 있었기 때문이다. 그런 후에야 모든 사람이 로마가 인류의 대표였음을 마음으로 알게 되었다. 심지어 로마가 사람들에게서 거부당했을 때조차 그러했다. 그리고 반짝이지만 아직 볼 수 없는 빛의 그림자가 로마에 드리웠으며 장차 일어날 일들에 대한 책임이 지워졌다. 어쨌든 하나님의 자비가 언제 어떤 방식으로 세상을 구했는가 하는 것은 우리가 추측할 일이 아니다. 다만 분명한 것은, 로마제국이 아니라 카르타고제국이 있었더라면 그리스도교 세계를 확립한 분투의 과정이 아주 달랐을 거라는 점이다. 우리는 포에니 전쟁이 오래 지속된 데 감사해야 한다. 후세에 신적인 것들이 적어도 비인간적인 것들이 아니라 인간적인 것들에게로 내려왔으니 말이다. 다른 장에서 논하겠지만, 유럽은 차츰 진화하여 그 자신의 악덕과 불능으로 빠져들었다. 하지만 유럽이 진화하여 빠져든 최악의 결과는 유럽이 피해 달아났던 것과 같지는 않았다. 정신이 온전한 사람이라면 어느 누가, 아이들이 저녁을 조금 먹겠거니 생각하는 커다란 나무 인형과 아이들을 잡아먹으리라고 생각하는 우상을 나란히 비교할 수 있겠는가? 그건 세상이 얼마나 멀리까지 길을 잃고 헤맸을지와 비교해서 실제로 얼마나 멀리까지 길을 잃고 헤맸는지를 측정하는 것과 다름없다. 로마인들이 무자비했다고 하면, 그 말의 참된 의미는 적에게 무자비했다는 것일 뿐 경쟁자에게는 확실히 그렇지 않았다는 것이다. 로마인들은 무역 경로와 규칙이 아니라 비웃는 사람들의 얼굴을 기억했다. 그들은 카르타고의 증오에 찬 영혼을 증오했다. 사람들이 바알의 숲을 베어 버렸듯 우리가 아프로디테의 숲을 베어 버릴 필요가 전혀 없었던 까닭은 로마인들 덕분이다. 인류의 과거에 대한 우리의 생각이 전적으로 가혹하지 않은 것은 부분적으로 로마인들이 가혹했던 덕분이다. 이교 세계에서 그리스도교 세계로 넘어오는 과정이 단절이었을 뿐 아니라 가교이기도 했던 것은 그 이교 세계를 인간적으로 유지했던 이들 덕분이다. 이 모든 세대가 지난 뒤에도 우리가 어떤 의미에서 이교주의와 평화로이 지내고 우리의 조상들을 다정하게 생각할 수 있다면, 과거에 실제로 있었던 것들과 과거에 있었을 수도 있던 것들을 함께 기억해야 온당하다. 이러한 이유만으로도 우리는 고대의 짐을 가벼이 질 수 있으며, 분수에 깃든 님프나 밸런타인데이 선물에 깃든 큐피드를 보고 전율할 필요도 없다. 웃음과 슬픔은, 지나가 버린 지 오래지만 부끄러움 없이 기억되는 것들에 우리를 연결해 준다. 우리는 언제나 다정함을 느끼며 사비니 농장[24] 주변에 내려앉는 황혼을 바라보고, 카툴루스가 시르미오의 집으로 돌아올 때면[25] 언제나 집안 신들이 즐거워하는 소리를 듣는다. 델레타 에스트 카르타고*Deleta est Carthago*(카르타고는 파괴되었다).

24 사비니 농장은 로마의 시인 호라티우스Quintus Horatius Flaccus, 65-8 BC의 전원주택을 가리킨다. 호라티우스는 작품 속에서 자신의 전원주택이 옛 이탈리아의 한 부족인 사비니의 여신 바쿠나의 사당 옆에 있었다고 말했다. 18세기에 발견되어 20세기 초에 본격적으로 발굴되었다.

25 초기 라틴 문학의 대표적 시인 카툴루스Catullus, 84-54 BC는 개인적인 삶을 노래하는 서정시를 많이 남겼다. 이탈리아 북부의 가르다 호수 남단에 위치한 시르미오곶에 카툴루스의 전원주택이 있었고, 시인은 오랜 여행 끝에 이 집으로 돌아오는 기쁨을 즐겁게 노래한 것으로 유명하다.

08

세상의 끝

어느 여름날에 내가 켄트[1]의 목초지에서 작은 마을 교회의 그늘에 앉아 있을 때였다. 내 곁에는 조금 전까지 나와 함께 숲속을 거닐었던 조금 별난 동반자가 있었다. 그는 내가 헤매 다니던 중에 마주친 일단의 괴짜 중 하나였다. 그들은 '고등사고'[2]라고 불리는 새로운 종교를 지닌 사람들이었다. 나는 이 운동에 입문해서 전반

1 켄트Kent는 잉글랜드 남동부 끝부분에 위치하며, 영국에서 유럽 대륙에 가장 가까운 지방이다. 6세기 말에 영국에서 가장 먼저 그리스도교 선교가 이루어졌고, 영국에서 가장 오래되었으며 오늘날까지 영국 성공회의 중심이 되는 캔터베리 대성당이 자리하고 있다.

2 고등사고Higher Thought라고도 하는 신사고New Thought 운동은 19세기 미국에서 시작된 범신론적 성격을 띠는 일종의 영성 운동이다. 언제 어디에나 편재하는 무한 지성을 믿고 올바른 사고를 통해 각 개인에게 내재하는 신성을 일깨우면 치유가 일어나고 각자가 더 완전한 인간으로 변화될 수 있다고 주장한다.

적으로 고양된 분위기를 알아차렸고, 이후 더욱 비의적인 단계에서 생각의 시초들을 알아내길 희망하던 참이었다. 나의 동반자는 그중에서도 가장 재미있는 사람이었는데, 그가 생각에 대해 어떤 입장을 가졌든 적어도 경험에서는 다른 이들보다 우월했기 때문이다. 다른 이들이 교외 지역에서 명상을 하는 동안에 그는 열대 지방 너머로까지 여행을 했으니 말이다. 그는 여행자들의 이야기를 과도하게 한다는 이유로 비난을 받기도 했었다. 그에 대해 어떤 안 좋은 이야기가 들리더라도, 나는 그의 동료들보다 그를 더 좋아했으며 기꺼이 그와 함께 숲속을 거닐었다. 숲속에 있을 때면 햇볕에 그을린 얼굴과 사나워 보이는 빽빽한 눈썹, 그리고 뾰족한 턱수염 때문에 그가 그리스의 목신牧神 판처럼 보인다는 느낌을 피할 수 없었다. 숲에서 나온 우리는 풀밭에 앉아서 한가하게 나무 우듬지와 마을 교회의 첨탑을 바라보았다. 그러는 동안 따뜻한 오후가 초저녁으로 무르익었고, 아주 작은 새 한 마리가 하늘 저 높이에서 노래하는 소리가 희미하게 들려왔다. 다만 산들바람의 속삭임이 잉글랜드 정원의 오래된 과수원들을 휘젓기보다는 오히려 달래고 있었다. 그때 나의 동반자가 내게 말했다. "저 교회의 첨탑이 왜 저렇게 높이 솟았는지 아십니까?" 나는 점잖게 나의 무지를 표했다. 그러자 그는 즉석에서 이렇게 답했다. "아, 그건 오벨리스크와 같은 겁니다. 아주 오래된 남근 숭배지요." 그때 내가 갑작스레 그를 건너다보았더니, 그는 자신의 염소 같은 수염 위로 음흉한 미소를 지으며 풀밭에 드러누웠다. 그 순간 나는 그가 판이 아니라 악마라는 생각이 들었다. 그러한 순간에 그러한 장소에서 그러한 말을 한다는 데는 이루 말할 수 없을 만큼 미친 듯하며 터무니없고 부자연스럽게 뒤틀린 생각이 이어져 있기 마련이다. 한순간 내겐 사람들이 마녀들을 태워 죽였을 때의 기분이 들었다. 그리고 똑같이 엄청나게 부조리한 감각이 내 주변에서 동트는 하늘처럼 열리는 듯했다. 나는 잠시 생각해 본 뒤에 이렇게 말했다. "아, 물론이죠. 남근 숭배가 아니었더라면, 사람들은 첨탑을 짓되 아래쪽을 향하도록 해서 뾰족한 꼭대기 위에 서 있는 모양으로 만들었을 테니까요." 나는 그 들판에 앉아서 한 시간을 웃을 수도 있었을 것이다. 내 친구는 기분이 상한 듯하지는 않았다. 사실 그는 자신의 과학적 발견에 대한 비판에 전혀 민감하지 않았다. 나는 다만 그와 우연히 마주쳤을 뿐이고 그 뒤로 다시 만난 적도 없는데, 아마 이제 그는 고인이 되었을 것이다. 그 논쟁과는 아무런 상관이 없을지라도 이 '고등사고'의 신봉자이자 원시적 종교 기원과 관련된 그 해설자의 이름은 여기서 언급할 만한 가치가 있을 것 같다. 세상에 알려진 별칭이긴 하지만, 어찌 되었든 그의 이름은 루이 드 루즈몽[3]이다.

첨탑의 뾰족한 꼭대기를 땅에 대고 그 위에 거꾸로 서 있는 켄트 지방의 교회라는 터무니없는 이미지는 뒤죽박죽 투박한 옛이야기에나 나올 법하다. 이교적 기원들에 관한 이런 이야기를 들을 때면 늘 그 이미지가 떠올라 옛이야기 속 거인들처럼 큰 소리로 웃게 된다. 그리고 나면 고대와 현대의 종교에 관한 다른 모든 과학적 탐구자들, 고급 비평가들, 관계 당국을 향해서도 저 딱한

3 스위스 출신의 앙리 루이 그랭Henri Louis Grin, 1847-1921은 1898년부터 루이 드 루즈몽Louis de Rougemont이라는 필명으로 자신의 오스트레일리아 탐험기를 연재해서 유명해졌다. 하지만 탐험기의 내용이 대부분 거짓으로 밝혀져 물의를 일으켰다.

루이 드 루즈몽에게와 마찬가지로 다정하고 너그러운 마음을 품게 된다. 그러나 엄청나게 터무니없는 그 이야기에 대한 기억은 그리스도교 교회들은 물론 이교 사원들에 대해서 분별을 유지하기 위한 일종의 점검 및 측정 도구로 남아 있다. 그 저명한 여행가가 그리스도교적 기원들에 대해 이야기했듯이 많은 사람이 이교적 기원들에 대해 말해 왔다. 사실 허다한 현대 이교도들이 이교주의에 대해 혹평했다. 허다한 현대 인도주의자들이 진정한 인류의 종교를 혹평했다. 그들은 그 종교를 어디에나 있고, 오직 이 혐오스러운 비전祕傳에 뿌리내린 무언가에서 비롯했으며, 전혀 수치를 모르고 질서도 없는 특성을 지닌다고 표현해 왔다. 하지만 나는 이런 말을 한 순간도 믿은 적이 없다. 드 루즈몽이 그리스도 숭배에 관해 생각할 수 있었던 것을 내가 아폴론 숭배 전체에 관해 생각한다는 건 꿈도 꿀 수 없다. 그 정신 나간 사람이 켄트 지방의 한 마을에서 냄새 맡았던 그런 대기가 그리스의 어떤 도시에도 있었다고는 절대로 인정하지 못하겠다. 오히려 그와 반대로, 이교주의의 마지막 퇴락에 관한 이 마지막 장의 요점은 최선의 이교주의가 이미 최악의 이교주의를 물리쳤음을 한 번 더 강력하게 주장하려는 것이다. 카르타고의 황금을 정복한 것은 최선의 이교주의였다. 로마의 월계관을 쓴 것도 최선의 이교주의였다. 모든 것을 고려하여 아무리 거시적으로 생각해도, 이 세상이 이제껏 보았던 것 가운데 최선의 것이 그램피언산맥[4]의 장벽으로부터 유프라테스강의 정원에 이르는 전 지역을 통치했다.[5] 최선의 것이 정

4 그램피언산맥Grampian Mountains은 스코틀랜드 중부에서 북동-남서쪽 방향으로 걸쳐 있는 낮은 산맥이다.

복했고, 최선의 것이 통치했다. 그리고 최선의 것이 퇴락하기 시작했다. 이 폭넓은 진실이 파악되지 않는다면, 전체 이야기는 똑바로 보이지 않고 비스듬히 기울어져 보일 것이다. 비관론이란 악이 지겨워진 데 있지 않고 선이 지겨워진 데 있다. 절망은 고통에 지친 데 있지 않고 기쁨에 지친 데 있다. 사회는 이러저러한 이유로 사회 안의 선한 것들이 더 이상 제대로 작동하지 않을 때 쇠퇴하기 시작한다. 사회의 식량이 양식이 되지 못하고, 사회의 치유책이 치유하지 못하며, 사회의 축복이 축복하기를 거부할 때다. 그러한 선한 것들이 없는 사회에서는 쇠퇴를 알아챌 수 있는 검사가 거의 이루어지지 않는다고 말할 수 있겠다. 그것이 바로 카르타고와 같은 정체된 상업적 과두정 국가들이 역사에서 미라처럼 서서 노려보는 분위기를 지닌 까닭이다. 미라처럼 바싹 마르고 붕대에 감겨 방부 처리가 되어 있는 탓에 그것들이 새것인지 오래된 것인지 어느 누구도 알지 못한다. 하지만 어쨌든 카르타고는 죽었으며 필멸의 사회에 마귀들이 가한 최악의 공격은 좌절되었다. 그러나 최선의 것이 죽어 가고 있었다면 최악의 것이 죽었다는 사실이 뭐 그리 대수였겠는가?

우선은 카르타고에 대한 로마의 관계가, 카르타고보다 더 정상적이고 로마와 유사한 나라들에 대한 관계에서 부분적으로 반복되고 확장되었다는 사실에 주목해야 한다. 여기서 로마의 정치인들이 코린토스 같은 다른 그리스 도시국가들에 대해 원칙 없이 부도덕하게 행동했다는[6] 식의 순전히 정치적인 관점을 반증하려

5 그램피언산맥에서 유프라테스강에 이르는 지역은 로마제국의 최대 영역에 해당한다. 이 지역을 통치한 최선의 것이란 바로 로마제국을 가리킨다.

는 것은 아니다. 나는 다만 그리스 도시국가들에 대한 평범한 로마인들의 반감 속에 위선적인 변명만이 있었다는 생각을 반박하려는 것이다. 그렇다고 내가 그리스도교 시대 이전에는 전혀 알려지지 않았던 민족주의에 관한 감상을 품고서 이 이교도들을 기사도의 영웅처럼 제시하려는 건 아니다. 나는 다만 그들을 인간적인 감정을 지닌 사람으로서 제시할 뿐이다. 그 감정은 가식이 아니다. 자연 숭배와 순전한 신화에 있는 약점 하나가 최악의 궤변인 단순성의 궤변 때문에 그리스인들 사이에서 어떤 도착을 산출했다는 것은 사실이다. 그리스인들은 자연을 숭배함으로써 자연스러움을 잃었고, 마찬가지로 사람을 숭배함으로써 사람답지 못하게 되었다. 그리스가 자신의 정복자를 인도했다면 잘못 인도했을 것이다. 다만 이러한 것들은 그 정복자가 본래부터 자신 안에서 정복하기를 원하는 것들이었다. 어떤 의미에서 티레와 시돈에 비해 소돔과 고모라가 덜 비인간적이었다는 게 사실이다. 마귀들이 아이들을 두고 벌인 전쟁을 고려하면, 그리스의 퇴폐조차 페니키아의 악마 숭배와는 비교가 되지 않는다. 그러나 둘 중 어느 한쪽에 대한 진정한 혐오가 그저 바리새적이어야 한다는 건 사실이 아니다. 그것은 인간 본성이나 상식에 맞지 않는다. 사랑에 대한 백일몽 속에서 분별 있고 소박하게 성장하는 행운을 누린 어떤 소년이 가니메데스[7] 숭배에 대해 처음 듣게 되었다고 생각해 보자.

6 기원전 146년에 로마는 코린토스를 함락하고 완전히 파괴했다. 코린토스는 기원전 44년에야 로마의 식민도시로 재건되어 아카이아 속주의 주도가 되었다.

7 가니메데스Ganymedes는 그리스 신화에 등장하는 트로이의 미소년이다. 제우스가 시동으로 삼기 위해 독수리로 변신하여 납치했다는 이야기가 전해진다. 동성애

소년은 충격을 받을 뿐 아니라 구역질이 날 것이다. 여기서 첫인상에 대해 빈번하게 이야기했듯이, 소년이 받은 첫인상은 옳을 것이다. 우리의 냉소적 무관심은 하나의 환영幻影이다. 모든 환영 중에서도 가장 큰 환영, 곧 친숙함이라는 환영이다. 본래 로마인들의 다소 투박한 덕목들이 그리스의 퇴폐에 관한 풍문에 아주 자발적이고 성실하게 반발한다는 생각은 옳다. 그 덕목들이 카르타고의 잔혹함에 반발했듯이, 그 정도는 덜하더라도 그리스의 퇴폐에 반발한 것으로 간주해도 옳다. 반발의 정도가 덜했기에, 코린토스는 카르타고처럼 파괴되지는 않았다. 그러나 로마인들의 태도와 행동이 다소 파괴적이었다 해도, 둘 중 어떤 경우든 그들의 격분이 순전한 이기심을 덮는 순전한 독선이었어야만 하는 것은 아니다. 그리고 둘 중 어떤 경우든 오직 국가적 논리와 상업적 음모만이 작동했을 거라고 주장하는 사람이 있다면, 우리가 그에게 해줄 수 있는 말은 그가 이해하지 못하는 무언가, 어쩌면 그가 앞으로도 절대 이해하지 못할 무언가가 있다는 것밖에 없다. 그 무언가를 이해할 때까지는 라틴족에 대해서도 전혀 이해하지 못할 것이다. 그 무언가란 바로 민주정이다. 아마 그 역시 이 단어를 수없이 들어봤을 테고, 자기가 직접 사용한 적도 있을 것이다. 하지만 그는 그 의미를 전혀 알지 못한다. 로마의 혁명적 역사 전반에는 민주정을 향한 투지가 끊이지 않았다. 국가와 정치가는 민주정의 상당한 후원 없이는 아무것도 할 수 없었다. 그건 외교와 전혀 관련 없는 부류의 민주정이었다. 우리가 로마의 과두정에 대해 그토록

상대의 소년을 가리키는 영단어catamite는 가니메데스의 로마식 이름 카타미투스Catamitus에서 비롯되었다.

많이 듣게 된 것도 로마의 민주정이 존재했기 때문이다. 예를 들어 최근 역사학자들은 로마의 용맹과 승리를 일부 귀족들이 업으로 삼았던 가증스러운 고리대금업의 차원에서 설명하고자 했다. 말하자면 마치 쿠리우스가 돈을 빌려줌으로써 마케도니아 팔랑크스[8]의 병사들을 물리쳤다거나[9] 집정관 네로가 5퍼센트 이율로 협상하여 메타우루스강에서의 승리를 얻어 냈다는[10] 식이다. 그러나 우리가 로마 귀족들의 고리대금업을 실감하는 이유는 끊임없이 계속된 평민들의 반란 때문이다. 페니키아의 상인 영주들의 통치야말로 고리대금업의 영혼을 지녔다. 하지만 그들을 가리켜 감히 고리대금업자라 부른 페니키아인 무리는 하나도 없었다.

모든 필멸의 존재들처럼 온갖 죽을죄와 약점을 짊어진 로마의 부상浮上은 실로 평범한 것, 특히 민중적인 것의 부상이었다. 로마의 부상은 도착倒錯에 대한 철저히 정상적이고 근본적으로 민중적인 혐오에서 일어난 것이었다. 그리스인들 사이에서는 도착이

8 팔랑크스phalanx는 고대 그리스에서 만들어진 직사각형 중장보병의 밀집전투대형이다. 긴 창과 방패로 무장한 보병들이 접근전에서 강력한 방어력을 발휘할 수 있었다. 기원전 5세기 페르시아 전쟁 승리와 기원전 4세기 알렉산드로스 대왕의 동방 원정이 가능했던 것도 모두 팔랑크스를 기반으로 한 전투력 덕분이었다. 하지만 이후에 팔랑크스끼리 대결이 일반화되면서 공격력과 방어력 강화를 위해 창과 방패가 더욱 크고 무거워짐에 따라 기동력이 떨어졌고, 따라서 기동력을 앞세운 로마의 레기온(군단)에 패할 수밖에 없었다.

9 기원전 275년 에페이로스와 마케도니아의 왕이었던 피로스가 이탈리아의 삼니움족과 연합하여 이탈리아에 침입했을 때, 집정관 마니우스 쿠리우스 덴타투스Manius Curius Dentatus가 로마 군단을 이끌고 나가 베네벤툼에서 물리쳤다.

10 제2차 포에니 전쟁 중 한니발의 동생 하스드루발이 알프스 산맥을 넘어 이탈리아에로 진군했으나 메타우르스강에서 클라우디우스 네로와 리비우스가 이끄는 로마군에 완패했다.

하나의 인습이었다. 도착이 그렇게 인습이 되었다는 것, 특히 문학적 인습이 되었다는 것은 사실이다. 때로는 로마의 문인들도 인습적으로 그것을 따라 하곤 했다. 하지만 이는 언제나 인습에서 발생하는 복잡한 문제들 가운데 하나다. 그로 인해 두 사회의 분위기 차이를 분별하는 우리의 감각이 흐려져서는 안 된다. 베르길리우스조차 때로는 테오크리토스[11]의 테마를 가져다 쓰려고 했다는 게 사실이다. 하지만 베르길리우스가 특별히 테오크리토스의 테마를 좋아했다는 인상을 받을 순 없다. 특별하고도 뚜렷하게 베르길리우스의 테마는 평범했으며 오직 경건함과 애국심, 그리고 전원의 영예 같은 도덕적인 교훈에 주로 머물렀다. 고대의 가을로 넘어가면서, 우리는 그 시인의 이름 앞에 멈추어 잠시 생각에 잠길 수도 있겠다. 그토록 지고한 의미에서 그의 이름은 성숙과 우울, 무르익은 열매와 예상되는 퇴락을 나타내는 가을의 목소리였다. 베르길리우스의 시를 단 몇 줄이라도 읽은 사람이라면 그가 도덕적 분별이 인류에게 의미하는 바를 충분히 이해했음을 의심할 수 없다. 집안의 신들 앞에서 마귀들이 쫓겨났을 때 그가 느낀 감정들을 의심할 수는 없다. 하지만 베르길리우스와 그의 작품에 관해서는 지금 여기서 다루는 주제에 각별히 중요한 요점이 두 가지 있다. 첫째는 그의 위대한 애국적 서사시[12] 전체가, 아

11 테오크리토스Theokritos, 310-245 BC는 그리스의 시인으로 전원시의 창시자로 알려져 있다. 로마의 베르길리우스는 물론 19세기 낭만파 시인들까지도 그의 작품에서 영향을 받았다.

12 로마의 시성詩聖이라 불리는 베르길리우스의 대표작 『아이네이스』는 멸망한 트로이의 영웅 아이네아스가 유민을 이끌고 시칠리아와 카르타고를 거쳐 결국 이탈리아로 와서 로마의 선조가 된다는 이야기를 담고 있다.

주 특이한 의미에서, 몰락한 트로이를 토대로 세워졌다는 것이다. 즉, 베르길리우스의 서사시는 몰락했으나 널리 인정받은 트로이의 긍지를 바탕으로 쓰였다. 베르길리우스는 트로이인들에게까지 거슬러 올라가 자신이 사랑하는 민족과 공화정의 토대를 추적하면서 중세와 근대 역사를 관통하여 흐르는 위대한 트로이의 전통이라 불릴 만한 것을 시작했다. 우리는 이미 헥토르에 관한 호메로스의 비장한 연민에서 바로 그 전통의 첫 번째 힌트를 보았다. 그러나 베르길리우스는 그것을 문학으로만 변화시킨 것이 아니라 전설로도 변화시켰다. 그 전설은 그 패배자가 지닌 거의 신적인 품위에 관한 전설이었다. 이 전통은 그리스도교의 도래, 특히 그리스도교적 기사도의 도래를 위하여 세상을 참으로 준비시켰던 전통들 가운데 하나였다. 이것은 암흑시대의 끊임없는 패배와 야만인들의 전쟁을 관통하며 문명을 유지하는 데 정말로 도움이 되었다. 그 패배와 전쟁으로부터 우리가 기사도라 부르는 것이 태어났다. 바로 막다른 벽에 등이 닿은 사람의 도덕적 태도인데, 그 장벽이란 바로 트로이의 성벽이었다. 중세와 근대를 관통하면서 호메로스적 갈등 속 덕목들에 관한 이러한 해설이 그리스도교적인 감성 안에서 그와 유사한 모든 것과 상호작용하며 서로를 촉진했다는 사실은 아주 다양한 가지 방식으로 추적해 볼 수 있다. 우리나라 사람들은 물론 다른 나라 사람들도 베르길리우스처럼 자기 민족이 영웅적인 트로이인들의 자손이라고 선언하길 좋아했다.[13] 온갖 부류의 사람들이 자신을 헥토르의 후손이라고 선

13 영국에는 9세기에 작성된 것으로 추정되는 『브리튼인의 역사』*Historia Brttonum*라는 문헌이 전해지는데, 신화적 역사를 담고 있는 이 책에 따르면 아이네아스의 후

언하는 것이 가장 멋진 문장紋章이 된다고 생각했다. 그러나 아킬레우스의 후손이길 원하는 사람은 아무도 없었던 것 같다. 그 트로이 사람의 이름은 그리스도교적 이름이 되었으며, 그리스도교 세계의 변방인 아일랜드나 스코틀랜드의 하이랜드까지 퍼져 나갔다. 반면에 그 그리스 사람의 이름은 여전히 상대적으로 드물고 어려운 이름으로 남아 있다. 바로 이러한 사실 자체가 같은 진실에 대한 헌사가 된다. 사실 거기에는 거의 농담의 본질에 해당하는 언어의 신기한 면이 관련되어 있다. 헥토르라는 이름은 동사로 변했다. '헥토르한다'hectoring라는 말은 이제 으스댄다는 의미로 쓰인다.[14] 바로 그런 의미에서 이 말은, 쓰러진 트로이 사람을 본보기로 삼은 수많은 병사들을 암시한다. 사실 고대에는 헥토르보다 덜 헥토르하는 사람은 없었다. 하지만 심지어 정복자인 척하며 약자를 괴롭히는 사람조차 정복된 자로부터 자신의 칭호를 취했다. 바로 그러한 까닭에 베르길리우스에 의해 대중화된 트로이 기원설은, 베르길리우스가 거의 그리스도인이었다고 말하게 하는 그 모든 요소와 필연적 관계가 있다. 마치 똑같은 나무로 만든 두 개의 훌륭한 도구나 장난감이랄 수 있는 신적인 것과 인간적인 것이 섭리의 손안에 놓여 있었던 것과 같다. 골고다의 나무 십자가에 비견할 만한 것은 트로이의 목마밖에 없다. 그러므로 형식상으로는 거의 불경할 정도이지만 목적상으로는 경건한 알레고리를

손인 브루투스가 브리튼의 첫 임금이 되었고, 브리튼이라는 지명 또한 그의 이름에서 비롯한 것이라고 한다.

14 실제로 영어의 'hector'는 '호통치다', '위협하다', '허세 부리다' 같은 의미의 동사로 사용된다.

써서 거칠게 말하자면, 그 '거룩한 아이'는 어쩌면 목검과 목마를 가지고 용에 맞서 싸웠을지도 모른다.

지금 논의에서 핵심이 되는 베르길리우스의 다른 한 요소는 그가 신화와 각별한 관계를 맺었다는 점이다. 여기서 신화란 어떤 특별한 의미에서 민속이라 부를 수 있는 것, 즉 서민들의 믿음과 공상이라고 할 수 있겠다. 완벽에 이른 베르길리우스의 시가 자연적인 농경 생활의 신령함보다 올림포스의 거창함에 덜 관련되어 있음은 모두가 아는 사실이다. 베르길리우스가 만물의 원인을 어디에서 찾고자 했는지를 모두가 안다. 그는 우라노스와 크로노스의 우주적 알레고리가 아니라 판과 님프와 숲의 노인 실바누스[15]에게서 만물의 원인을 찾았노라고 말한다. 베르길리우스의 본모습이 가장 잘 나타난 곳은 아마도 『전원시』의 몇몇 구절일 것이다. 거기서 그는 아르카디아[16]와 그 목자들의 위대한 전설을 영원한 존재로 만들었다.[17] 이 지점에서 다시금, 그의 문학적 인습을 우리의 문학적 인습으로부터 갈라놓는 모든 것에 관한 옹졸한

15 실바누스Silvanus는 로마 신화에서 숲과 들판을 보호하는 수호신이다. 대체로 노인의 모습으로 묘사되며 판과 님프와 함께 등장하는 경우가 많다.

16 아르카디아Arcadia는 그리스 펠로폰네소스반도 중앙부에 위치한 지역의 이름인데, 그리스 신화에서 목자들의 낙원으로 여겨졌다. 후대에는 목가적인 이상향의 대명사가 되었다.

17 고대 로마의 최고 시인으로 꼽히는 베르길리우스가 33세에 완성하여 처음으로 명성을 얻기 시작한 작품집이 『전원시』*Eclogae*다. 대부분은 그리스의 시인 테오크리토스의 작품을 모방한 것이지만, 그리스의 벽지 아르카디아를 이상향으로 그린 두 편이 독창적인 작품으로 평가받는다. 대체로 베르길리우스가 말년에 쓴 서사시 『아에네이스』를 그의 대표작으로 꼽지만, 체스터턴은 오히려 초기작 『전원시』를 더욱 베르길리우스다운 작품으로 높게 평가하고 있다.

비판 때문에 중요한 요점을 놓치기가 쉽다. 옛 전원시를 겨눈 인공의 외침보다 더욱 인공적인 것은 없다. 우리는 조상들이 쓴 글의 외면을 주시함으로써 조상들이 의도했던 바를 모두 놓쳐 버렸다. 사람들은 양치기 소녀 도자기인형이 도자기로 만들어졌다는 사실에만 흥미를 느낀 나머지 그 인형이 왜 만들어졌는지는 묻지도 않았다. 사람들은 즐거운 농부를 오페라의 인물로 여기는 데 그토록 만족한 나머지 그가 어떻게 오페라 극장에 가게 되었는지 혹은 그가 어떻게 무대에서 길을 잃고 헤매게 되었는지는 묻지도 않았다.

요컨대 사람이 물어야 할 것은 양치기 소녀 도자기인형은 있는데 왜 가게 주인 도자기인형은 없느냐는 것이다. 왜 사람들은 우아한 태도를 지닌 도시 상인 인형이나 철로 만든 제철공 인형, 아니면 금으로 만들어진 투기꾼 인형으로는 벽난로를 장식하지 않았을까? 왜 오페라에 즐거운 농부는 등장하는데 즐거운 정치인은 등장하지 않았던 걸까? 왜 은행가들이 한쪽 발끝으로 서서 빠르게 회전하는 발레 공연은 없었을까? 그건 사람들이 어떠한 인습 아래 놓여 있든 인류의 오랜 본능과 유머를 통해, 복잡한 도시의 인습은 전원의 인습보다 정말로 덜 건강하고 덜 행복하다는 것을 알았기 때문이다. 『전원시』의 영원성 또한 그러하다. 어떤 현대 시인은 양치기 대신 시인들이 등장하는 「플리트 스트리트 전원시」[18]라는 작품을 썼다. 하지만 시인들 대신 백만장자들이

18 「플리트 스트리트 전원시」Fleet Street Eclogues는 스코틀랜드의 시인 존 데이비슨John Davidson, 1857-1909이 1893년 발표한 발라드다. 플리트 스트리트는 언론사와 출판사가 몰려 있는 런던의 거리 이름이다.

등장하는 「월 스트리트 전원시」를 쓴 사람은 이제껏 아무도 없다. 그러한 단순성에 대해서는 반복되어 일어나는 갈망이 있지만, 그러한 복잡성에 대해서는 반복되어 일어나는 갈망이 전혀 없기 때문이다. 즐거운 농부의 신비를 푸는 열쇠는 농부가 자주 즐거워한다는 사실이다. 이를 믿지 않는 사람들은 농부에 대해 전혀 알지 못하고, 따라서 어느 때 농부가 즐거워하는지를 모른다. 양치기의 축제나 노래를 믿지 않는 사람들은 양치기의 달력을 알지 못한다. 현실의 양치기는 이상理想의 양치기와 사뭇 다르다. 그러나 그것이 이상의 뿌리에 놓인 현실을 잊을 이유는 절대 아니다. 전통을 만드는 데는 진실이 필요하다. 인습을 만드는 데는 전통이 필요하다. 전원시는 확실히 하나의 인습인 경우가 많은데, 특히 사회적 쇠퇴기에 그러하다. 와토[19]의 남녀 양치기들이 베르사유의 정원에서 한가로이 노닐던 때도 사회적 쇠퇴기였다. 또한 남녀 양치기들이 베르길리우스를 모방한 가장 빛바랜 작품들을 통하여 계속 피리를 불고 춤추던 때도 사회적 쇠퇴기였다. 그러나 그것이 죽어 가는 이교주의의 생명조차 전혀 이해하지 않은 채로, 죽어 가는 이교주의를 묵살할 이유는 절대 아니다. 또한 그것이 '이교도'라는 단어가 '농부'라는 단어와 같다는 사실을 잊을 이유는 절대 아니다.[20] 우리는 이러한 예술 작품이 단지 인공적인 것일 따름이라

19 장앙투안 와토Jean-Antoine Watteau, 1684-1721는 로코코 양식을 대표하는 프랑스 화가다. 숲이나 정원을 배경으로 춤추거나 산책하는 인물들을 우아하게 묘사한 그림들로 유명하다.

20 이교도pagan와 농부peasant는 모두 시골이나 전원, 시골 사람을 나타내는 라틴어 단어 'paganus'에서 비롯되었다.

고 말할 수도 있다. 그러나 예술 작품이 인공적인 것들에 대한 사랑은 아니다. 오히려 그것은 그 본성상, 실패한 자연 숭배이거나 혹은 자연스러운 것에 대한 사랑일 뿐이다.

양치기의 신들이 죽어 가고 있었으므로 양치기들도 죽어 가고 있었다. 이교주의는 시를, 이미 신화라는 이름으로 고려되는 시를 먹고 살았다. 다만 신화와 시는 어디에서나, 특히 이탈리아에서 시골에 뿌리를 내렸다. 투박한 시골의 행복은 대체로 투박한 시골의 종교에서 비롯했다. 오직 사회 전체가 나이 들고 경험이 늘었을 때라야, 신화라는 이름의 장에서 이미 언급한 모든 신화 속 약점이 나타나기 시작했다. 이 종교는 실은 종교가 아니었다. 달리 말하자면 이 종교는 정말 전적으로 현실이 아니었다. 이 종교는 형상과 관념으로 일으키는 젊은 세상의 반란이었으며, 마치 와인과 구애로 일으키는 젊은이의 반란과도 같았다. 비도덕적이기보다는 무책임했다. 이 종교에는 궁극적인 시간의 시험에 대한 예견이 전혀 없었다. 그것은 어디까지나 창조적이었기 때문에 아무 말이나 잘 믿었다. 그것은 인간의 예술적인 측면에 속했지만, 심지어 예술적으로 고려될 때조차 오랫동안 과부하가 걸린 채 복잡하게 얽혀 있었다. 제우스의 씨앗에서 솟아난 가계도는 숲보다는 정글을 이루었다. 신들과 반신半神들의 요구들은 시인보다는 법률가나 전문적인 통보관에 의해 해결되어야 할 것 같았다. 이러한 상황은 더더욱 무정부적으로 변했고, 단지 예술적 의미에서만 그러했던 것은 당연히 아니다. 자연 숭배가 아무리 자연스러워 보일지라도 바로 그 씨앗에 실제로 내포된 악의 꽃은 더더욱 노골적으로 드러났었다. 앞서 말했듯이, 나는 자연 숭배가 필연적으로 특별한 열정으로 시작된다고 믿지 않는다. 나는 과학적 민속을 내세우는 드 루즈몽 학파에 속하지 않는다. 나는 신화가 반드시 에로티시즘으로 시작되어야 한다고 믿지 않는다. 하지만 신화가 반드시 에로티시즘으로 끝나야 한다고 믿는다. 나는 신화가 에로티시즘으로 끝났음을 강하게 확신한다. 더욱이 시는 더욱 비도덕적으로 변했고, 비도덕성은 더욱 변명의 여지가 없는 것이 되었다. 그리스의 악덕들, 동방의 악덕들, 그리고 셈족 마귀들의 옛 참상을 암시하는 것들이 똥 더미의 파리들처럼 우글거리며 쇠락하는 로마인들의 공상을 채우기 시작했다. 정말로 그런 심리는 역사를 내부에서 바라보려는 실험을 시도하는 사람에겐 충분히 인간적이다. 오후가 되면 아이가 가장假裝 놀이에 물리는 시간이 찾아오기 마련이다. 아이는 강도가 되거나 아메리카 원주민이 되는 일에 싫증이 나고, 그럴 때면 고양이를 괴롭힌다. 질서 잡힌 문명도 비슷하게 정해진 경로를 따른다. 사람이 신화를 가지고 놀면서 마치 나무가 소녀인 것처럼 가장하거나 사람에게 달이 구애하는 것처럼 가장하는 데 물리는 때가 온다. 이런 진부함이 가져오는 효과는 어디에서나 똑같다. 온갖 약물 복용과 음주, 그리고 그 복용량을 늘려 가는 경향에서 그 효과가 드러난다. 사람들은 싫증 난 감각에 대한 자극제로서 더 이상한 죄악이나 더 놀라운 외설을 찾는다. 사람들이 터무니없는 동방의 종교들을 찾는 것도 똑같은 이유에서다. 사람들은 마치 바알의 사제들이 쓰던 칼로 하듯이 제 신경을 찔러 생기를 느끼려고 한다. 그들은 잠든 채 걸어 다니며 악몽으로 스스로 깨우고자 애를 쓴다.

이교주의가 그러한 단계에 이르면 숲에서는 농부의 노래와

춤이 점점 더 희미해진다. 한편으로 농부의 문명은 시골 전체에서 희미해지는 중이었거나 이미 희미해져 버렸다. 종국에는 로마 제국이 굴종적인 체제 위에서 점점 더 체계적으로 조직되었는데 그러한 체제는 일반적으로 조직의 자랑거리가 되지만, 실은 산업 조직을 위한 현대적 제도만큼이나 노쇠한 것이었다. 한때 농부였던 사람들이 빵과 서커스에 의존하는 도시 서민에 지나지 않게 되었다는 건 너무나도 잘 알려진 이야기다. 실업수당과 영화에 의존하는 현대의 군중을 떠올릴 수도 있겠다. 다른 측면에서도 그러하듯이 바로 이런 측면에서 오늘날 이교주의로 회귀하는 것은 이교적 청춘으로가 아니라 이교적 노년으로 회귀하는 것이다. 하지만 그 원인은 두 경우 모두 정신적인 데 있다. 특히 이교주의의 영은 익숙한 영들과 함께 떠나 버렸다. 집안 신들과 함께 열기도 빠져나갔다. 집안 신들은 정원과 들과 숲의 신들을 따라갔다. 숲의 노인은 너무 늙어서 이미 죽어 가고 있었다. 어떤 의미에서, 그리스도가 태어났기에 판이 죽었다는 것은 사실이다. 또 다른 의미에서, 판이 이미 죽었기에 사람들이 그리스도가 태어났음을 알게 되었다는 것도 사실이다. 인류의 신화 전체가 사라짐으로써 어떤 빈 공간이 만들어졌다. 이 빈 공간이 신학으로 채워지지 않았더라면 마치 진공처럼 사람들을 질식시켰을 것이다. 여기서 요점은 어쨌든 신화가 신학처럼 지속되었을 리는 없었다는 것이다. 우리가 동의하든 안 하든, 신학은 사유다. 신화는 절대 사유가 아니었으며, 어느 누구도 신화에는 정말로 동의할 수도 없었고 동의하지 않을 수도 없었다. 신화는 그저 화려한 마력의 분위기에 불과했고, 그러한 분위기가 사라지자 다시 회복될 수 없었다. 사람들은 신들을 믿지 않게 되었을 뿐 아니라 이전에도 전혀 믿은 적이 없었음을 깨달았다. 이전에 사람들은 신들을 위한 찬양의 노래를 불렀고, 신들의 제단 주위에서 춤을 추며 피리를 불었다. 모두 바보짓이었다.

그리하여 아르카디아에는 황혼이 내렸고, 마지막 피리 소리가 너도밤나무 숲에서 슬피 들려온다. 베르길리우스의 훌륭한 시 속에는 그런 슬픔이 이미 담겨 있다. 다만 사랑하는 사람들과 집안의 신들은, 벨록이 이해력 시험 도구로 삼은 "인키페 파르베 푸에르 리수 코그노셰레 마트렘"*incipe parve puer risu cognoscere matrem*(아이야, 미소로써 엄마를 알아봐 주려무나)[21]같이 사랑스러운 시행들 속에 오래 머문다. 그러나 오늘날 우리에게 일어나는 일이 그들에게도 일어났다. 인류라는 가족 자체가 굴종적인 조직과 도시의 군집 아래 무너지기 시작했다. 도시의 군중은 계몽되기 시작했으니, 그들은 이제 신화를 창작할 수 있는 정신적 에너지를 잃었다. 지중해 도시들 전역에서 신들의 패배를 애도했으며, 사람들은 검투사들에게서 위안을 얻었다. 그러는 동안에 소크라테스와 피타고라스 이래 이곳저곳 활개 치며 돌아다니며 이야기했던 지적인 귀족들에게도 비슷한 일이 일어나고 있었다. 그들은 스스로가 그저 제자리에서 원을 그리며 똑같은 이야기를 반복한다는 사실을 세상에 누설하기 시작했다. 철학은 농담이 되기 시작했으며, 또한 따분한 일이 되기 시작했다. 이미 우리가 철학자의 잘못으로 언급했듯이, 모든 것을 이러저러한 체계로 그토록 부자연스럽게 단순화하

21 베르길리우스의 『전원시』 제4권 60행의 구절이다.

는 일 자체가 철학의 종말과 철학의 무익을 즉시 폭로했다. 모든 것이 미덕이거나, 모든 것이 행복이거나, 모든 것이 운명이거나, 모든 것이 좋거나, 모든 것이 나빴다. 어쨌든 모든 것은 모든 것이고, 더 이상 해야 할 말은 없다는 식이었다. 어디에서나 현자들이 퇴락하여 궤변론자가 되었다. 즉, 누군가에게 고용되어 수사학을 가르치거나 수수께끼 내는 일을 했다. 현자가 궤변론자뿐 아니라 마법사로 변하기 시작하는 것은 이런 징후들 가운데 하나다. 최고의 집안들에서는 동양 신비주의의 기운을 음미한다. 철학자는 이미 사교계의 연예인이므로 차라리 요술쟁이가 되는 편이 낫다.

많은 현대인이 지중해 세계의 협소함을 강조했다. 그리고 다른 대륙의 발견으로 지평이 넓어졌음을 역설했다. 하지만 이것은 하나의 환영이며, 유물론의 수많은 환영 가운데 하나다. 이교주의가 유럽에서 도달한 한계는 인간 실존의 한계였다. 이교주의는 여느 다른 곳에서와 똑같은 한계에 이르렀을 뿐이다. 로마의 스토아 철학자에게는 금욕주의를 가르쳐 줄 중국인들이 전혀 필요하지 않았다. 피타고라스 학파에게는 반복되는 순환이라든가 단순한 삶이라든가 채식주의의 장점을 가르쳐 줄 힌두교 신자들이 전혀 필요하지 않았다. 그들은 이러한 것들을 동방에서 구해 올 수 있는 한에서 이미 지나칠 정도로 많이 동방에서 구해 왔었다. 혼합주의자들은 신지학자들처럼 모든 종교가 정말로 똑같다고 확신했다. 그렇지 않다면 그들이 달리 어떻게 그저 지리를 확장함으로써 철학을 확장할 수 있겠는가? 그들이 아즈텍 사람들이나 페루의 잉카 사람들에게서 더 순수한 종교를 배워야 한다고 제안하는 건 거의 불가능한 일이다. 나머지 세상은 온통 야만으로 가득했다. 로마제국이 인류의 업적 중 가장 수준 높은 업적이자 가장 폭이 넓은 업적으로 인정된다는 사실을 인정하는 것이 필수적이다. 대리석과 돌로 만든 멋진 작품들, 거대한 원형극장과 수도교에는 모호한 신성문자로 쓰인 듯한 무언가 무시무시한 비밀이 담겨 있는 것 같다. 인간은 그 이상 해낼 수 없었다.

그 비밀은 바빌론 왕궁의 벽에 나타났던 메시지, 곧 한 왕의 자질이 모자란다거나 그의 한 왕국이 낯선 이에게 넘겨진다는 것이 아니었다.[22] 그것은 침략과 정복의 소식만큼 그렇게 좋은 소식은 아니었다. 로마를 점령할 수 있는 건 아무것도 남지 않았다. 로마를 개선할 수 있는 것 또한 아무것도 남지 않았다. 가장 강한 것이 약해지고 있었다. 가장 좋은 것이 나빠지고 있었다. 여러 문명이 지중해의 한 문명 안에서 만났고, 그 문명은 진부한 불모의 보편성으로 이미 보편적이었음을 다시금 반복해서 역설할 필요가 있다. 민족들이 자원을 공동으로 끌어모았으나 여전히 충분치 않았다. 제국들이 동업 관계에 들어갔으나 여전히 파산한 상태였다. 정말로 철학적인 어떠한 철학자도 중심이 되는 바다에서 세상의 파도가 가장 높은 지점까지 치솟아 거의 별에 닿을 듯했다는 것 말고는 그 무엇도 생각할 수 없었다. 하지만 그 파도는 이미 기울고 있었다. 그것은 다만 세상의 파도였을 뿐이기 때문이다.

22 구약성경 다니엘서 5장에 관련된 내용이다. 바빌론의 임금이 연회를 베풀고 예루살렘 성전에서 약탈한 기물들을 내오게 하여 거기에 술을 따라 마실 때, 사람 손가락이 나타나 왕궁 벽에 글을 쓰고 사라졌다. 왕은 왕후의 조언대로 다니엘을 불러 이 글을 해독하게 했는데, 다니엘에 따르면 하나님이 왕의 나라를 끝내셨고, 임금을 저울에 달아 보니 무게가 모자랐으며, 왕의 나라가 둘로 나뉘어 메디아인과 페르시아인에게 주어졌다는 것이었다.

이교주의를 분석하여 나온 신화와 철학은 이미 고갈되어 말 그대로 잔재만 남았다. 마법이 늘어나면서 우리가 마귀들이라고 부른 이교주의의 제3분과가 점차 활성화되었다고 해도 그것은 그저 파괴적이었을 따름이다. 이교주의에는 오직 제4의 요소만이 남아 있다. 하지만 그것은 첫째이기에 오히려 잊히고 만 제1의 요소다. 그것은 기본적이고 압도적이지만 이해하기 어려운 인상이다. 즉, 우주에는 결국 단 하나의 기원과 단 하나의 목적만 있다는 인상, 우주에 목적이 있으므로 우주의 창조주가 있다는 인상이다. 사람들 정신의 배경에 있는 이 위대한 진리가 어떻게 되었는지는 지금으로서는 더욱 해결하기 어려운 문제일 것이다. 어떤 스토아 철학자들은 신화의 구름이 사라짐에 따라 이 진리를 더더욱 명확하게 보았으며, 그들 중 훌륭한 이들은 마지막까지도 세상의 도덕적 일치라는 개념의 기초를 놓기 위해 많은 일을 했다. 유대인들은 여전히 높은 배타적 울타리 뒤에서 애써 경계하며 이 진리에 대한 비밀스러운 확신을 간직했다. 다만 그것은 부유한 상류층의 인물들이, 특히 부유한 상류층의 여성들이 실제로 유대교를 포용한 사회와 상황에서 강렬히 드러나는 특징이다. 그러나 내가 생각하기에, 다른 많은 사회와 상황의 경우에는 이 지점에서 그 진리를 부정하는 반론이 시작된 것 같다. 바로 그 비정상적인 시기에 무신론은 정말로 그럴듯한 것이 되었다. 무신론은 비정상이기 때문이다. 그것은 단지 교의를 부정하는 것이 아니다. 그것은 영혼 속의 무의식적인 추정, 즉 영혼이 바라보는 세상에 의미와 방향이 있다는 감각을 뒤집는다. 신을 진화로 대체하고자 애를 썼던 최초의 진화론자 루크레티우스[23]는 이미 사람들의 눈앞에 반짝이는 원자들을 매달아 두고서 우주를 혼돈에 의해 창조된 것으로 구상했다. 하지만 사람들이 그러한 시각을 즐길 수 있게 된 것은, 내가 생각하듯이 루크레티우스의 강력한 시나 그의 슬픈 철학 때문이 아니었다. 그것은 사람들이 인류 최고의 작품이 늪 속으로 천천히 무력하게 빠져드는 걸 보고 별을 향해 헛되이 주먹질을 해대던 그 무력감과 절망감 속에 있는 무언가 때문이었다. 사람들은 인류의 모든 창조물 가운데 가장 무게 있고 가치 있는 것이 그 자체의 무게로 몰락하는 모습을 보자, 심지어 창조 자체조차 창조가 아니라 영속적인 타락이라고 쉽게 믿을 수 있게 되었다. 그들은 모든 별이 떨어지는 유성이라고 상상할 수 있었고, 근엄한 주랑의 기둥들이 점차적인 홍수에 활처럼 휘리라고 상상할 수 있었다. 그런 분위기에 젖은 사람들에게는 어떤 합리적인 의미에서 무신론에 대한 논리적 근거가 있었다. 신화는 희미해질 수 있고, 철학은 경직될 수 있다. 하지만 신화와 철학이 몰락할 때도 그 뒤에 어떤 실체가 있었다면 그 실체가 사물을 지탱했을 게 분명하다. 하나님은 없었다. 하나님이 있었더라면, 바로 이때 세상을 움직여 구원했을 것이다.

그 위대한 문명의 생명은 음울한 산업과 심지어 음울한 축제로 계속 이어졌다. 그것은 세상의 끝이었다. 그중에서도 최악인 것은 그것이 끝날 필요가 전혀 없다는 점이었다. 제국의 무수히

23 루크레티우스Titus Lucretius Carus, 99-55 BC는 로마의 시인, 철학자다. 『사물의 본성에 관하여』*De rerum natura*라는 철학 서사시를 저술했으며 고대 그리스 자연철학의 원자론을 이어받아 이 세상의 모든 존재가 원자들이 부딪혀 형성된 물질임을 설파했다.

많은 모든 신화와 종교 사이에 편리한 타협이 이루어졌다. 각 집단은 자유롭게 숭배하고 싶은 것을 숭배하되 다만 디부스Divus, 神라는 공식 칭호 아래 황제를 위해 분향함으로써 그의 관대함에 공식적으로 감사를 표하기만 하면 된다. 당연히 거기에 별다른 어려움이 있을 리 없었다. 아니, 더 정확히 말하자면, 그건 사소한 어려움조차 어디에나 있었음을 세상이 깨닫기 한참 전의 일이었다. 동방의 이러저러한 종파나 비밀 단체의 회원들이 어딘가에서 소란을 피운 것처럼 보였지만 어느 누구도 그 이유를 상상할 수 없었다. 그런 사건은 한두 차례 더 일어났고, 하찮은 사건인 데 비해 지나친 소동을 일으키기 시작했다. 이 시골 사람들이 정확히 이렇게 말했던 것은 아니었지만, 물론 그들의 말은 충분히 이상하게 들리긴 했다. 그들은 하나님이 죽었으며, 하나님이 죽는 것을 직접 보았노라고 말하는 듯했다. 이건 어쩌면 그 시대의 절망이 낳은 수많은 광기 가운데 하나일 수도 있다. 다만 그들은 유난히 절망한 것 같지는 않았다. 상당히 부자연스럽기는 하지만, 그들은 하나님의 죽음을 즐거워했던 것 같다. 그들은 하나님의 죽음이 오히려 그들에게 하나님을 먹고 하나님의 피를 마실 수 있게 허락한다는 논리적 근거를 제시했다. 다른 설명에 따르면, 하여간 하나님은 정확히 죽은 게 아니었다. 당혹스러운 상상을 통하여 하나님의 환상적인 장례 행렬이 이어졌고, 태양이 검게 변했다. 하지만 결국엔 죽었던 전능한 존재가 무덤을 깨치고 나와 태양처럼 다시 떠오르는 것으로 장례 행렬은 끝이 났다. 그러나 이 이상한 이야기에 누구나 특별한 관심을 쏟은 것은 아니었다. 당시 사람들은 정신병원을 가득 채우기에 충분할 만큼 기이한 종교들을 많이 보아 왔다. 사람들이 관심을 쏟은 것은 그 미치광이들의 어조와 편성 방식 속에 있는 무언가였다. 야만인들과 노예들과 하찮고 불쌍한 사람들로 급조된 무리였음에도 그들은 군사적으로 편성되어 있었다. 그들은 함께 움직였고, 그들의 체계에 속하는 사람과 사물에 대해, 그리고 그들 자신이 하는 말에 대해 매우 확고했다. 그들의 말은 무척이나 부드러웠지만, 그러함에도 거기에는 강철 같은 울림이 있었다. 수많은 신화와 도덕에 익숙한 사람들은 그 신비를 전혀 분석할 수 없었다. 다만 말로 표현된 것이 곧 의도된 바라고 하는 묘한 추측만을 할 수 있었다. 그들이 황제 조각상이라는 더없이 단순한 문제에서 제대로 사리를 분별하도록 만들기 위한 모든 시도는 귀먹은 이에게 말하는 것처럼 보였다. 마치 새로운 운석이 지상에 떨어진 것만 같았다. 직접 만져 보면 그건 완전히 이질적이었다. 그들의 토대를 만져 본 이들은 바위에 부닥친 것 같다고 생각했다.

마치 꿈이 변하듯이 현존하는 사물의 비율이 이상할 정도로 빠르게 변화하는 듯했다. 대부분의 사람이 무슨 일이 일어났는지 알기 전에, 이 몇 안 되는 사람들이 명백히 현존했다. 그들은 무시될 수 있을 만큼 중요했다. 사람들은 갑자기 그들에 대해 침묵하고 재빠르게 그들을 지나쳐 걸어갔다. 우리에겐 새로운 장면이 보인다. 세상이 그들을 덮고 있던 장막을 거두자, 그들이 나환자들처럼 커다란 공간 한가운데 서 있다. 다시 장면이 바뀌니, 그들이 서 있는 그 커다란 공간 모든 면에 목격자들이 구름처럼 몰려 있다. 그들을 골똘히 내려다보는 얼굴들로 가득 찬 테라스가 끝도 없이 이어져 있다. 이상한 일들이 그들에게 일어나고 있으니 말이다. 기쁜 소식을 가져온 이 미치광이들을 위해 새로운 고문들이 고안되었다. 그 슬프고 지친 사회가 최초의 종교 박해를 확립하는 데서 새로운 에너지를 찾은 것 같다. 하지만 어느 누구도 그 안정된 세상이 왜 그 한가운데 서 있는 사람들에 대해 균형을 잃게 되었는지 알지 못한다. 투기장과 세상이 그들을 중심으로 회전하는 동안에도 그들은 부자연스럽게 가만히 서 있다. 그 어둠의 시간에 이제껏 전혀 어두워진 적 없는 불빛이 그들 위에서 빛났다. 지상의 것이 아닌 듯 인광 같은 그 하얀 불빛은 그 무리에 고착된 채 역사의 여명을 관통하는 경로를 밝게 비추며 신화와 이론의 안개로 그 빛을 꺾으려는 모든 노력을 꺾어 놓는다. 그 빛의 기둥 혹은 번개로써 세상은 그 무리를 비추고 따로 분리하여 왕관을 씌웠고, 원수들은 그 무리를 더욱 걸출하게 만들었으며, 비판자들은 그 무리를 더욱 불가해한 것으로 만들었다. 그 빛은 바로 하나님의 교회에 둘린 증오의 후광이다.

2부

그리스도라 불리는 사람에 대하여

OI

동굴 속
하나님

인류 역사에 대한 이 개략적인 소개는 동굴에서 시작했다. 대중과학에서는 동굴인간과 동굴을 결부하며, 실제 발굴 작업을 통해 오래된 동물 그림들을 정말로 찾아냈다. 마치 세상의 새로운 창조와도 같은 인류 역사의 후반 또한 동굴에서 시작된다. '이 동굴에도 동물들이 있었다'는 사실에는 그러한 공상의 그림자조차 드리워 있다. 그곳은 베들레헴 인근 산간지대 주민들이 외양간으로 쓰던 동굴이었기 때문이다. 그들은 여전히 밤이면 땅에 난 구멍이나 동굴 속으로 소 떼를 몰아넣는다. 묵을 곳을 찾지 못한 부부가 사람들로 붐비는 여관에서 문전박대를 당하고서 땅 밑으로 기어 들어 갔던 곳이 바로 이 동굴이었다. 바로 이곳, 행인들의 발아래, 세상의 바닥 아래 지하에서 예수 그리스도가 태어났다.[1] 이 두 번째 창조에는 정말로 태곳적 바위의 뿌리나 선사 시대 짐승의 뿔에 담긴 상징적인 무언가가 있었다. 하나님 또한 동굴인간이었고, 세상의 벽에 피조물들의 이상한 모양들을 그리고 기묘하게 색칠했다. 하지만 하나님이 만든 그림들은 살아 움직였다.

엄청나게 많은, 계속 불어날 뿐 절대 끝나지 않을 전설과 문학이 그 한 가지 역설의 변주를 되풀이하며 널리 퍼뜨렸다. 그 역설이란 태양과 별들을 만든 두 손이 너무나 작아서 소들의 커다란 머리에 닿을 수 없었다는 것이다. 거의 농담이라고 해도 좋을 이 역설을 토대로 우리 신앙의 문학 전체가 세워져 있다고 할 수도 있겠다. 과학적 비평가가 이 점을 볼 수 없다는 사실은 이 안에선 적어도 하나의 농담처럼 느껴진다. 과학적 비평가는 우리가 늘 도전적으로, 거의 우스울 정도로 과장해 왔던 그 어려움을 힘들여 설명한다. 그러고는 우리가 믿기지 않을 만큼 멋진 일이라며 거의 미친 듯이 칭송해 왔던 일을 개연성 없는 일이라며 온화하게 비난한다. 그 일은 사실이라기엔 너무 좋을 일이겠으나 그럼에도 사실이다. 우주의 창조와 한 지역의 아기 사이에 뚜렷이 드러나는 대비는 수백 수천 가지 성가와 캐럴과 운율과 예식과 그림과 시와 대중적 설교들에서, 울부짖지는 않았더라도 반복하고 거듭하고 부각하고 강조하고 경축하고 찬양하고 소리치고 고함쳤다. 그렇다면 여기에 암시된 사실은, 그 일에 대한 무언가 조금 이상한

1 유다 지방에서는 자연적으로 형성된 작은 동굴들을 가축용 우리로 사용했다. 유스티노와 오리게네스 등의 교부들은 예수가 이러한 동굴에서 태어났다고 기록하고 있다. 이미 2세기 초부터 베들레헴의 한 동굴이 예수 탄생 장소로 알려져 있었으며, 4세기에 그리스도교를 공인한 콘스탄티누스 1세의 어머니 헬레나에 의해 이곳에 예수탄생기념 성당이 지어졌다.

지점으로 우리의 주의를 끄는 데 굳이 고등한 비평가가 필요하지 않다는 것이었다. 특히 농담을 알아보는 데 오래 걸리는, 심지어 자신이 한 농담을 알아보는 데도 오래 걸릴 것 같은 그런 비평가는 필요 없다. 하지만 관념들의 이러한 대비와 결합에 관해 한 가지 사실만은 말해도 괜찮을 것 같다. 왜냐면 그것이 이 책 전체를 아우르는 주제와 관련되어 있기 때문이다. 내가 지금 말하는 부류의 현대 비평가는 일반적으로 생활에서 교육의 중요성과 교육에서 심리의 중요성에 상당히 깊은 인상을 받은 이들이다. 그런 부류의 사람은 인과법칙에 따라 최초의 인상들이 성격을 결정짓는다고 지치지도 않고 줄기차게 주장한다. 이런 사람은 한 아이의 시각이 골리워그[2]의 잘못된 색깔들로 오염되었거나, 혹은 한 아이의 신경 체계가 너무 이른 시기에 시끄러운 딸랑이 소리에 충격을 받았다면 무척 걱정할 것이다. 그러나 우리가 정확히 그러한 이유를 들어 그리스도인으로 양육되는 것과 유대인, 무슬림, 무신론자로 양육되는 것 사이에 정말로 차이가 생긴다고 말한다면, 그는 우리를 매우 편협한 사람이라고 생각할 것이다. 그 차이란 모든 가톨릭 아이들은 그림을 통해서 그리고 모든 프로테스탄트 아이들은 이야기를 통해서, 대비되는 관념들의 이 믿기지 않는 결합을 자기 마음에 남는 최초의 인상 가운데 하나로 배웠다는 것이

2 골리워그Golliwog는 19세기 말에 플로렌스 케이트 업튼Florence Kate Upton, 1873-1922이라는 영국의 만화가가 만들어 낸 인형 캐릭터다. 검은 얼굴에 커다란 눈과 두꺼운 입술을 가진 흑인의 모습을 하고 있다. 20세기 중반까지 이 캐릭터가 등장하는 동화책 시리즈가 크게 인기를 끌었고 이와 관련된 인형과 과자 등 각종 상품도 많이 팔려 나갔다.

다. 그건 그저 신학적인 차이가 아니다. 어떤 신학보다 더 오래 지속될 수 있는 심리적 차이다. 그런 부류의 과학자가 무엇에 대해서나 즐겨 말하듯이 그건 실로 치유 불가능하다. 어떤 불가지론자나 어떤 무신론자라도 유년시절에 진짜 크리스마스를 알았던 사람이라면 크리스마스를 좋아하든 싫어하든 상관없이, 사람들이 대부분 가장 멀리 동떨어진 것이라 여길 게 틀림없는 두 관념, 즉 한 아기에 대한 관념과 별들을 지탱하는 미지의 힘에 관한 관념 사이의 연계를 마음속에 늘 품게 된다. 그의 이성이 더 이상 둘 사이의 연결이 필요하지 않다고 생각하게 되었을 때에도 그의 본능과 상상은 여전히 그 둘을 연결할 수 있다. 그는 늘 한 아기와 그 엄마를 담은 그림에 지나지 않는 것에서 종교의 향취를 느낄 터이다. 그저 하나님의 두려운 이름을 언급하기만 해도 자비로움과 부드러움의 기색을 느낄 터이다. 그러나 그 두 관념이 자연적으로나 필연적으로 결합된 것은 아니다. 그 두 관념은 고대 그리스인이나 중국인, 심지어는 아리스토텔레스나 공자에게조차 필연적으로 결합된 것은 아닐 것이다. 하나님을 어린 아기에 연결하는 건 중력을 고양이에 연결하는 것만큼이나 불가피한 일이 아니다. 이 두 관념 사이의 결합이 크리스마스에 의해 우리 정신 속에서 창조된 것은 우리가 그리스도인이기 때문이며, 우리가 신학적인 면에서 그리스도인이 아닐 때조차 심리적인 면에서는 그리스도인이기 때문이다. 달리 말하자면 두 관념의 이러한 결합은 많은 논란을 일으켰던 구절을 통해 인간 본성을 바꾸어 놓았다. 그것을 아는 사람과 알지 못하는 사람 사이에는 정말로 차이가 있다. 그 차이란 도덕적 가치의 차이는 아닐 것이다. 그 나름의 불빛에 비추어 보면 무슬림이나 유대인이 더욱 가치 있을 수 있기 때문이다. 그것은 교차하는 특별한 두 불빛, 즉 우리의 특별한 천궁도天宮圖에서 합을 이루는 두 별에 관한 있는 그대로의 사실이다. 전능과 무능 혹은 신성과 아기는 분명 백만 번 반복되어도 절대 진부해질 수 없는 일종의 경구를 만들어 낸다. 그것을 유일무이하다고 말한대도 결코 불합리하지 않다. 베들레헴은 단연코 두 극단이 서로 만나는 곳이다.

말할 필요도 없이, 바로 여기서 그리스도교 세계의 인간화를 위한 또 하나의 강력한 세력이 시작된다. 논란의 여지가 없는 그리스도교의 한 측면이라 불리는 것을 원한다면, 세상은 아마도 크리스마스를 선택할 것이다. 그러나 크리스마스 역시 논란의 여지가 많다고 여겨지는 것에 단단히 묶여 있음은 명백한 사실이다. (물론 그것이 논란이 되는 이유에 대해서 나는 내 견해의 어떤 단계에서도 절대 상상조차 할 수 없을 테지만 말이다.) 그것은 바로 복되신 동정녀에 대한 공경이다. 내가 어린아이였을 적에 더욱 청교도적이었던 세대의 사람들이 우리 성당에 있던 성모자상에 이의를 제기했다. 커다란 논쟁 끝에 사람들은 아기 예수를 치워 버리기로 타협을 보았다. 어떤 이들은 이런 타협안이 오히려 더욱 타락한 마리아 숭배라고 생각할 것이다. 성모 마리아가 일종의 무기를 빼앗겼으니 이제 이전보다 덜 위험해졌다고 여기지 않는다면 말이다. 그런데 여기서 발생하는 실제적인 어려움은 하나의 비유이기도 하다. 갓 태어난 아기 조각상으로부터 그 어머니의 조각상을 따로 떼어 낼 수가 없기 때문이다. 어머니 조각상 없이 아기 조각상만 허공에 띄워 둘 수는 없으니 말이다. 사실 갓 태어난 아기 조각상이란 것을 만들어 세워 놓기는 실로 불가능하다. 마찬가지로 갓 태어난 아기가 허공에 뜬 모습을 생각할 수도 없고, 그 어머니를 생각하지 않고 갓 태어난 아기만 머릿속에 떠올릴 수도 없다. 갓 태어난 아기를 보러 가면서 아기의 어머니를 보지 않을 수는 없다. 보편적인 인간의 삶에서 어머니를 통하지 않고 갓 태어난 아기에게 접근한다는 건 불가능하다. 우리가 이런 측면에서 조금이라도 그리스도를 생각할 수 있다면, 실제로 역사에서 그러하였듯 또 다른 하나의 관념이 자연스레 따라올 것이다. 우리는 오래된 한 그림에서 인정하듯이, 그 거룩한 두 분의 머리가 서로 너무 가까워서 각자의 후광이 섞이고 겹치지 않을 수 없음을 인정해야 한다. 그렇지 않다면 우리는 크리스마스에서 그리스도를 제외하거나, 아니면 그리스도에게서 크리스마스를 제외해야 한다.

다소 격렬한 한 이미지를 통해 말하자면, 그 위대한 회색 언덕의 갈라진 틈 혹은 움푹한 골짜기에서 일어난 일이란 다른 어떤 것도 아닌, 온 우주가 뒤집히는 사건이었다. 이전에는 경이와 경배의 눈길을 밖으로 돌려 가장 큰 것을 향했지만, 이제는 안으로 돌려 가장 작은 것을 향하게 되었다는 말이다. 바로 이 이미지는 공작새 꼬리같이 대단히 다채로운 가톨릭의 이미지를 만들어 내는, 한곳으로 수렴되는 수많은 눈길이라는 놀라운 광경을 시사할 것이다. 하지만 어떤 의미에선, 단지 원의 둘레일 뿐이었던 하나님이 원의 중심으로 보이게 되었다는 것은 사실이다. 그런데 하나의 중심이란 무한히 작다. 또한 그 이후로 영적인 소용돌이는 바깥을 향하기보다 안을 향해 회전하며, 그러한 의미에서 원심적이지 않고 구심적이라는 것도 사실이다. 그 신앙은 여러 면에서 작은 것들의 종교가 된다. 그러나 이미 말했듯 그 신앙의 전승은 예술과 문학과 대중적인 우화를 통해서 이 요람 속 신적 존재의 아주 특별한 역설을 입증해 왔다. 하지만 그 전승들은 동굴 속 신적 존재의 의미심장함은 그렇게 뚜렷이 강조하지 못했던 것 같다. 사실 무척 이상하게도, 전승에서는 동굴이 아주 뚜렷하게 강조되지 못했다. 베들레헴의 성탄 장면이 가능한 한 모든 시대와 나라, 풍경과 건축을 배경으로 재현되어 왔다는 건 익숙한 사실이다. 사람들이 그 장면을 서로 다른 저마다의 전통과 취향에 따라 상당히 다르게 구상해 왔다는 건 전적으로 기쁘고 감동적인 사실이다. 그러나 모든 이들이 성탄의 장소가 마구간이라는 것만 알고 있을 뿐, 그곳이 동굴이었음을 아는 사람은 그리 많지 않다. 어떤 비평가들은 매우 어리석게도 마구간과 동굴 사이에 어떤 모순이 있다고 생각했다. 그들은 팔레스타인 지방의 동굴이나 마구간에 대해서 제대로 알지 못했던 것이다. 그들이 존재하지도 않는 차이들을 보고 있느라 존재하는 차이들을 보지 못한다는 건 덧붙여 말할 필요도 없다. 이를테면 어떤 유명한 비평가는, 그리스도가 바위 동굴에서 태어났다는 말은 미트라[3]가 바위에서 산 채로 솟아 나왔다는 것과 같아서 마치 비교종교학에 관한 하나의 패러디처럼 들린다고 한다. 이야기에는 나름의 요점이 있기 마련

3 그리스도교가 박해를 받으면서도 빠르게 성장하던 시기에 로마제국에서는 특히 군인들을 중심으로 미트라 신을 믿는 밀의종교가 유행했다. 밀의종교였기에 미트라 신에 대해서도 알려진 바가 많지 않지만, 주로 바위에서 태어나는 모습이나 황소를 죽이는 모습이 묘사된 부조들이 발굴되었다. 미트라교에 대해서는 서론 주23 참조.

이고 거짓 이야기라고 해도 그렇다. 아테나가 제우스의 머리에서 나왔듯이[4] 영웅이 어머니도 없이 성숙한 상태로 이 세상에 출현한다고 하는 생각은, 신이 어머니에게 전적으로 의존하는 평범한 아기로 태어난다는 생각과는 분명하게 반대된다. 둘 중 어느 쪽을 선호하든 우리는 그 둘이 상반되는 이상理想임을 명확히 이해해야 한다. 양쪽 모두 돌이라 불리는 소재를 포함한다는 이유로 둘을 서로 연결하는 것은, 양쪽 모두 물이라는 소재를 포함한다는 이유로 대홍수의 형벌을 요르단강의 세례와 연결하는 것만큼이나 어리석다. 하나의 신화로서든 하나의 신비로서든 그리스도는 바위에 난 구멍에서 태어나신 것으로 분명하게 표현된다. 그곳이 바로 버려진 자들과 집 없는 자들의 자리를 나타내기 때문이다. 그럼에도 내가 말했듯이, 그 동굴은 첫 크리스마스를 둘러싼 다른 실제적 요소들처럼 아주 흔하게나 아주 뚜렷하게 하나의 상징으로 사용되지 못했다.

성탄의 여러 상징 요소 중에서 동굴이 배제된 이유는 그 새로운 세계의 본성과도 관련된다. 그것은 어떤 의미에서 새로운 차원의 난제였다. 그리스도는 세상의 수준에서 태어나셨을 뿐 아니라 세상보다 낮게 태어나셨다. 이 신적인 드라마의 첫 막은 관객의 시선보다 높은 곳에 세워진 무대가 아니라, 아래로 쑥 꺼져서 시야에서 벗어나 커튼으로 가려진 어두운 무대에서 펼쳐졌다. 그

4 지혜와 전쟁의 여신 아테나Athena는 제우스와 메티스 사이에서 태어났다. 제우스는 메티스가 낳을 자녀들이 권좌를 넘볼 것을 두려워하여 임신 중인 메티스를 삼켜 버렸다. 극심한 두통에 시달리던 제우스의 머리를 프로메테우스가 도끼로 열어 주자 완전히 성장한 아테나가 무장 상태로 튀어나왔다고 한다.

것은 대부분의 예술적 표현 방식으로 표현하기 매우 어려운 관념이다. 그것은 삶의 서로 다른 층위에서 여러 가지 사건들이 동시다발적으로 벌어지고 있다는 관념이다. 더 고풍스럽고 장식적인 중세 예술에서 그 비슷한 것이 시도되었던 듯하다. 하지만 사실주의와 투시화법에 대해 더 많이 알게 된 예술가들은 하늘에 있는 천사들과 언덕에 있는 양치기들을, 그리고 그 언덕 아래 어둠 속의 영광을 한 번에 그리지 못하게 되었다. 아마도 그러한 관념은 일부 중세 길드의 특징적인 방식을 통해 가장 잘 전달될 수 있었을 것이다. 그들은 삼단으로 된 무대를 수레에 싣고 이 거리 저 거리를 돌아다녔다. 가운데 무대는 이 땅을 나타냈고, 위에 있는 무대는 천국을, 아래 있는 무대는 지옥을 나타냈다. 하지만 베들레헴의 수수께끼에서는 천국이 땅 아래에 놓였다.

이것만으로도 세상이 뒤집히는 혁명의 기색이 느껴진다. 신이 추방된 인간으로 혹은 심지어 법 밖에 난 사람으로 태어났다는 개념이 법 자체와 가난한 자들 및 추방된 자들에 대한 법의 의무에 관한 개념 전체에 일으킨 변화에 대해, 어떤 적절한 것이나 새로운 것을 말하려는 시도는 모두 헛될 터이다. 그때 이후로 노예란 존재할 수 없게 되었다고 하는 말은 기본적으로 참이다. 교회가 충분히 강해져서 노예제를 뿌리 뽑을 수 있게 되기까지는 법적으로 노예 신분을 유지하는 이들이 존재할 수 있었고, 실제로도 존재했다. 하지만 노예제를 유지하는 데서 얻는 이득으로 누리는 이교적 안락은 더 이상 존재할 수 없었다. 어떤 다른 수단도 중요해질 수 없다는 의미에서, 개인이 중요해졌다. 이제 사람은 목적을 위한 수단이 될 수 없었다. 단 한 명의 사람이라도 절대 다른 사람의 목적을 위한 수단이 될 수 없었다. 이 이야기에 담긴 이 모든 민중적이고 박애적인 요소가 전승되어 양치기들의 일화[5]에 올바르게 덧붙여졌다. 그 시골뜨기 양치기들은 자기들이 하늘나라 천사들과 얼굴을 맞대고 이야기하고 있음을 깨달았다. 하지만 거기에는 양치기들에 의해 표현되는 또 하나의 민중적 요소가 있다. 아마도 이 요소는 이제까지 충분히 발현되지 못했던 것 같다. 하지만 지금 이 맥락에는 더욱 직접적으로 유의미하게 관련되어 있다.

민중에 속한 사람들, 양치기들처럼 민중적인 전통에 속한 사람들은 어디서나 신화를 만들어 냈다. 그들이야말로 철학의 견제나 냉담 혹은 문명의 부패한 사교邪教로부터 영향을 가장 덜 받기에, 우리가 이미 고찰한 바 있는 그 욕구, 상상이 모험을 펼치는 이미지들, 일종의 모색인 신화, 자연에 있는 무언가 반半인간적인 것의 사람을 애타게 하는 유혹적인 암시들, 계절과 특별한 장소가 지닌 말 못 할 중요성을 아주 직접적으로 느꼈었다. 그들은 한 풍경의 영혼은 이야기이며, 한 이야기의 영혼은 인물임을 가장 잘 이해했었다. 하지만 이성주의란 것이, 상상력이 풍부하긴 하지만 정말로 비이성적인 농부의 보물들을 망쳐 놓기 시작했다. 심지어 체계적인 노예제가 농부의 음식을 모두 먹어 치웠다. 어디서나 낙담의 어스름과 땅거미가 농부들 위에 내려앉고 있을 때, 이 몇 안 되는 양치기들만이 자신이 찾고자 하던 것을 찾았다. 그 밖에 다른 모든 곳에서도 아르카디아가 숲에서 점점 사라지고 있었다. 판은 죽었고, 양치기들이 양처럼 흩어졌다. 아무도 알지 못했음에도

5 예수가 태어났을 때 양을 치던 목자들에게 천사가 나타나 메시아의 탄생을 알렸고, 목자들은 직접 아기 예수를 찾아가서 보았다. 누가복음 2장 8-20절 참조.

그 시간은 이제 곧 끝나고 모든 것을 완수할 것이었다. 아무도 듣지 못했음에도 산지의 광야에서 알 수 없는 언어로 외치는 소리가 있었다. 양치기들은 마침내 그들의 목자를 찾았다.

그들이 찾아낸 것은 그들이 찾고자 했던 것이었다. 민중은 틀릴 때가 많았지만, 거룩한 존재들도 한곳에 머물 수 있고 신성神性 역시 시간과 공간이라는 한계를 무시할 필요는 없다고 믿었다는 점에서 틀리지 않았다. 야만인들은 누군가 태양을 훔쳐 가서 상자 안에 숨겨 둔다는 미숙한 공상을 하거나, 돌멩이로 신을 구하고 적을 속일 수 있다는 터무니없는 신화를 지어냈다. 하지만 이런 야만인들이야말로 냉철한 추상 작용이나 우주적 일반화에 만족해하던 지중해의 모든 도시라든가, 플라톤의 초월주의나 피타고라스의 동양풍 사상에서 나온 생각의 실을 더더욱 가늘게 자아내고 있던 모든 이들보다 그 동굴의 비밀에 더 가까이 있었으며 세상의 위기에 대해 더 많이 알고 있었다. 양치기들이 찾아낸 장소는 학문의 전당도 아니고 추상적인 공화국도 아니었다. 그곳은 신화가 알레고리로 풀이되거나, 분해되거나, 설명되거나, 해명되는 장소가 아니었다. 그곳은 꿈이 실현되는 장소였다. 그 시간 이후로 이 세상에서는 어떠한 신화도 만들어지지 않았다. 신화란 하나의 모색이다.

그토록 많은 성탄극과 캐럴에서 이 이야기를 대중적으로 재현할 때면 양치기들에게 본래 그들과 아무 상관 없는 잉글랜드와 유럽 시골 지방의 옷과 말과 풍경을 부여했다는 걸 우리 모두 잘 안다. 양치기가 서머싯 사투리로 말을 한다거나 콘웨이에서 클라이드로 양 떼를 몰고 가던 이야기를 하리라는 걸 우리 모두 잘 안다. 우리 대부분은 이제까지 그러한 오류가 실은 얼마나 참된 것인지, 그러한 착오가 얼마나 현명하고 얼마나 강렬하게 그리스도교적이며 가톨릭다운 것인지를 알고 있다. 그러나 이 이야기가 중세 시골풍의 장면으로 재현된 것을 본 어떤 이들은, 때로 예술적이기보다 인공적이라고 부르는 게 유행인 또 다른 종류의 시를 통해 재현된 것은 아마 보지 못했나 보다. 크래쇼[6]와 헤릭[7] 같은 사람들은 베들레헴의 양치기들을 베르길리우스의 양치기들과 같은 모습으로 구상했는데, 나는 많은 현대 비평가가 여기서 희미해진 고전주의만을 보게 될까 두렵다. 그러나 이 시인들은 근본적으로 옳았다. 그들은 베들레헴의 성탄극을 라틴 전원시로 바꿈으로써 인류 역사에서 가장 중요한 고리들 가운데 하나를 다시 이었다. 우리가 이미 보았듯이 베르길리우스는 인신공양을 하는 분별없는 이교주의를 전복시킨, 보다 분별 있는 이교주의 전체를 대표한다. 하지만 베르길리우스의 미덕들과 온당한 이교주의조차 구제 불능으로 부패했다는 사실이야말로 정말로 문제였으며, 그 해

6 리처드 크래쇼Richard Crashaw, 1613-1649는 17세기 영국의 형이상학파 시인이자 영국 국교회 사제다. 가톨릭 전통을 적극적으로 포용했고 성모 신심이 강했으며 종교 미술에 심취한 탓에 당시 청교도들 사이에서 크게 비판받았다. 결국 청교도 혁명이 일어난 뒤 청교도 세력에게 박해를 받고 망명하여 프랑스와 여러 교황령을 떠돌았고, 망명 중에 가톨릭으로 개종하였으나 단명했다.

7 로버트 헤릭Robert Herrick, 1591-1674은 17세기 영문학을 대표하는 시인이다. 성직자이기도 했던 헤릭은 후기에 영적이고 철학적인 작품들을 많이 남겼지만, 초기에는 고전적이고 관능적인 작품들을 주로 집필했다. 그의 초기 작품들은 흔히 '카르페 디엠'carpe diem(오늘을 잡아라) 장르라고 불리는 것들로, 인생은 짧고 세상은 아름다우며 사랑은 멋진 일이니 한껏 오늘을 즐기라는 메시지를 담고 있다. 헤릭의 작품은 그가 살았던 17세기보다는 오히려 19세기 빅토리아 시대에 인기가 있었다.

결책은 바로 양치기들에게 주어진 계시였다. 세계가 악마적으로 변하는 데 지쳐 버릴 수 있는 계기가 한 번이라도 있었더라면, 세상은 단지 제정신을 차리는 것만으로 치유되었을 수도 있다. 하지만 세상이 제정신을 차리는 데 지쳐 버렸다면, 실제로 일어났던 일 이외에 달리 무슨 일이 일어날 수 있었겠는가? 베르길리우스의 전원시에 나오는 아르카디아의 양치기들이 실제로 일어난 일을 즐거워했다고 구상하는 것은 틀리지 않았다. 그의 전원시들 가운데 하나는 실제로 일어난 일에 대한 예언으로 주장되기까지 했다. 그러나 우리는 그 위대한 시인의 어조와 부차적인 어법을 통해서도 그 위대한 사건에 대해 잠재적으로 공감하게 된다. 그 양치기들의 목소리는 인간적인 표현들을 통해서도 이탈리아의 다정함을 넘어서는 무언가를 여러 차례 불러일으켰을 것이다. '인키페 파르베 푸에르 리수 코그노셰레 마트렘*incipe parve puer risu cognoscere matrem*(아이야, 미소로써 엄마를 알아봐 주려무나).' 그들은 그 낯선 장소에서 라틴족이 남긴 마지막 전통 중에 가장 좋은 것을 모두 발견했을 것이다. 그리고 인간 가정의 기둥으로서 영원히 서 있는 나무 우상, 즉 집안의 신보다 더 좋은 무언가를 발견했을 것이다. 그러나 그들과 그 밖의 신화학자들 모두가 그 사건이 단지 신화의 신비주의만이 아니라 유물론 또한 완수했음을 즐거워했다는 것은 당연하겠다. 신화는 죄가 많다. 그러나 그리스도의 육화만큼 육체적이라는 점에서 그릇되지는 않았다. 무덤들 사이로 울렸다고 하는 고대의 목소리는 다시금 외칠 수 있었다. "우리는 눈에 보이는 신을 보았고, 그 신은 우리를 보았다." 그러므로 고대의 양치기들은 철학자들보다 기뻐하며 산 위에서 춤을 추었을 테고, 춤을 추는 그들의 발은 아름다웠을 것이다. 그러나 철학자들 또한 이미 그 소식을 들었다.

임금의 장엄한 왕관을 쓰고 마법사의 신비로운 옷을 입은 동방박사들이 어떻게 동방에서 오게 되었을까. 오래되었음에도 여전히 낯선 이야기다. 지혜롭게도 전승에서는 그들을 기억하되 그 수를 정확히 밝히지 않았으며 다만 멜키오르, 카스파르, 발타사르라는 신비롭고 음악적인 이름만큼 신비로운 미지의 인물들로 기억해 왔다.[8] 그런데 그들과 더불어 온 것은, 칼데아(갈대아)에서 별들을 바라보고 페르시아에서 태양을 바라보았던 지혜의 세계 전체였다. 그들이 오게 된 것은 모든 현자를 행동하게 하는 그런 호기심 때문이었다고 해도 틀리지 않을 것이다. 그들의 이름이 실로 공자, 피타고라스, 플라톤이었다 해도 그들은 여전히 똑같은 인간적 이상理想을 대표할 것이다. 그들은 이야기가 아니라 진리를 모색하는 이들이다. 진리를 향한 그들의 목마름은 그 자체가 하나님을 향한 목마름이었으므로, 그들은 보상도 받았다. 그런데 그들이 받은 보상을 이해하려면, 그 보상이란 것이 신화뿐 아니라 철학에 대해서도 미완성의 완성임을 이해해야 한다.

박식한 동방박사들이 실제로 왔듯이, 그렇게 박식한 사람들

8 동방박사들이 찾아와 아기 예수를 경배했다는 이야기는 네 복음서 가운데 마태복음에만 실려 있다. 성경에서는 동방에서 박사들이 별을 보고 유대인들의 임금이 나신 곳을 찾아왔다는 이야기만 있을 뿐 구체적으로 그들이 누구였는지 밝히지 않았다(마태복음 2장 참조). 이들이 아기 예수에게 세 가지 예물을 드렸다고 하기 때문에 보통 세 사람으로 묘사되지만 정확히 몇 명이었는지도 알 수 없다. 다만 후대의 여러 전승에서 구체적인 이름이 등장하기도 하고, 페르시아나 인도의 점성술사 혹은 마술사라고도 하며 동방의 임금이라고도 했다.

이라면 그곳에 와서 직접 보고, 그 이야기가 그들 자신의 전승에서도 참되고 그들 자신의 추론에서도 옳다는 것을 확인했을 게 틀림없다. 공자는 성가족의 반전反轉 속에서 가족의 새로운 토대를 발견했을 것이다. 붓다는 보석보다 별들을 거부하고 왕가의 혈통보다 신성을 거부하는 새로운 금욕을 지켜보았을 것이다. 이 박식한 사람들에게는 여전히 그들의 오랜 가르침에 진리가 있다고 말할 권리, 아니 오히려 그렇게 말할 새로운 권리가 있었을 것이다. 그러나 결국 이 박식한 사람들은 배우러 왔을 것이다. 그때까지 미처 생각하지 못했던 무언가를 통해 자신의 생각을 완성하고자 왔을 것이다. 심지어는 한때 자신이 반박했던 무언가를 통해 자신의 불완전한 우주를 반듯이 균형 잡고자 왔을 것이다. 붓다는 자신의 비인격적 낙원에서 나와 한 인격을 경배하러 왔을 것이다. 공자는 조상을 숭배하는 사당에서 나와 한 어린아이를 경배하러 왔을 것이다.

우리는 처음부터 새로운 우주에서 이러한 특성을 파악해야 한다. 즉, 새 우주는 옛 우주보다 더 컸다. 그런 의미에서 그리스도교 세계는 창조보다 더 크다. 창조가 그리스도 이전에 있었기 때문이다. 그리스도교 세계는 그 이전에 없었던 것들을 포함했다. 또한 그리스도교 세계는 그 이전에 있었던 것들도 포함했다. 이러한 예는 중국의 '효'孝에서 잘 드러난다. 하지만 그것은 다른 이교적 덕목이나 이교적 믿음에 대해서도 참일 것이다. 부모에 대한 합당한 공경이 복음에 포함되어 있음을 어느 누구도 의심할 수 없다. 하나님 자신이 어린 시절에는 지상 부모의 권한 아래 있었다. 그러나 부모가 그분의 권한 아래 있었다는 또 다른 의미는 유교적이지 않은 관념을 들여온다. 아기 예수는 아기 공자와 같지 않다. 우리의 신비주의에서는 불멸하는 유아의 모습으로 그리스도를 구상한다. 성 프란치스코의 품 안에서 아기 예수상이 정말로 살아 있는 아기 예수가 되었듯이[9] 공자의 품 안에서 같은 일이 벌어진다면 그가 과연 어떻게 할지 나로서는 알 수가 없다. 하지만 이것은 다른 모든 종교 및 철학과 관련해서도 참이다. 이것은 바로 교회의 도전이다. 교회는 세상이 포함하지 않는 것을 포함한다. 교회는 삶의 모든 측면에 필요한 것을 제공하지만, 삶 자체는 그렇지 않다. 교회에 비하자면 다른 모든 체제는 편협하고 불충분하다. 이것은 수사적인 자랑이 아니다. 이것은 진짜 사실이며 진짜 딜레마다. 스토아 철학자들과 조상 숭배자들 가운데 거룩한 아기가 대체 어디 있는가? 어떤 남자를 위한 여자가 아닌, 모든 천사 위에 좌정한 성모 마리아가 무슬림 가운데 대체 어디에 있는가? 기수騎手이자 나팔수들의 지휘자로서 모든 병사를 위해 검의 명예를 수호하는 미카엘 천사가 붓다의 승려들 가운데 대체 어디에 있는가? 모든 과학과 합리성과 심지어 그리스도교 이성주의까지 제시한 성 토마스 아퀴나스[10]가 브라만교의 신화를 가지고 무

9 로마가톨릭교회에서는 성탄 전야 미사 때 사제가 미리 재현해 놓은 마구간의 구유에 아기 예수상을 눕히고 신자들과 함께 경배하는 예식을 행하는데, 역사상 이를 처음 실행한 사람이 바로 성 프란치스코다. 1223년 이탈리아의 그레치오 성당에서 이 예식을 최초로 행할 때 구유에 뉘었던 아기 예수상을 성인이 품에 안자 잠시 살아 있는 아기가 되었다는 이야기가 전해 온다.

10 토마스 아퀴나스Thomas Aquinas, 1224-1274는 그리스도교 교의와 아리스토텔레스 철학을 종합하여 집대성한, 중세 스콜라 철학을 대표하는 신학자, 철학자다. 그의 신학은 로마가톨릭교회의 정통으로 인정된다.

엇을 할 수 있겠는가? 반대로 이성의 또 다른 극단에 있는 아리스토텔레스와 비교하더라도, 아퀴나스에게는 무언가가 부가되어 있음을 발견하게 될 것이다. 아퀴나스는 아리스토텔레스의 가장 논리적인 부분들을 이해할 수 있었다. 하지만 아리스토텔레스가 아퀴나스의 가장 신비적인 부분들을 이해할 수 있었는지는 의심스럽다. 심지어 그 그리스도인을 더 위대한 사람이라 부를 수 없는 곳에서조차, 우리는 부득불 그를 더 큰 사람이라 부른다. 하지만 이것은 우리가 뒤집어 생각해 볼 수 있는 철학이나 이단이나 현대의 운동이라면 어떤 것에 대해서든 그러하다. 음유시인 프란치스코[11]가 어떻게 칼뱅주의자들 사이에서나 혹은 맨체스터학파[12]의 공리주의자들 사이에서 잘 지낼 수 있었겠는가? 그러나 보쉬에[13]와 파스칼[14] 같은 사람들은 어떠한 칼뱅주의자나 공리주의자만큼이나 엄격하고 논리적일 수 있었다. 전장에서 남자들에게 칼을 휘둘렀던 여인, 잔 다르크가 어떻게 퀘이커 교도[15]나 두코보르

11 음유시인 프란치스코Francis the Troubadour는 아시시의 성 프란치스코를 가리킨다.

12 맨체스터학파Manchester School는 19세기 산업자본주의의 중심지 영국 맨체스터에서 일어난 정치·경제·사회 운동을 가리킨다. 보통 맨체스터 자유주의라고 불린다. 애덤 스미스Adam Smith에게서 기원한 고전주의 경제학의 자유방임주의를 기조로 하면서, 평화주의, 노예제 폐지, 언론의 자유, 정교분리 등을 주장하였다.

13 자크베니뉴 보쉬에Jacques-Bénigne Lignel Bossuet, 1627-1704는 프랑스의 사상가, 종교인이다. 루이 14세 재위 기간에 주교가 되어 프랑스 국왕과 교황을 중재하는 등 정치에도 커다란 영향을 끼쳤다. 정치사상으로는 왕권신수설을 주장하여 절대왕정의 이론적 기틀을 마련했다.

14 블레즈 파스칼Blaise Pascal, 1623-1662은 '과학의 세기'로 알려진 유럽의 17세기를 대표하는 과학자이자 수학자이며 합리적이면서도 신비적인 종교 사상가였다.

15 퀘이커Quakers는 1647년 영국인 조지 폭스George Fox가 창시한 그리스도교의 한 교파다. 퀘이커 교도는 기존 교회의 권위와 제도를 부정하고, 개인의 '내면의 빛'

파[16]나, 톨스토이를 추종하는 평화주의자들 사이에서 잘 지낼 수 있겠는가? 그러나 수많은 가톨릭 성인이 평화를 설파하고 전쟁을 방지하는 데 자신의 삶을 바쳤다. 오늘날 혼합주의에서 하는 시도들도 모두 똑같다. 그런 시도들은 무언가를 빼내지 않고는 그리스도교의 신조보다 더 큰 무언가를 절대 만들어 낼 수 없다. 내 말은, 무언가 신적인 것이 아니라 무언가 인간적인 것을 빼내야 한다는 것이다. 깃발, 여관, 전투에 관한 소년의 이야기, 혹은 들판 끝의 생울타리 같은 것들 말이다. 신지학자들은 만신전을 짓지만, 그건 범신론자들을 위한 만신전일 뿐이다. 그들은 '종교들의 의회'[17]를 모든 민족의 회합이라 일컫지만, 그건 도덕군자인 척하는 모든 이들의 회합일 뿐이다. 그런데 그러한 만신전이 이미 2천 년 전에 지중해 해안에 세워졌다. 그리스도인들은 제우스, 미트라, 오시리스, 아티스, 혹은 암몬의 신상 옆에 그리스도의 신상을 나란히 세우라는 요청을 받았다. 그리스도인들은 이런 요청을 거부했고, 그것이 역사의 전환점이 되었다. 만약 그리스도인들이 그 요청을 수용했다면, 그들과 더불어 온 세상이 확실하게 망했을 것이다. 이건 기괴하지만 정확한 은유다. 다른 모든 신화와 신비가

을 진리로 삼아 구원을 얻는다고 믿는다. 청빈하고 금욕적인 삶을 추구하며, 그들만의 공동체를 이루어 사는 것으로 유명하다.

16 두코보르파派Doukhobor는 18세기에 러시아 정교회에서 독립한 교파로, 영혼의 소리를 최고 권위로 삼고, 그리스도의 신성과 교회 설립을 부정하며, 세속 권력에 반대하여 국가에 대한 납세와 병역의 의무 등을 거부했다.

17 1893년에 열린 세계종교의회World's Parliament of Religions를 염두에 둔 말이다. 콜럼버스의 아메리카 대륙 발견 400주년을 기념해 시카고에서 열린 만국박람회의 일환으로 개최되었다.

이미 녹아내리는 범세계적 부패의 거대한 솥에서, 그리스도인들도 같이 들끓다가 졸여져서 미지근한 액체가 되었을 것이다. 그것은 끔찍하고 소름 끼치는 도피다. 온 세상이 모든 종교에 대한 아량과 형제애 때문에 한 번은 거의 죽을 뻔했다는 걸 자각하지 못하는 사람은 교회의 본성이나, 고대로부터 내려오는 신조의 단호한 어조를 이해하지 못한다.

여기서 요점은, 신비주의와 철학을 상징하는 동방박사들이 무언가 새로운 것을 찾고 있으며 예상하지 못한 것을 발견하는 모습으로 참되게 구상되었다는 점이다. 크리스마스 이야기와 모든 성탄 축하 행사에서조차 여전히 강하게 느껴지는 팽팽한 위기감은 모색과 발견이라는 관념을 두드러지게 한다. 이 경우에 발견이란 참으로 과학적인 발견이다. 동방박사들 이외에 성탄극에 등장하는 다른 신비로운 인물들, 즉 천사와 성모 마리아, 양치기들과 헤롯 왕의 병사들에게는 더 단순하면서 동시에 더 초자연적이거나 더 기초적이거나 더 감정적인 측면들이 있을 것이다. 하지만 그 현자들은 지혜를 구하고 있는 게 틀림없으며, 그들을 위해서는 지성에도 빛이 있어야 한다. 그 빛이란 바로 이것이니, 가톨릭의 신조는 말 그대로 보편적이며, 그 밖에는 다른 어떤 것도 보편적이지 않다는 사실이다. 교회의 철학은 보편적이다. 철학자들의 철학은 보편적이지 않았다. 플라톤과 피타고라스와 아리스토텔레스가 그 작은 동굴에서 나온 빛 속에 한순간이나마 서 있었다면, 그들 자신의 빛이 보편적이지 않음을 알았을 것이다. 그들이 그것을 이미 알았을지는 전혀 확실하지 않다. 철학 또한 신화와 마찬가지로 모색의 태도를 아주 많이 지니고 있다. 그건 이 세 임금에게 전통적인 장엄과 신비를 부여하는 이러한 진리를 깨닫는 것, 즉 종교가 철학보다 넓고 이 좁은 공간 안에 담긴 이 종교야말로 종교들 가운데 가장 넓다는 것을 발견하는 일이다. 이 마법사들은 인간의 삼각형이 뒤집혀 있는 그 이상한 펜타클[18]을 응시하고 있었으나 그에 대한 계산을 끝내지는 못했다. 그에 대한 우리의 감정은 어린아이 같은 단순함에서 나오는 반면에, 그에 대한 우리의 생각은 끝없이 복잡하게 가지를 뻗을 수 있다는 것이 그 동굴 속에 모여 있던 무리의 역설이니 말이다. 우리 또한 아버지인 아이와 아이인 어머니에 관한 우리 자신의 관념들에 대해 절대로 그 끝에 도달할 수 없다.

신화가 양치기들과 함께 등장했고 철학이 철학자들과 함께 등장했으니, 이제 그들이 종교를 인정하여 신화와 철학과 종교가 결합되는 일만 남았다고 말하며 만족하는 것도 무리는 아니다. 그러나 어떠한 축하나 화해에서도 무시되어서는 안 되는, 그리고 그 종교가 영원히 무시하지 않을 제3의 요소가 있었다. 그 드라마의 주요한 장면들에는 바로 그 원수가 현존해 있었다. 이 원수는 이미 욕정과 얼어붙은 이론들로 그 전설들을 부식시켜 무신론으로 만들어 놓았지만, 이제는 우리가 의식적인 마귀 숭배에서 보아 온 더욱 직접적인 방식으로 그 직접적 도전에 응했다. 나는 이미 마귀 숭배를 언급하고 마법 활동과 가장 비인간적인 인신공양에서 드러난, 순수함을 향한 맹렬한 혐오에 대해 기술했는데, 더욱 분별 있는 이교주의의 비밀스러운 침투라든가 섹스로 흠뻑 적셔지

18 펜타클은 별이 원에 둘러싸인 형태의 상징물로, 중세 이래로 마법사들의 부적에 많이 사용되었다. 자세한 내용은 제1부 제2장 주25 참조.

는 신화적 상상, 분별을 잃을 정도로 치솟는 제국의 자부심에 대해서는 덜 이야기했다. 그러나 이러한 것들의 직접적인 영향과 간접적인 영향 모두가 베들레헴의 드라마에서 느껴졌다. 동방의 혈통을 타고났으면서도 로마의 종주권 아래에서 로마의 장신구로 치장하고 로마의 질서를 갖추었을 한 통치자가 있었으니, 그때 그는 무언가 낯선 영靈이 자기 안에서 움직이기 시작하는 것을 느꼈던 듯하다. 신비로운 경쟁자에 관한 소문을 듣고 불안에 휩싸인 헤롯 왕의 이야기를 우리 모두 잘 알고 있다. 헤롯 왕은 아시아의 변덕스러운 폭군들이 취한 난폭한 조치들을 기억해 냈고, 새로 태어난 한 세대의 아이들을 학살하라고 명령했다. 이 이야기를 모르는 사람은 없지만, 아마도 사람들의 이상한 종교들에 관한 이야기에서 이 이야기가 차지하는 위치에 모두가 주목하지는 않았던 것 같다. 제국에 점령되어 표면적으로 문명화되어 있던 그 세계의 코린트식 기둥과 로마식 포장도로가 그 장소와 이루는 뚜렷한 대비의 의미심장함을 모두가 알아차리지는 못했다. 다만 그 에돔 사람[19]의 어두운 영 안에 있던 목적이 두 눈에 드러나 빛나기 시작했을 때, 커다란 회색 유령 같은 무언가가 헤롯 왕의 어깨 너머로 지켜보고 있었음을 아마도 한 예지자는 보았을 것이다. 그 거대하고 무시무시한 얼굴이 헤롯 왕의 배후에서 밤하늘을 가득 채우며 마

19 헤롯(헤로데) 왕은 유대인이 아니라 에돔 사람이었다. 하스몬 왕조가 유다 왕국을 다시 일으켜 에돔 지방을 점령했을 때 그의 아버지가 유대교로 개종했다. 헤롯 왕은 유다를 점령한 로마 정부의 유력자들로부터 인정을 받아 갈릴래아의 총독이 되었으며 하스몬 왕가의 딸과 결혼하였고 이후 기원전 37년 로마 정부에 의해 유다의 왕으로 임명되어 이후 34년간 유다 땅을 통치했다.

지막으로 역사 위를 맴돌고 있었다. 그것은 셈족의 통치자로부터 마지막 공물을 기다리고 있는, 카르타고인들의 몰록이었다. 첫 크리스마스 축제에는 마귀들 또한 나름의 방식으로 잔치를 벌였다.

그 원수의 현존을 이해하지 못한다면, 우리는 그리스도교의 요점을 놓칠 뿐 아니라 크리스마스의 요점까지도 놓치게 될 것이다. 그리스도교 세계 안에 있는 우리에게 크리스마스란 여러 가지 일 가운데 하나가 되었으며, 어떤 의미에서는 그저 단순한 것이 되었다. 그러나 크리스마스의 전승에 관한 모든 진실처럼, 또 다른 의미에서 크리스마스는 매우 복잡한 것이기도 하다. 크리스마스의 독특한 분위기에는 여러 가지 분위기가 동시에 겹쳐 든다. 겸손, 유쾌, 감사, 신비적인 경외의 분위기 외에도, 경계儆戒와 극적인 사건의 분위기까지 섞여 있다. 크리스마스는 평화의 중재자들만을 위한 때가 아니듯 즐겁게 웃고 떠드는 사람들만을 위한 때도 아니다. 크리스마스는 힌두교식의 평화 회담만이 아닐뿐더러 스칸디나비아의 겨울 축제만도 아니다. 크리스마스에는 저항적인 무언가가 들어 있다. 한밤중에 갑작스레 울리는 종소리를 전투에서 승리한 직후에 쏘아 대는 커다란 대포 소리처럼 들리게 만드는 무언가가 있다. 크리스마스 분위기라고 하는 이 모든 형용 불가능한 것이 그저 대기 중에 감돌 뿐이다. 그건 마치 근 2천 년 전 그 시간에 유다의 산간지방에서 터져 나와 오래도록 대기에 감도는 향기나 증기 같은 것이다. 그러나 그런 향취는 여전히 오인할 수 없을 만큼 분명히 남아 있다. 다만 너무 미묘하거나 너무 독특해서 우리가 쓰는 평화라는 단어로는 모두 담아낼 수 없다. 바로 그 이야기의 본질에 의해 이 동굴 속 환희는 추방된 자들의 소굴이나 요새의 환희가 되었다. 제대로 이해하자면 이 동굴 속 환희는 지하 대피호의 환희였다고 해도 지나치게 경박하지 않다. 그 지하 공간은 적들로부터 몸을 숨기는 장소였다. 그 지하 공간 위에 하늘처럼 펼쳐진 돌투성이 평원을 원수들이 이미 샅샅이 뒤지고 있었다. 지면 아래 있던 그리스도의 머리 위로 헤롯 왕의 말발굽이 마치 천둥처럼 지나갔을 것이다. 그러한 이미지 속에는 바위를 뚫고 적의 영토로 쳐들어가는 전초기지에 관한 참된 관념도 들어 있다. 묻혀 있는 이 신성 속에는 세상 밑으로 파고 들어간다는, 그리하여 밑에서부터 탑과 궁궐을 흔들어 놓는다는 관념도 들어 있다. 심지어 헤롯 왕은 발아래에서 지진을 느끼고, 흔들리는 궁궐과 더불어 흔들렸으니 말이다.

그건 아마도 그 동굴의 여러 신비 중에서도 가장 강력한 신비일 것이다. 사람들은 땅 아래에서 지옥을 찾으려 했다지만, 이 경우에서 하늘이 땅 아래 있다는 게 이미 분명히 드러났다. 그리고 이 이상한 이야기에서는 하늘이 솟아오른다는 관념이 이어진다. 그것은 전체적인 구도를 뒤엎는 역설이다. 이제 가장 높은 것은 아래로부터만 활동할 수 있다. 왕은 오직 일종의 반란에 의해서만 자신의 위치로 돌아올 수 있다. 실로 교회는 초창기부터, 아마도 특별히 초창기에는 하나의 군주정이라기보다 세상의 군주에 맞선 혁명이었다. 계몽을 안락과 동일시하는 낙관론자들은 세계가 위대한 강탈자에 의해 정복되어 그의 소유가 되었다는 이런 느낌을 개탄하고 조롱했다. 그러나 그러한 느낌이야말로 그 모든 저항의 전율을 일으키고, 그 기쁜 소식을 정말로 좋고 새롭게 보이도록 만든 아름다운 위험을 불러오는 원인이 된다. 사실 그러한 느낌이 본래부터 그토록 모호한 봉기를 일으킨다는 것은 거대한 무의식적 강탈에 맞선다는 것이었다. 여전히 올림포스가 여러 강력한 형태로 만들어진 정지된 구름처럼 하늘을 점령하고 있었고, 여전히 철학이 높은 자리에 좌정한 채 심지어는 왕들의 권좌에도 앉아 있었다. 그러한 때에 그리스도가 동굴에서 태어났고, 그리스도교는 지하 묘지에서 태어났다. 두 경우 모두로부터 우리는 경멸의 대상이 된다는 것과 경외의 대상이 된다는 의미에서 혁명의 동일한 역설을 언급할 수 있다. 동굴이란 어떤 측면에선 단지 버림받은 이들이 쓰레기처럼 쓸려 들어가는 구멍이나 구석일 뿐이다. 그러나 다른 측면에서는 폭군들이 보물처럼 찾아다니는 무언가 소중한 것이 숨겨진 장소이기도 하다. 어떤 의미에서 버림받은 이들이 거기 있는 까닭은 여관 주인이 그들을 기억조차 하지 않을 것이기 때문이지만, 다른 의미에서는 왕이 그들을 절대 잊을 수 없기 때문이기도 하다. 우리는 이미 이러한 역설이 초기 교회를 다루는 방식에서도 나타났음을 언급했다. 교회는 여전히 하찮은 존재인 동안에도 중요했으며, 여전히 무능한 존재인 동안에도 확실히 중요했다. 교회가 중요했던 까닭은 교회가 참을 수 없는 존재였기 때문이다. 그리고 그러한 의미에서, 교회가 참을 수 없는 존재였던 까닭은 교회가 참아 주지 않는 존재였기 때문이라고 말하는 게 옳다. 교회가 분개의 대상이 된 것은 그만의 조용한, 거의 비밀스러운 방식으로 전쟁을 선포했기 때문이다. 교회는 이미 이교주의의 하늘과 땅을 뒤엎으려고 바닥으로부터 일어섰다. 황금과 대리석으로 된 모든 창조물을 파괴하려 한 것은 아니지만, 교회는 그런 것들이 없는 세상을 생각했다. 교회는 마치 황금과 대리석이 유리라도 되는 듯 과감하게 그것을 관통하여 바라보았다. 그리스도인들이 횃불로 로마를 불태워 버렸다고 비난한 이들은 모략가일 뿐이었다. 하지만 적어도 그들의 말은, 그리스도인들이 이웃에 대한 의무를 온화한 방식으로 사람들에게 설파했다는 이유로 순교당하고, 단지 온유하고 온순한 탓에 가벼운 반감을 사면서 일종의 윤리적 사회를 이루었다고 하는 어떤 현대인들의 말보다 훨씬 더 그리스도교의 본질에 가까웠다.

그러므로 헤롯 왕이 베들레헴의 기적극에서 한자리를 차지하게 된 것은 그 자신이 전투 교회[20]에 위협이 되고, 교회가 처음부터 박해를 받고 목숨을 걸고 싸워야 하는 존재임을 보여 주기 때문이다. 이것을 하나의 불협화음이라고 생각하는 사람들이 있다면, 이것은 크리스마스 종소리와 동시에 들려오는 불협화음이다. 십자군의 관념이 십자가의 관념을 훼손한다고 생각하는 사람들이 있다면, 그건 오직 그들에게만 그러하다고 말할 수밖에 없다. 십자가의 관념은 문자 그대로 그 요람에서 훼손되었다. 여기서 싸움의 추상적 윤리에 대하여 논하는 것은 적절치 않다. 여기서는 다만 그리스도교와 가톨릭의 관념을 형성한 관념들의 조합을 요약하고, 그 모든 관념이 이미 최초의 크리스마스 이야기 속에서 구체적으로 결정화되었음을 언급하려는 것이 목적이기 때문이다. 그 관념들은 뚜렷이 구분되는 세 가지 관념이다. 보통은 쉽게 서로 대조되지만 결국엔 하나다. 그 셋을 하나로 만들 수 있는 유일한 것은 크리스마스뿐이다. 첫째는 하늘이 고향만큼이나

20 전투 교회Church Militant는 그리스도의 재림 때까지 현세의 악과 영적인 전쟁을 벌이는 교회를 가리키는 용어다.

축자적이며 거의 장소적일 거라고 느끼는 인간적 본능이다. 이는 신화를 만드는 모든 시인과 이교도들이 추구하던 관념이다. 하나의 특정한 장소가 신의 사원이 되거나 복된 존재의 집이 되어야 한다는 것, 요정나라가 구체적인 나라라는 것, 혹은 영혼의 귀환이 육체의 부활이어야 한다는 것 같은 관념 말이다. 여기서 나는 이러한 욕구를 충족시키기를 거부하는 합리주의에 대해 논증하려는 게 아니다. 다만 합리주의자들이 그 욕구를 충족시키길 거부한다면, 이교도들은 결코 만족하지 않을 거라고 말할 뿐이다. 이것이 바로 베들레헴과 예루살렘의 이야기에 현존하는 관념이다. 마찬가지로 델로스와 델포이의 이야기에는 현존하지만, 루크레티우스의 우주나 허버트 스펜서의 우주에는 현존하지 않는다. 둘째는 다른 철학들보다 더 큰 철학이다. 루크레티우스의 철학보다도 크고, 허버트 스펜서의 철학보다는 무한하게 크다. 고대의 스토아 철학자나 현대의 불가지론자가 하나의 창을 통해서만 바라보는 반면에, 이 철학은 백 개의 창을 통해 바라본다. 다른 철학이 오직 스토아 철학자나 불가지론자의 개별적 입장인 반면에, 이 철학은 수천 가지 서로 다른 부류의 사람들에게 속한 수천 개의 눈으로 삶을 바라본다. 이 철학은 인간의 모든 기분에 대한 무언가를 가지고 있고, 온갖 사람들을 위한 일을 찾아내고, 심리의 비밀들을 이해하고, 깊은 악을 알고, 이상理想과 비현실적인 경이들과 기적적인 예외들을 구분할 줄 안다. 이 철학은 아주 오래되었거나 아주 현대적인 윤리학의 노골적이거나 경쾌한 상투어들을 훨씬 넘어서는 변화무쌍한 삶에 관한 다양성과 미묘함과 상상력을 모두 가지고서 어려운 사례들에 관하여 스스로를 온전하게 단련한다. 한마디로, 이 철학 안에는 더 많은 것이 있다. 이 철학은 실존 안에서 생각거리를 더 많이 찾아내며, 삶으로부터 더 많은 것을 얻어 낸다. 성 토마스 아퀴나스 시대 이래로 다면적인 우리의 삶에 관한 이러한 자료가 엄청나게 쌓여 왔다. 그러나 성 토마스 아퀴나스만이 공자나 콩트의 세계에서 자신이 제한된다는 사실을 발견했을 것이다. 마지막으로, 셋째는 이것이다. 그리스도교는 충분히 장소적이어서 시가 될 수 있고 다른 어떤 철학보다도 큰 반면에 도전이며 싸움이기도 하다. 그것은 진리의 모든 측면을 포용하도록 의도적으로 넓혀진 반면에 모든 방식의 오류에 맞서서 여전히 완고하게 싸운다. 그것은 자신을 위해 싸울 모든 사람을 구하고, 가지고 싸울 모든 종류의 무기를 구하며, 자신이 찬성하거나 반대하여 싸우는 것들에 관한 지식을 호기심이나 동정의 온갖 기술을 가지고 확장한다. 그러나 그것은 자신이 싸우고 있음을 절대 잊지 않는다. 그것은 이 땅에 평화를 선포하되 하늘에서 전쟁이 일어났던 이유를 절대 잊지 않는다.

이것이 바로 옛 크리스마스 이야기 속 세 가지 유형의 사람들 곧 양치기들과 동방박사, 그리고 어린아이들에 대해 전쟁을 개시한 왕이 상징하는 진리의 삼위일체다. 이러한 측면에서 다른 종교와 철학이 그리스도교의 경쟁자라고 말하는 것은 사실이 아니다. 그리스도교 이외의 어느 한 종교나 철학이 그들을 결합한다는 것도 사실이 아니며, 결합하는 척한다는 것도 사실이 아니다. 불교는 그리스도교와 동등하게 신비적이라고 공언할 수도 있겠지만, 동등하게 전투적이라고는 공언하지는 못한다. 이슬람은 그리스도교와 동등하게 전투적이라고 공언할 수도 있겠지만, 동등하게 형이상학적이며 미묘하다고는 공언하지 못한다. 유교는 질서와 이성理性을 향한 철학자들의 욕구를 충족시킨다고 공언할 수 있겠지만, 기적과 성사, 구체적인 사물의 축성을 향한 신비가들의 욕구를 충족시킨다고는 공언하지 못한다. 보편적이면서도 독특한 영이 이렇게 현존한다는 증거는 많다. 그중 하나를 여기서 다룰 텐데, 그것은 이 장의 주제를 나타내는 상징이기도 하다. 다른 어떤 이야기도, 다른 어떤 이교적 전설이나 철학적 일화나 역사적 사건도 베들레헴이라는 단어가 남긴 그 특이하고도 통렬하기까지 한 인상으로 우리에게 영향을 끼치지 못한다. 다른 어떤 신의 탄생이나 현자의 유년 시절도 우리에게는 크리스마스나 크리스마스와 비슷한 어떤 것으로는 보이지 않는다. 그것은 너무 차갑거나 너무 경솔하거나 너무 형식적이고 고전적이거나 너무 단순하고 야만적이거나 너무 불가사의하고 복잡하다. 우리 중 어느 누구도 자신의 견해가 어떠하든 고향을 찾는다는 느낌으로 그러한 장면에 다가가게 되지는 않을 것이다. 아마도 그것이 시적이거나 철학적이기 때문에 혹은 별개의 다른 여러 이유로 그것에 감탄할 수는 있겠으나, 그것이 그것이기에 감탄하지는 않을 것이다. 사실 이 이야기가 인간 본성에 끼치는 영향에는 무척 특이하고 개별적인 특성이 있다. 심리적인 요지에 있어, 위대한 인물에 관한 순전한 전설이나 그 생애사하고는 완전히 다르다. 이 이야기는 평범한 의미에서 위대함을 향해 우리의 정신을 돌려놓지 않는다. 가장 건전한 부류의 영웅 숭배에서조차 신이나 영웅으로 변해 버리는 확장되고 과장된 인성을 향해 돌려놓지 않는다는 말이다. 또한 지상의 끝에서 발견될 경이를 향해 모험하듯이 꼭 바깥으로 작용하는 것도 아니다. 이 이야기는 등뒤에서 우리를 놀라게 하는 것, 우리 존재의 감추어진 인격의 부분으로부터 우리를 놀라게 하는 무언가다. 작은 대상들의 비애나 가난한 이들의 맹목적인 신심 안에서 우리를 무장 해제시킬 수 있는 어떤 것처럼 말이다. 그건 마치 한 사람이 자신의 중심에서 생각지도 못한 내적 공간을 발견하고 거기서 나오는 불빛을 본 것과 같다. 그건 마치 한 사람이 자신의 마음 뒤편에서 자신을 선善에게로 넘겨주는 무언가를 발견한 것과 같다. 그것은 이 세상 사람들이 강력한 재료라고 일컬을 만한 것으로 만들어지지 않는다. 오히려 우리를 스치고 지나가는 날개 달린 가벼움 속에 그 힘이 있는 재료들로 만들어진다. 그것은 우리 안에 있는 모든 것이나, 거기에서 영원한 것으로 만들어지는 잠시의 여림이다. 그 모든 것이 의미하는 바는 다만 어떤 낯선 방식으로 힘과 안식이 된 순간의 부드러움일 뿐이다. 그것은 분명해지고 온전한 채로 중지된 단절된 말과 상실된 단어다. 낯선 왕들이 머나먼 나라로 사라지고 산들이 이제 더는 양치기들의 발소리로 울리지 않는데, 오직 그 밤과 그 동굴만이 인류보다 더 인간적인 무언가의 위로 겹겹이 놓여 있듯이 말이다.

02

복음의 수수께끼들

이번 장의 본질을 이해하려면 이 책의 본질로 되돌아갈 필요가 있다. 이 책의 골자를 이루도록 의도된 논법은 레둑티오 아드 압수르둠[1]이라 불리는 것이다. 이는 이성주의적 논지를 상정한 결과들이 우리의 논지보다 더 비이성적임을 시사한다. 그러나 그것을 증명하려면 먼저 이성주의적 논지를 상정해야만 한다. 그래서 이 책 제1부에서 나는 그 효과가 사람을 천사로 다루는 것보다 훨씬 더 불가능하다는 것을 보여 주고자 사람을 종종 순전히 동물로 다루었다. 사람을 동물로 다루는 일이 반드시 필요하다는 것과 같은 의미에서, 그리스도를 사람으로 다루는 일 또한 반드시 필요

1 레둑티오 아드 압수르둠*reductio ad absurdum*, 즉 귀류법이란 증명하려는 명제의 부정명제가 참이 아님을 증명함으로써 본래 명제가 참임을 간접적으로 입증하는 논증 방법이다.

하다. 나는 훨씬 더 실증적인 나 자신의 믿음들을 잠시 내려 두어야 한다. 그리고 심지어는 이런 제약을 제거하기 위해서도 오히려 이런 제약을 상정해야 한다. 그리스도의 이야기를 정말로 한 인간의 이야기로 읽은 사람에게, 심지어 전혀 들어 본 적 없는 한 인간의 이야기로 읽은 사람에게 무슨 일이 일어날지 상상해 보아야 한다. 그리고 정말로 그리스도의 이야기를 그렇게 공정하게 읽은 사람이 그 결과 곧장 믿음에 이르지는 않더라도 적어도 믿는 것 말고는 달리 해결책이 없다는 당혹감에 빠지리라는 걸 지적하고 싶다. 이번 장에서는 이러한 이유로 내가 믿는 신조는 조금도 끌어들이지 않겠다. 나 자신이 말을 할 때 적합하다고 생각하는 말씨나 문체도 배제하겠다. 나는 난생처음 복음의 이야기를 주시하는 가상의 이교도로서 솔직하게 말하고 있다.

신약성경을 새로운 증언[2]으로 보기란 전혀 쉬운 일이 아니다. 기쁜 소식인 복음을 새로운 소식으로 실감하기란 전혀 쉽지 않다. 좋든 나쁘든 이미 익숙하기에 온갖 추정과 연상으로 우리의 머릿속이 가득 차게 되니 말이다. 그리고 우리 문명에 속한 어느 누구도 우리 종교에 대한 자신의 생각과는 상관없이, 이전에 전혀 들어 본 적 없다는 듯이 복음을 읽을 수는 없다. 물론 어떠한 경우에도 신약성경이 깔끔하게 제본되어 하늘에서 뚝 떨어진 책인 듯 이야기하는 것은 역사적 사실에 완전히 어긋난다. 신약성경은 그저 엄청나게 많은 초기 그리스도교 문헌들 가운데 교회의 권위에

2 일종의 언어유희다. 신약성경을 나타내는 'New Testament'는 하나님과 인간 사이의 '새로운 계약'이라는 의미에서 '신약'으로 번역되지만 '새로운 증언' 혹은 '새로운 증거'라는 의미도 갖기 때문이다.

의해 만들어진 선집選集일 뿐이다. 그러나 그러한 문제는 별개로 하더라도, 신약성경을 새로운 것으로 느끼기란 심리적으로 쉽지 않은 일이다. 그렇게 잘 알려진 말들이 내재적으로 상징하는 것을 넘어서지 않고 단순히 있는 그대로 보는 데는 심리적인 어려움이 따른다. 그 결과가 매우 기이한 걸 보면, 이런 어려움이 상당한 것 같다. 그 결과란 대다수 현대 비평가는 물론 일반 대중 비평가까지도 진리에 정반대되는 논평을 한다는 사실이다. 너무도 완전하게 진리에 반대되기 때문에, 그 비평가들이 신약성경을 전혀 읽어보지 않았을 거라는 의심이 들 정도다.

우리 모두는 사람들이 절대 지치지도 않는 듯 예수와 교회에 대해 다음과 같이 말하는 것을 백 번도 넘게 들었다. 신약성경의 예수는 인류를 사랑한 무척이나 자비롭고 인간적인 인물이지만, 교회가 그 역겨운 교의로 예수의 인간적인 특성을 감추고 교회의 위협으로 경직되게 만들어 결국 비인간적인 특성을 띠게 했다는 것이다. 조심스레 다시 말하건대 이건 정말 사실의 정반대에 가깝다. 사실 교회 내에서 그리스도의 이미지는 거의 전적으로 온화하고 자비롭다. 복음 속 그리스도는 그 밖에도 여러 좋은 이미지들을 보여 준다. 복음 속 예수는 정말이지 가슴을 부술 듯한 아름다운 말로 우리의 부서진 마음을 향한 연민을 드러낸다. 그러나 그가 그런 말만 했던 것은 아니다. 그럼에도 교회는 민중적 이미지들을 통해 예수가 거의 그런 말만 했던 것으로 재현한다. 그 민중적 이미지들은 더없이 건전한 민중적 본능에서 영감을 얻은 것이다. 다수의 빈민은 피폐하고, 다수의 민중은 가난하다. 다수의 인류에게 주요한 것은 하나님의 믿기지 않는 연민에 대한 확신을 품고 나아가는 것이다. 두 눈을 크게 뜨고 있는 사람이라면 교회의 민중적 조직이 품고 나아가고자 하는 것이 주로 이 연민의 관념임을 의심할 수 없다. 그 민중적 이미지들은 '온유하신 예수'의 정서를 과도할 정도로 품고 있다. 그것이 바로 외부인이 피에타 조각상[3]이나 예수 성심[4]에 봉헌된 성지에서 느끼고 비판하는 첫 번째 대상이다. 내 말대로, 그 예술은 불충분할지도 몰라도, 나는 그 본능이 불건전하다고는 확신하지 못하겠다. 하여간 진노하는 그리스도의 조각상을 세운다는 생각만으로도 오싹한 기분이 들고 흐르는 피가 얼어붙는 것만 같다. 길모퉁이를 돌거나 시장 공터에 들어섰는데 독사의 자식들[5]을 향해 돌아서거나 위선자의 얼굴을 바라보는 경직된 예수의 석상을 마주친다는 상상만으로도 견딜 수가 없다. 그러므로 교회가 가장 자비로운 면모를 사람들에게 보여 준다면, 교회는 합리적으로 정당화될 수 있다. 물론 교회가 사람들을 향해 가장 자비로운 측면을 보여 준다는 것은 분명하다. 여기서 문제는, 교회가 보여 주는 자신의 모습이 신약성경을 난생처음 읽는 사람이 받게 될 어떤 인상보다도 훨씬 더 특별하게 그리고 더 배타적으로 자비롭다는 사실이다. 단순하게 그 이야기를 있는 그대로 받아들이는 사람은 상당히 다른 인상을 받게

3 피에타Pieta는 본래 이탈리아어로 '비탄'을 뜻하는 말인데, 그리스도교 미술에서는 죽은 예수의 시신을 안고 있는 성모 마리아를 표현한 작품을 가리킨다.

4 예수 성심聖心은 특별히 인류에 대한 예수 그리스도의 무한한 사랑과 자비와 인내를 상징한다. 보통 빛을 내며 타오르는 심장이나 가시관이 씌워졌거나 창에 꿰뚫려 피 흘리는 심장으로 묘사된다.

5 복음서에서 예수는 '독사의 자식들'이라는 표현으로 악인들을 비난하곤 했다. 마태복음 3장 7절, 12장 34절, 23장 33절, 그리고 누가복음 3장 7절 참조.

될 것이다. 그 인상은 신비로 가득하고 어쩌면 모순으로 가득하겠지만, 단지 온화하기만 한 인상은 아닐 게 분명하다. 그 이야기는 몹시도 흥미롭겠지만, 그 흥미로움의 일부는 많은 부분이 추측되거나 설명되도록 남겨졌다는 데 있을 것이다. 그 이야기는, 우리가 의미를 거의 알지 못한다는 점을 제외하고는 분명 의미심장한 갑작스러운 몸짓이나 불가사의한 침묵, 반어적인 응답으로 가득 차 있다. 진노의 폭발은 대기의 폭풍처럼 우리가 예상하는 바로 그곳에서 일어나지 않고 그 나름의 좀 더 높은 기상도를 따르는 듯하다. 민중적 교회의 가르침이 제시하는 베드로는 그리스도께서 용서하시며 "내 양들을 돌보아라"라고 말씀하셨던[6] 때의 바로 그 베드로다. 그리스도께서 이해하기 어려운 이유로 진노하시며 베드로가 마치 악마라도 되는 듯이 그를 향해 "사탄아, 내 뒤로 물러가라"라고 소리치셨을[7] 때의 베드로는 아니다. 그리스도는 자신을 살해할 예루살렘을 향해 오직 사랑과 연민으로 애통해했다. 우리는 그리스도가 어떤 이상한 영적 분위기나 영적 통찰로 인해 벳새다를 소돔보다 더 깊은 구렁으로 가라앉도록 저주했는지 알지 못한다. 나는 잠시 교의적 추론이나 설명에 관한 모든 질문은 정통이든 아니든 일단 옆으로 미루어 두겠다. 나는 단순히,

6 부활한 예수가 갈릴리 호수에서 제자들에게 다시 모습을 드러냈을 때, 예수를 세 번 부인했던 베드로를 불러 "네가 나를 사랑하느냐"라고 세 번 묻는다. 그때마다 베드로가 "내가 주님을 사랑하는 줄 주님께서 아시나이다"라고 대답하자 "내 양을 먹이라"고 베드로에게 말했다. 요한복음 21장 15-19절 참조.

7 예수가 자신의 수난과 죽음과 부활을 처음 예고했을 때 베드로는 이를 강력히 부정했고, 예수는 그런 베드로를 향해 사탄이라 부르며 분노했다. 마태복음 16장 21-23절 참조.

이 비평가들이 늘 이야기하는 행동을 누군가가 실제로 행하고 정말로 정통과 관계없이, 심지어 교의와 상관없이 신약성경을 읽는다면 그 이야기가 그의 정신에 끼칠 영향을 상상할 따름이다. 그는 현행 정통보다 현행 비非정통에 훨씬 덜 어울리는 것들을 많이 발견할 것이다. 예를 들어 사실적이라고 할 만한 묘사가 있다면, 그것이 정확히 초자연적인 것들에 대한 묘사임을 발견할 것이다. 신약성경에서 예수가 실제적인 인물로 탁월하게 제시되어 있다고 할 만한 한 가지 측면이 있다면, 퇴마사로서의 측면에서 그러하다. "잠잠하고 그 사람에게서 나오라"[8]고 말하는 목소리에는 온유하고 온화한 것은 아무것도 없으며, 심지어 일반적 의미에서 신비적인 것조차 전혀 없다. 그 목소리는 업무에 충실한 사자 사육사나 정신이상 살인범을 다루는 마음 굳센 의사의 목소리와 훨씬 더 비슷하다. 하지만 이것은 예시를 위한 지엽적인 문제일 뿐이다. 나는 지금 이런 논란을 제기하는 것이 아니라 신약성경에 전혀 문외한인, 상상 속 달나라 사람의 경우를 생각하고 있다.

이제 가장 먼저 주목해야 할 것은 우리가 복음을 단지 한 인간의 이야기로 읽을 경우, 어떤 면에서 복음은 매우 이상한 이야기라는 사실이다. 내가 여기서 언급하려는 건 그 이야기의 무시무시하고 비극적인 절정이나 그 비극 속에 담긴 승리를 포함한 함의들이 아니다. 흔히 기적적인 요소라고 불리는 것을 언급하려는 것도 아니다. 그런 요소에 대해서는 철학마다 입장이 다르고, 현대 철학에서는 아주 분명하게 주저하는 태도를 보인다. 사실 오늘

8 신약성경에는 예수가 악령에 사로잡힌 사람을 구해 주는 장면이 여러 번 등장하는데, 그때마다 예수는 악령을 향해 이렇게 말한다. 마가복음 1장 21-28절 참조.

날의 학식 있는 잉글랜드 사람은 아주 오래된 것이 아니라면 어떠한 기적도 믿지 않으려 하는 옛 방식을 벗어나서, 현대적이지 않다면 어떠한 기적도 믿지 않으려 하는 새로운 방식을 채택했다고 말할 수도 있겠다. 이전에는 기적적인 치유가 초기 교회에서 중단되었다고 주장했지만, 이제는 그런 치유가 초기 크리스천 사이언스[9]에서 시작되었다고 의심하는 경향이 있다. 그러나 나는 오히려 그 이야기에서 기적이 아닌 부분들, 심지어 두드러지지 않고 눈에 띄지 못한 부분들을 특별히 언급하고자 한다. 그 이야기에는 절대 누군가가 지어낸 것일 수 없는 내용이 아주 많다. 그런 내용은 어느 누구에 의해서도 특별하게 이용되지 않았다. 조금 눈에 띄었다 해도 여전히 수수께끼로 남아 있었기 때문이다. 예를 들어 그리스도의 생애에는 서른 살이 될 때까지 아주 긴 침묵의 기간이 있다. 이는 모든 침묵 중에서도 가장 거대하고 가장 상상력을 자극하는 침묵이다. 하지만 누군가가 무언가를 입증하기 위해 지어낼 만한 것은 분명 아니다. 내가 아는 한, 어느 누구도 그 침묵으로부터 특별히 무언가를 입증하려 시도한 사람은 없다. 그것은 매우 인상적이지만 오직 하나의 사실로서만 인상적이다. 하나의 우화로서도 특별히 대중적으로 보이거나 명확해 보이는 것은 전혀 없다. 영웅 숭배와 신화 제조의 통상적 경향에서는 정반대의 것을 말할 가능성이 훨씬 더 크다. (내가 생각하기에 교회가 거

9 크리스천 사이언스Christian Science는 1866년 미국에서 창시된 유사 기독교 종교 단체다. 창시자 메리 베이커 에디Mary Baker Eddy, 1821-1910는 예수의 치유 행위를 오늘날에도 적용 가능한 과학이라고 보았으며, 인류를 죄와 질병과 죽음으로부터 구원한 영적인 힘의 구체적 현현이 바로 예수라고 주장했다.

부한 일부 외경 복음서들이 전하듯이) 예수가 신적인 조숙함을 보였고 자신의 사명을 기적적으로 이른 나이에 시작했다고 말할 가능성이 훨씬 더 높다.[10] 온 인류 가운데 자신의 사명을 준비할 필요가 가장 적었던 그리스도가 오히려 가장 많이 준비했던 듯이 보인다는 생각에는 정말로 무언가 이상한 데가 있다. 그건 신적인 겸손의 표현이거나, 아니면 지상의 더 고등한 피조물일수록 더 긴 가정교육 기간을 거치는 현상을 반영하는 어떤 진실일지도 모른다. 내가 지금 이에 대해 여러 추측을 제안하려는 것은 물론 아니다. 다만 인정받는 독실한 추측들과는 별개로, 어쨌든 추측을 불러일으키는 그런 복음 내용의 예로서 언급한 것뿐이다. 이 이야기 전체가 이러한 내용으로 가득하다. 직설적으로 제시되어 있듯이 그 밑바닥에 쉽게 닿을 수 있는 이야기가 절대 아니다. 그것은 이 사람들이 단순한 복음으로서 이야기하는 것이 절대 아니다. 상대적으로 말해 신비주의를 지닌 것은 복음이고, 합리주의를 지닌 것은 교회다. 당연하게도 수수께끼는 복음이고, 그 해답은 교회다. 하지만 무엇이 해답이든 상관없이, 복음서는 여전히 그대로 수수께끼 책에 가깝다.

우선 복음서의 구절들을 읽는 사람은 거기서 진부한 이야기를 발견하지는 못할 것이다. 오히려 가장 공손한 자세로 다수의 고대 철학자들과 현대 도덕주의자들의 글을 읽었더라면, 진부한 이야기를 발견하지 못했다는 말의 독특한 중요성을 제대로 알게

10 「토마스의 유년기 복음서」, 「야고보의 유년기 복음서」 등 외경 복음서들에서는 어린 예수가 흙으로 살아 있는 새를 만들었다든가, 다친 이를 고쳐 주고 죽은 이를 살려 주었다든가, 학교에 가서도 배우기보다 가르쳤다는 등의 여러 일화를 전한다.

되었을 것이다. 심지어 플라톤에 대해서도 진부한 이야기가 전혀 없다고는 말할 수 없다. 에픽테토스[11], 세네카[12], 마르쿠스 아우렐리우스, 티아나의 아폴로니오스[13]에 대해서는 당연히 그렇게 말할 수 없다. 대다수 불가지론적 도덕주의자들과 윤리협회들의 설교자들에 대해 그 봉사에 대한 찬가와 형제애를 믿는 종교를 가지고도 결코 그렇게 말할 수는 없다. 고대와 현대의 도덕주의자들 대부분의 도덕은 영원히 계속해서 폭포처럼 흘러가는 견고하고 세련된 진부한 이야기들이다. 그것이 신약성경을 홀로 공부하는 독립적인 외부자가 복음서로부터 받는 인상은 아닐 게 분명하다. 그는 신약성경의 어떤 부분에도 그렇게 진부한 것이 있다고는 전혀 의식하지 못할 것이며, 어떤 의미에서는 물줄기처럼 연속적으로 흘러간다는 느낌도 받지 않을 것이다. 오히려 그는 마치 자신이 해와 달의 형제라는 주장처럼 들리는 이상한 주장들을 많이 발견할 것이다. 매우 놀라운 권고들, 충격적인 질책들, 이상하리만큼 아름다운 이야기들도 많이 발견할 것이다. 그는 낙타가 바늘

11 에픽테토스Epiktetos, 55-135는 후기 스토아 학파를 대표하는 그리스의 철학자로 그의 사상은 인간의 자유와 의지를 크게 강조했다.

12 세네카Lucius Annaeus Seneca, 4 BC-65는 초기 로마제국을 대표하는 정치인이자 사상가이며 작가다. 젊은 시절 웅변가로 명성을 날리고 정계에 투신하여 시련을 겪고 권력을 장악하여 개혁을 단행하기도 했으나, 정계에서 물러난 뒤 후기 스토아학파의 대표적 철학자로서 여러 저작을 남겼다.

13 티아나의 아폴로니오스Apollonios of Tyana, 15-100는 소아시아 카파도키아 지방 출신의 신新피타고라스주의 철학자다. 여러 지역을 두루 다니며 대중에게 훌륭한 가르침을 설파하고 여러 가지 기적을 행했으며 미래의 재난을 예언했다고 한다. 특히 로마의 도미티아누스 황제를 비판했다가 핍박받았다는 이야기가 후대에 전해지며 나사렛 예수와 비교된 것으로 더 유명하다.

귀로 들어가는 게 불가능하다는 이야기나 산을 바다로 던져 버리는 게 가능하다는 이야기같이 어마어마한 비유들을 보게 될 것이다. 햇빛처럼 모두를 차별 없이 대하라거나 새들처럼 미래를 걱정하지 말라는 충고 같은, 삶의 문제들을 대담하게 단순화한 권고들을 많이 보게 될 것이다. 다른 한편으로는 그가 관심이 있다면 '불의한 청지기' 이야기[14]의 교훈처럼 거의 파악할 수 없는 어두운 구절들도 보게 될 것이다. 이 가운데 어떤 것들은 우화로서 또 어떤 것들은 사실로서 그에게 인상을 남길 테지만, 진부한 진리로서 인상을 남기는 것은 전혀 없을 것이다. 이를테면 그는 평화를 지지하는 평범한 뻔한 이야기들을 발견하지는 못할 것이다. 그는 오히려 평화를 지지하는 몇몇 역설들을 발견할 것이다. 있는 그대로 취할 경우 어떤 평화주의자에게도 지나치게 평화적일 수 있는 무저항에 관한 몇몇 이상들을 발견할 것이다. 어떤 부분에서는 문자 그대로 해석한다면, 강도를 대할 때 수동적으로 저항할 게 아니라 오히려 적극적이고 열정적으로 격려하라는 이야기를 듣게 될 것이다. 이미 물건을 훔친 이에게 선물을 수북이 쌓아 주라는 것이다. 하지만 그는 셀 수 없이 많은 책과 송가頌歌와 연설을 가득 채웠던, 전쟁에 반대하는 그 모든 뻔한 수사적 표현들은 하나도 발견하지 못할 것이다. 전쟁의 사악함, 전쟁의 황폐함, 전쟁에서 벌

14 누가복음에서 예수가 비유로 제시한 이야기 가운데 하나다. 어떤 부자가 자신의 청지기가 재산을 낭비한다는 소문을 듣고 그를 해고하려 했다. 그러자 그 청지기는 꾀를 내어 주인의 채무자들에게서 채무를 감해 주어 그들이 자신을 맞아들이게 했다. 예수는 이 불의한 청지기가 지혜롭게 일했다고 하면서 그를 칭찬했다. 누가복음 16장 1-8절 참조.

어지는 무시무시한 규모의 살육, 그리고 그 밖에 익숙한 모든 광기에 대한 말은 한마디도 발견하지 못할 것이다. 정말로 전쟁에 관한 말 자체를 한마디도 발견하지 못할 것이다. 그리스도가 로마 병사들에게 다소 호의적이었던 듯 보이는 것을 제외하고는, 조직화된 전쟁에 대한 그리스도의 태도를 특별히 밝혀 보여 주는 것은 전혀 없다. 사실 똑같은 외부적이고 인간적인 입장에서 말하자면, 그리스도가 유대인들보다 로마인들과 훨씬 더 잘 지낸 듯 보인다는 게 또 하나의 당혹스러운 사실이다. 그러나 여기서 문제는 어떠한 텍스트를 순전히 읽는 그대로 읽음으로써 제대로 알게 되는 그 텍스트의 어조다. 그리고 우리는 그에 대한 예를 얼마든지 제시할 수 있다.

온유한 자들이 땅을 상속받으리라는 언명은 온유한 언명과는 아주 거리가 멀다. 온화하고 온건하고 거슬리지 않는다는 평범한 의미에서 온유하지 않다는 것이다. 이를 정당화하려면 역사 속으로 깊숙이 들어가서 그 당시에는 꿈도 꾸지 못했고 지금도 많은 이들이 깨닫지 못하는 것들을 예측해 볼 필요가 있다. 현실적인 왕들이 잃은 땅을 신비적인 수도승들이 되찾은 방법 같은 것들 말이다. 그 언명이 정말로 진리였다면, 그건 그 언명이 하나의 예언이었기 때문이다. 그러나 확실히, 뻔한 소리라는 의미에서 진리는 아니었다. 온유한 자들에 대한 축복은 이성과 개연성을 향해 폭력을 행사한다는 의미에서 매우 폭력적인 언명처럼 들릴 것이다. 이와 더불어 우리는 추측의 또 다른 중요한 단계에 이르게 된다. 하나의 예언으로서, 그 언명은 정말로 성취되었다. 그러나 다만 아주 오랜 후에야 성취되었을 뿐이다. 야만인들이 쇄도한 이후의 재건 과정에서 가장 실제적이고 번창한 땅이자 실험 장치가 되었던 것은 수도원이었다. 온유한 자들이 정말로 땅을 상속받은 것이다. 그러나 당시에는 어느 누구도 그런 일에 대해 알 수 없었을 것이다. 모든 것을 잘 알고 있던 한 사람만은 예외였다. 마르다와 마리아 사이에 일어난 일에 대해서도 똑같은 무언가를 이야기할 수 있을 것이다. 마르다와 마리아 사이의 일은 그리스도교의 관조적 삶을 사는 신비가들에 의해 내면으로부터 회상적으로 해석되어 왔다. 그러나 그러한 해석이 그 일에 대한 자명한 견해는 절대 아니다. 고대와 현대의 도덕주의자들 대부분은 자명한 것을 향해 돌진한다는 점에서 신뢰할 수 있을 것이다. 그들은 수월한 능변을 급류처럼 쏟아 내며 마르다 편의 경미한 우월성까지도 모두 부풀려 놓았을 것이다. '봉사의 기쁨'과 '노동의 복음'과 '더 나은 세상 물려주기'[15]에 관한 설교를 비롯해, 수고로운 노력을 옹호하는 만 가지 진부한 설교들을 쏟아 냈을 것이다. 그것도 그런 설교를 하기 위해 굳이 수고로움을 택할 필요도 없는 사람들이 말이다. 만약 사랑의 신비가이자 사랑의 자녀인 마리아 안에 그리스도가 무언가 더욱 미묘한 것의 씨앗을 넣어 두었다 해도, 그때 누가 그것을 이해할 수 있었을까? 다른 어느 누구도 클라라와 카타리나와 테레사[16]가 베다니의 작은 지붕 위에서 빛을 발하는 모

15 '더 나은 세상 물려주기'the World Left Better Than We Found It라는 말은 영국 군인이자 작가로서 특히 보이스카우트의 창설자로 유명한 로버트 베이든파월이 했던 말을 변형하여 인용한 것이다. 베이든 파월은 스카우트 단원들에게 "여러분이 알게 된 세상보다 조금 더 나은 세상을 남기도록 노력하라"라는 메시지를 남겼다.

16 아시시의 클라라St. Clare of Assisi, 1193-1253, 시에나의 카타리나St. Catherine of Siena, 1347-1380, 아빌레의 테레사Teresa of Avila, 1515-1582는 중세 후반의 대표적인 여성 성

습을 볼 수 없었을 것이다. 세상을 찢고 가르기 위해 칼을 가지고 온다는 장엄한 위협 또한 방식을 달리할 뿐이지 결국 마찬가지다.[17] 어느 누구도 그 위협이 어떻게 성취될 수 있을지 혹은 어떻게 정당화될 수 있을지 짐작하지 못했을 것이다. 사실 어떤 자유사상가들은 여전히 너무도 단순하여 함정에 빠진 나머지, 그토록 신중하게 저항성이 의도된 그 구절에 충격을 받는다. 그들은 그 역설이 그저 진부한 이야기가 아님을 불평하는 셈이다.

그러나 여기서 요점은, 우리가 복음서의 기사들을 신문 기사처럼 새로운 소식으로 읽을 수 있다면, 복음서는 역사적 그리스도교가 전개한 똑같은 이야기들보다 훨씬 더 우리를 어리둥절하게 하고, 어쩌면 우리를 두렵게 할 것이라는 점이다. 예를 들어 그리스도는 명백하게 동방의 궁궐에 있는 고자鼓子를 암시하는 말씀을 하신 뒤에, 하늘나라의 고자들이 있을 거라고 말씀하셨다.[18] 이것이 동정童貞에 대한 자발적 열정을 의미하지 않는다면, 훨씬 더 부자연스럽거나 상스러운 어떤 것을 의미할 수도 있다. 역사적 그리스도교는 프란치스코 수도회 수사들이나 자비의 수녀회 수녀들의 경험을 통해 그것을 인간화한다. 있는 그대로의 그 언명 자체가 다소 비인간화된 분위기를 암시하는 것도 무리는 아니다. 아시아의 하렘과 침상의 사악하고 비인간적인 침묵 말이다. 하지만 그건 수없이 많은 사례 가운데 하나에 불과하다. 다만 거기서 얻을

인들이다. 세 사람 모두 세속을 버리고 수도회에서 영성생활에 전념하였으나 세상에서 하나님의 뜻이 실현되도록 애를 썼던 일화들도 유명하다.

17 마태복음 10장 34절 참조.

18 마태복음 19장 10-12절 참조.

수 있는 교훈이 있으니, 복음의 그리스도가 실제로는 교회의 그리스도보다 더 이상하고 끔찍하게 보일 수 있다는 것이다.

나는 복음서에 담긴 말들의 어둡거나, 현란하거나, 도전적이거나, 신비로운 측면을 깊이 숙고하는 중이다. 그 말들이 더욱 명백하고 민중적인 측면을 명백하게 지니지 않았기 때문이 아니라, 이것이 하나의 핵심 요점에 관한 공통된 비판에 응답이 되기 때문이다. 자유사상가는 나사렛 예수가 시대를 앞서간 사람이었다 하더라도 그 시대의 인물일 뿐이며, 그러므로 우리는 나사렛 예수의 윤리를 인류를 위한 궁극의 윤리로 받아들일 수 없다고 번번이 말한다. 그리고 예수의 윤리를 비판하면서 사람은 한쪽 뺨을 맞고 다른 쪽 뺨을 돌려댈 수 없다거나, 사람은 내일 일을 염려해야만 한다거나, 극기는 너무 금욕적이고 일부일처제는 너무 가혹하다며 그럴듯하게 말한다. 하지만 유다의 열혈당원[19]과 로마의 군단병이 아무리 다른 쪽 뺨을 돌려댔다 하더라도 절대 우리보다 더 많이 돌려대지는 않았다. 유다의 상인들과 로마의 세리들은 우리보다 더 하지는 않았더라도 우리만큼은 내일 일을 염려했다. 우리는 현재에 더 잘 맞는 도덕을 위해 과거의 도덕을 포기하는 듯 가장할 수는 없다. 그것은 분명히 다른 시대의 도덕이 아니라 어쩌면 다른 세상의 도덕일 터이다.

요컨대 우리는 이 이상들이 그 자체로 불가능하다고 말할 수 있다. 정확히 우리가 말할 수 없는 건 이 이상들이 우리에게 불가

19 열심당원이라고도 번역되는 열혈당원Zealots은 1세기에 유다 지방에서 로마제국을 몰아내고 성지를 회복하자고 주장했던 유대교의 한 분파를 가리킨다. 신약성경에서는 예수의 열두 제자 가운데 사도 시몬을 열혈당원이라고 소개한다.

능하다는 것이다. 이 이상들은 어떤 신비주의의 흔적이 뚜렷하다. 그 신비주의가 일종의 광기라면, 언제나 똑같은 부류의 사람들에게 광적인 느낌이 강하게 들게 했을 것이다. 혼인과 남녀 관계를 예로 들어 보자. 갈릴리 지방 출신의 스승은 갈릴리 지방의 환경에 자연스러운 것들을 가르쳤을 법하다. 하지만 실제로는 그렇지 않다. 티베리우스 황제 시대의 사람은 티베리우스 황제 시대에 맞게 조절된 관점을 제시했으리라고 예상하는 것이 합리적이라고 할 수 있다. 하지만 그는 그렇게 하지 않았다. 그가 제시했던 것은 무언가 상당히 다른 것, 무언가 매우 어려운 것이었다. 하지만 그때 어려웠던 것보다 지금 더 어려운 것은 결코 아니다. 이를테면 무함마드가 일부다처제와 타협한 것을 두고서 일부다처제 사회에 의해 조절된 것이었다고 말하는 건 합리적일 수 있다. 무함마드가 남자 한 명에 네 명의 아내를 허용했을 때, 그건 정말로 주변 환경에 맞추어진 것이었으며 다른 환경에서였다면 잘 들어맞지 않았을 것이다. 어느 누구도 네 명의 부인이 사방위의 바람처럼 자연 질서의 일부로 보이는 무엇인 듯 가장하지는 않을 것이다. 어느 누구도 숫자 4가 하늘의 별들 위에 영원토록 쓰여 있다고 말하지는 않을 것이다. 하지만 숫자 4가 생각할 수도 없는 이상이라고 말할 사람도 없고, 숫자를 4까지 세는 일이나 자기 아내의 수를 헤아려서 4가 넘는지 알아보는 일이 인간 정신의 능력을 넘어선다고 말할 사람도 없다. 그것은 다만 특정한 사회의 특성을 포함한 실제적인 타협안이다. 만약 무함마드가 19세기 액턴[20]에서 태어났다면, 그가 과연 그 교외 지역을 각기 네 명의 부인들로 이루어진 하렘으로 채웠을지는 당연히 무척이나 의심스럽다. 그는 6세기 아라비아에서 태어났기에, 혼인 제도를 정리하면서 6세기 아라비아의 조건들을 반영했던 것이다. 그러나 그리스도는 혼인에 관한 자신의 견해를 밝히면서 1세기 팔레스타인의 조건들을 조금도 반영하지 않는다. 그리스도는 이후 가톨릭교회에 의해 오래도록 발전된 것과 같은, 혼인에 관한 성사적 관점 말고는 다른 어떠한 것도 반영하지 않는다. 그것은 오늘날의 사람들에게 어려운 만큼이나 당시 사람들에게도 무척 어려운 것이었다.[21] 그것은 오늘날의 사람들보다 당시 사람들을 훨씬 더 어리둥절하게 만드는 것이었다. 유대인, 로마인, 그리스인은 남자와 여자가 하나의 성사적 실체가 되었다는 신비적 관념을 믿지 않았으며 심지어 충분히 이해하지도 못했기 때문에 불신할 수조차 없었다. 우리는 그것을 믿기지 않는 이상 혹은 불가능한 이상이라고 생각할 수도 있다. 하지만 당시 사람들이 생각했던 것보다 그것을 더 믿기지 않는다거나 불가능하다고 생각할 수는 없다. 달리 말하자면 그 밖에 다른 어떤 것이 참이라 하더라도, 나사렛 예수의 관념들이 그가 살던 시대에만 부합했을 뿐 오늘날 우리의 시대에는 더 이상 부합하지 않다고 하는 것은 단연코 참이 아니다. 정확하게 그의 관념들이 얼마나 그의 시대에 부합했는지는 아마도 그의 이야기

20 액턴Acton은 런던 서부 미들섹스의 한 지역이다.

21 성사sacrament란 하나님 은총의 통로가 되는 외적 표지들이나 거룩한 행위들을 가리킨다. 가톨릭교회에서는 세례성사를 비롯한 일곱 개의 성사를 인정하고 있으며, 혼인성사는 그 가운데 하나다. 모세의 율법에서는 이혼을 허락하고 있으나, 예수는 혼인의 본래 의미를 강조하며 하나님이 짝지어 주신 것을 사람이 갈라놓아서는 안 된다고 말한다(마태복음 19장 1-9절 참조). 이를 바탕으로 가톨릭교회의 교회법에서는 이혼을 인정하지 않는다.

끝부분에 암시되어 있을 것이다.

똑같은 진리를 또 다른 방식으로 언명할 수도 있을 것이다. 그 이야기를 단지 인간적이고 역사적인 것으로 간주한다 하더라도, 기록된 그리스도의 말씀 안에 그를 그 시대에만 묶어 두는 내용이 거의 없다는 것은 놀랍기만 하다. 나는 동시대 사람조차 그저 잠시 지나가고 마는 것으로 알고 있는 한 시대의 세세한 사실들을 말하는 게 아니다. 내가 말하려는 건 때때로 가장 현명한 사람조차 영원한 것이라고 모호하게 생각하게 되는 근본 관념들이다. 이를테면 아리스토텔레스는 아마도 이제껏 살았던 사람 중에 가장 현명한 사람이었으며 가장 폭넓은 정신의 소유자였을 것이다. 그가 정초한 근본 관념들은 일반적으로 모든 사회적 변화와 역사적 변화를 거치고도 여전히 합당하고 견고한 것으로 남았다고 알려져 왔다. 하지만 그는 노예를 갖는 것이 자녀를 갖는 것만큼 자연스럽다고 여겨지던 세상에서 살았다. 그러므로 그는 노예와 자유인 사이의 차이를 진지하게 인정할 것을 허용했다. 그리스도 역시 아리스토텔레스처럼 노예제를 당연시하던 세상에서 살았다. 그리스도가 특별히 노예제를 비난하지는 않았다. 그는 노예제가 있는 세상에서 존재할 수 있는 운동을 시작했다. 하지만 그가 시작한 운동은 노예제 없는 세상에서도 존재할 수 있는 운동이었다. 그는 자신이 살아가는 사회의 질서 자체에 자신의 철학을 의존하게 만드는 구절을 전혀 사용하지 않았다. 그는 아리스토텔레스가 영원하다고 생각했던 것들을 포함하여 모든 것이 찰나적임을 의식하는 사람으로서 말했다. 당시에 로마제국은 이미 '오르비스 테라룸'*orbis terrarum* 곧 세계 전체를 뜻하는 것과 다름없는 이름이 되어 있었다. 그러나 그리스도는 자신의 도덕을 로마제국의 실존이나 심지어 세상의 실존에 의존하도록 만들지 않았다. "하늘과 땅은 없어질지라도 내 말은 결코 없어지지 않을 것이다."[22]

사실 비평가들이 갈릴리 지방의 지역적 한계에 대해 말할 때면 그건 늘 비평가들 자신의 지역적 한계를 보여 주는 예가 되었다. 유물론이라는 현대의 특별한 종파에서 믿지 않는 어떤 것들을 그리스도가 믿었다는 데는 의심의 여지가 없다. 하지만 그것들은 특별히 그가 살았던 시대에만 한정되는 특이한 것들이 아니었다. 그것들을 부정하는 일이야말로 우리 시대에만 한정된 특이한 것이라고 말하는 편이 진실에 더 가까울 터이다. 의심할 바 없이 그것들을 믿지 않는 소수에게 어떤 엄숙한 사회적 중요성이 부여되었다는 것이 우리 시대만의 특이한 점이라고 말하는 게 사실에 더 가까울 것이다. 이를테면 그는 악령의 존재를 믿었고, 육체적 질병에 대한 심령 치료를 믿었다. 하지만 그건 그가 아우구스투스 치세의 갈릴리 지방에서 태어났기 때문은 아니다. 한 사람이 투탕카멘 치세의 이집트 사람이었거나 칭기즈 칸 치세의 인도 사람이었다 해도 믿었을 똑같은 것들을 믿었는데, 그 이유가 아우구스투스 치세의 갈릴리 사람이었기 때문이라고 말하는 것은 터무니없다. 하지만 악마적 주술이나 신적인 기적에 관해 철학이 제기하는 일반적 의문은 다른 곳에서 다루겠다. 여기서 유물론자들이 기적의 불가능성을 입증하는 데는 초기 로마 황제들의 지배 아래 있던 북부 팔레스타인 지방 사람들의 선입견이 아니라 온 인류의

22 마태복음 24장 35절 참조.

증언에 맞서야 함을 말하는 것으로 충분하다. 이 논의를 위해 그들이 증명해야 하는 것은 그 특정 지방 사람들의 특별한 선입견들이 복음에 현존한다는 것이다. 그리고 인간적으로 말해서, 그들이 심지어 증명 과정에 착수하는 데 내보일 수 있는 것조차 너무도 적다는 사실이 그저 놀라울 따름이다.

혼인성사의 경우도 마찬가지다. 우리는 영을 믿지 않을 수 있듯이 성사를 믿지 않을 수도 있다. 하지만 그리스도가 오늘날의 방식이나 당시의 방식이 아니라 자신의 고유한 방식으로 성사를 믿었다는 것은 분명하다. 그는 확실히 모세의 율법이나 로마법이나 팔레스타인 민중의 관습을 따라 이혼에 반대하는 논지를 펼친 것이 아니다. 당시에 그를 비판한 이들에게 보였던 것이 바로 오늘날 그를 비판하는 이들에게도 똑같이 보인다. 그것은 그리스도 자신에게서 왔을 뿐 다른 어디에서도 오지 않은 자의적이고 초월적인 교의다. 여기서 내가 그 교의를 옹호하려는 것은 절대 아니다. 요점은 그 교의를 옹호하는 일이 그 당시만큼이나 오늘날에도 쉽다는 사실이다. 그것은 시간을 벗어나 있다. 어느 시기에나 어렵긴 하지만, 어떠한 시기에도 불가능하지는 않은 하나의 이상이다. 달리 말해, 누군가 그건 그 시대 그 장소에서 걸어 다니던 사람에게서나 기대할 수 있는 것이라고 말한다면, 오히려 그것은 인간을 초월하는 존재의 신비로운 발언에 훨씬 더 가깝다고 하는 편이 매우 공정한 답이 될 수 있다. 비록 그 존재가 사람들 사이에서 살아서 걸어 다녔다고 하더라도 말이다.

그러므로 신약성경을 솔직하고 신선하게 읽는 사람은 오늘날 '인간 그리스도'라는 말로 빈번히 의도되는 인상을 받지 않으리라는 게 나의 주장이다. 순전히 인간일 뿐인 그리스도란 순전히 진화하는 인간처럼 지어낸 인물이며 인위적으로 선택된 존재다. 더구나 똑같은 이야기 속에서 찾아낸 신화의 열쇠가 너무 많이 있듯이 똑같은 이야기 속에서 찾아낸 이 인간 그리스도 역시 너무나 많다. 서너 개의 서로 분리된 이성주의 학파들이 바탕을 마련하고 그리스도의 생애에 대해 동등하게 이성적인 서너 가지 설명을 산출했다. 그리스도의 생애에 대한 첫 번째 이성적인 설명은 그가 지상에 살았던 적이 전혀 없다는 것이었다. 이 설명은 다시 그리스도가 태양 신화라든가 곡식 신화, 혹은 다른 어떤 편집광적인 신화라고 하는 서너 가지 다른 설명이 등장하는 기회를 제공했다. 그런 후에 그가 실제로 존재하지 않은 신적 존재였다고 하는 생각은 그가 실제로 존재했던 인간 존재였다는 생각에 자리를 내주었다. 내가 젊었을 때는 그리스도가 단지 에세네파[23]의 방식을 따르는 윤리적 교사일 뿐이라고 말하는 게 유행이었다. 보아하니 그리스도에게는 힐렐[24]이나 다른 백 명의 유대인들이 말했던 것처럼 친절은 친절이고 정결은 정결이라는 식의 이야기 말고는 달리 말할 게 별로 없었다는 것이었다. 누군가는 그리스도가 메시아 망상에 빠진 미친 사람이라고 말했다. 다른 이들은 그가 오

23 에세네파Essenes는 기원전 3세기에 형성되어 기원후 1세기까지 존재했던 유대교의 한 종파다. 기존의 사두개파와 바리새파의 성전 장악 및 율법 해석을 비판하며 진보적이고 신비적인 성격을 띤 분리주의적 입장을 취했다.

24 힐렐Hillel은 기원 전후 시기에 예수보다 조금 앞서 태어나 활동했던 유대교 바리사이파의 대표적 랍비다. 성경 해석과 율법 준수의 원칙들을 정리하여 이른바 '힐렐파'를 창시하였으며, 이 힐렐파는 예루살렘 성전 파괴70 CE 이후 유대교를 주도했다.

직 사회주의에만 혹은 (또 다른 이들이 말하듯이) 평화주의에만 관심을 기울였으므로 독창적인 스승이었다고 말했다. 그리고 더욱 음침하게 과학적인 인물이 나타나서는, 세상 종말에 관한 예언을 하지 않았더라면 사람들이 예수의 말을 전혀 듣지 않았을 거라고 말했다. 그리스도는 커밍[25] 같은 천년왕국설 신봉자로서 중요했으며, 운명의 날짜를 정확히 공지함으로써 조야하게 공포를 조성했다는 것이다. 동일한 주제에 관한 다른 변종 이론 중에는 그리스도가 단지 영적 치유자였을 뿐 다른 아무것도 아니었다는 이론이 있다. 이는 크리스천 사이언스에 내포된 관점인데, 이 관점을 따르자면 그리스도가 베드로의 장모나 백인대장의 딸을 치유해 준 사건을 설명하기 위해 십자가 사건 없이 그리스도교를 설명해내야 한다. 또 다른 이론에서는 악마적 주술과 마귀 들린 사람들에 관한 당시의 미신이라 부를 만한 것에 전적으로 집중한다. 이는 마치 그리스도가 처음 서품받은 젊은 부제처럼 구마 의식까지는 할 수 있었지만 그 이상은 전혀 하지 못했다고[26] 하는 것 같다. 이런 설명들은 각기 그 자체만으로도 몹시 부적절해 보인다. 하지만 그것들을 모두 취합해 놓으면 그것들이 놓치고 있는 어떤 신비가 보인다. 이렇게 그리스도에게서 수많은 작은 그리스도들이 쪼

25 존 커밍John Cumming, 1807-1881은 스코틀랜드 출신의 목사이며 저술가다. 종말론에 관심이 많아 프랑스 혁명이나 아일랜드 대기근 등을 성경에 기록된 종말의 표징으로 해석했으며, 1848년에서 1867년 사이에 심판의 날이 닥칠 것이라고 주장하기도 했다.

26 가톨릭교회의 부제deacon는 교계의 가장 낮은 등급에 해당하는 성직자로, 보통 사제 서품의 전단계로 여겨진다. 주교와 사제를 도와 성사 진행을 돕고 전례 진행에 참여하는 등 구체적으로 정해진 제한된 직무를 수행한다.

개져 나올 수 있다면, 그리스도는 분명히 신비로울 뿐 아니라 다면적이기도 한 존재일 것이다. 크리스천 사이언스 신봉자들이 영적 치유자로서 그리스도에 만족하고, 그리스도교 사회주의[27]의 신봉자들이 사회 개혁가로서 그리스도에 만족한다 해도, 너무나 만족한 나머지 그리스도가 그 밖에 다른 무언가가 되기를 기대조차 하지 않는다 해도, 그리스도는 그들이 예상하리라 예상될 수 있는 것보다 훨씬 더 많은 분야에 걸쳐 있었던 것 같다. 악마를 쫓아내거나 종말을 예언하는 것같이 신비스러운 속성들에는 그들이 상상한 것 이상의 그리스도가 있었음이 암시되는 듯하다.

무엇보다도 신약성경을 처음 읽는 독자라면 우리가 놀라는 것보다 훨씬 더 많이 놀라게 될 텐데, 그가 자기를 놀라게 한 것에 걸려 넘어지지는 않을까? 나는 여기서 시간을 뒤집는 다소 불가능한 과업과 역사적 방법론을 여러 차례 시도해 보았다. 그리고 기억을 통해 뒤를 바라보기보다는 상상 속에서 사실을 향해 앞을 바라보았다. 그렇게 해서 나는, 사람이 처음엔 자기 주변의 순전한 자연에 괴물로 보였을지도 모른다고 생각하고 그 괴물을 상상해 보았다. 정말 처음으로 이름 붙여진 그리스도의 본성을 상상한다면, 우리는 더 심한 충격을 받게 될 것이다. 어떤 사람에 관한 어떤 사실을 암시하며 사람들이 처음으로 수근거리는 이야기에 우리는 어떤 기분이 들어야 할까? 어느 누가 자연 그대로의 그 첫

27 그리스도교 사회주의Christian Socialism는 빈부 격차와 계급 갈등 같은 현대 사회의 정치 · 경제적 문제들에 대하여 나사렛 예수의 가르침을 근거로 한 대안을 제시하고자 하는 신조를 말한다. 자본주의를 비판하는 사회주의 좌파 진영과 연대하여 사회적 약자를 위한 교회의 적극적인 현실 참여를 강조한다.

소문을 순전히 불경하고 정신 나간 것이라 생각한다 해도, 그 사람을 비난해선 안 된다. 오히려 정반대로, 그 추문의 돌부리에 발이 걸려 넘어지는 것이야말로 첫걸음이 된다. 진리에 대한 냉혹하고 날카로운 불신이야말로 진리를 순전히 정도程度의 문제로만 이해하려 하는 모더니즘 형이상학보다 그 진리에 대한 훨씬 더 충성스러운 헌사가 된다. 재판정에서 대제사장(대사제) 가야바가 했듯이 신성모독이라 크게 비난하며 우리가 입은 겉옷을 던져 버리거나, 일가친척과 군중처럼 그를 마귀 들린 미친 사람으로 여겨 붙잡으려 하는 것이, 그토록 파국적인 주장 앞에서 범신론의 미묘한 차이들을 멍청하게 논하며 서 있는 것보다 낫다. 단순한 사람 누구에게나 놀라움과 더불어 더 많은 지혜가 있다. 단순함의 민감함으로 가득 찬 단순한 사람이라면, 떠돌아다니는 풋내기 목수가 고요하고도 거의 무심하게 그저 자기 어깨너머를 바라보는 사람처럼 '아브라함 이전에 내가 있었다'라고 말했을 때[28], 풀이 시들고 새들이 공중에서 떨어져 죽겠다고 생각할 것이다.

28 요한복음 8장 48-59절 참조.

03

세상에서 가장 이상한 이야기

앞 장에서 나는 신약성경 이야기에서 요즘 간과되는 듯한 측면을 의도적으로 강조했다. 하지만 내가 참으로 인간적이라 할 수 있는 측면을 모호하게 만들고자 그리했다고 생각하는 사람은 아무도 없을 것이다. 그리스도가 판관 가운데 가장 자비로운 판관이자 친구 가운데 가장 호의적인 친구였으며 지금도 그러하다는 건 어느 누구의 역사적 추측에서보다도 우리 자신의 사적인 삶에서 훨씬 더 중요한 사실이다. 다만 이 책의 목적은 무언가 독특한 것이 값싼 일반화에 빠져 버렸음을 지적하려는 것이다. 그리고 그 목적을 위해서는, 심지어 매우 보편적이었던 것조차 매우 독창적이었다고 주장하는 것도 의미가 있다. 이를테면 현대적 분위기와 잘 통하는 토픽을 취할 수도 있겠다. 최근에 언급되는 금욕적 소명들은 그렇지 않으니 말이다. 우리는 유년기의 날아갈 듯한 기쁨을 이해해 마지않는다. 하지만 그때 당시에는 그러한 의미에서 절대로 이해하지 못했다. 우리가 복음의 독창성에 관한 예를 하나 원한대도 더 강하거나 더 놀라운 예를 취할 수는 없을 것이다. 근 2천 년이 지나서야 우리는 자신이 그 어린아이의 신비적 매력이 물씬 느껴지는 분위기 안에 있음을 우연히 발견하게 된다. 우리는 그것을 『피터 팬』이나 『어린아이의 시 정원』[1]같이 어린 시절을 다룬 소설이나 회한 속에서 표현한다. 우리는 스윈번과 같은 무척이나 화가 난 적그리스도인의 작품을 가지고도 그리스도의 말씀에 대해 논할 수 있다.

이제껏 주어진 어떠한 표징도
믿는 자의 눈에나 믿지 않는 자의 눈에나
갈라진 구름 너머로
그토록 선명한 낙원을 보여 주지는 못했노라.

지상의 신조들은 일흔의 일곱 배나 있고
저마다 피에 더럽혀졌으나
하늘나라가 그러하다면
그것이 참으로 하늘나라이리라.[2]

1 『어린아이의 시 정원』*A Child's Garden of Verses*, 1885은 『보물섬』*Treasure Island*, 1883으로 유명한 스코틀랜드의 작가 로버트 루이스 스티븐슨Robert Louis Stevenson, 1850-1894이 어린 시절의 놀이나 이야기 등을 소재로 쓴 동시집이다.

2 앨저넌 찰스 스윈번의 「하늘나라는 그러한 이들의 것이다」Of Such Is the Kingdom of Heaven에서 마지막 두 연을 인용했다. 이 시의 제목은 사람들이 어린아이들을 예수에게 데려왔을 때 제자들이 이를 제지하자 예수가 "천국이 이런 사람의 것이니

하지만 그리스도교가 차츰 뚜렷이 드러내기 전까지 그 낙원은 뚜렷이 드러나지 않았다. 이교 세계에서는 어린아이가 어른보다 더 높다거나 더 거룩하다는 진지한 제안 같은 걸 전혀 이해하지 못했을 것이다. 그건 마치 올챙이가 개구리보다 더 높다거나 더 거룩하다는 암시 같아 보였을 것이다. 순전히 이성주의적인 정신에는 마치 꽃눈이 꽃보다 더 아름다워야 한다거나, 덜 익은 사과가 다 익은 사과보다 더 좋은 것이어야 한다는 말처럼 들릴 것이다. 달리 말하자면, 이 현대적인 느낌은 전적으로 신비적인 느낌이다. 그것은 동정童貞을 숭배하는 것만큼이나 매우 신비적이다. 사실 그것은 동정에 대한 숭배다. 그러나 고대의 이교 세계에는 어린아이의 거룩함보다는 동정녀의 거룩함에 대한 관념이 훨씬 더 많았다. 여러 다양한 이유로 인해 오늘날 우리는 아이들을 공경하게 되었는데, 아마도 그건 단순한 게임을 하고 요정 이야기를 즐기는 등 어른들이 이전에는 했지만 지금은 하지 않는 일들을 아이들이 여전히 한다는 점에서 우리가 아이들을 부러워하기 때문일 것이다. 하지만 이런 이유 말고도 우리가 어린 시절을 높이 평가하는 데는 현실적이고 미묘한 심리가 상당히 작용한다. 만약 우리가 어린 시절에 대한 진정한 평가를 현대적 발견으로 돌리려 한다면, 우리는 역사적인 나사렛 예수가 2천 년 전에 이를 일찌감치 발견했음을 다시금 인정해야 할 것이다. 확실히 예수의 주변

라"(마태복음 19장 14절)라고 했던 것을 가리킨다. 체스터턴은 끝에서 둘째 행 "그러나 하늘나라가 그러한 이들의 것이라면"If of such be the kingdom of heaven을 "그러나 하늘나라가 그러하다면"But if such be the kingdom of heaven이라고 바꾸어 인용하고 있다. 스윈번에 대해서는 제1부 제6장 주5 참조.

세계에는 이를 발견하는 데 도움이 될 만한 것이 전혀 없었다. 이 점에서 그리스도는 정말 인간이었다. 그 당시 인간이 인간이었던 것보다 더더욱 인간이었다. 피터 팬은 판의 세계가 아니라 베드로의 세계에 속한다.[3]

우리가 그러한 조명 속에서 그 이야기를 바라볼 수 있을 만큼 충분히 떨어져 있다고 가정한다면, 그 이야기에는 순전히 문학적인 문체의 문제에서조차 어떤 비평가도 공정하게 다룬 적 없어 보이는 신기한 특징이 하나 있다. 그 이야기에는 '아 포르티오리'[4]를 이용하여 탑 위에 탑을 쌓는 특이한 분위기가 있었다. 일곱 개의 하늘[5]처럼 여러 층으로 이루어진 탑을 만드는 것이다. 이미 나는 '들판의 성읍들'[6]의 불가능한 참회를 그려낸, 거의 역전된 듯한 상상의 광경을 언급했다. 들에 핀 백합화에 대한 비유[7]에서 이런 3단계 방식을 사용한 것만큼 완벽한 경우는 모든 언어와 문학을 통틀어도 아마 없을 것이다. 그 비유에서 그리스도는 처음에 작은 꽃 한 송이를 손에 쥐고 꽃의 단순함과 무력함에 대해 말한

3 스코틀랜드의 극작가 J. M. 배리James Matthew Barrie, 1860-1937가 창조해 낸 가상 인물인 피터 팬Peter Pan은 영원히 어른이 되지 않는 장난꾸러기 어린아이로 묘사된다. 체스터턴은 이러한 피터 팬이 목신 판Pan의 그리스 신화가 아니라 베드로Peter로 대표되는 그리스도교 세계에 속한다고 말하고 있다.

4 아 포르티오리*a fortiori*는 본래 '더 강하게'라는 뜻인데, 논리에서 참으로 인정되는 기존의 명제를 바탕으로 그것이 참이 되는 근거보다 더 강력한 근거를 제시함으로써 새로운 명제가 참임을 주장하는 논법을 말한다.

5 아브라함계 종교(유대교, 그리스도교, 이슬람교)에서는 전통적으로 하늘이 일곱 개의 층으로 이루어져 있다고 보았다.

6 '들판의 성읍들'Cities of the Plain이란 표현은 구약성경 창세기에 소돔과 고모라 등을 가리키는 표현으로 등장한다. 창세기 13장 12절, 19장 29절 참조.

7 마태복음 6장 28-30절 참조.

다음, 갑자기 꽃의 화려한 빛깔을 펼쳐서는 이스라엘 민족의 전설과 영광 속에서 한 위대한 이름으로 가득 찬 궁궐과 전각 전체로 확장한다. 그리고 다시금 이야기를 뒤집으며 세 번째 단계에 이른다. 그리스도는 마치 꽃을 멀리 내던지는 듯한 몸짓으로 무無로 사그라들듯이 이야기한다. “오늘 있다가 내일 아궁이에 던져지는 들풀도 하나님이 이렇게 입히시거든 하물며 너희일까보냐.” 그건 마치 백마술을 부려 단번에 한 손으로 선한 바벨탑을 짓는 것과 같다. 탑 하나가 훌쩍 솟아올라 하늘에 닿았는데, 우리가 가능하리라고 상상했던 것보다도 더 높은 그 꼭대기에 자리한 사람의 형상이 멀리서도 보이는 것이다. 그 사람의 형상은 가벼운 논리와 재빠른 상상의 별빛 사다리 위에서 세 가지 무한대에 의해 다른 모든 것 위로 들어 올려졌다. 순전히 문학적인 의미에서, 그 비유 이야기는 도서관에 있는 거의 모든 걸작보다 더더욱 걸작일 터이다. 그건 마치 어떤 사람이 꽃을 따다가 거의 아무렇게나 소리내 말한 것처럼 들린다. 하지만 역시 순전히 문학적인 의미에서, 몇 단계로 된 이런 비교법을 사용한 데는 사목적이거나 공동체적인 윤리의 단순한 가르침에 대한 현대적 암시보다 훨씬 더 높은 것들을 암시하는 듯한 한 가지 성질이 있다고, 나는 생각한다. 이렇게 더 낮은 것을 더 높은 것과 비교하고, 더 높은 것을 그보다 훨씬 더 높은 것과 비교하면서 세 층위에서 동시에 생각하는 능력보다 실로 미묘하고 참된 의미에서 더 우월한 정신을 가리켜 보여 주는 것은 없다. 말하자면 시민이 노예보다 높으나 영혼이 시민이나 도시보다 무한히 더 높다는 점을 이해하는 것만큼 흔치 않은 지혜를 필요로 하는 일도 없다. 이는 복음을 단순화하는 사람들에게 흔히 있는 역량이 절대 아니다. 그런 사람들이 주장하는 것이란 그들 자신은 단순한 도덕이라 칭하되 다른 이들은 감상적 도덕이라 이르는 것이다. 그런 도덕은 모든 이에게 평화로이 지내라고 말하면서 만족해하는 자들이 절대 다루지 못하는 도덕이다. 오히려 그런 도덕과 관련하여 매우 두드러지는 사례는 평화와 칼에 대한 그리스도의 말씀[8]에서 확연히 드러나는 모순 속에 있다. 선한 전쟁보다 선한 평화가 더 좋으며 심지어 선한 전쟁조차 나쁜 평화보다 더 좋음을 지각하는 것이 바로 이 능력이다. 이렇게 멀리까지 나아간 비교들이 흔히 등장하는 데가 복음서 말고는 없다. 그리고 내게는 그런 비교들이 매우 광대한 무언가를 암시한다. 그러므로 단독이면서도 견고한 어떤 것에 깊이나 높이의 차원이 더해지면, 하나의 층위에서만 살아가는 납작한 피조물들 위로 탑처럼 우뚝 솟아오를 것이다.

오직 미묘하고 우월하다고 불릴 수밖에 없고, 멀리 내다보는 시각과 심지어 이중 의미까지 갖출 능력이 있는 자질을 여기서 언급한 이유는 진부하게 과장된 온순함과 온화한 이상주의에 강력하게 반발하기 위해서만은 아니다. 그러한 자질은 또한 앞 장 말미에서 건드렸던 더욱 무시무시한 진실과의 관련 속에서 언급된다. 보통 이러한 자질은 순전한 과대망상증과 가장 잘 들어맞지 않는 특성이기 때문이다. 특히 신성을 지녔다는 주장에 수반될 수도 있는 그토록 심각하고 충격적인 과대망상증과는 어울리지 않는다. 오직 지적 탁월성이라고 불릴 수 있는 이 자질이 신성의 증

8 예수는 자신이 세상에 평화를 주러 온 것이 아니라 칼을 주러 왔다고 말했다. 마태복음 10장 34-36절, 누가복음 12장 51-53절 참조.

거가 되는 것은 물론 아니다. 다만 신성을 지녔다고 하는 저속하고 오만한 주장들을 혐오한다는 증거이기는 하다. 그런 자질을 지닌 사람은 그가 평범한 사람일 뿐일지라도 종교로 자기를 기만하는 선정주의자의 특징인 난데없는 하나의 관념에 도취될 가능성이 가장 적은 사람이다. 이는 그리스도가 자신의 신성을 주장했다는 사실을 부정한다고 해서 피할 수 있는 것도 아니다. 그런 부류의 사람 곧 똑같은 지적 탁월성을 지닌 다른 예언자나 철학자가 자신의 신성을 주장했다고 하는 건 가장하기조차 불가능할 터이다. 설사 교회가 그리스도의 의도를 잘못 이해했다 하더라도, 교회 이외의 다른 어떤 역사적 전승에선 그런 똑같은 실수조차 하지 않았다는 게 여전히 사실이다. 무함마드의 추종자들은 무함마드를 잘못 이해하여 그를 알라라고 상정하지 않았다. 유대인들은 모세를 잘못 해석하여 그를 야훼와 동일시하지 않았다. 오직 이 주장만이 제기된 것이 아니라면 왜 이 주장만이 과장되었겠는가. 그리스도교 자체가 하나의 거대한 실수라 하더라도 그것은 육화만큼이나 단독적인 실수다.

이 글의 목적은 어떤 모호하고 저속한 추정들의 허위를 바로잡는 것이다. 가장 거짓된 허위 가운데 하나가 바로 여기에 있다. 모든 종교의 창시자들이 서로의 경쟁자이기에 모든 종교가 동등하다는 생각, 그들 모두가 똑같은 별빛 왕관을 차지하기 위해 서로 싸움을 벌인다는 생각이 도처의 허공에서 떠돈다. 이건 무척이나 거짓된 생각이다. 그 별빛 왕관이나 그 비슷한 것을 요구하는 이는 정말로 드물어서 거의 유일무이할 정도다. 미가 예언자나 말라기 예언자가 그러한 요구를 하지 않았듯이 무함마드 또한 그러한 요구를 하지 않았다. 플라톤이나 마르쿠스 아우렐리우스만큼이나 공자 또한 그러한 요구를 하지 않았다. 붓다는 자신이 브라흐마[9]라고 절대 말하지 않았다. 조로아스터는 자신이 아리만[10]이라고 주장하지 않은 것만큼이나 오르마즈드[11]라고도 주장하지 않았다. 사실 일반적인 경우에서 보면, 이건 우리가 상식으로나 확실하게 그리스도교 철학으로나 그럴 거라고 예상되는 바다. 정확히는 그와 전반대다. 일반적으로 말하자면 위대한 사람일수록 가장 위대한 그 주장을 할 가능성이 작다. 우리가 고찰하고 있는 독특한 사례 외에 그런 주장을 하는 사람은 아주 미소한 사람이다. 비밀스럽거나 자기중심적인 편집광 말이다. 아리스토텔레스가 자신을 신과 인간의 아버지라고 주장하며 하늘에서 내려오는 건 상상조차 할 수 없지만, 칼리굴라[12]처럼 정신 나간 로마 황제가 아리스토텔레스를 신이라고 주장한다거나 그보다는 오히려 그 자신을 신이라고 주장하리라 상상할 수 있다. 셰익스피어가 자신에 대해 말 그대로 신성하다고 이야기하는 건 누구도 상상조차 할 수 없는 일이지만, 어떤 미치광이 미국인이 신성을 셰익스피어의 작품에 있는 암호로 생각하거나, 어쩌면 오히려 자신의 작품에 있

9 브라흐마는 힌두교에서 믿는 창조의 신이다. 제1부 제4장 주37 참조.

10 아리만Ahriman은 조로아스터교에서 어둠과 거짓의 세계를 지배하며 주신主神 아후라 마즈다에 대항하는 악의 신이다.

11 오르마즈드Ormazd는 조로아스터교의 주신 아후라 마즈다의 별칭이다. 창조되지 않은 불생불멸의 최고신이다.

12 칼리굴라Caligula, 재위 37-41는 로마제국의 제3대 황제다. 젊은 나이에 로마 시민들의 절대적 지지를 받고 황제가 되었으나, 정신이상에 가까운 폭정과 퇴폐 행위를 일삼다가 결국 근위대장에게 살해되었다.

는 암호라고 생각하리라고는 상상할 수 있다. 이런저런 장소에서 이렇게 극도로 초인간적인 주장을 하는 인간들을 발견할 수 있다. 정신병자 수용소의 벽에 완충물을 댄 병실에서 구속복 차림을 한 그들을 발견할 수 있다. 하지만 정신병에 관한 매우 조야하고 투박한 법률의 지배를 받는 유물론적인 우리 사회에서 그들이 맞이할 순전히 유물론적 숙명보다 훨씬 더 중요한 것이 있다. 그들이 이런 기미를 띠든 혹은 저런 경향을 지녔든 간에 병들고 불균형하며, 옹색하면서도 자만하고, 기괴할 만큼 병적인 유형이라는 사실이 그러하다. 우리가 광인을 깨져서 금이 간 존재로 이야기하는 것은 다소 불운한 은유에 의함이다. 어떤 의미에서 광인은 충분히 깨지지 않은 사람이기 때문이다. 광인은 머릿속이 깨어져 흩어졌다기보다는 오히려 머릿속이 조여져서 갑갑해진 존재다. 그의 머리에는 환기를 위한 구멍이 충분하지 않다. 하나의 망상에 햇빛을 쪼이는 것이 불가능하기 때문에 때로는 신성이라는 망상이 덮이고 감추어진다. 그런 망상은 예언자들과 현자들과 종교의 창시자들이 아니라 오직 광인들의 저열한 집단에서만 발견될 수 있다. 하지만 바로 이 지점에서 이 논쟁은 강렬하게 흥미로워진다. 이 논쟁에서 너무 많은 것이 증명되기 때문이다. 어느 누구도 나사렛 예수가 그런 종류의 인물이라고 추정하지는 않는다. 어느 현대 비판가라도 정신이 온전하다면 산상설교를 설파한 사람이 병실 벽에다 별이나 그리고 있을 얼빠진 천치라고 생각하지는 않는다. 어떤 무신론자나 신성모독자라도 '돌아온 탕자'의 비유[13]를 이야기

13 누가복음 15장 11-32절 참조.

한 사람이 외눈박이 키클롭스[14]처럼 광적인 생각 하나만 좇는 괴물이라고는 믿지 않는다. 어떤 가능한 역사적 비판에 근거하더라도 나사렛 예수는 인간 존재의 척도에서 그보다는 더 높이 있을 게 틀림없다. 아무리 유추를 해보아도 우리는 정말로 예수를 그 자리 아니면 가장 높은 자리에 놓아야 한다.

사실 무척 건조하고 초연한 정신에서 (내가 이 글에서 가상적으로 받아들이듯이) 정말로 그 점을 받아들일 수 있는 사람들은 여기서 무척 신기하고 흥미로운 인간적 문제를 안게 된다. 그건 인간적 문제로 고려하면 너무나 강렬하게 흥미로워서 말하자면 무척이나 무관심한 정신으로 고려되고, 그래서 나는 그 사람들 가운데 일부가 그 복잡한 인간적 문제를 이해하기 쉬운 인간적 초상 같은 것으로 바꾸어 놓았으면 좋겠다. 만약 그리스도가 단순히 인간적 인물이었다면, 그는 실로 대단히 복잡하고 모순적인 인간적 인물이었다. 정확히 그는 인간 변이의 양극단에 놓인 두 가지를 결합했기 때문이다. 정확히 그는 망상을 지닌 사람이 절대 아닌 존재였다. 그는 지혜로웠으며 선한 판관이었다. 그의 말은 늘 사람들이 예상치 못한 것이었다. 다만 그의 말은 언제나 예상치 못하게 도량이 크고 예상치 못하게 온건한 경우가 많았다. '밀과 가라지'의 비유를 예로 들어 보자.[15] 거기에는 건전함과 미묘함을 결합하는 자질이 있다. 광인의 단순함은 없다. 광신도의 단순함조차 없다. 그런 비유는 유토피아의 한 세기가 끝날 때 백 살 먹은

14 키클롭스Kyklops는 '둥근 눈'이라는 뜻으로 그리스 신화에서 우라노스와 가이아가 낳은 삼형제의 별명이다. 이마에 하나의 커다란 눈이 있는 괴물로 묘사된다.

15 마태복음 13장 24-30절 참조.

철학자나 이야기할 수 있는 법이다. 명백해 보이는 것들의 주변과 그 너머를 아울러 보는 이런 자질과 가장 거리가 먼 것이 바로 자신의 뇌에 민감한 지점 하나를 지닌, 병적으로 자기중심적인 사람의 조건이다. 나는 오직 그리스도교의 신경信經이 이 두 가지 특성 곧 인성과 신성을 결합하는 놀라운 방식 외에는 설득력 있는 다른 결합 방식을 생각할 수 없다. 우리가 그 사실을 사실로 완전하게 받아들이기까지는, 순전히 거기에 근접하기만 한 것들은 믿기지 않을 만큼 멋진 것이라도 모조리 그로부터 점점 멀어지기 때문이다. 신성은 충분히 위대해서 신적일 수 있다. 신성은 충분히 위대해서 신적이라고 자처할 수 있다. 그러나 인성은 더 위대해질수록 그럴 개연성이 더 줄어든다. 무슬림이 말하듯이 신은 신이다. 하지만 위대한 사람은 자기가 신이 아님을 안다. 더 위대한 사람일수록 더 잘 안다. 이것은 역설이다. 그 지점에 다가가는 모든 것이 그 지점으로부터 멀어진단 말이다. 가장 지혜로운 인간인 소크라테스는 자신이 아무것도 알지 못한다는 걸 안다. 광인은 자신이 전지적이라고 생각할 수 있고, 바보는 자신이 전지적이라는 듯이 이야기할 수 있다. 그러나 그리스도는 또 다른 의미에서 전지적이다. 그는 모든 것을 알고만 있는 것이 아니라 자신이 알고 있음을 안다는 의미에서 전지적이다.

그러므로 순수하게 인간적이고 동정적인 측면에서조차 신약성경의 예수는 내겐 아주 많은 방면에서 무언가 초인간적인 특색, 즉 인간적이면서 인간적인 것 이상인 무언가의 특색이 있는 듯 보인다. 하지만 그의 모든 가르침을 관통하는 또 다른 자질이 있는데, 예수의 가르침을 가르침으로 다루는 현대의 이야기 대부분에서 간과되는 것 같다. 그건 바로 그가 가르치러 온 것이 아님을 지속적으로 암시한다는 점이다. 신약성경에 기록된 사건 가운데 웅대하고도 영광스럽게 인간적인 것으로서 나에게 개인적 영향을 미친 한 가지 사례가 있다면, 예수가 혼인 잔치에서 포도주를 베풀었던 사건[16]이다. 그건 거기 모인 젠체하는 사람들이 인간 존재의 외양을 지녔으되 거의 인간이라 할 수 없다는 의미에서 정말로 인간적인 사건이었다. 예수의 특별한 자질은 모든 우월한 인물들 위로 더욱 우월하게 솟아오른다. 그것은 헤릭[17]만큼 인간적이고 디킨스만큼 민주적이다. 그런데 심지어 그 이야기에서도 완전히 설명되지 않는 특색을 지녔으되 여기서 다루기엔 매우 유의미한 다른 무언가가 있다. 나는 예수가 처음에 망설였다는 사실을 말하는 것인데, 그 망설임은 이 기적의 본질 때문이 아니라, 그런 무대에서 기적을 행하는 것 자체에 대한 적절성 때문이었다. "내 때가 아직 이르지 아니하였나이다"라는 말은 대체 무슨 뜻일까?[18] 적어도 이 말은 그에 따라 어떤 것들이 잘 들어맞거나 들어맞지 않는, 심중에 있는 전체적인 계획이나 목적을 의미했음에 분명하다. 그 독자적인 전략 계획을 배제한다면, 이야기의 요점만이 아니라 이야기 자체를 배제하게 된다.

우리는 나사렛 예수를 방랑 교사로서 묘사하는 이야기를 종

16 혼인잔치에서 포도주가 떨어지자 예수가 물을 포도주로 바꾸었다는 기적을 말한다. 요한복음 2장 1-12절 참조.

17 잉글랜드의 시인 로버트 헤릭을 말하는 것 같다. 헤릭에 대해서는 제2부 제1장 주7 참조.

18 요한복음 2장 4절 참조.

종 듣곤 한다. 존경할 만한 사람들 대부분이 여전히 방랑자의 태도로 간주할, 호사나 인습에 대한 어떤 태도를 강조하는 관점이라는 한에서, 그러한 관점에는 너무도 중요한 진실이 들어 있다. 그러한 관점은 나사렛 예수 자신이 여우의 굴이나 새의 둥지에 대해 말한 훌륭한 이야기 속에 표현되어 있다.[19] 그런데 그의 다른 훌륭한 이야기들 가운데 다수가 그러하듯이 이 이야기는 실제보다 덜 강력하게 느껴진다. 그건 어떤 면에서 집합적이고 대표적으로 인간적인 존재로서 예수가 자신의 인성에 대해 말했던 그 위대한 역설에 대한 이해가 충분치 않기 때문이다. 예수는 자기 자신을 가리켜 단순히 '사람의 아들'이라고 했는데, 이는 사실상 그냥 사람이라고 부른 것이나 다름없다. 그 '새 사람' 혹은 '두 번째 아담'이 울려 퍼지는 목소리와 이목을 끄는 몸짓으로 그 원본 이야기에 처음 나왔던 위대한 사실, 즉 사람은 모든 면에서, 심지어 부족한 면조차 짐승들과 다르다는 사실을 거듭 전해야 한다는 건 맞는 말이다. 사람은 어떤 의미에서 덜 평범하고 훨씬 덜 자생적이다. 사람은 이 지상에 낯선 존재다. 이러한 의미에서, 그리고 예수가 집 없고 희망 없는 가난한 이들의 떠돌이 삶을 공유했다는 의미에서 그의 방랑에 대해 이야기하는 건 좋다. 오늘날 같으면 변변한 호구지책도 없다는 이유로 분명히 경찰에 의해 쫓겨나거나 체포되었으리라는 걸 기억하는 편이 좋다. 우리의 법률에는 집에서 자지 않는다는 이유로 집 없는 사람을 실제로 처벌한다는,

19 복음서에서 예수는 여우도 굴이 있고 공중의 새도 거처가 있지만 '인자' 곧 '사람의 아들'은 머리 둘 곳조차 없다고 말한다. 마태복음 8장 20절, 누가복음 9장 58절 참조.

네로 황제나 헤롯 왕은 절대 생각해 보았을 리 없는 해학 혹은 취미가 있기 때문이다.

그러나 또 다른 의미에서, 예수의 삶에 적용된 '방랑'이라는 단어는 오해의 소지가 조금 있다. 사실 허다한 이교도 현자들과 적지 않은 이교도 궤변가들도 참으로 방랑 교사라고 할 만한 이들이었다. 그들 가운데 어떤 이들은 두서없는 여정에 상응하는 두서없는 발언을 하기도 했다. 최신 유행의 어떤 사교 집단에서 일종의 이상적 철학자로 여겨지는 티아나의 아폴로니오스[20]는 하여간 계속 이야기를 하면서 갠지스강과 에티오피아에까지 두서없이 걸어갔다고 한다. 소요학파[21]라고 불리는 철학자들의 무리도 실제로 있었다. 심지어 위대한 그 철학자들조차 대부분 걷고 이야기하는 걸 제외하고는 거의 아무것도 하지 않는다는 모호한 인상을 줄 따름이다. 소크라테스나 붓다, 심지어 공자의 위대한 정신을 슬며시 엿볼 기회를 우리에게 제공하는 위대한 대화들은 절대 끝나지 않는 소풍의 일부인 듯 보일 때가 많다. 특히 요점은 그 소

20 티아나의 아폴로니오스는 예수와 비슷한 시기에 살았던 인물로 여러 기적을 행했고, 황제에 대한 음모를 꾸몄다는 이유로 사형 선고를 받았으나 승천했다고 한다. 3세기에 전기가 작성된 이후 예수와 비교되곤 했다. 자세한 내용은 제2부 제2장 주13 참조.

21 소요학파逍遙學派, Peripatetics는 아리스토텔레스가 운영한 학교(리케이온)에서 공부한 일단의 철학자들을 일컫는다. 이들이 소요학파라 불리는 까닭은, 동산을 산책하면서peripatein 사색하고 토론하던 관습이 있었기 때문이라고도 하고, 그 학교가 회랑peripatos이라는 이름으로 불렸기 때문이라고도 한다. 아리스토텔레스 사후에는 형이상학보다는 자연과학의 연구가 성하기도 했으며, 기원전 1세기부터는 아리스토텔레스의 전집을 정리하여 편찬하고 주석을 다는 것이 이 학파의 주된 작업이 되었다.

풍이 시작도 없고 끝도 없는 듯하다는 점이다. 소크라테스의 경우는 그 자신이 처형당함으로써 대화가 중단되었다. 그런데 죽음이 하나의 중단이자 하나의 사건이었음은 소크라테스의 입장을 아우르는 전체적 요점이자 특별한 장점이다. 바로 그 점을 놓친다면 우리는 그 위대한 철학자의 진짜 도덕적 중요성을 놓치는 것이다. 그는 순결한 놀라움과 더불어 거의 순결한 불쾌감이 어린 시선으로 사형 집행인을 응시한다. 진리를 밝혀 보이기 위한 짧은 대화를 그토록 불합리한 누군가가 중단시킬 수 있다는 걸 발견한 탓이다. 그는 진리를 찾는 것이지 죽음을 찾는 것이 아니다. 죽음은 그를 걸려 넘어지게 할 수 있는 길 위의 돌멩이에 불과하다. 소크라테스 평생의 업은 세상의 길 위에서 방랑하며 영원히 진리에 대해 이야기하는 것이다. 반면에 붓다는 단 하나의 몸짓으로 이목을 끌었다. 그것은 단념의 몸짓이었으며, 따라서 어떤 의미에서는 부인否認의 몸짓이었다. 하지만 그는 단 한 번의 극적인 부정否定으로 극적이지 않은 부정의 세계로 들어갔다. 그는 그 세계가 극적이지 않다고 주장한 최초의 인물이었을 것이다. 여기서 다시금, 차이를 보지 못한다면 우리는 그 위대한 신비가의 특별한 도덕적 중요성을 놓치게 된다. 그가 극적인 부정을 통해서 했던 일의 전체적 요점이란 욕망과 분투, 일반적으로는 패배와 실망이다. 그는 스스로 평화로 들어가 다른 이들에게 평화로 들어가는 법을 가르치기 위해 살아간다. 그러므로 그의 삶은 이상적 철학자의 삶이다. 티아나의 아폴로니오스보다 훨씬 더 이상적인 철학자다. 하지만 모든 것을 설명하는 것만이 그가 할 일이라는 의미에서, 그는 여전히 한 철학자일 뿐이다. 붓다의 경우, 모든 것을 탐구하는 것이야말로 그의 일이라고 온화하고 부드럽게 말할 수도 있겠다. 메시지들이 기본적으로 다르니 말이다. 그리스도는 "먼저 그 나라를 구하라. 그리하면 이 모든 것을 너희에게 더하시리라"[22]고 말했다. 붓다는 "먼저 그 나라를 구하라. 그러면 이 모든 것이 필요치 않게 될 것이다"라고 말했다.

다른 방랑 교사들에 비해 예수의 삶은 벼락처럼 빨리 지나가 버렸다. 그의 삶은 무엇보다도 극적이었으며, 무엇보다도 해야 할 무언가를 하는 것으로 이루어졌다. 예수가 세상을 영원히 걸어 다니며 진리를 전하는 일만 했다면 그 무언가는 단연코 완수되지 못했을 것이다. 그리고 그의 삶이 하나의 여정이었음을 잊는다는 의미에서 그 외적인 이동조차 단지 방랑으로 묘사되어서는 안 된다. 이것이 바로 그의 삶이 철학의 완수라기보다 신화의 완수였던 지점이다. 그건 목표와 목적이 있는 여정이다. 이아손이 황금양털을 찾아 떠났던 것이나[23] 헤라클레스가 헤스페리데스의 황금사과를 찾아 떠났던 것처럼[24] 말이다. 예수가 찾고 있던 황금은 죽음이었다. 그가 하려던 주요한 일이란 죽는 것이었다. 그는 똑같이 확고하고 객관적인, 거의 똑같이 외적이고 물질적이라고도 할 수 있을 다른 일도 하려고 했다. 그러나 처음부터 끝까지 가장 확고한 사실은, 그가 죽으려고 했다는 것이다. 소크라테스의 죽음과

22 마태복음 6장 33절 참조.

23 그리스 신화에 등장하는 영웅 이아손Iason은 빼앗긴 왕권을 되찾기 위해 이올코스의 왕 펠리아스의 요구에 따라 용이 지키고 있는 콜키스의 황금양털을 찾아서 가져왔다.

24 이에 대해서는 제1부 제6장 주7 참조.

그리스도의 죽음만큼 서로 다른 두 가지는 있을 수 없다. 우리는 적어도 그 친구들의 관점에서, 소크라테스의 죽음이란 내가 거의 가벼운 철학이라고 했던 인도적이고 명쾌한 철학의 흐름을 방해하는 사법司法의 어리석은 혼돈이며 오판이었다고 느끼게 되어 있다. 우리는 가난이 성 프란치스코의 신부新婦였듯이 죽음이 그리스도의 신부였다고 느끼게 되어 있다. 우리는 그러한 의미에서 그의 삶이 이를테면 죽음과의 연애이자 궁극적 희생을 추구하는 로맨스였음을 느끼게 되어 있다. 그 별이 생일 축포처럼 솟아오른 순간부터 태양이 장례식의 횃불처럼 꺼지던 순간까지, 그 이야기 전체가 극적인 속도와 방향으로 날개를 단 듯 쏜살같이 움직여 말로 표현할 수 없는 행동으로 끝을 맺는다.

그러므로 그리스도의 이야기는 거의 행군 방식으로 진행되는 한 여정에 관한 이야기다. 그 이야기는 확실히 성취 아니면 파멸을 향해 나아가는 한 영웅의 모험담 식으로 흘러간다. 그것은 정말로 에덴동산의 옅은 흔적을 지닌 목가적이고 평화로운 땅 갈릴리의 낙원에서 시작되어 점차 비탈을 지나 먹구름과 별들에 더욱 가까운 산악지대에 올라서는 결국 '연옥의 산'[25]에 닿는다. 우연히 마주친다면 그리스도는 아마도 낯선 장소에서 헤매고 있거나, 토론이나 논쟁을 위해 가던 길을 멈춘 듯한 모습일 것이다. 하

25 '연옥의 산'Mount of Purgatory은 단테의 『신곡』 제2부 「연옥편」에 등장한다. 가톨릭 교회의 교의에 따르면 연옥은 죽은 이의 영혼이 천국에 이르기 위해 정화되는 공간이다. 단테는 연옥을 여러 층으로 된 산으로 묘사하는데, 맨 아래에 정화가 시작되기 전의 단계가 있고 그 위에 일곱 가지 대죄를 하나씩 정화하는 일곱 단계가 있으며 마지막에는 이 모든 정화의 단계를 거치고 도달하는 낙원이 있다.

지만 그의 얼굴은 그 산간도시를 향해 있다. 그가 산등성이에 올라 길이 휘어지는 지점에 서서 갑작스레 소리를 치며 예루살렘을 애통해하던[26] 그 위대한 절정의 의미가 바로 그것이다. 애국심을 노래하는 모든 시에는 그 애통함의 옅은 흔적이 담겨 있다. 그런 흔적이 없는 애국심에서는 저속함의 악취가 난다. 성전 문에서 벌어진 사건의 의미가 바로 그것이다. 탁자들이 잡동사니처럼 계단 아래로 내던져지고, 부유한 상인들은 힘껏 밀쳐지며 떨려 나갔다.[27] 적어도 이 사건은, 무저항의 역설이 군국주의자들을 당황케 하는 것만큼 틀림없이 평화주의자들을 당황케 할 것이다. 나는 이 모험을 이아손의 여정에 비유했다. 하지만 우리는 더 깊은 의미에서 그것이 오디세우스의 여정에 비유될 수 있음을 잊지 말아야 한다. 그것은 여행에 관한 로맨스일 뿐 아니라 귀환에 관한 로맨스이며 찬탈의 종말에 관한 로맨스이기도 하다. 그 이야기를 읽고 이타카 구혼자들의 완패를 행복한 결말이 아니라고 볼 건강한 소년은 하나도 없다.[28] 그러나 유대인 상인들과 환전상들이 궤멸되는 모습을 폭력이 행사되는 곳에서 일어나는, 특히 부유한 이들에 저항하는 폭력이 행사되는 곳에서 일어나기 마련인 반감을 억누

26 수난 전에 예루살렘에 입성한 예수는 그 도시를 바라보고 한탄하며 성전의 파괴를 예고했다. 마태복음 23장 37-39절, 누가복음 13장 34-35절 참조.

27 예수는 예루살렘에 입성한 뒤 장사꾼들로 어지럽혀진 성전을 거친 말과 행동으로 정화했다. 마태복음 21장 12-17절, 누가복음 19장 45-48절, 요한복음 2장 13-22절 참조.

28 오디세우스Odysseus는 이타카의 왕이었으나 트로이 전쟁에 참전하면서 오랜 세월 왕좌를 비워 두었다. 그가 부재한 사이에 많은 이들이 그의 아내 페넬로페에게 구혼했다. 결국 기나긴 모험 끝에 고향에 돌아온 오디세우스는 자신의 왕국과 아내를 노렸던 이 구혼자들을 모두 처단했다.

르며 바라보는 사람들도 분명히 있다. 다만 여기서 요점은 이 모든 사건이 고조되는 위기의 특성을 지녔다는 사실이다. 달리 말해 이 사건들은 부수적이지 않다. 그 이상적인 철학자 아폴로니오스가 도미티아누스 황제의 재판석 앞으로 불려 나갔다가 마법으로 사라졌을 때, 그 기적은 전적으로 부수적인 사건이었다. 그것은 이 티아나 사람의 방랑하는 인생에서 언제든 일어날 수 있던 일이었다. 사실 그 기적의 실체는 물론 기적이 일어난 시간 또한 의심스럽다. 그 이상적인 철학자는 그저 사라졌다가 확정되지 않은 기간 동안 어딘가 다른 곳에서 자신의 이상적 실존을 재개했다. 아폴로니오스가 거의 기적적일 만큼 오래 살았다고 하는 것은 예수와 대조되는 특징이다. 나사렛 예수는 기적을 행하는 데 덜 신중했다. 예수는 본디오 빌라도의 재판석 앞으로 불려 나갔을 때도 사라지지 않았다. 그가 사라지지 않았다는 사실은 위기이면서 동시에 목적이었다. 그것은 어둠의 시간이자 권능이었다. 그것은 그의 기적적인 온 생애에서도 지극히 초자연적인 행위였다.

그 이야기를 증폭하려는 모든 시도가 오히려 그것을 축소했다. 너무 많은 저속한 감상주의자들과 자의식 강한 수사학자들뿐 아니라 진정한 재능과 능변을 지닌 많은 사람이 그 이야기를 증폭하려는 과업에 착수했다. 우아한 회의론자들은 도도한 정념을 품고, 활기 넘치는 베스트셀러 작가들은 넘치는 열정을 품고서 그 이야기를 다시 하기 시작했다. 여기에서는 그 이야기를 다시 하지 않을 것이다. 복음 속 이야기의 평이한 말들이 지닌 힘은 마치 맷돌처럼 갈아 내는 힘이다. 그리고 그 말들을 단순하게 충분히 읽을 수 있는 사람들은 자신에게 바위가 굴러떨어지는 듯한 느낌이들 것이다. 비판이란 오직 말에 대한 말일 뿐이다. 말에 대한 말은 대체 무슨 소용이 있을까? 갑자기 횃불과 성난 얼굴들로 가득 차게 된 어두운 정원을 묘사하는 말은 무슨 소용이 있을까? "너희가 강도를 잡는 것같이 칼과 몽치를 가지고 나를 잡으러 나왔느냐. 내가 날마다 성전에 앉아 가르쳤으되 너희가 나를 잡지 아니하였도다."[29] 커다란 파도가 하늘 높이까지 올라갔다가 내려오기를 거부하는 듯한 그 반어적 상황의 엄청난 구속에 다른 어떤 것이 더해질 수 있겠는가? "예루살렘의 딸들아, 나를 위하여 울지 말고 너희와 너희 자녀를 위하여 울라."[30] 대제사장(대사제)이 그에게 무슨 증언이 더 필요하겠느냐고 물었을 때, 우리가 우리 자신에게 무슨 말이 더 필요하겠느냐고 묻는 것도 당연하다. 베드로는 너무 놀라 허둥대며 예수를 부인했다. "닭이 곧 울더라. 주께서 돌이켜 베드로를 보시니 베드로가 (…) 밖에 나가서 심히 통곡하니라."[31] 누가 더 이상 할 말이 있겠는가. 죽임을 당하기 전에 예수는 흉악한 전 인류를 위해 기도했다. "저들은 자기들이 하는 것을 알지 못함이니이다."[32] 우리가 무엇을 말해야 할지 거의 알지 못한다는 것을 제외하고 달리 뭐라 말을 하겠는가? 이 이야기를 계속 되풀

29 예수를 잡기 위해 대제사장(대사제)과 백성의 장로들이 보낸 무리가 칼과 몽둥이를 가지고 왔을 때 예수가 그들을 꾸짖으며 했던 말이다. 마태복음 26장 55절 참조.

30 십자가를 지고 가는 예수를 보고 통곡하는 여자들을 향해 예수가 했던 말이다. 누가복음 23장 28절 참조.

31 대제사장(대사제)의 집에서 예수가 신문당할 때 멀찍이 떨어져서 지켜보던 베드로가, 예수가 예언했던 대로 닭 울기 전 예수를 세 번 부인한 뒤 그 예언이 생각나서 울었다고 한다. 누가복음 22장 54-62절 참조.

32 누가복음 23장 34절 참조.

이하며 질질 끌어야 할 필요가 있겠는가? 이 비극은 비아 돌로로사[33]로 이어지고, 그들은 아무렇게나 두 도둑을 예수와 함께 처형하기에 이른다. 그리고 버림당한 공포와 극심한 황폐함 속에서도 존경을 담은 목소리가 그야말로 예상 밖에 처형대로부터 들려왔고, 예수는 그 이름 없는 무법자를 향해 말했다. "오늘 네가 나와 함께 낙원에 있으리라."[34] 이 말 뒤에 완전한 마침표 말고 무엇을 덧붙일 수 있을까? 어느 누가 그의 어머니를 위해 새 아들을 창조해 준, 온 인류를 향한 그 작별의 몸짓에[35] 적절하게 응답할 준비가 되어 있겠는가?

이 이야기에서 모호하게 그려졌던 모든 인간 세력이 그 장면 안에 상징적으로 모여 있음을 지적하는 것이야말로 내 능력의 범위 안에 있고, 특히 여기서는 내 목적에 더 직접적으로 부합한다. 그리스도의 탄생에서는 왕과 철학자와 민중이 상징적으로 현존했던 반면에 그의 죽음에서는 더욱 실제적으로 현존했다. 그와 더불어 우리는 실현되어야 할 필수적인 사실과 직접 대면하게 된다. 십자가 주변에 서 있던 그 위대한 집단들은 모두 이러저러한 방식으로 당대의 위대한 역사적 진실을 드러낸다. 그 진실이란 세상

33 '고통의 길'이라는 뜻의 비아 돌로로사Via Dolorosa는 예수가 빌라도의 법정에서부터 십자가를 지고 처형장까지 걸어간 '십자가의 길'을 가리킨다. 그리스도교 전통에서는 이 길 위에 14처를 지정하여 죽음에 이르는 예수의 수난 과정을 묵상한다.

34 예수와 함께 십자가에 달렸던 다른 두 죄수 가운데 하나가 예수에게 자신을 기억해 달라고 부탁하자 예수가 그에게 했던 말이다. 누가복음 23장 39-43절 참조.

35 예수는 십자가에 달려 숨을 거둘 때 십자가 곁에 선 어머니와 자신의 사랑하는 제자를 보고 어머니를 향해 '이 사람이 어머니의 아들입니다'라고 말했다. 요한복음 19장 25-27절 참조.

이 자신을 구원할 수 없었다는 것이다. 더욱이 사람은 자신을 구원할 수 없었다. 로마와 예루살렘과 아테네와 다른 모든 것이 느린 폭포로 변한 바다처럼 아래로 내려가고 있었다. 외적으로는 고대 세계가 여전히 최강의 전성기를 누리고 있었지만, 내적인 약점이 싹트는 것은 언제나 바로 그러한 때다. 하지만 그 약점을 이해하려면 이미 이야기했던 것을 다시 반복해야만 한다. 그 약점이란 원래부터 약한 것의 약점이 아니었다. 단연코 세상의 강점이 변하여 약점이 되었으며, 세상의 지혜가 변하여 어리석음이 되었다.

성금요일에 관한 이 이야기에서 최악인 것들은 이 세상에서 최고인 것들이다. 그것은 그야말로 우리에게 최악의 상태에 있는 세상을 보여 준다. 이를테면 참된 일신교의 사제들과 국제적인 문명의 병사들이 그러했다. 무너진 트로이 위에 건설되었고 무너진 카르타고 위에서 크게 번성한 전설적인 로마는 영웅주의를 대표했으며, 이 영웅주의란 이교 문명에서 기사도에 근접한 것이다. 로마는 아프리카의 거인 괴물들과 그리스의 자웅동체 괴수들에 맞서 집안 신들과 인간의 품위를 수호했다. 그러나 이 사건의 번개 같은 섬광 속에서 우리는 위대한 로마, 그 장엄한 공화국이 루크레티아[36]의 비운을 따라 쇠락하는 모습을 본다. 세계를 정복한 이들의 자신에 찬 분별마저 회의주의에 먹혀 버렸다. 권좌에 올라

36 루크레티아Lucretia는 기원전 6세기에 살았다고 전해지는 고대 로마의 전설적인 여인이다. 로마의 왕 타르퀴니우스의 아들에게 능욕당한 뒤 아버지와 남편에게 복수를 부탁하고 자결했는데, 이에 민중이 봉기하여 타르퀴니우스 왕가를 몰아내고 공화정을 성립시켰다고 한다. 이로써 루크레티아는 정절의 상징이자 로마 공화정의 어머니로 추앙받았고 후대의 여러 화가들과 작가들이 그녀를 작품의 주제로 삼았다.

무엇이 정의인지 말해야 하는 자가 오직 이렇게밖에 묻지 못한다. "진리가 무엇이냐?"[37] 그러므로 고대의 운명 전체를 결정지은 그 드라마의 중심인물들 가운데 하나는 자신의 참된 역할과는 정반대되는 것에 고정되어 있다. 로마는 책임을 나타내는 또 다른 이름이나 다름없었다. 그러나 그는 무책임한 이들을 대표하는 흔들리는 동상으로 영원히 서 있다. '사람'[38]은 그 이상 할 수 있는 것이 없었다. 심지어 실제적인 것조차 비실제적인 것이 되어 있었다. 재판석의 기둥 사이에 서서 한 로마인이 자기 손에서 세상을 씻어 냈던 것이다.[39]

거기에는 또한 구름 뒤에 있는 하늘처럼 모든 신화 뒤에 숨은 순결하고 독창적인 진리의 사제들도 있었다. 그것은 세상에서 가장 중요한 진리였지만 그 진리조차 세상을 구원할 수는 없었다. 아마도 순수한 인격적 유신론에는 압도적인 무언가가 있을 것이다. 마치 해와 달과 하늘이 한데 모여서 하나의 응시하는 얼굴을 형성하는 걸 보게 되듯이 말이다. 아마도 신적인 것이든 인간적인 것이든 어떤 매개자에 의해 깨지지 않을 경우, 그 진리는 너무나 엄청나서 우리가 감당할 수 없는 것이다. 아마도 그 진리는 다만 너무 순수하고 아주 멀리 있을 뿐이다. 하여간 그 진리도 세상을

37 예수가 자신을 재판하는 빌라도에게 "내가 이를 위하여 태어났으며 이를 위하여 세상에 왔나니 곧 진리에 대하여 증언하려 함이로라"고 하자 빌라도가 재차 묻는 말이다. 요한복음 18장 37-38절 참조.

38 앞서 저자가 말했던 '사람' 곧 '사람의 아들'인 예수를 가리킨다.

39 빌라도는 예수의 무죄함을 알았음에도, 예수를 십자가에 못 박으라고 외치는 군중 앞에서 폭동이 일어날까 두려워하며 예수를 넘겨주면서 자신에게 책임이 없다는 뜻에서 손을 씻었다. 마태복음 27장 15-26절 참조.

구할 수 없었다. 심지어 세상을 정복할 수조차 없었다. 그 진리를 가장 높고 가장 고귀한 형태로 주장한 철학자들이 있었다. 하지만 그들은 세상을 전환할 수 없었을 뿐 아니라 그럴 시도조차 전혀 하지 않았다. 주머니칼을 가지고 숲을 베어 없앨 수가 없듯이 개인적인 의견을 가지고 민중적 신화의 정글에 맞서 싸울 수는 없었다. 유대인 사제들은 좋은 의미에서나 나쁜 의미에서나 그 진리를 빈틈없이 지켰었다. 거대한 비밀로 지켰었다. 야만인 영웅들이 태양을 상자 안에 넣어 두었듯이 유대인 사제들은 영원한 존재를 장막 안에 모셔 두었다. 그들은 하나뿐인 신이라는 눈부신 태양을 그들만이 지켜볼 수 있음을 자랑스러워했다. 자기 눈이 멀게 된 줄은 알지 못했다. 그날 이후로 그들의 대표들은 환한 대낮에도 눈먼 사람처럼 막대기로 좌우를 두드리며 어둠 속을 더듬고 있었다. 그러나 그들의 기념비적 유일신교에서 그 진리는 적어도 하나의 기념비와 같이 그 부류의 가장 마지막 존재로 남았으며, 또한 어떤 의미에서는 그 진리에 만족할 수 없는 더욱 불안한 세상에서 아무런 움직임도 없는 상태로 남았다. 어떤 이유로 인해 그 진리가 세상을 만족시킬 수 없음이 확실하니 말이다. 그날 이후로 하나님은 하늘에 계시며 이 세상은 전부 잘 돌아가고 있다고 말하는 것으로는 전혀 충분치 않게 되었다. 하나님이 세상을 바로잡기 위해 하늘을 떠나셨다는 소문이 돌았기 때문이다.

그리고 이 선한 힘들이, 적어도 한때 선했던 힘들이 그러하였듯이 아마도 가장 좋은 요소, 혹은 그리스도 자신이 확실하게 가장 좋다고 느꼈을 요소 또한 그러했다. 그가 기쁜 소식을 설파한 가난한 이들, 그의 말씀을 기쁘게 들었던 평범한 사람들, 이전에 옛 이교도 세계에서 그토록 많은 민중적 영웅과 반신半神을 만들어 냈던 민중 또한 세상을 무너뜨리는 약점들을 드러냈다. 그들은 한 사회의 쇠퇴기에 도시의 폭도에게서 보이는, 특히 수도의 폭도에게서 종종 보이는 폐해를 겪었다. 시골 주민들이 전통에 기대어 살게 되는 것과 같은 이유로 도시 주민들은 소문에 기대어 산다. 그들의 신화가 아무리 좋아도 비이성적이었던 것처럼, 그들이 좋아하고 싫어하는 것들은 전혀 권위도 없고 근거도 없는 자의적인 주장에 따라 쉽게 달라진다. 이러저러한 도둑들이 인위적으로 민중적이고 멋들어진 인물로 바뀌어 그리스도에 맞선 일종의 후보자로 뛰게 되었다. 이 모든 것에서, 우리는 신문의 허위 기사들과 특종 기사들을 통해 우리가 알고 있는 도시의 주민들을 떠올리게 된다. 그러나 이 고대의 주민들에게는 고대 세계 특유의 한 가지 폐해가 있었다. 이미 언급했듯이 그들은 개인을 등한시했다. 특히 유죄판결을 표결하는 개인을 등한시하고, 더욱이 유죄판결을 받은 개인까지도 등한시했다. 이는 벌떼 같은 영혼이며, 미개하고 이교적인 것이었다. 그 시간에는 이런 정신의 외침 또한 들려왔다. "한 사람이 백성을 위하여 죽는 것이 낫다."[40] 하지만 고대 세계에서 도시와 국가에 대한 헌신의 정신은 그 자체로는 혹은 그 시대에는 고귀한 것이었다. 이 정신을 따른 시인들과 순교자들이 있었으며 그들은 여전히 영원토록 영예로이 존경받아야 할 사람

40 예수가 최고 의회에서 신문받을 때, 그해의 대제사장(대사제) 가야바는 예수를 두고 주저하는 다른 사제와 바리새인들을 향해 "한 사람이 백성을 위하여 죽어서 온 민족이 망하지 않게 되는 것이 너희에게 유익한 줄을 생각하지 아니하는도다"라고 말했다. 요한복음 11장 49-50절 참조.

들이다. 그 정신은 모든 신비주의의 사원인 한 사람의 분리된 영혼을 보지 못하는 그 약점을 통해 약해지고 있었다. 하지만 그것은 다른 모든 것이 약해지듯 약화되었을 따름이다. 그 폭도들은 사두개인과 바리새인, 철학자와 도덕주의자에게 동조했다. 제국의 관리와 신성한 사제, 서기와 병사에게 동조했다. 그리하여 그 유일한 보편적인 인간 정신이 보편적인 유죄판결을 받게 되었다. '사람'이 사람들에게서 거부되었을 때, 모두가 완전히 일치되는 인정과 조화의 깊은 합창이 울려 퍼지게 되었다.

어느 누구도 따라가지 않을 그곳 너머에는 쓸쓸한 황야가 있었다. 그 드라마의 눈에 보이지 않는 내밀한 부분에 비밀이 있었다. 그 비밀은 언어로도 상징되지 않고, 혹은 한 사람이 사람들로부터 단절된 데에서도 상징되지 않는다. 적나라한 서사보다 덜 삭막하고 덜 집중적인 말로는 언덕 위로 들어 올려진 고양高揚의 공포를 암시하는 것조차 쉽지 않다. 끝없는 해설들이 있었지만 결국 그 끝에 이르지 못했으며 심지어는 그 시작에도 이르지 못했다. 행여 침묵을 낳을 수 있는 소리라는 게 있다면, 우리는 그 끝과 그 극단에 관하여 확실히 침묵할 수 있을 것이다. 그때는 지독히 뚜렷하면서도 지독히 이해할 수 없는 말로 외치는 소리가 어둠 속에서 뿜어져 나왔다.[41] 바로 그 말이 인간에게 영원을 얻어 주었으나 인간은 그 영원 안에서도 절대 그 말을 이해하지 못할 것이다. 그 멸절의 한순간에, 우리는 생각도 할 수 없는 하나의 심연이

41 마가복음에 따르면, 십자가에 달린 예수는 큰소리로 "엘리 엘리 라마 사박다니" 즉 "나의 하나님, 나의 하나님, 어찌하여 나를 버리셨나이까"라고 외친 뒤 숨을 거두었다. 마가복음 15장 33-37절 참조.

일치된 절대자 안에서도 벌어지고 말았다. 하나님이 하나님으로부터 버림받은 것이다.

그들은 십자가에서 시신을 내렸다. 최초의 그리스도인 중 몇 안 되는 부유한 사람 하나가 자신의 정원에 있는 바위 무덤에 시신을 묻을 수 있도록 허가를 얻었다. 로마인들은 폭동이 벌어지거나 시신을 되찾으려는 시도가 있을까 봐 무덤에 경비병을 세워 두었다. 이 자연스러운 과정에도 자연스러운 상징이 들어 있다. 예수의 무덤이 고대 동방의 은밀한 매장 방식에 따라 완전히 봉인되고 로마 황제의 권위에 의해 감시되어야 한다는 것은 온당한 일이었다. 이 두 번째 동굴에서는 우리가 고대라 부르는 위대하고 영광스러운 인류 전체가 요약되어 은폐되었기 때문이다. 바로 그 자리에 인류 전체가 묻힌 것이다. 그건 인류 역사라 불리는 위대한 것의 끝이었다. 하지만 역사는 오직 인간적인 것에 지나지 않는다. 신화와 철학이 거기에 묻혔다. 신과 영웅과 현자도 묻혔다. 로마의 위대한 표현대로, 그들은 살았었다.[42] 그러나 그들은 오직 살 수 있었듯이 그렇게 죽을 수 있을 뿐이었다. 그런데 그들은 이미 죽어 있었다.

사흘째 되던 날 동틀 녘에 그 장소에 찾아온 그리스도의 친구들은 무덤이 비어 있고 돌이 굴려진 것을 발견했다. 여러 다양한 방식으로 그들은 새로운 경이를 깨달았다. 하지만 그들조차 지난 밤사이에 세상이 죽었음을 깨닫지 못했다. 그들이 보고 있던 것은 새 하늘과 새 땅이 함께하는 새 창조의 첫날이었다. 하나님

42 고대 로마에서는 '윅세룬트'Vixerunt 곧 '[그들은] 살았었다'라는 완료시제 표현을 사용하여 이제는 [그들이] 죽었음을 에둘러 표현했다.

은 마치 동산지기와 같은 모습으로, 저녁이 아닌 새벽의 시원한 바람 속에 다시 그 동산으로 걸어 들어오셨다.[43]

43 체스터턴은 마리아 막달레나가 부활한 예수를 처음 만났을 때 그분을 알아보지 못하고 무덤이 있던 동산의 동산지기인 줄 착각했던 장면과, 에덴동산에서 최초의 인류가 죄를 지었을 때 저녁 산들바람 속에 동산을 거니시던 하나님이 아담을 대면한 장면을 연결짓는다. 창세기 3장 8절 참조.

04

이단들의 증언

그리스도는 두 번의 위대한 비유를 들어 교회를 세웠다.[1] 교회를 세울 권한을 받은 사도들에게 전하는 최종적인 말씀이었다. 첫째 비유는 교회를 바위 위에 세우듯이 베드로 위에 세우리라는 말씀이었다. 둘째 비유는 열쇠의 상징이었다. 첫째 비유의 의미에 대해, 나는 당연히 아무런 의심도 없다. 첫째 비유는 부차적인 두 가지 측면을 제외하고는 여기서 전개하려는 논쟁에 직접 영향을 주지 않는다. 하지만 이 비유는 나중에야, 심지어는 아주 오랜 뒤에야 완전히 설명될 수 있는 비유의 또 다른 예다. 그리고 겉으로 보기에 갈대에 훨씬 더 가까운 사람을 가리켜 바위라고 묘사했다는 한에서, 첫째 비유는 언어 표현에서조차 단순하고 자명한 것을 정

1 마태복음 16장 18-19절 참조.

반대로 뒤집는 비유의 또 다른 예이기도 하다.

그런데 열쇠라는 이미지에는 정확하게 인지된 적이 거의 없는 정확함이 깃들어 있다. 열쇠는 그리스도교 세계의 예술과 문장紋章에서 충분히 두드러지게 등장했다. 하지만 모두가 그 알레고리 특유의 적절성을 알아보았던 것은 아니다. 우리는 이제 로마제국 안에서 교회의 첫 등장과 활동에 대해 논의해야 할 역사적 시점에 도달했다. 이를 간략하게 묘사하는 데 열쇠라는 고대의 은유보다 더 완벽한 것은 있을 수 없다. 초기 그리스도인은 바로 열쇠를 가지고 다니는 사람이었다. 아니면 그가 말하는 것이 곧 열쇠였다. 그리스도 운동 전체가 그 열쇠를 소유하고 있음을 주장하는 데 있었다. 그것은 공성추攻城槌를 통해 더 잘 표현될 수 있을 모호한 전진 운동이기만 한 것은 아니었다. 그리스도 운동은 현대 사회 운동처럼 비슷한 것들이든 비슷하지 않은 것들이든 모조리 다 쓸어 버리려 하지 않았다. 곧 보겠지만, 오히려 그렇게 하기를 확고히 거부했다. 그리스도 운동은 하나의 열쇠가 있는데 교회가 그 열쇠를 소유했으며, 다른 어떤 열쇠도 그 열쇠와 같지 않음을 확고히 주장했다. 다만 그 열쇠는 온 세상의 감옥을 열고 자유의 햇빛을 들여올 수 있는 열쇠였다.

그리스도교의 신경信經은 세 가지 측면에서 열쇠와 같았으며, 이 세 가지 측면은 열쇠라는 상징 아래 아주 용이하게 요약될 수 있다. 첫째, 열쇠는 무엇보다도 고유한 형태를 지닌 물건이다. 열쇠의 존재 가치는 전적으로 그 형태를 유지하는 데 달려 있다. 그리스도교의 신경은 무엇보다도 형태의 철학이며 형태 없음에 대한 적敵이다. 이 점이 바로 그리스도교가 마니교나 불교와 같은 모든 무형無形의 무한대와 달라지는 지점이다. 그런 무형의 무한대란 아시아의 어두운 중심에 밤의 웅덩이를 만들어 놓는다. 그것은 모든 피조물을 멸절하는 이상理想이다. 또한 이 지점에서 그리스도교는 피조물이 끊임없이 그 형태를 잃는다고 하는 순전한 진화론의 모호한 유비와 차이가 난다. 하나밖에 없는 자신의 현관 열쇠가 백만 개의 다른 열쇠들과 함께 녹아내려 불교적인 합일을 이루었다는 이야기를 들으면 누구나 화가 날 것이다. 하지만 자신의 열쇠가 주머니 속에서 점차 자라나 싹을 틔우고 가지를 뻗어 새로운 영역으로 넘어가거나 더 복잡한 문제들을 일으킨다는 이야기를 듣는다고 해서 더 만족스럽지는 않을 것이다.

둘째, 열쇠의 형태는 그 자체로 다소 환상적이다. 열쇠가 무엇인지 모르는 미개인이라면 열쇠를 보고서 그것이 과연 무엇인지를 생각하는 데 큰 어려움을 겪을 터이다. 또한 열쇠의 형태가 환상적인 까닭은 그것이 어떤 의미에서 자의적이기 때문이다. 열쇠는 추상 작용의 문제가 아니다. 그러한 의미에서 열쇠는 논쟁의 문제도 아니다. 열쇠는 자물쇠에 들어맞거나 들어맞지 않거나 둘 중 하나다. 사람들이 열쇠 자체를 두고 논쟁하거나, 기하학이나 장식 예술의 순수한 원칙들에 따라 애써 열쇠를 재구성하는 건 쓸모없는 일이다. 또한 단순한 열쇠를 원한다고 말하는 것은 무의미한 일이다. 오히려 쇠지렛대를 가지고 최선을 다하는 편이 훨씬 더 분별 있는 일일 것이다. 셋째, 열쇠는 필수적으로 패턴이 있는 물건이다. 마찬가지로 그리스도교는 어떤 면에서 상당히 정교한 패턴을 지녔다. 종교가 신학과 그런 부류의 일들로 너무 일찍 복잡해진 것을 두고 불평하는 사람들은, 세상이 단지 한 구멍 안으로 들어갔을 뿐 아니라 여러 구멍과 모서리로 된 온전한 미로에 들어갔음을 잊은 것이다. 이는 그 자체로 복잡한 문제였으며, 평범한 의미에서 죄만큼 단순한 어떤 것도 포함하지 않았다. 다만 이 문제는 비밀들로 가득했으며, 탐구되지 않은 불가해한 오류와 의식되지 않는 정신적 질병, 그리고 사방에서 다가오는 위험으로 가득했다. 어떤 도덕주의자들은 신앙을 평화와 단순함에 관한 진부한 이야기로만 한정하는데, 만약 신앙이 그러한 이야기만 가지고 세상을 대면했다면 그 호화롭고 미로 같은 정신병자 수용소에 가장 미미한 영향조차 끼치지 못했을 것이다. 신앙이 한 일을 이제 우리가 대강 기술해야 하는데, 여기서는 이렇게 말하는 것으로 충분하겠다. 그 열쇠에 관해 복잡해 보이는 것은 틀림없이 많이 있지만, 단순한 것은 정말로 오직 하나밖에 없다. 그 열쇠가 문을 열었다는 사실이다.

이 문제에는 사람들이 인정하고 수용하는 언명들이 있다. 이 언명들은 편의상 간단하게 거짓말이라 할 만하다. 그리스도교는 야만의 시대에 생겨났다는 말을 우리 모두 들어 본 적이 있다. 그런 말을 하는 사람들은 차라리 크리스천 사이언스[2]가 야만의 시대에 생겨났다고 말하는 편이 낫겠다. 그들은 그리스도교가 사회적 쇠퇴의 증상이었다고 생각하는 것 같다. 내가 크리스천 사이언스는 정신적 쇠퇴의 증상이라고 생각하듯이 말이다. 그들은 그리스도교를 궁극적으로 한 문명을 파괴한 미신이라고 생각하는 것 같다. 내가 크리스천 사이언스는 (진지하게 받아들여진다면) 얼마

2 에디 부인이 창시한 크리스천 사이언스에 대해서는 제2부 제2장 주9 참조.

든지 많은 문명을 파괴할 능력이 있는 미신이라 생각하듯이 말이다. 그러나 4세기나 5세기의 그리스도인이 야만의 시대를 살았던 야만인이라고 하는 말은 에디 부인이 레드 인디언이었다는 말과 그야말로 똑같다. 만약 내가 에디 부인에 대한 나의 조바심을 허용하여 그녀를 레드 인디언이라 부르고야 만다면, 나는 우발적으로 거짓말을 하는 것이다. 우리는 4세기 로마의 제국 문명을 좋아하거나 싫어할 수 있으며, 19세기 아메리카의 산업 문명을 좋아하거나 싫어할 수도 있다. 하지만 두 문명 모두 우리가 보통 말하는 의미에서의 문명이었음을 상식적인 사람이라면 결코 부정할 수 없다. 이는 매우 분명한 사실이며 또한 매우 근본적인 사실이기도 하다. 그러므로 우리는 앞으로 이를 기초로 삼아 과거의 건설적인 그리스도교에 대해 기술해야 한다. 좋든 나쁘든 그리스도교는 특출하게 문명화된 시대의 산물이었다. 어쩌면 과도하게 문명화된 시대의 산물이었지도 모른다. 이는 그리스도교에 대한 모든 칭송이나 비난과 상관없는 제1의 사실이다. 무척이나 유감스럽게도, 무언가를 크리스천 사이언스에 비교하는 것이 그것을 칭송하는 것이라는 느낌은 전혀 들지 않는다. 그러나 우리가 그 안에서 어떤 것을 비난하든 칭송하든, 한 사회의 풍미에 관해 무언가를 알게 되는 건 적어도 바람직한 일이긴 하다. 그리고 에디 부인을 토마호크[3]와 연결하거나 고통의 성모[4]를 토템과 연결하는

3 토마호크tomahawk는 (체스터턴이 레드 인디언이라고 칭하는) 아메리카 원주민들이 사용하던 날카로운 손도끼의 이름이다.

4 고통의 성모Mater Dolorosa는 가톨릭 교회에서 성모 마리아를 부르는 여러 호칭 가운데 하나로, 예수의 어머니로서 마리아가 겪은 고통에 초점을 맞춘다.

학문은 우리의 일반적 편의를 위해 제거될 수도 있다. 그리스도의 종교만이 아니라 전체 이교 문명에 관한 지배적인 사실은 이 책에서 몇 번이고 언급했다. 지중해는 웅덩이나 다름없는 하나의 호수였다. 웅덩이에 고여 있다는 말 그대로 서로 다른 종교와 문화가 그 안에 모여 있었다. 그 호수 같은 바다의 주위를 둘러싸고 서로를 마주하던 도시들은 점점 더 하나의 범세계적인 문화를 이루었다. 그 문화는 법이나 군사의 측면에서는 로마제국의 문화였으나 거기에는 그 밖에도 다른 측면들이 많이 있었다. 아주 다양한 미신들이 있었다는 점에서 그 문화는 미신적이라 할 수도 있다. 하지만 그 문화의 어떠한 부분도 야만적이라고 할 수는 없다.

범세계적 문화의 수준에서 그리스도의 종교와 가톨릭교회가 발생했다. 그리고 그 이야기 속 하나하나가 그것이 무언가 새롭고 낯설게 느껴졌음을 암시한다. 그것이 무언가 훨씬 더 온화하거나 더욱 평범한 무언가로부터 진화되어 나왔다는 의견을 제시하려 한 사람들은 자신의 진화론적 방법론이 이 경우에는 적용되기 매우 어렵다는 사실을 발견했다. 그들은 아마도 에세네파나 에비온파[5] 혹은 그 비슷한 것들이 씨앗이 되었다고 말할 수도 있다. 그러나 씨앗은 눈에 보이지 않고, 나무는 아주 빨리 완전하게 자란 듯 보인다. 그 나무는 전적으로 다른 무언가다. 베들레헴 이야기의 온정과 도덕적 아름다움을 간직하고 있다는 의미에서 크리스마스트리인 게 분명하다. 그러나 그것은 일곱 촛대[6]만큼이

5 에비온파派 Ebionism는 초기 그리스도교 이단 가운데 하나다. 나사렛 예수를 메시아로 믿었지만 그의 신성과 동정녀 탄생 등을 인정하지 않았다. 자기들만의 복음서를 가지고 있었으며 예수의 형제 야고보를 정통으로 보고 사도 바울을 배격했다.

나 의례적인 것이기도 했다. 일곱 촛대의 초는 에드워드 6세의 첫 기도서[7]에 의해 허용되었던 것보다 꽤 많아 보인다. 그리하여 사실 이렇게 묻는 것도 당연하다. 동방박사들은 황금을 가져왔는데, 왜 베들레헴 전승을 받아들이는 사람은 누구나 황금이라든가 도금된 장식을 거부해야 하는가? 심지어 동방박사들은 그 마구간에 향을 가져왔는데, 왜 교회에서는 향을 싫어해야 하는가? 하지만 이런 질문은 여기서 내가 관심을 둔 논의 사항이 아니다. 나는 다만 역사학자들에게서 더더욱 인정받는 역사적 사실에만 관심을 두고 있다. 그 사실이란 역사의 매우 이른 시기부터 교회가 고대 세계에서 눈에 띄었으며, 이미 교회는 교회에 내포된 모든 것과 교회에서 사람들이 싫어하는 많은 부분을 지닌 교회로 등장했다는 것이다. 교회가 당대의 의례적이거나 마술적이거나 금욕적인 신비들과 얼마나 비슷했는지는 잠시 뒤에 논의할 것이다. 교회는 적어도 우리 시대의 오직 윤리적이고 이상주의적인 운동과 같지 않았다는 게 확실하다. 교회에는 교의가 있었고, 규율이 있었고, 성사가 있었고, 또한 입문의 단계들이 있었다. 교회는 사람들

6 유대교에서 중요한 상징적 의미를 갖는 일곱 갈래의 촛대 메노라menorah를 말한다. 유대교의 주요한 의례 용품으로, 모세가 불이 붙었지만 타지 않는 떨기나무에서 만났던 하나님을 상징한다. 출애굽기 25장 31-40절에는 이 메노라의 제작 과정과 사용 방법이 기록되어 있으며, 요한계시록 1장 20절 등에서도 중요한 상징으로 등장한다.

7 잉글랜드의 국왕 에드워드 6세재위 1547-1553는 종교개혁을 단행한 헨리 8세의 아들로 아홉 살에 왕위에 올라 열여섯 살에 세상을 떠났기 때문에 자신의 정치를 제대로 펼칠 수 없었으나, 매우 열렬한 개신교 신자로서 두 차례에 걸쳐 예배통일령을 공포하고 『공동기도서』*Book of Common Prayer*를 제정하여 부왕의 종교개혁 정책이 뿌리내리는 기틀을 마련했다.

을 받아들이기도 했고 사람들을 내쫓기도 했다. 교회는 권위로 하나의 교의를 확립했으며, 파문으로 또 하나의 교의를 배척했다. 이 모든 것이 적그리스도의 표지라면, 적그리스도의 통치가 매우 빠르게 그리스도를 바싹 뒤따라왔던 셈이다.

그리스도교는 교회가 아니라 이상주의자들의 도덕 운동이었다고 주장하는 이들은 참된 그리스도교가 왜곡되거나 소멸한 시기를 더더욱 뒤로 미루어야 했다. 로마의 주교는 요한복음사가가 살아 있던 동안에 자신의 권위를 주장하는 글을 썼는데[8] 그 글은 최초의 '교황의 침략'이라고 묘사된다.[9] 사도들의 한 친구는 자신이 알고 지냈던 대로 사도들에 대해 글을 쓰면서 사도들이 자신에게 성체성사의 교의를 가르쳤다고 한다. 그런데 H. G. 웰스는 야만적인 피의 의례가 아마도 예상보다 다소 이른 시기에 일어났을 수도 있다고 웅얼거릴 따름이다. 제4복음서의 저술 연대는 한때 꾸준히 더 늦춰졌지만, 이제는 오히려 꾸준히 더 앞당겨지고 있다. 그래서 비평가들은 제4복음서가 그 책 자체에서 공언하고 있는 바와 같은 책일 수도 있다는[10] 새로이 등장한 무시무시한 가능성에 놀라 비틀거릴 지경이다. 참된 그리스도교가 소멸한 이

8 그리스도교의 첫 교부로 공경받는 교황 클레멘스 1세재위 88-99가 내분이 일어난 코린토스 교회에 보낸 서한(「클레멘스 1서」)을 말한다. 가톨릭교회에서는 성경 이외에 가장 오래된 교회의 문서이자 최초의 교부 문헌인 이 서한을 로마의 주교가 교회에서 갖는 우월적 권한을 확인하는 문서로 인정한다.

9 본래 '교황의 침략'Papal Aggression은 1850년에 교황 비오 9세가 잉글랜드와 웨일스를 로마가톨릭교회의 한 교구로 편입한 일을 가리키던 표현이다.

10 제4복음서 곧 요한복음은 그 마지막 부분에서 이 복음서가 '예수가 사랑한 제자' 곧 사도 요한이 직접 '기록한' 것임을 공언하고 있다. 요한복음 21장 24-25절 참조.

른 시기의 최후 한계는, 아마도 잉에 신부[11]가 그 권위에 의지하는 최신 독일인 교수가 찾아냈을 것이다. 이 박식한 학자는 오순절 성령강림 사건이야말로 나사렛 예수의 단순한 이상理想과는 완전히 이질적인, 교계적이고 교조적이며 전제적인 교회가 처음으로 세워진 계기였다고 말한다. 이는 학술적인 의미는 물론 대중적인 의미에서도 한계치라고 할 수 있다. 이런 부류의 교수들은 사람이 무엇으로 만들어졌다고 상상하는 것일까? 그리스도교가 순전히 인간적인 운동의 문제라면, 양심적인 반대자들의 운동이라고 해두자. 어떤 이들은 초기 그리스도인들이 평화주의자들이었다고 말한다. 나는 잠시도 그 말을 믿을 수 없지만, 논쟁을 위해서는 그 비슷한 다른 말을 받아들일 준비가 되어 있다. 톨스토이나 아니면 농민 사이에서 평화를 설파한 어떤 훌륭한 설교가가 징병을 거부하다가 항명죄로 사살되었다고 하자. 얼마 뒤에 몇 안 되는 추종자들이 그를 기리기 위해 다락방에 모였다. 죽은 설교가에 대한 공통의 기억 말고는 그들이 한데 모인 다른 이유는 전혀 없었다. 그들은 여러 다양한 부류의 사람들이었으며, 보편적 평화의 스승에게 닥친 이 비극이 그들 모두의 삶에서 가장 큰 사건이었음을 제외하면 하나로 묶일 만한 면이 전혀 없었다. 그들은 스승의 말씀을 늘 되뇌고, 스승의 문제들을 궁리하며, 스승의 품성을 닮고자 노력하던 터였다. 이 평화주의자들은 오순절에 모여서 갑

11 윌리엄 잉에William Ralph Inge, 1860-1954는 잉글랜드의 성공회 사제였으며 노벨문학상 후보에 오른 작가였다. 케임브리지 대학에서 공부했고 세인트 폴 대성당의 주임사제로 봉직했다. 개인의 자율적 신앙과 영적 경험을 중시한 그는 로마가톨릭교회를 강하게 비판했고 현대 문명의 진보에 대해 비관적 시각을 견지했다.

작스러운 열광의 황홀경과 거칠게 몰아치는 영감의 회오리에 사로잡혔다. 그리고 보편적 징병제를 설립하고 해군 예산을 증액하며, 모두가 완전무장할 것과 모든 전선에 대포를 빼곡히 배치해야 한다고 주장하는 데까지 나아갔다. 이 일련의 과정은 마침내 "불독 소년들"[12]과 "그들이 영국 해군을 해체하지 못하게 하라"[13]를 노래하는 것으로 막을 내린다. 교회를 비판하는 이들의 이론이 바로 이와 같다. 예수에 대한 관념에서 가톨리시즘에 대한 관념으로의 이행이 오순절에 그 작은 다락방에서 이루어졌을 수 있다는 것이다. 상식이 있는 사람이라면 누구라도, 사랑했던 지도자를 향한 공통의 열의 때문에 만나게 된 열광적 지지자들이 즉각 몰려 나가서는 그 지도자가 혐오했던 모든 것을 세우려 들 거라고는 생각지 않을 것이다. 아무렴, 그럴 수는 없다. 만약 '교계적이고 교조적인 체계'가 오순절 성령강림만큼 오래된 것이라면, 그건 크리스마스만큼 오래된 것이기도 하다. 그러한 체계의 흔적이 그토록 이른 시기의 초기 그리스도인들에게까지 거슬러 올라간다면, 그건 마침내 그리스도에게까지 거슬러 올라갈 수밖에 없다.

그렇다면 우리는 다음과 같이 두 가지 견해를 부정함으로써

12 '불독 소년들'Boys of the Bulldog Breed은 제1차 세계대전 당시 영국의 어린 해병들을 부르는 표현으로 널리 사용되었다. 20세기 초 영국 보이스카우트의 야영 활동에서 불리며 널리 퍼진 "바다의 아들들"Sons of the Sea이라는 노래에서는 '하지만 너희들은 불독 소년들을 당해 낼 수 없다'But you can't beat the boys of the bulldog breed라는 구절이 후렴처럼 반복된다. 불독은 영국을 상징하는 개다.

13 "그들이 영국 해군을 해체하지 못하게 하라"Don't let 'em scrap the British navy는 1921년 런던에서 성공적으로 공연된 악극 「코-옵티미스트」Co-Optimist에 삽입된 노래다. 영국 해군을 찬양하고 대영제국에 대한 주전론적인 애국심을 드러내는 유쾌한 멜로디의 곡이다.

시작할 수 있겠다. 그리스도교의 신앙이 무학無學의 어리석은 시대라는 의미에서 단순한 시대에 등장했다고 말하는 건 허튼소리에 지나지 않는다. 그리스도교 신앙이 단순한 것이라는 말 또한 똑같이 허튼소리일 뿐이다. 교회가 이교 세계에 맞추어졌다고 말할 수 있는 유일한 지점은 그 둘 모두가 매우 문명화되었을 뿐 아니라 다소 복잡했다는 사실일 것이다. 단연코 그 둘 모두가 여러 측면을 지니고 있었다. 그런데 고대 세계는 마치 똑같은 육각형 마개를 기다리는 육각형 구멍 같은 다각형의 구멍이었다. 그런 의미에서, 세상에 들어맞을 만큼 충분히 많은 면을 지닌 것은 오직 교회밖에 없었다. 지중해 세계의 여섯 면은 바다 건너 서로를 마주 보면서 모든 방향을 한 번에 보게 할 무언가를 기다렸다. 교회는 동시에 로마이며 그리스이고, 유다이며 아프리카이자 아시아여야 했다. 이방인들의 사도가 직접 했던 말 그대로, 교회는 참으로 '모든 이에게 모든 것'[14]이었다. 그렇다면 그리스도교는 단지 거칠거나 단순하지 않았던 게 아니라, 오히려 교회는 야만적 시대의 산물에 정반대되는 것이었다. 그러니까 우리가 그와 반대되는 비난을 받는다면 훨씬 더 그럴 듯한 비난을 받는 것이다. 다시 말해, 문명의 과잉이라는 의미에서 그리스도교 신앙이 문명 쇠퇴의 최종 국면이었다고 하는 편이 훨씬 더 타당하다. 이런 미신은 로마가 죽어 가되 지나치게 문명화되어 죽어 가고 있음을 나타내는 표징이었다는 말이다. 이런 주장이야말로 살펴볼 가치가 훨씬 더 크다. 앞으로 우리는 이 주장을 고찰해 보도록 하겠다.

14 사도 바울의 말이다. 라틴어 성경에서 '옴니부스 옴니아'*omnibus omnia*(all things to all men)로 번역되어 하나의 경구처럼 인용되곤 한다. 고린도전서 9장 22절 참조.

이 책의 처음 부분에서, 나는 자연으로부터 인류의 부상浮上과 역사로부터 그리스도교의 부상 사이의 평행한 병렬 구조에 따라 책 전체를 개괄하고자 시도했다. 나는 두 경우 모두에서 앞서 사라진 것이 뒤에 오는 무언가를 암시할 수도 있지만, 실제로는 조금도 암시하지 않았음을 지적했다. 대상과 분리된 공정한 정신을 지닌 존재가 어떤 영장류를 보았다면, 그로부터 더 많은 유인원을 추론했을 수 있다. 하지만 인간이나 혹은 인간이 행한 것의 천 마일 이내에 들어오는 다른 그 무엇도 추론하지는 못했을 것이다. 간단히 말해, '잃어버린 고리'라고 하는 피테칸트로푸스가 미래에 나타나는 걸 보았을 수도 있겠으나, 우리가 그것이 과거에 나타나는 걸 보는 만큼이나 흐릿하고 의심스럽게 보았을 것이다. 다만 그것이 나타나는 것을 예견한다면, 그것이 사라지고 실제로 그러했듯이 몇 가지 희미한 흔적만을 남긴다는 것도 예견할 것이다. 그 잃어버린 고리를 예견하는 일은 인간이나 인간 비슷한 것을 예견하는 일이 아닐 터이다. 자, 이 책의 앞부분에서 했던 이 설명을 잘 기억해 두어야 한다. 왜냐면 그것이 교회에 대한 참된 시각과, 쇠락 중인 제국으로부터 교회가 자연스레 진화해서 나왔다고 하는 견해에 정확히 상응하기 때문이다.

실로 어떤 의미에서는 누군가가 제국의 타락이 그리스도교와 같은 무언가를 산출할 거라고 예언했을 수 있다. 하지만 그건 그리스도교와 조금 비슷하면서도 엄청나게 다른 것이었다. 이를테면 어떤 사람이 이렇게 말했을 수 있다. "쾌락을 너무나 과도하게 추구했으니, 그 반동으로 비관론이 생길 것이다. 아마 비관론은 금욕주의의 형태를 취할 테고, 사람들은 스스로 목매다는 대신 제 몸을 훼손할 것이다." 또는 누군가가 매우 합리적으로 이렇게 말했을 수도 있다. "만약 우리가 그리스와 로마의 신들에게 질려 버린다면, 우리는 어떤 동방의 신비라든가 그 밖에 다른 신비를 동경하게 될 것이다. 페르시아인들이나 힌두인들 사이에서 유행하는 뭔가가 있을 것이다." 또는 무척이나 명민한 어떤 사람이 이렇게 말했을 수도 있다. "힘 있는 사람들이 이런 유행들을 골라 선택하고 있다. 언젠가는 법원에서 이런 유행들 가운데 하나를 채택할 테고, 그러면 그것이 공식적인 유행이 될 것이다." 또는, 더욱 음울한 또 하나의 예언자가 이렇게 말하고도 용서받을 수 있을 것이다. "세상은 내리막길을 가고 있다. 어둡고 야만적인 미신들이 되돌아올 텐데, 어느 미신이 돌아오든 상관없다. 미신은 모두 한밤의 꿈같이 덧없을 테니까."

정말로 흥미로운 점은 실제로 이 예언들이 모두 성취되었다는 사실이다. 하지만 이 예언들을 성취한 것은 교회가 아니다. 교회는 오히려 이 예언들로부터 벗어났고, 이 예언들을 물리치고 승리했다. 순전한 쾌락주의의 본성이 순전한 금욕주의라는 반작용을 산출할 개연성이 있었던 만큼, 실제로 순전한 금욕주의가 등장했다. 그것은 마니교라 불리는 운동이었으며, 교회는 이 운동의 치명적인 적수였다. 마니교가 역사의 그 지점에서 등장하는 것이 자연스러웠던 만큼, 마니교는 실제로 등장했다. 그리고 마니교는 또한 그렇게 자연스레 사라졌다. 그 순전히 비관적인 반작용은 마니교도들과 함께 등장했다가 마니교도들과 함께 퇴장했다. 그러나 교회는 그들과 함께 등장하거나 함께 퇴장하지 않았다. 다만 그들의 등장보다는 그들의 퇴장에 훨씬 더 많이 관련되었다. 그게 아니라면, 심지어 회의론의 성장이 어떤 동방 종교의 유행을 불러올 개연성이 있던 만큼, 회의론은 실제로 동방 종교의 유행을 불러왔다. 미트라는 팔레스타인 너머 페르시아의 중심으로부터 왔으며 황소의 피와 관련된 낯선 신비들을 들여왔다.[15] 어떤 경우에도 확실히 그러한 유행이 유입되었으리라는 것을 보여 줄 모든 증거가 있었다. 하지만 확실히 그러한 유행이 어떤 경우에도 사라지지 않았으리라는 걸 보여 줄 증거는 전혀 없다. 확실히 동양풍의 유행은 4세기나 5세기에 탁월할 만큼 잘 들어맞았다. 하지만 그렇다고 해서 그러한 유행이 20세기까지 남아 있었으며 여전히 강력하게 지속되고 있음을 설명하지는 못한다. 요컨대 당시 사람들은 그러한 부류의 것들을 기대할 수 있었던 만큼 미트라교와 같은 것들을 실제로 경험했다. 하지만 그렇다고 해서 우리가 겪은 최근의 경험들이 설명되는 것은 아니다. 그리고 단지 도미티아누스 황제 시절에 미트라교의 머리쓰개와 기타 페르시아식 기구들의 대유행이 예상되리라는 것 때문에 우리가 여전히 미트라교도라고 한다면, 지금 시점에서 우리는 좀 시대에 뒤떨어진 듯 보일 것이다.

그건 '공식적인 편애'라는 관념에 대해서도 마찬가지다. 하나의 유행을 향한 그런 편애가 로마제국이 쇠락하고 멸망하는 시기에 사람들이 바랐을 무언가였던 만큼, 그런 편애는 로마제국에 실재했으며 제국과 더불어 쇠락하고 멸망했다. 그런 편애는 쇠락과

15 페르시아에서 들어온 것으로 알려진 미트라교는 빛과 진리의 신 미트라를 숭배하는 밀교였다. 미트라가 황소를 죽이는 장면을 묘사한 종교화는 매우 중요한 의미를 점했다. 미트라교에 대해서는 서론 주23 참조.

멸망을 결연히 거부했던 교회를 밝히 보이는 데 도움이 되지 못한다. 교회는 다른 것이 쇠락하고 멸망하는 동안에도 꾸준히 성장했다. 그리고 또 한 번 영겁의 시간이 순환의 주기를 완성하고 또 하나의 문명이 거의 멸망하거나 혹은 쇠락할 듯이 보이는 이 순간에도, 교회는 두려움을 모르는 활력을 지닌 채 앞으로 나아가고 있다.

여기서 흥미로운 사실은 이것이다. 초기 교회는 이단들을 궤멸시켰다고 비난받는데, 그 비난의 이유가 불공정하다는 걸 바로 그 이단들이 증언한다. 무언가가 비난받아 마땅했다는 한에서, 교회는 그것들을 비난했다는 이유로 비난받는다. 무언가가 순전히 미신이었다는 한에서, 교회는 미신을 단죄했다. 무언가가 야만으로 돌아가려는 반동이었다는 한에서, 교회는 그것이 야만으로 돌아가는 반동이라는 이유로 그것에 저항했다. 무언가가 서서히 사라져 가는 제국의 유행이었고 그래서 죽었고 죽어 마땅했다는 한에서, 오직 교회만이 그것을 죽였다. 교회는 정확히 이단이 탄압당한 바로 그 이유로 책망받는다. 진화론적 역사학자들과 더 고급한 평론가들의 설명은 왜 아리우스주의[16]와 영지주의[17]와 네스토리우스교[18]가 탄생했는지를, 그리고 또한 왜 소멸했는지를 정말로 설명한다. 하지만 왜 교회가 탄생했는지, 혹은 왜 교회가 죽기

16 알렉산드리아의 성직자이자 신학자였던 아리우스Arius, 250-336는 성자 예수를 성부 하나님과 동일본질로 보지 않고, 성자가 성부에 의해 창조되어 성부에 종속된다고 보았다. 니케아 공의회325에서 삼위일체 교의를 확립하면서 이단으로 단죄되었으나 이후로도 아리우스주의는 교회 내에서 오랫동안 지속되면서 정통 삼위일체론을 위협했다.

를 거부했는지는 설명하지 못한다. 무엇보다도 그들은, 교회가 악을 공유하고 있다고 하면서도 왜 그 악에 맞서 교회가 전쟁을 벌였어야 하는지를 설명하지 못한다.

원리에 대한 몇 가지 실제적인 예를 들어 보자. 그 원리란, 죽어 가는 제국의 미신이라는 것이 실제로 존재했다면 그 미신은 죽어 가는 제국과 함께 정말로 죽었으며, 그 미신을 파괴한 것과 그 미신 자체가 절대 동일하지 않았다는 것이다. 이 원리의 예를 들기 위해, 현대 그리스도교 비평가들 사이에서 이야기되는 그리스도교의 기원에 관한 가장 평범한 설명 두세 개를 차례로 살펴보고자 한다. 이를테면 가장 흔하게 찾아볼 수 있는 것은 이런 글이다. "그리스도교는 무엇보다도 금욕주의자들의 운동, 사막으로의 쇄도, 수도원에서의 은신, 삶과 행복에 대한 일체의 단념이

17 영지주의Gnosticism는 '앎'을 뜻하는 그리스어 그노시스gnosis에서 나온 말이다. 영지주의는 일반적으로 지고한 영적인 앎을 통해 구원에 이를 수 있다고 믿는 고대의 신비적이고 계시적이며 밀교적인 고대의 종교 운동이자 지적 흐름이다. 일관되고 체계적인 종교였다고 말하기는 어렵고 여러 종교와 철학이 혼합된 모습을 보인다. 그리스도교 이전부터 존재했으며, 상호 간에 영향을 주고받았다. 영지주의는 초기 그리스도교가 확립되는 과정에서 대적해야 했던 큰 도전 가운데 하나였다.

18 네스토리우스교Nestorianism는 콘스탄티노폴리스의 주교였던 네스토리우스Nestorius, 386-451를 시조로 하여 그리스도교에서 갈라져 나온 종교다. 네스토리우스는 신성과 인성이 성자 안에서 결합되어 있지 않고 각기 독립된 것으로 보았다. 즉, 나사렛 예수는 하나님이 그 안에 머물렀던 인간 육신에 불과했다고 보았다. 따라서 네스토리우스를 추종하던 이들은 성자를 신성과 인성의 완전한 결합으로 이해하여 성모 마리아를 '하나님의 어머니'로 공인한 에베소 공의회에 반대하였으며, 이를 계기로 그리스도교에서 분리된 네스토리우스교가 성립되었다. 한때 당나라까지 전파되어 경교景教라고 불렸을 정도로 교세가 확장되었다.

었다. 그리고 이것은 육체에 대한 증오, 물질적 우주에 대한 공포, 감각과 자아의 보편적 자살 등 자연 자체에 반하는 음울하고 비인간적인 반작용의 일부였다. 그리스도교는 파키르[19] 같은 동방의 광신으로부터 왔으며, 궁극적으로는 실존 자체를 하나의 악으로 느끼는 듯한 동방의 비관론 위에 세워졌다."

이 설명에서 가장 놀라운 점은 그 내용이 모두 무척이나 사실에 부합한다는 것이다. 세세한 내용까지 모두 사실이지만, 잘못된 인격에 전적으로 귀착된다는 점만은 예외다. 다시 말해 이 설명은 교회에 의해 단죄된 이단들에 대해서는 참이지만, 교회에 대해서는 참이 아니다. 이건 마치 어떤 사람이 조지 3세의 대신들이 저지른 실수와 실정을 아주 세세하게 분석한 글을 써야 했는데, 다 써놓고 보니 전체 이야기가 조지 워싱턴에 대해 들었던 것이라는 작은 오류가 있었을 뿐이라고 하는 것과 같다. 혹은 어떤 사람이 볼셰비키가 저지른 범죄 목록을 작성했는데, 다만 그 범죄들이 모두 차르가 저지른 것이었다는 것 말고는 아무런 착오도 없이 작성했다고 하는 것과 같다. 초기 교회는 전적으로 다른 한 철학과 관련해서 정말로 매우 금욕적이었다. 그러나 생명과 자연에 대한 전쟁의 철학은 실제로 존재했다. 다만 비평가들이 그런 철학을 어디에서 찾아야 하는지 알았더라면 좋았을 것이다.

실제로 일어났던 일은 이러하다. 우리의 신앙이 처음 이 세상에 등장했을 때 처음 벌어진 일은 대체로 동방에서 온 신비적이

19 파키르fakir는 아랍어에서 가난을 뜻하는 '파크르'에서 유래한 말로, 본래는 수피 이슬람의 고행 수도자를 일컫는 말이다. 하지만 인도와 아랍을 포함한 아시아의 고행 수도자들을 두루 일컫는 말로도 쓰인다.

고 형이상학적인 종파들의 늪에 빠졌다는 것이다. 마치 한 마리의 외로운 황금벌이 우글거리는 말벌 떼에 빠진 것과 같았다. 평범한 방관자에게는 윙윙거리는 일반적인 소리 말고는 별다른 차이 같은 것이 전혀 없는 듯했다. 사실 어떤 의미에서는 쏘고 쏘이는 것에 관한 한 큰 차이가 없었다. 진짜 차이는 윙윙거리는 그 황금색 구름 같은 벌 떼 속에서도 단 한 마리의 황금벌만이 온 인류를 위한 벌집을 만들고, 세상에 꿀과 밀납, 즉 (너무 쉽게 잊힌 문맥 속에서 그토록 섬세하게 표현되었듯이) '가장 고귀한 두 가지, 달콤함과 빛'[20]을 세상에 제공할 힘을 지니고 있다는 점이다. 말벌들은 그해 겨울에 모두 죽었다. 문제의 절반은, 말벌들에 대해 뭐라도 아는 사람이 거의 전무했으며 대부분의 사람은 말벌들이 존재했다는 것조차 알지 못한다는 것이다. 그리하여 결국 우리 종교의 첫 단계에 관한 전체 이야기는 상실되었다. 그런데 은유를 바

20 '가장 고귀한 두 가지, 달콤함과 빛'the two noblest things, which are sweetness and light은 17세기 말에서 18세기 초에 일어난 고전문학과 현대문학 사이의 논쟁을 다룬 조너선 스위프트의 단편 「책들의 전쟁」The Battle of the Books, 1704에서 온 문구다. 이 책에서 거미와 벌 사이의 논쟁을 지켜보던 이솝(의 책)은 거미가 벌레를 잡아먹고 소화한 것을 가지고 스스로 거미집을 짓지만, 인류에게 제공하는 것은 그 독밖에 없는 데 반해 벌은 좋은 꽃을 찾아 멀리까지 날아가 꽃을 헤치지 않고도 꽃가루를 모아 벌집에 꿀과 밀납으로 채움으로써 인류에게 가장 고귀한 두 가지 곧 단맛과 빛을 제공한다고 말한다. 고대 작가들은 벌과 같아서 자신의 작품들을 기쁨과 도덕적 지혜로 채워 우리에게 제공한다는 것이다. 이후 빅토리아 시대 시인이자 평론가이면서 공리주의적 사회 개혁에 반대했던 매슈 아널드Matthew Arnold가 '단맛과 빛'이란 문구를 차용하여 문화가 추구해야 마땅한 두 요소로서 아름다움beauty과 지성intellect을 강조한 뒤로 일반인들도 즐거우면서도 교훈적인 것, 지성을 갖추고도 우아한 사람, 매우 즐거운 일이나 상태를 나타내는 데 두루 이 표현을 사용한다.

꾸어 보자면, 이 운동이나 어떤 다른 운동이 동방과 서방 사이에 놓인 제방을 뚫고 더욱 신비적인 관념들을 유럽 안으로 들여왔을 때, 그 운동은 그 자체의 신비적 관념들 외에도 다른 신비적 관념들을 홍수처럼 몰고 왔으며, 그 관념들의 대부분은 금욕적이었고 거의 모두 비관적이었다. 그 관념들은 순수하게 그리스도교적인 요소를 거의 홍수처럼 휩쓸어 압도했다. 대체로 그 관념들은 동방의 철학과 동방의 신화 사이의 어둑한 경계 지역에서 비롯했고, 그 지역은 우주의 환상적인 패턴들을 지도와 계보의 형태로 만들려는 기이한 열망을 더 야성적인 철학자들과 공유했다. 마니[21]라는 신비한 인물로부터 비롯했다고 하는 이들을 마니교도라 부른다. 동류의 종교 집단들은 일반적으로 영지주의자라고 알려져 있다. 마니교와 영지주의는 대체로 미로처럼 복잡하지만, 강조해야 할 요점은 바로 비관론이다. 그 형태야 어떠하든 그들 거의 모두가 세상의 창조를 악한 영의 활동으로 보았다. 그들 가운데 일부는 불교를 둘러싼 아시아적 분위기를 지녔다. 그리하여 삶이란 존재의 순수성이 부패한 것이라고 말한다. 그들 가운데 어떤 이들은 순수하게 영적인 질서를 제안했는데, 해와 달과 별 같은 장난감들을 만들어 내는 거칠고 서툰 속임수에 그 질서가 현혹되었다는 것이었다. 어쨌든 아시아의 중심에 있던 형이상학의 바다로부터 밀려온 이 어두운 밀물은 그리스도 신앙과 동시에 제방을 뚫고 쏟아져 들어왔다. 하지만 전체적인 요점은 그 둘이 결코 같지 않다는 것이다. 그 둘은 물과 기름처럼 흘렀다. 그리스도 신앙은

21 마니에 대해서는 제1부 제6장 주34 참조.

기적처럼 살아남았다. 그것은 여전히 바다로 흘러드는 강물이다. 그리고 이번에도 그 기적을 입증하는 것은 실제적인 증거였다. 바다 전체가 죽음의 맛으로 짜고 썼지만, 그 한가운데 있던 이 하나의 물줄기만은 사람이 마실 수 있었다.

이제 그 순수성은 교의적 정의定義와 배제에 의해 보존되었다. 그 밖에 다른 것으로는 보존될 수 없었을 게 틀림없다. 교회가 마니교도들을 끊어 내지 않았더라면, 교회는 순전히 마니교가 되었을지 모른다. 교회가 영지주의자들을 끊어 내지 않았더라면, 교회는 영지주의가 되었을지 모른다. 그러나 그들을 끊어 냈다는 바로 그 사실로 교회는 영지주의나 마니교가 아님을 증명했다. 어쨌든 그 사실은 무언가가 영지주의나 마니교가 아님을 입증했다. 그리고 베들레헴에서 달려온 이들이 전한 본래의 복음과 부활의 나팔이 그들을 단죄한 것이 아니라면, 대체 무엇이 그들을 단죄했겠는가? 초기 교회는 금욕적이었으나 비관론자들을 단죄한 것만으로 자신이 비관적이지 않음을 입증했다. 그 신조는 인간이 죄가 많다고 선언했으나 삶이 악이라고 선언하지는 않았으며, 그렇게 선언하는 자들을 단죄함으로써 삶이 악이 아님을 입증했다. 초기 이단자들에 대한 교회의 단죄는 비정하고 편협했다는 이유로 사람들에게 단죄되지만, 사실 그러한 점이야말로 교회가 우애와 관용을 고수하려 했음을 입증한다. 이는 초기 가톨릭 신자들이 인간이란 순전히 악하기만 하다거나, 삶이란 치유할 길 없이 비참하다거나, 혼인이 죄라거나 단순히 생식 수단이라거나 비극이라고 생각하지 않았음을 스스로 설명하고자 특히나 갈망했음을 입증한다. 그들이 금욕적이었던 건 금욕이야말로 세상에서 죄를 몰아낼 수 있는 유일한 방법이기 때문이었다. 그러나 그들은 스스로 내린 파문의 우레 속에서 자신들의 금욕이 절대 반인간적이거나 반자연적일 수 없다는 것을, 그들 자신이 세상의 파괴가 아니라 세상의 정화를 바란다는 것을 영원토록 확실하게 선언했다. 파문을 제외한 다른 어떤 방법도, 그들과 그들의 철천지원수들을 여전히 뒤섞어 버리는 혼란 속에서 그들의 신조를 명확히 드러낼 수 없었다. 교의를 제외한 다른 어떤 것도, 비관론자들이 자연에 맞서 전쟁을 벌이며 내세웠던 아이온과 데미우르고스[22], 이상한 로고스와 불길한 소피아[23] 등 상상적 발명에 의한 폭동에 저항하지 못했을 것

22 아이온Aion과 데미우르고스Demiourgos는 모두 그리스 신화와 철학에서 시작된 말이다. 아이온은 본래 플라톤 철학에서 이데아가 존재하는 영원의 세계라는 의미로 사용되었으며, 신약성경에서도 영원한 시간이나 영원한 생명의 의미로 사용되었다(마태복음 25장 46절, 요한복음 3장 16절 참조). 영지주의를 비롯한 여러 고대 밀교에서는 아이온을 절대적 존재(신)의 유출이나 여러 측면 가운데 하나를 가리키는 명칭으로 사용했다. 데미우르고스는 본래 플라톤 철학에서 물질세계를 창조하는 신으로 등장하는데, 무無에서 세상을 창조하는 그리스도교의 창조주와는 달리 이미 존재하고 있던 질료에 본질을 부여하여 창조했다고 한다. 이원론적 세계관을 깔고 있는 영지주의에서는 이 데미우르고스를 그리스도교와 혼합하여 천지창조를 이해한다. 하나님은 온전한 선이고 물질(질료)은 악이므로 하나님은 물질을 직접 다룰 수 없다. 그래서 하나님보다 조금 불완전한 신적 존재인 아이온을 방출하고, 또 이 아이온에서 계속해서 더욱 불완전한 아이온을 방출하여 결국에 본래의 하나님으로부터 충분히 멀리 떨어져서 질료를 다룰 수 있을 만큼 악해진 아이온이 세상을 창조하게 되는데, 이 아이온이 바로 데미우르고스라고 한다.

23 로고스logos와 소피아sophia는 모두 그리스 철학과 신화에서 시작된 말들이다. 로고스는 본래 '말'言이라는 뜻이지만 그리스 철학에서 이성 혹은 진리, 판단을 인도하는 기준의 의미로 사용되었다. 신약성경, 특히 요한복음에서는 말씀이신 하나님 곧 그리스도를 로고스로 표현했다. 초기 그리스도교 신학에 영향을 끼친 신플라톤주의 철학의 대표자 플로티노스Plotinus는 영혼과 지성nous과 일자一者의 상호관계를 위에서 아래로(즉 일자에서 지성을 거쳐 영혼으로) 쏟아부어 연결하는 것으로

이다. 교회가 신학을 강력히 주장하지 않았더라면, 교회는 신비가들의 광적인 신화에 녹아들어 이성이나 심지어 합리주의로부터 더 멀리 제거되고 무엇보다도 삶과 삶에 대한 사랑으로부터 더 멀리 제거되었을 것이다. 교회가 이교주의 안에 있는 자연스러운 모든 것을 반박하는 전도된 신화가 되었으리라는 점을 기억해야 한다. 아마도 그 신화에서는 플루톤이 유피테르 위에 있고, 하데스가 올림포스보다 더 높은 곳에서 서성일 것이다.[24] 또한 생명의 숨을 쉬는 모든 것이 브라흐마와 함께, 죽음의 눈길로 빛나는 시바[25]에 복속될 것이다.

초기 교회가 그 자체로 금욕과 동정童貞을 향한 황홀한 열망으로 가득 차 있었다는 사실은 이러한 뚜렷한 특징을 훨씬 더 눈에 띄게 할 뿐 덜하게 하지는 않는다. 그래서 교의가 선을 그은 곳이 훨씬 더 중요해진다. 어떤 사람은 금욕적 고행자라는 이유로 짐승처럼 네 발로 기어다닐 수도 있고, 기둥 꼭대기에 올라가 밤낮으로 서 있을 수도 있다. 금욕적인 고행자라서 흠모의 대상이 될 수도 있다. 하지만 그가 세상은 실수로 만들어진 것이라거나 혼인

이해했다. 소피아는 지혜 혹은 지혜의 여신이다. 영지주의에서 소피아를 하나님의 여성적 측면으로 이해했으며, 하나님에게서 유출된 신적 존재인 아이온의 여성 쌍둥이, 예수의 신부, 삼위일체의 성령 등으로 표현하기도 했다. 이러한 소피아에 대한 관념들은 이후 마니교를 비롯한 다른 고대 밀교에도 영향을 끼쳤다.

24 플루톤Pluton은 로마 신화에 등장하는 저승의 신으로 그리스 신화의 하데스에 해당한다. 유피테르Jupiter는 로마 신화의 최고신으로 그리스 신화의 제우스에 해당한다. 제우스를 비롯한 그리스 신화의 주요 12신은 올림포스산 정상에 거한다고 알려져 있다.

25 시바Shiva는 힌두교의 주요 신들 가운데 하나로, 본래는 부와 행복을 관장했으나 나중에는 파괴와 죽음의 신이 되었다.

상태는 죄라고 말한다면 이단이 될 수밖에 없다. 그렇다면 그의 금욕주의를 동방의 금욕주의로부터 의도적으로 면밀하게 분리해 내는 것은 무엇이었겠는가? 그 자체의 개별성을 지닌 금욕주의가 아니라면, 또한 동방의 금욕주의와 상당히 다른 금욕주의가 아니라면 무엇이었겠는가? 가톨릭 신자들이 영지주의자들과 혼동될 수 있다 해도, 우리는 다만 그것이 가톨릭 신자들의 잘못은 아니라고 말할 수 있을 뿐이다. 그리고 같은 비평가들이 가톨릭 신자들을 비난하는데, 이단을 박해했다는 이유로 비난하면서 이단에 동조했다는 이유로도 비난한다면 그건 좀 곤란한 일이다.

교회는 마니교 운동이 절대 아니었다. 교회는 운동이 전혀 아니었기 때문이다. 교회는 운동이 전혀 아니었으므로 심지어 한낱 금욕적인 운동조차 아니었다. 교회가 금욕주의를 이끌었다거나 느슨하게 했다고 말하기보다는 오히려 금욕주의를 길들였다고 하는 편이 진실에 더 가까울 것이다. 교회는 금욕주의에 대한 자체적인 이론과 유형을 가지고 있었다. 그중에서도 지금 가장 눈에 띄는 점은 교회가 금욕주의에 관한 다른 이론들과 유형들의 중재자였다는 사실이다. 이를테면 성 아우구스티누스의 이야기를 이해할 수 있는 길은 이것밖에 없다. 그는 그저 자기 시대를 따라 표류하는 세상의 한 인간이었던 동안에 실제로 마니교도가 되었다. 당시에 마니교도가 된다는 건 매우 현대적인 최신의 유행이었다. 그러나 그가 가톨릭 신자가 되었을 때, 그가 즉각 달려들어 갈가리 찢어 놓은 사람들이 바로 마니교도들이다. 그렇게 하기 위한 가톨릭의 방식은 비관론자이기를 그만두고 금욕적인 고행자가 되는 것이었다. 그러나 비관론자들은 금욕주의를 자기 해석에 따라 마음대로 연출했으므로, 그는 금욕적인 고행자이기를 그만두고 성인聖人이 되었다고 말해야 할 것이다. 삶에 대한 전쟁, 자연에 대한 부정은 정확히 그가 교회 바깥의 이교 세계에서 이미 발견했던 것들이다. 하지만 교회에 들어올 때는 그것들을 끊어 내야만 했다. 성 아우구스티누스가 성 프란치스코나 성 테레사보다 다소 더 엄격하고 더 슬픈 인물로 남아 있다는 사실은 다만 그 딜레마를 더욱 강조할 뿐이다. 가톨릭 신자들 가운데 가장 근엄한 신자를 대면할 때나 심지어 가장 음울한 신자를 대면할 때도 우리는 여전히 이렇게 물을 수 있다. "가톨리시즘이 마니교라면, 가톨리시즘이 왜 마니교도들을 상대로 전쟁을 벌였겠는가?"

그리스도교 세계의 부상에 대한 또 다른 합리주의적 설명을 들어 보자. 다음과 같이 말하며 비판하는 이를 흔히 볼 수 있다. "그리스도교는 실로 전혀 부상하지 않았다. 그러니까 그리스도교는 단지 아래로부터 부상한 것이 아니라 위로부터 부과되었다. 그리스도교는 행정 권력이 발휘된 한 사례이며 특히 전제적 국가들에서 그러하다. 로마제국은 정말로 제국이었다. 즉, 로마제국은 정말로 황제에 의해 통치되었다. 그 황제들 가운데 하나가 우연히도 그리스도인이 되었다.[26] 그는 미트라교나 유대교나 배화교[27]

26 로마제국 최초의 그리스도인 황제인 콘스탄티누스 1세Flavius Valerius Aurelius Constantinus, 재위 306-337는 313년 밀라노 칙령으로 그리스도교를 처음 공인하고 325년 니케아 공의회를 열어 신경을 확정하면서 삼위일체의 정통 교의를 확립하는 데 큰 역할을 했다.

27 배화교拜火敎는 조로아스터교의 다른 이름이다. 선과 악의 이분법적 세계관에 기초한 조로아스터교에서는 어둠을 밝히는 빛으로서의 불이 중요한 상징적인 의미를 지녔고, 제사 때는 반드시 불을 피웠기 때문에 그 신자들은 흔히 '불을 숭배하는

의 신자가 될 수도 있었다. 제국이 쇠락할 때는 탁월하고 학식 있는 사람들이 이런 기이한 동방의 종교들을 택하는 일이 흔했다. 그러나 황제가 그렇게 동방의 종교를 택했을 때, 그 종교는 제국의 공식 종교가 되었으며 로마제국처럼 강하고 보편적이며, 아무도 이길 수 없는 무적의 존재가 되었다. 오직 그 종교만이 제국의 유물로 이 세상에 남았다. 혹은 많은 이들이 표현한 대로 그 종교는 여전히 로마를 떠돌고 있는 황제의 유령일 뿐이다." 그리스도교를 정통으로 만든 것은 단지 제국의 관제官制일 뿐이었다는 말 또한 정통에 대한 비판에서 취한 매우 평범한 구절이다. 여기서 우리는 이단들을 다시 소환하여 이런 비판을 논박할 수 있다.

아리우스주의 이단의 엄청난 역사 전체가 이러한 관념을 폭파하기 위해 발명된 것이었을 수도 있다. 그건 이런 맥락에서 자주 반복되곤 하는 매우 흥미로운 역사다. 그런데 아리우스주의의 최종 결말은, 순전히 공식적인 종교가 있었다는 한에서, 그것이 그저 공식적인 종교일 뿐이어서 사멸했다는 것이다. 그리고 그것을 파괴한 것이야말로 진짜 종교였다. 아리우스가 제시한 그리스도교의 한 유형은, 우리가 유니테리언[28]이라고 부르는 것의 방향으로 다소 모호하게 움직였다. 물론 아리우스주의는 그리스도에게 신성과 인성 사이의 기묘한 중재적 위치를 부여했으므로 유니테

사람들'Fire-Worshipper이라고 불렸고 중국에서는 배화교라는 별칭을 얻게 되었다.

28 유니테리언Unitarian은 18세기에 미국의 자유주의 신학자이자 설교자였던 윌리엄 채닝William Channing, 1780-1842이 주도적인 역할을 하여 성립된 그리스도교의 한 종파다. 삼위일체론에 반대하여 하나님을 오직 한 위격인 존재로만 인정하고(일위론) 그리스도의 신성을 부정한다.

리언과 완전히 똑같지는 않았다. 어쨌든 요점은 아리우스의 주장이 많은 이들에게 더 합리적이고 덜 광신적으로 보였다는 것이다. 이들 중에는 식자층이 많았는데, 이는 첫 개종의 로맨스에 대한 일종의 반작용이었다. 아리우스주의자들은 일종의 온건주의자들이자 현대주의자들이었다. 최초의 다툼이 일어난 뒤 사람들은 아리우스주의가 문명이 잘 정착할 만한 합리화된 종교의 최종 형태라고 느꼈다. 아리우스주의는 황제 자신에 의해 수용되었고[29] 결국 공식적인 정통 종교가 되었다. 북방의 새로운 야만적 세력들로부터 끌려온, 미래에 대한 야망으로 가득 찬 장군들과 군사의 대가들도 아리우스주의를 강하게 지지했다. 그러나 뒤이어 일어난 일이 훨씬 더 중요하다. 정확히 현대인이 유니테리언을 통하여 불가지론을 완성하는 방향으로 옮겨 가듯이 아리우스파 황제들 가운데 가장 위대한 황제는 그리스도교의 가장 마지막이며 가장 얇은 가면을 궁극적으로 벗어 버렸다. 그는 아리우스를 버리고 아폴론에게로 돌아갔다. 그는 황제 중의 황제였으며 군인이자 학자, 커다란 야망과 이상을 지닌 인간이요 철인왕이었다. 그에게는 태양이 마치 자신의 신호에 따라 다시 떠오르는 듯이 보일 정도였다. 해 뜰 녘에 새들이 노래하기 시작하듯이 신탁들이 말하기 시작했다. 다시금 이교도의 세상이 되었고 신들이 돌아왔다. 하지만 그것은 이질적인 미신의 낯선 막간극의 결말로 보였다. 그리고 그

29 콘스탄티누스 1세는 니케아 공의회를 통해 삼위일체 교의를 확립하고 아리우스주의를 이단으로 정죄했으나, 3년도 지나지 않아 아리우스를 복권하고 335년 티레에서 주교회의를 열어 오히려 아리우스주의를 배격한 아타나시우스를 추방했으며 337년에는 아리우스파 주교에게서 세례를 받고 세상을 떠났다.

막간극은 순전한 미신의 순전한 막간극이었던 만큼 정말로 끝이 났다. 한 황제의 유행 혹은 한 세대의 유행이었던 만큼 그것은 그렇게 끝이 났다. 만약 정말로 콘스탄티누스 황제와 더불어 시작된 것이 있었다면, 그건 율리아누스 황제[30]와 더불어 끝이 났다.

그러나 끝나지 않은 무언가가 있었다. 역사의 그 시점에, 교회 공의회들의 민주적인 소동을 넘어서 세상에 맞서 도전하는 아타나시우스[31]가 일어섰다. 논쟁이 되었던 문제를 여기서 잠시 다루는 것도 좋을 듯하다. 이 문제는 그리스도교의 역사 전체와 관련되어 있으며, 현대 세계가 이 문제를 전부 잘못 이해하고 있기 때문이다. 이 문제는 이런 식으로 표현할 수 있겠다. 계몽된 자유주의자들이 습관적으로 조롱하고, 황량한 교의와 무의미한 종파 갈등의 끔찍한 한 사례로서 제시하는 한 가지 질문이 있다면, 그것은 성자의 공동영원성[32]에 관한 아타나시우스의 질문이다. 반면에 예의 그 자유주의자들이 교의적 분쟁으로 흐트러지지 않은 순수하고 단순한 그리스도교의 일부로 우리에게 늘 제시하는 것이 있다면, 그것은 '하나님은 사랑이시다'라는 한 문장이다. 그러나 두 언명은 거의 동일한 것이다. 적어도 둘 중 하나가 없다면 남은 하나는 거의 무의미하다. 황량한 교의는 아름다운 감상을 논

30 율리아누스 황제에 대해서는 서론 주11 참조.

31 아타나시우스Athanasius, 296-373는 4세기에 활동한 알렉산드리아의 총대주교다. 아리우스주의가 여전히 득세하던 상황에서 여러 차례 박해를 당하면서도, 아리우스주의를 배격하고 그리스도의 완전한 신성과 완전한 인성을 강조하며 정통 그리스도론과 삼위일체론을 확립하는 데 일생을 바쳤다.

32 성자의 공동영원성co-eternity은 성자가 삼위일체의 한 위격으로서 성부와 함께 창조 이전부터 영원히 함께 존재한다는 그리스도교 교의다.

리적으로 언명하는 방식일 뿐이다. 만물 이전에 존재하는, 시작이 없는 존재가 있다면 그 존재는 사랑할 대상이 전혀 없을 때조차 사랑하고 있었을까? 생각할 수도 없는 영원한 시간 동안 그 존재가 외로운 상태로 있다면 그 존재가 사랑 자체라고 말하는 것이 무슨 의미가 있을까? 그러한 신비를 정당화할 수 있는 것은 그 존재의 본성 안에 자기 발현과 유사한 무언가가 있다는 신비적 개념밖에 없다. 자식을 낳고, 낳은 자식을 바라보는 것과 같은 그런 것 말이다. 그런 관념이 없다면 사랑 같은 관념을 가지고 신의 궁극적 본질을 더 복잡하게 만드는 것은 정말로 비논리적인 일이다. 현대인들이 정말로 단순한 사랑의 종교를 원한다면, 그것은 아타나시우스 신경[33]에서 찾아야 한다. 사실 참된 그리스도교의 나팔은, 그리고 베들레헴이나 크리스마스의 자애로움과 소박함이 던지는 도전은 아리우스주의자들의 냉혹한 타협안에 대한 아타나시우스의 저항에서 가장 현저하고 명료하게 울려 퍼졌다. 저 멀리 외딴곳에서 무미건조하게 우주를 지배하는 하나님, 스토아학파와 영지주의자들의 하나님에 맞서 사랑의 하나님을 지키기 위해 정말로 싸웠던 이는 단연코 아타나시우스였다. 바리새인들과 사두개인들의 회색빛 신에 맞서 거룩한 아기를 지키기 위해 싸웠던 이도 단연코 아타나시우스였다. 그는 신적 본성의 삼위일체 안에

33 아타나시우스 신경Athanasian Creed은 삼위일체 교의에 대한 신앙고백을 주된 내용으로 한다. 아타나시우스의 신앙고백문으로 전해 왔으나, 오늘날에는 5세기 후반에 남부 프랑스에서 작성된 것으로 보는 게 일반적이다. 로마가톨릭교회에서는 니케아-콘스탄티노플 신경 및 사도신경과 함께 공식적인 초대교회의 신앙고백으로 인정하고 있다.

있는 아름다운 상호의존성과 친밀성의 균형을 지키기 위해 싸우고 있었다. 바로 그 의존성과 친밀성은 세 사람이 하나가 되는 성가정[34] 안으로 우리의 마음을 끌어당긴다. 아타나시우스의 교의는, 그 말이 잘못 이해되지 않는다면, 심지어 하나님조차 성가정으로 바꾸어 놓는다.

이 순수하게 그리스도교적인 교의가 실제로 로마제국에 맞서 두 번째 반란을 일으켰으며 실제로 로마제국을 거슬러 교회를 다시 세웠다. 이러한 사실 자체는, 제국이 어떤 신앙이든 공식 신앙으로 채택하기로 결정했음을 증명하기보다, 세상에서 활동하는 긍정적이고 인격적인 무언가가 있었음을 증명한다. 그 무언가의 힘이 제국이 채택한 공식 신앙을 완전히 파괴했다. 그 힘은 자기 방식대로 계속 나아갔고 지금도 여전히 그렇게 계속 나아가고 있다. 우리가 마니교와 아리우스주의의 경우에서 검토했던 것과 똑같은 과정이 반복되는 다른 예들도 얼마든지 많이 있다. 이를테면 몇 세기가 지나서 교회는 사랑의 논리적 측면인 동일한 삼위일체를 이슬람의 고립되고 단순화된 또 다른 신의 출현에 맞서 주장해야 했다. 그러나 십자군이 무엇을 위해 싸웠는지를 이해하지 못하는 사람들도 있다. 심지어는 그리스도교가 헬레니즘의 퇴락과 더불어 등장한 헤브라이즘의 한 형태일 뿐이었다는 듯이 말하는 이들도 있다. 그런 사람들은 확실히 초승달과 십자가 사이에 벌어진 전쟁에 무척이나 어리둥절할 게 분명하다. 만약 그리스

34 성가정聖家庭, Holy Family은 아기 예수와 그의 어머니 마리아 및 양부 요셉으로 이루어진 가정을 말한다. 가톨릭교회에서는 성탄절 이후 돌아오는 첫 주일(12월의 마지막 일요일)에 성가정 축일을 기념한다.

도교가 다신교를 쓸어 없애는 더 단순한 도덕일 뿐이었다면, 그리스도교 세계가 이슬람으로 쓸려 들어가지 말았어야 할 이유가 없다. 사실 이슬람 자체는 정말로 그리스도교의 특성인 매우 인간적인 복잡성에 맞선 반작용이었다. 인간적 복잡성이란 가족 안에 균형이 있듯이 신 안에 균형이 있다는 관념이며, 이 관념에 따라 그리스도교의 신조는 일종의 분별이 되고 그 분별은 문명의 영혼이 된다. 이것이 바로 교회가 처음부터 당대의 사건과 무정부 상황과는 별개로 자신의 입장과 관점을 유지해 온 까닭이며, 교회가 마니교의 비관론이나 펠라기우스주의[35]의 낙관론 사이에서 좌우에 공평하게 입김을 나누어 주는 까닭이다. 교회는 하나의 운동이 절대 아니었으므로 마니교적 운동이 아니었다. 교회는 하나의 유행이 절대 아니었으므로 공식적인 유행이 아니었다. 교회는 다른 운동이나 유행과 동시에 공존하면서 그것들을 통제할 수 있고 그것들보다 오래 살아남을 수 있는 무언가였다.

그러므로 위대한 이단의 우두머리들이 무덤에서 일어나 오늘날의 동지들을 당혹스럽게 만들지도 모른다. 오늘날 비평가들이 확언하는 것 중에 우리가 이 위대한 증인들에게 부인하기를 요청할 수 없는 것은 하나도 없다. 어떤 현대 비평가는 아주 가볍

35 펠라기우스Pelagius는 5세기 초에 활동한 수도자이자 신학자다. 인간의 자유의지를 강조하여 신의 은총에 의지하지 않고도 인간이 자유로이 선을 행하여 구원될 수 있다고 주장했다. 따라서 원죄를 부정하고, 그리스도의 구원과 세례를 인정하지 않았다. 동시대에 활동한 아우구스티누스와 히에로니무스에 의해 반박되고 이단으로 단죄되었으나, 인간의 자유의지에 따른 행위와 무상으로 주어지는 신의 은총에 대한 논의는 이후로도 교회사를 관통하는 그리스도교 신학의 주요한 주제가 되었다.

게, 그리스도교란 단지 금욕주의이고 반反자연적 영성이며, 삶과 사랑에 분노하는 파키르의 춤으로 변해 버린 반동일 뿐이라고 말할 터이다. 그러나 위대한 신비가 마니는 자신의 은밀한 권좌에서 그들을 향해 소리쳐 응답할 것이다. "이 그리스도인들은 영적인 사람이라 불릴 권리가 전혀 없다. 이 그리스도인들은 금욕주의자라고 불릴 자격도 전혀 없다. 그들은 삶의 저주와 가족의 모든 오물과 타협한 이들이다. 그들 탓에 이 땅은 여전히 과실과 수확으로 불결하고, 인구로 오염되었다. 그들의 종교는 자연에 반하는 운동이 전혀 아니다. 만약 그렇다면, 나의 자녀들이 그들의 종교를 승리로 이끌었을 것이다. 하지만 이 바보들은 내가 몸짓 한 번으로 끝내 버렸을 세상을 다시금 새로이 만들었다." 두 번째 현대 비평가는 교회가 단지 제국의 그림자였으며, 우연히 황제에 오른 자가 퍼뜨린 유행이었다고 쓸 것이고, 또한 교회는 유럽에서 그저 로마 권력의 유령으로 남아 있을 뿐이라고 쓸 것이다. 그리고 아리우스는 망각의 어둠 속에서 이렇게 응답할 것이다. "아니, 그렇지 않다. 정말로 그러했다면 세상은 더욱 합리적인 나의 종교를 따랐을 것이다. 내 종교는 황제에게 대항하는 선동 정치가들과 사람들 앞에서 쓰러졌다. 나의 옹호자는 보라색 망토를 둘렀으며 독수리의 영광 또한 내 것이었다.[36] 내가 실패한 것은 이런 것

36 보라색 망토와 독수리의 영광은 모두 로마 황제의 권위를 나타내는 상징이었다. 아리우스주의가 니케아 공의회에서 이단으로 단죄된 이후에도 그리스도교 황제들은 아리우스주의로 기울었기 때문에 오랜 시간 동안 아리우스주의가 대세를 이루었고, 이 때문에 이를 반박하려던 아타나시우스는 여러 차례 박해를 겪어야 했다.

들이 부족했기 때문이 아니다." 그러나 세 번째 현대 비평가는 그리스도교의 신조가 지옥 불에 대한 일종의 공황 때문에 널리 퍼졌을 뿐이라고 주장할 것이다. 어디에서나 사람들은 믿기지 않는 복수나 상상 속 가책에 대한 악몽으로부터 달아나면서 불가능한 일들을 시도한다는 말이다. 이러한 설명은 정통 교의에서 무시무시한 것들을 찾아내는 많은 이들을 만족시킬 것이다. 그러면 정통 교의에 반하는 테르툴리아누스[37]의 끔찍한 목소리가 들려올 것이다. "그럼 그때 내가 왜 쫓겨났겠는가? 내가 모든 죄인의 영벌永罰을 선포했을 때, 왜 부드러운 가슴과 머리를 지닌 이들이 나에게 반대되는 결정을 내렸겠는가? 내가 모든 배교자를 지옥으로 위협했을 때, 나를 좌절시킨 힘은 무엇이겠는가? 나만큼 멀리까지 강경한 길을 간 사람이 없기 때문이다. 나의 신조는 이것이었다. 크레도 퀴아 임포시빌레(불가능하기 때문에 믿는다)[38]." 다음으로는 이 문제 전체에 셈족 비밀 결사와 관련된 무언가가 있었다는 네 번째 의견이 있다. 유목민의 정신이 새로이 침입해서 더 친절하고

37 테르툴리아누스Tertulianus, 160-220는 카르타고 출신의 교부다. 순교자들에게 감화되어 그리스도교로 개종한 뒤 사제로 서품받았다. 뛰어난 문장가이자 열정적인 신학자로서 호교론적 저서들을 집필했고, 삼위일체trinitas라는 용어를 처음 사용하였으나 성자와 성령이 성부에 종속된다고 주장했다. 또한 지나치게 엄격한 성정 탓에 세상으로부터 분리되어 더욱 금욕적인 삶을 살 것을 주장한 몬타누스파 이단으로 기울었다.

38 테르툴리아누스가 남긴 유명한 언명들 가운데 가장 유명한 것은 "크레도 퀴아 압수르둠"*Credo qui absurdum*(불합리하기에 믿는다)라는 말과 "케르툼 에스트 퀴아 임포시빌레"*Certum est quia impossibile*(불가능하기에 확실하다)이다. 테르툴리아누스가 그리스도의 수난과 죽음과 부활에 대해 언급하면서 했던 말들로, 논리적 이성을 뛰어넘는 믿음을 강조한 그의 신학적 입장을 대변한다.

더 편안한 이교주의와 그 도시들과 그 집안 신들을 뒤흔들어 놓았으며, 그리하여 질투 많은 일신교 민족들이 결국 그들의 질투 많은 하나님을 확고히 할 수 있었다는 것이다. 그러면 무함마드가 사막의 붉은 회오리바람으로부터 이렇게 응답할 것이다. "어느 누가 나처럼 신의 질투를 받들었으며, 어느 누가 나보다 신을 더욱 외로이 하늘에 남겨 두었던가? 어느 누가 모세와 아브라함에게 더 많은 경의를 표했으며, 이교 우상과 형상과 싸워 많은 승리를 얻었던가? 살아 있는 무언가의 에너지를 가지고 나를 뒤로 밀치는 이것은 무엇인가? 나를 시칠리아로부터 몰아내고 나의 깊은 뿌리들을 스페인의 바위[39]로부터 갈가리 찢어 뽑아낼 수 있었던 것은 누구의 광신이었던가? 한 나라 안의 모든 계층에서 나와 수천 명씩 무리를 이루어 나의 파멸이 신의 뜻이었다고 외쳤던 사람들의 신앙은 어떤 신앙이었나? 위대한 고드프루아[40]를 투석기로 던지듯이 예루살렘 성벽 너머로 던져 버린 것은 무엇이었나? 그리고 위대한 소비에스키[41]를 빈의 성문으로 벼락처럼 몰고 온 것

39 스페인 남단에 솟아 있는 지브롤터의 바위산을 가리킨다. 좁은 해협을 사이에 두고 북아프리카와 접하기에 8세기 초 유럽으로 진출하는 이슬람 세력의 교두보가 되었다.

40 고드프루아 드 부용Godefroy de Bouillon, 1060-1100은 제1차 십자군 전쟁의 지휘관으로 선봉에 서서 예루살렘을 공략하여 탈환함으로써 예루살렘 왕국의 첫 군주가 되었다. 비록 왕위에 오른 지 1년 만에 의문의 죽음을 맞이했으나 후대에 중세 기사의 전형으로 칭송되었다.

41 얀 3세로 알려진 폴란드의 왕 얀 소비에스키John III Sobieski, 재위 1674-1696를 말한다. 왕위에 올라 오스만투르크 세력을 동유럽에서 몰아내고 폴란드의 영토를 넓히는 데 공을 세웠으며 특히 1683년에 오스만투르크 군대에 포위된 빈을 탈환하여 온 유럽에 명성을 떨쳤다.

은 무엇이었나? 내 생각에, 그 종교에는 나의 종교와 잘 어울리는 것이 당신들이 생각하는 것보다 더 많이 있었다."

그리스도교 신앙이 광신이었다고 말하려는 이들은 영원한 난관에 처할 수밖에 없는 운명이다. 그들의 설명에서 그리스도교 신앙은 그 어떤 것을 위한 것도 아니면서 모든 것을 거스르는 광신으로 보이게끔 속박되어 있다. 그것은 금욕적이면서 동시에 금욕주의자들과 전쟁을 벌이고, 로마적이면서 로마에 맞서 봉기를 일으키고, 일신교적이면서 일신교에 맞서 미친 듯이 싸우고, 가혹함을 가혹하게 단죄한다. 그것은 심지어 불합리처럼 설명될 수 없는 수수께끼다. 그런데 1600년 동안이나 모든 혁명을 겪고도 수천만의 박식한 유럽인들에게 합리적으로 보인 그 불합리란 대체 어떤 종류의 불합리인가? 사람들은 그 오랜 시간 동안 줄곧 머릿속에 남아 있는 퍼즐이나 역설이나 순전한 혼란을 가지고 즐거워하지 않는다. 나는 그러한 불합리는 불합리가 아니라 합리라는 설명 외에는 알지 못하겠다. 만약 그것이 광신이라면, 그것은 합리를 향한 광신이며 모든 불합리한 것들에 맞선 광신이다. 이것이 내가 찾을 수 있는 유일한 설명이다. 그리스도교는 처음부터 그토록 공정하고 그토록 자신에 차 있었다. 그리스도교는 자기와 비슷하게 보이는 것들을 단죄했고, 자기의 실존에 그토록 필수적으로 보이는 권력들의 도움을 거부했다. 자신의 인간적인 측면에서는 시대의 모든 열정을 공유했지만, 늘 중요한 순간에는 갑작스레 그 열정들보다 더욱 우월하게 부상했다. 말할 거라고 예상되는 바는 절대 말하지 않았고, 이전에 말했던 바를 철회할 필요도 절대 없었다. 이러한 설명 외에 나는 다른 어떤 설명도 찾아낼 수 없다.

제우스의 머리에서 나온 아테나처럼, 그리스도교는 심판과 전쟁을 위해 성숙하고 강력하고 완전히 무장한 상태로 하나님의 정신으로부터 나왔다.

05

이교주의로부터의 탈피

야자나무잎으로 만든 모자를 쓰고 양산을 펼쳐 든 현대 선교사는 좀 우스꽝스러운 인물이 되고 말았다. 선교사는 식인종에게 쉽게 잡아먹힐 수도 있고 식인 문화를 자신의 문화보다 더 낮추어 보는 좁은 편견을 지녔다는 이유로 세상 사람에게 놀림을 당한다. 아마도 이런 농담의 가장 뛰어난 점은 세상 사람들이 그 농담이 실은 자기들을 조롱한다는 걸 알지 못한다는 점이겠다. 순수하게 종교적인 축제에서, 이제 곧 솥에 들어가 삶아져서 먹힐 신세인 사람에게 왜 모든 종교를 동등하게 다정하고 우애 있는 것으로 여기지 않느냐고 묻는다면 그건 참 우스운 일이다. 다만 구식 선교사에 대해서는 좀 더 미묘한 비판이 가해졌다. 구식 선교사들이 교도들을 광범위하게 일반화하여 무함마드와 멈보점보[1] 사이의 차이에 거의 관심을 기울이지 않는다는 취지였다. 아마 이런 불평에도 진실이 있었을 테고, 특히 과거에는 그러했을 것이다. 하지만 오늘날 이런 불평은 완전히 다른 방식으로 과장되어 있다는 것이 여기서 내가 주로 주장하는 바다. 교수들은 신화를 지나치게 신학처럼 다루려는 유혹을 겪는다. 마치 신화가 철두철미하게 숙고된 것들을 진지하게 주장하고 있다는 듯이 말이다. 지식인들은 다소 신뢰하기 어려운 아시아의 형이상학에서 다양한 학파들의 미세한 차이들을 너무 진지하게 생각하려는 유혹을 겪는다. 무엇보다도 그들은 아퀴나스 콘트라 젠틸레스[2] 혹은 아타나시우스 콘트라 문둠[3]이라는 관념 속에 함축된 진짜 진리를 간과해 버리려는 유혹을 겪는다.

사실 선교사가 자신은 그리스도인이라는 점에서 예외적이고 나머지 다른 인종과 종교는 집합적으로 이교도로 분류될 수 있다고 말한대도 그의 말은 완벽하게 옳다. 선교사는 상당히 그릇된 영으로 그렇게 말할 수 있다. 이 경우에 그가 영적으로는 그릇되었다. 그러나 철학과 역사의 냉철한 빛에 비추어 보면, 지적으로는 그가 옳다. 그의 정신이 옳지 못할 수도 있지만 그가 하는 말은 옳다. 그에게는 옳을 권리조차 없을 수도 있지만 그의 말은 옳다.

1 멈보점보에 대해서는 제1부 제3장 주9 참조.

2 아퀴나스 콘트라 젠틸레스*Aquinas contra Gentiles*는 '이교도에 맞선 아퀴나스'라는 의미다. 중세 스콜라철학을 대표하는 토마스 아퀴나스는 『대이교도대전』*Summa contra Gentiles*, 1265을 집필하여 이슬람 및 유대교와 대별하여 그리스도교가 진리임을 밝히고 이교도들의 오류를 입증하고자 했다.

3 아타나시우스 콘트라 문둠*Athanasius contra mundum*은 '세상에 맞선 아타나시우스'라는 의미인데, 아타나시우스가 아리우스주의에 기울었던 로마 황제들을 비롯한 대다수의 세속 권력자에게 저항했기에 그에게 붙여진 별칭이다.

그가 자신의 신조를 전파하는 외부 세계는 다양한 신조를 모두 포괄하는 어떤 일반론들에 종속된 것이지, 그 세계 자체가 단지 비슷한 신조들의 한 가지 변종은 아니다. 어떤 경우든 그가 이 외부 세계를 가리켜 이교도라고 부른다는 것은 그를 자만이나 위선에 빠뜨릴 너무나 큰 유혹이다. 아마도 그 외부 세계를 가리켜 단순히 인류라고 부르는 편이 더 나을 수 있겠다. 하지만 우리가 인류라 부르는 것이 이교도로 남아 있는 동안에는 어떤 뚜렷한 특징들이 나타난다. 그 특징들이 반드시 나쁜 것은 아니다. 그 가운데 어떤 것들은 그리스도교 세계의 존중을 받을 만한 가치가 있다. 또 어떤 것들은 그리스도교 세계의 본체에 흡수되어 변모되기도 한다. 하지만 그 특징들은 그리스도교 세계 이전에도 존재했고 여전히 그리스도교 세계 바깥에도 존재한다. 그건 바다가 배보다 먼저 존재했고 배 주변 어디에나 존재한다는 것만큼이나 확실하다. 그 특징들은 바다만큼이나 강력하고 보편적이며 확실한 맛을 지니고 있다.

예를 들어 그리스와 로마의 문화를 연구한 진짜 학자들은 그에 관해 모두 한 가지 같은 이야기를 한다. 고대 세계에서 종교와 철학이 서로 다른 별개의 것이었다는 데 학자들의 의견이 일치한다는 말이다. 신에 대한 진짜 믿음을 합리화하면서 그와 동시에 그 믿음을 실현하려는 노력은 거의 이루어지지 않았다. 철학자들이 진짜 믿음을 가장하는 경우도 전혀 없었다. 특별하고 특이한 경우들을 제외하고는 종교와 철학 어느 쪽에서도 상대를 박해하려는 걱정이 없었고, 어쩌면 그럴 힘도 전혀 없었다. 그리고 자신의 학파에 속한 철학자와 자신의 신전에 있는 사제 모두 자신의 개념을, 세계를 전부 포괄하는 개념으로 진지하게 고려했던 것으로 보이지 않는다. 칼리돈[4]에서 아르테미스에게 제사를 드리는 사제가 언젠가 바다 너머의 사람들도 이시스 대신 아르테미스에게 제사를 지내리라고 생각했던 것 같지는 않다. 신新피타고라스주의자들의 채식 규칙을 따르던 현자가, 그 규칙이 보편적으로 우세하므로 에픽테토스나 에피쿠로스의 방법들을 배제해야겠다고 생각한 것 같지는 않다. 원한다면 우리는 이를 가리켜 관대함이라 부를 수도 있겠다. 나는 어떤 논쟁을 다루고 있는 것이 아니라 분위기를 묘사하고 있다. 이 모두는 학자라면 누구나 인정하는 바다. 하지만 학식 있는 이들이나 학식 없는 이들이나 모두가 완전히 이해하지 못했던 것은 이 묘사가 정말로 오늘날 비非그리스도교 문명 전체를 아우르는 정확한 묘사라는 점, 특히 동방의 위대한 문명들에 관한 정확한 묘사라는 점일 것이다. 동방의 이교주의는 정말로 현대 비평가들이 인정하는 것보다 훨씬 더 완전한 일체를 이룬다. 그건 고대의 이교주의 또한 마찬가지다. 동방의 이교주의가 색색의 페르시아 양탄자라면, 고대의 이교주의는 모자이크로 꾸며진 로마의 다채로운 포장도로였다. 하지만 십자가 사건에서 벌어진 지진으로 로마의 포장도로는 쩍 갈라지고 말았다.

현대 유럽인은 자신의 종교를 아시아에서 찾고자 하면서 자신의 종교를 대입하여 아시아를 독해하고 있다. 아시아에서 종교

4 칼리돈Calydon은 고대 그리스 아이톨리아 지역에 있던 도시다. 달과 사냥의 여신 아르테미스가 자신에게만 제물을 바치지 않은 칼리돈의 임금에게 분개하여 거대한 멧돼지를 보내 도시를 엉망으로 만들어 버리자, 이 멧돼지를 잡기 위한 사냥대회가 열렸다는 '칼리돈의 멧돼지 사냥 이야기'가 전해진다.

는 무언가 다른 것이다. 그곳의 종교는 더하기도 하고 덜하기도 하다. 아시아에서 종교를 찾는 현대 유럽인은 파도를 산처럼 표시하면서 바다를 육지인 양 지도를 만드는 사람과 같다. 그 특이한 영속성의 본질을 이해하지 못하는 것이다. 아시아가 아시아만의 품위와 시詩와 고등 문명을 지니고 있다는 말은 완벽하게 참이다. 그러나 우리가 아일랜드는 가톨릭이라든가 뉴잉글랜드는 청교도라고 말할 때처럼, 모든 충성심이 도덕성의 측면에서 구상되는 도덕적 정부가 통치하는 아시아만의 확고한 영토가 있다는 말은 조금도 참이 아니다. 그곳의 지도는 종교에 따라, 우리 식으로 말하자면 교파에 따라 구획이 표시된 것이 아니다. 아시아의 정신 상태는 훨씬 더 미묘하고, 더 상대적이고, 더 비밀스럽고, 더 다양하고 변화무쌍하여 마치 뱀의 빛깔 같다. 무슬림은 전투적인 그리스도인에 가장 가깝다. 그건 무슬림이 서방 문명으로부터 아시아에 파견된 사절에 훨씬 더 가깝기 때문이다. 아시아의 중심에서 무슬림은 거의 유럽의 영혼을 대표한다. 공간적으로 무슬림은 아시아와 유럽 사이에 서 있듯이 시간적으로는 아시아인과 그리스도인 사이에 서 있다. 그런 의미에서 아시아의 무슬림은 순전히 아시아의 네스토리우스교 신자와 같다. 역사적으로 말하자면 이슬람은 동방의 이단들 가운데 가장 훌륭한 이단이다. 이슬람은 이스라엘의 상당히 고립된 독특한 개별성에서 무언가 얻어 온 것이 있었지만, 비잔틴제국과 그리스도교 세계의 신학적 열의에서 얻어 온 것이 더 많았다. 이슬람은 심지어 십자군에게서도 얻어 온 것이 있다. 하지만 아시아로부터는 아무것도 얻어 오지 않았다. 아득히 오래된 예법과 바닥 모를 혼란스러운 철학을 지닌 아시아의 고대 전통 세계의 분위기에서는 아무것도 얻어 오지 않았다. 실제 고대 아시아 전체에서 이슬람의 진출은 무언가 이질적이고 서구적이고 호전적인 것이 마치 창처럼 꿰뚫는 것으로 느껴졌다.

아시아 종교들의 영역을 점선으로 표시할 수 있는 곳에서조차 어쩌면 우리는 우리 종교의 교의적이고 윤리적인 무언가로 그 종교들을 독해하고 있을지 모른다. 그건 마치 미국의 분위기를 모르는 어떤 유럽인이 각각의 '주'州가 프랑스나 폴란드처럼 분리된 주권 국가라고 생각하거나, 아니면 어떤 양키[5]가 자신의 '고향'을 다정하게 언급했을 때 사실은 고대 아테네나 로마의 시민처럼 자신에게는 고향 말고 다른 어떤 나라도 없음을 의미했다고 생각하는 것과 같다. 그런 유럽인이 특별한 종류의 충성심을 미국에 부여하려 하듯이, 우리는 특별한 종류의 충성심을 아시아에 부여하고 있다. 아시아에는 다른 부류의 충성심들이 있지만 서방 사람들이 신자가 된다고 할 때 의미하는 충성심은 없다. 서방 사람들이 그리스도인이 되려고 노력한다, 훌륭한 프로테스탄트가 된다, 실천하는 가톨릭 신자가 된다고 할 때 의미하는 충성심은 아시아에 없다. 충성심이란 지적인 세계에서는 무언가 훨씬 더 모호하고 의심과 억측에 의해 바뀌는 것을 의미한다. 도덕적인 세계에서는 훨씬 더 느슨하고 불안정한 무언가를 의미한다. 우리의 훌륭한 대학 중 한 곳에서 페르시아어를 가르치는 교수가 하나 있는데, 그는 서방에 대한 경멸을 실제로 공언할 만큼 편파적인, 아주 열렬한 동방 신봉자다. 그 교수가 내 친구에게 이렇게 말했다. "당신은

5 양키Yankee는 주로 미국 북동부 뉴잉글랜드 지방 출신의 미국인을 가리키는 속어이며 미국인 일반을 낮추어 부르는 말로도 사용된다.

절대 동방의 종교들을 이해할 수 없습니다. 당신이 언제나 종교를 윤리와 결부된 것으로만 생각하기 때문이지요. 종교란 정말로 윤리와는 아무런 관련도 없는 것입니다." 우리는 윤리와는 정말 아무 상관 없는 '더 높은 지혜의 대가들', '권능으로 가는 길 위의 순례자들', 동방의 비의적 성인들과 예지자들을 알아 왔다. 무언가 다른 것, 무언가 분리되고 무책임한 것, 그런 것이 아시아의 도덕적 분위기를 물들이며 심지어 이슬람의 도덕적 분위기까지 건드린다. 이는 『하산』[6]의 분위기 속에 매우 사실적으로 포착되었다. 그건 매우 무시무시한 분위기였다. 이는 아시아의 진짜 고대 종교들을 일별하면 훨씬 더 생생하게 드러난다. 형이상학의 깊이보다 더 깊은 곳, 영적인 것들의 엄숙한 우주 아래 신비적 명상들의 심연 저 깊은 곳에 하나의 비밀이 있으니, 그것은 감지할 수도 없는 끔찍한 경박함이다. 한 사람이 무엇을 하는지는 정말 별로 중요하지 않다. 악마를 믿지 않기 때문이든 운명을 믿기 때문이든, 아니면 이승의 경험이 모든 것이며 영원한 생명이란 이승의 경험과는 완전히 다른 것이기 때문이든, 하여간 어떤 이유로 인해 아시아의 종교들은 전적으로 다르다. 내가 어딘가에서 읽었는데, 중세 페르시아에 마음이 일치하는 것으로 유명한 훌륭한 세 친구가 있었

6 『하산』*Hassan*은 영국의 소설가이자 극작가인 제임스 엘로이 플레커James Elroy Flecker, 1884-1915의 희곡이다. 바그다드 출신의 하산이라는 무슬림 청년이 중앙아시아의 사마르칸트에 이르기까지 겪는 여러 가지 사건들이 주된 내용을 이룬다. 작가가 요절한 탓에 1923년에야 런던에서 초연되었는데, 사랑과 권력과 운명을 다루는 극적인 이야기 전개와 이국적인 무대, 음악, 의상, 안무 덕분에 크게 흥행했다. 특히 처형당해 죽는 주인공의 운명과 내세로 이어지는 사랑에 대한 희망이 관객들에게 감동을 주었다고 한다.

다. 그중 한 친구는 대왕의 대신이 되어 중책을 맡고 존경을 받았다. 다른 친구는 비관론자이자 쾌락주의자로서 무함마드를 조롱하며 술을 마시는 시인 오마르[7]가 되었다. 나머지 친구는 '산상 노인'[8]이 되어 해시시를 가지고 자기 부하들을 미치게 하여 다른 사람들을 단검으로 살해하게 만들었다. 한 사람이 무엇을 하는지는 정말로 크게 문제가 되지 않는 것이다.

『하산』에 등장하는 술탄은 이 세 사람을 모두 이해했을 것이다. 사실 그 술탄이야말로 바로 이 세 사람 모두였다. 그러나 이런 종류의 보편주의자는 우리가 성격이라 부르는 것을 가질 수 없다. 보편주의란 우리가 혼돈이라 부르는 것이다. 보편주의자는 선택할 수 없다. 싸울 수도 없고, 후회할 수도 없으며, 희망할 수도 없다. 같은 의미에서 그는 무언가를 창조하고 있지도 않다. 창조란 거부를 의미하기 때문이다. 우리의 종교적 표현을 사용해 말하자면, 그는 자신의 영혼을 만들고 있지 않다. 구원에 관한 우리의 교

7 오마르 하이얌Omar Khayyám, 1040-1123은 페르시아의 시인, 천문학자, 수학자다. 16세기 유럽에서 나온 그레고리력보다 더 정확한 달력을 만들었고 수학에서 이항정리를 증명했다. 그가 남긴 시들은 영국 시인 에드워드 피츠제럴드Edward FitzGerald에 의해 번역되어 『루바이야트』*Rubaiyat*, 1859라는 시집으로 출간되었고 유럽 전역에서 큰 인기를 끌었다. 체스터턴은 『이단』 제7장에서 오마르 하이얌을 표제어로 다룬다.

8 '산상 노인'Old Man of the Mountain은 이슬람 시아파에서 두 번째로 큰 분파인 이스마일파의 지도자였던 하산 에 사바흐Hasan-i Sabbah, 1150-1124의 별칭이다. 그는 페르시아 북부 산간 지역에 종교 공동체를 설립하고 요새를 구축하여 셀주크 투르크에 대항하는 페르시아 독립운동의 근거지로 삼았는데, 이것이 '아사신'이라고 하는 암살 교단의 시초를 이룬다. 아사신이라는 말은 아랍어의 하사신에서 비롯되었다고 하는데, 그 본래 의미에 대해서는 해시시hashish를 사용하는 사람들 혹은 하산의 부하들이라고 추측된다.

의란 실로 하나의 아름다운 조각상 곧 날개 달린 승리의 여신상을 만들고자 애쓰는 노고를 의미하기 때문이다. 그러하기에 거기에는 최종 선택이 있기 마련이다. 돌을 거부하지 않고는 조각상을 만들 수 없는 탓이다. 아시아의 형이상학 이면에는 이러한 궁극의 무無도덕성[9]이 있다. 그 이유는 바로 이루 헤아릴 수도 없는 그 모든 세월이 흐르는 동안에도 인간 정신을 정확히 그 지점에 데려다줄 것이 아무것도 없었기 때문이다. 선택해야 할 시간이 왔음을 인간 정신에 알려 줄 무언가가 전혀 없었다는 말이다. 그 정신은 영원 속에서 지나치게 많이 살았다. 필멸의 대죄라는 관념을 무시한다는 특별한 의미에서 그 영혼은 지나치게 불멸이었다. 죽음의 시간과 심판의 날을 충분히 지니지 않았다는 의미에서 그 영혼은 너무 많은 영원성을 지녔다. 십자가를 충분히 지니지 않았다는 축자적 의미에서도 그것은 충분히 결정적이지 않다.[10] 이것이 바로 아시아는 매우 늙었다고 말할 때 우리가 의미하는 바다. 그러나 엄격히 말해서 유럽은 아시아만큼이나 늙었다. 어느 장소든 다른 어느 장소만큼이나 오래되었다는 의미에서 정말로 그러하다. 하지만 유럽이 단지 계속해서 더욱 늙어 가기만 했다는 말은 아니다. 유럽은 다시 태어났다.

아시아는 온 인류다. 자신의 인간적 숙명을 풀어냈기 때문이다. 아시아는 그 광대한 영역에서, 그 다양한 주민에서, 높이 쌓인 과거의 업적과 깊이 내려간 어두운 사색에서 그 자체로 하나

9 무無도덕성unmorality이란 도덕적 판단이 불가하거나 부재한다는 의미다.

10 '결정적'이라는 의미를 갖는 'crucial'이란 단어는 '교차' 혹은 '십자(가)'를 뜻하는 라틴어 'crux'에서 비롯했다.

의 세계다. 또한 아시아는 우리가 세계에 대해 말할 때 의미하는 바를 대변한다. 아시아는 대륙이기보다 우주다. 아시아는 인간이 만들어 낸 그대로의 세계이며 인간이 만들어 낸 가장 멋진 것들을 많이 간직하고 있다. 그러므로 아시아는 이교주의의 대표이자 그리스도교 세계의 경쟁자로 서 있다. 그러나 우리가 그 필멸의 운명을 엿보게 되는 다른 모든 곳에서는 그것들이 똑같은 이야기 속 여러 단계들을 암시한다. 아시아의 대륙이 차츰 좁혀지며 야만인들이 사는 남쪽의 섬들로 이어지는 곳에서나, 아프리카의 중심에서 무명의 형태들로 가득 찬 어둠이 머무는 곳에서나, 선사 시대 아메리카의 식어 버린 화산에서 상실된 민족들의 마지막 생존자들이 남아 있는 곳에서나 그것은 모두 똑같은 이야기이며, 어쩌면 때로는 똑같은 이야기의 뒷부분이기도 할 것이다. 그건 사람들이 그들 자신의 신화라는 숲에 얽혀 있다는 이야기다. 사람들이 그들 자신의 형이상학이라는 바다에 빠져 죽었다는 이야기다. 다신론자들은 허구 중에 가장 무모한 허구에 질려 버렸다. 일신론자들은 진리 중에 가장 경이로운 진리에 질려 버렸다. 여기저기에 있는 악마주의자들은 하늘과 땅을 그토록 증오하기에 지옥에서 안식처를 구하고자 애를 썼다. 그것은 인간의 타락이다. 로마가 쇠락하던 첫 순간에 우리 조상들에게 느껴지던 것이 바로 그 타락이다. 우리 또한 편안하게 경사진 그 샛길을 따라 내려가고 있었다. 이 세상 고등 문명들의 장려한 행진을 따르고 있었다.

교회가 그때 세상에 등장하지 않았더라면, 유럽은 현재의 아시아처럼 되었을 개연성이 높아 보인다. 현대 세계에서처럼 고대 세계에서도 눈에 띄는 인종과 환경의 진짜 차이에 대해서는 감안

할 여지가 있을 수 있다. 그러나 어쨌든 우리가 변함없는 동방에 대해 이야기하는 까닭은 주로 아시아가 커다란 변화를 겪지 않았기 때문이다. 그와 동일하게 이교주의 역시 그 마지막 단계에 이르러 변화하지 않는다는 표징들을 상당히 많이 보였다. 그렇다고 철학의 새로운 학파나 종파가 일어나지 않으리라는 걸 의미하지는 않는다. 고대 세계에서도 새로운 학파들은 일어났고, 아시아에서도 새로운 학파들이 일어나니 말이다. 진짜 신비가나 예지가가 사라지리라는 걸 의미하지도 않는다. 고대 세계에도 신비가들이 있었고, 아시아에도 신비가들이 있으니 말이다. 사회적 규약이 없으리라는 걸 의미하지도 않는다. 고대에도 사회적 규약이 있었고, 아시아에도 사회적 규약이 있으니 말이다. 좋은 사람들이나 행복한 삶이 존재할 수 없으리라는 걸 의미하지도 않는다. 하나님은 모든 사람에게 양심을 주셨고, 양심은 모든 사람에게 일종의 평화를 줄 수 있으니 말이다. 그러나 그것은 서방 역시 변하지 않았더라면 서방에서조차 이 모든 것의 경향과 비율이, 특히 선한 것들과 악한 것들의 비율이 늘 변함없는 동방에서와 똑같았으리라는 걸 의미한다. 솔직하게 진정한 연민을 품고 저 변함없는 동방을 바라보는 사람 중에도, 거기에 신앙의 도전과 혁명을 아주 멀게나마 닮은 것이 있다고 믿을 만한 사람은 아무도 없다.

요컨대 고전적 이교주의가 지금까지 남아 있었다면, 당연히 이교주의와 더불어 다른 많은 것들이 함께 남았을 것이다. 그리고 그것들은 우리가 동방의 종교라 부르는 것과 매우 비슷해 보였을 것이다. 여전히 환생을 가르치는 힌두교도들이 있듯이, 환생을 가르치는 피타고라스주의자들도 있었을 것이다. 여전히 이성과 미덕으로 종교를 만들어 내는 유학자들이 있듯이, 이성과 미덕으로 종교를 만드는 스토아 철학자들도 있었을 것이다. 여전히 불교도들이 다른 이들에게는 신비롭기만 하고 그들 사이에서는 논쟁이 되는 초월주의를 공부하듯이, 초월적 진리를 탐구하는 신플라톤주의자들도 있었을 것이다. 여전히 명백하게 태양을 숭배하면서도 신을 숭배하노라고 설명하는 지성적인 파시교도들[11]이 있듯이, 명백하게 태양신을 숭배하면서도 신적인 원리를 숭배하노라고 설명하는 지성적인 아폴론 숭배자들도 있었을 것이다. 여전히 사막에서 춤추는 다르비시들[12]이 있듯이, 산 위에서 춤추는 열광적인 디오니소스 숭배자들도 있었을 것이다. 여전히 이교적 아시아에는 민중적인 신들의 축제에 참여하는 사람들의 무리가 있듯이, 유럽이 여전히 이교적이었다면 유럽에도 그런 사람들의 무리가 있었을 것이다. 여전히 사람들이 숭배할 장소의 신들과 다른 신들도 많이 있었을 것이다. 그 신들을 믿는 사람들보다 숭배하는 사람들이 여전히 훨씬 더 많이 있었을 것이다. 결국 신들을 숭배하고 신들을 믿는 사람들도 여전히 많이 있었을 것이며, 그저 신들이 마귀들이기 때문에 신들을 믿고 신들을 숭배하는 사람들도 여전히 많이 있었을 것이다. 여전히 칼리[13]에게 비밀스레 제물을 바치는 무리가 있듯이, 몰록에게 비밀스레 제물을 바치는 레반

11 파시교도Parsees란 과거 페르시아에서 이슬람의 박해를 피해 인도로 건너온 조로아스터교 신도들의 후예를 일컫는다.

12 다르비시Dervishes란 이슬람의 신비주의 종파인 수피에 속하는 이들을 가리킨다. 명상과 예식의 한 방식으로 희고 둥근 치마 같은 옷을 입고 기다란 모자를 쓴 채 둥글게 회전하며 춤을 추는 것으로 유명하다.

13 칼리Kali는 힌두교에서 시간과 죽음과 적멸을 나타내는 여신이다.

트인들도 있었을 것이다. 여전히 마법이 흔했을 것이고 그중 대다수가 흑마술이었을 것이다. 중국의 고문拷問과 칭송받는 공자의 경구들이 공존하듯이, 여전히 세네카에 대한 동경과 네로에 대한 모방이 상당히 많이 공존했을 것이다. 그리고 전반적으로는 야생적으로 변하거나 시들어 버리는 전통들이 뒤얽혀 숲을 이루어, 특이하면서도 심지어 이름도 없는 분위기의 광대한 침묵을 자아냈을 것이다. 그러나 그 분위기에 가장 가까운 이름은 무無다. 좋은 것이나 나쁜 것이나 이 모든 것은 너무 늙어서 죽을 수도 없는, 이루 형용하지 못할 분위기를 지녔을 터이다.

그리스도교가 부재했더라면 그 대신 유럽을 차지했을 것들 가운데 그리스도교와 조금이라도 비슷했을 것이라곤 아무것도 없다. 그리스도교가 부재했더라면 피타고라스주의의 영혼윤회설이 여전히 존재할 테니, 우리는 마치 불교에 대해 말하듯이 그것을 가리켜 피타고라스교라고 부르면 될 것이다. 소크라테스의 고귀한 격언들이 여전히 존재할 테니, 우리는 마치 유교에 대해 이야기하듯이 그것을 가리켜 소크라테스교라고 부르면 될 터이다. 공휴일에는 여전히 아도니스에게 바치는 신화적 찬가를 부를 테니, 우리는 자가나트[14]의 종교에 대해 이야기하듯이 그것을 가리켜 아도니스의 종교라 부르면 될 것이다. 여전히 문학이 그리스 신화에 기반을 두고 있을 것이므로, 우리는 힌두 신화를 종교라 부르듯이 그리스 신화를 종교라고 부르면 될 것이다. 그러한 사원

14 자가나트Jagannath는 힌두교의 지역적 전통에서 숭배되는 신이며 이름 자체는 '우주의 제왕'이라는 뜻이다. 보통 비슈누 혹은 비슈누의 화신인 크리슈나의 한 형태라고 이야기된다.

에 자주 다닌다거나 단지 그러한 사원으로 가득 찬 땅에 살고 있다는 의미에서, 그러한 종교에 속해 있는 사람들이 수천에서 수천만에 이른다고 말할 수 있겠다. 하지만 우리가 피타고라스의 마지막 전통이나 남아 있는 아도니스의 전설을 종교라는 이름으로 부른다면, 그리스도의 교회를 위해서는 다른 이름을 찾아내야 할 것이다.

누군가가 여러 세대를 거쳐 제시된 철학적 격언이나 많은 사람이 자주 오가는 신화의 신전이 교회와 똑같은 항목과 범주에 속한다고 말한다면, 단순히 그렇지 않다고 답하는 것만으로 충분하다. 그리스와 로마의 옛 문명에서 그러한 것들을 보고도 교회와 똑같다고 생각할 사람은 아무도 없다. 그 문명이 2천 년 더 지속되어 오늘날까지 존재했더라도 그러한 것들이 교회와 똑같다고 생각할 사람은 아무도 없을 것이다. 오늘날 그에 상응하는 동방 이교 문명에서 그러한 것들이 교회와 똑같다고 이성적으로 생각할 수 있는 사람은 아무도 없다. 이 철학들이나 신화들 가운데 어떠한 것도 교회와 같지 않다. 확실히 전투 교회와 같은 것은 아무것도 없다. 그리고 내가 이미 다른 곳에서 이 법칙을 입증했듯이, 아니, 이 법칙이 이미 증명되지 않았다고 하더라도 그 예외가 이 법칙을 증명할 것이다. 이 법칙이란 그리스도교 이전 곧 이교 시대의 역사가 전투 교회를 산출하지는 못한다는 것이다. 그리고 그 예외란, 혹은 어떤 이들이 예외라 부를 만한 사례란 바로 이슬람이다. 비록 교회는 아니지만 이슬람은 적어도 전투적이긴 하다. 그리고 이는 정확히, 이슬람은 그리스도교 이전에 존재하지 않았고 따라서 그런 의미에서 이교가 아닌 하나뿐인 종교적 경쟁자이기 때문이다. 이슬람은 비록 부산물일지라도, 비록 나쁜 산물일지라도 그리스도교의 산물이었다. 이슬람은 교회와 우열을 겨루고 그래서 교회를 따라 하는 이단이거나 패러디다. 퀘이커 교파가 평화로운 정신을 지녔다는 것이 놀랍지 않은 만큼이나 무함마드주의가 전투적인 정신을 지녔다는 것도 전혀 놀랍지 않다. 그리스도교 이후에는 그렇게 그리스도를 모방한 것들이나 확장한 것들이 얼마든지 있다. 그리스도교 이전에는 전혀 없다.

따라서 전투 교회는 유일무이하다. 보편적 구원을 일으키고자 행진하는 군대이기 때문이다. 세계가 해방되어야 할 속박의 상태는 이교 시대 유럽의 상태만큼이나 현재 아시아의 상태로도 충분히 상징화된다. 나는 단지 그들의 도덕적인 상태나 비도덕적인 상태를 말하려는 게 아니다. 사실 선교사는 계몽된 이들이 상상하는 것보다 자신을 위해 할 말이 훨씬 더 많다. 심지어 그가 이교도들은 우상을 숭배하고 부도덕하다고 말할 때조차 그러하다. 동방종교에 관한, 심지어 무슬림의 종교에 관한 사실적 경험에 한두 번 접촉하고 나면 놀랄 만큼 윤리적으로 무분별한 사례들이 드러날 것이다. 이를테면 열정과 도착倒錯 사이의 경계에 대한 실제적 무관심 같은 것 말이다. 아시아에 신은 물론 마귀가 가득하다는 사실을 우리가 알 수 있는 것은 편견 때문이 아니라 실제적 경험 때문이다. 그러나 내가 말하려는 악이란 정신 속에 있는 악이다. 정신이 오랫동안 홀로 일해 온 곳이라면 어디에나 정신 속에 악이 있다. 그것은 모든 꿈과 생각이 부정否定인 동시에 필연이기도 한 공허로 끝나 버렸을 때 일어나는 일이다. 그것은 무정부 상태처럼 들리지만 노예 상태이기도 하다. 그것은 이미 '아시아의 바쿼'라 불려 왔던 것이다. 원인과 결과에 관한 것들 혹은 정신 속에서 시작되고 끝나는 것들에 관한 그 모든 순환 논쟁이다. 그런 주장은 영혼이 정말로 깨치고 나가 어디로 가든 아무것도 할 수 없게 만든다. 그런데 중요한 점은, 그것이 필연적으로 아시아인들에게 국한되는 것은 아니라는 사실이다. 결국 무언가가 정말로 일어나지 않았더라면, 그런 주장은 유럽인들에게도 참이었을 것이다. 만약 전투 교회가 행진하지 않았더라면, 모든 사람이 그저 제자리걸음을 했을 것이다. 만약 전투 교회가 훈육을 견디지 못했더라면, 모든 사람이 노예 상태를 견뎌야 했을 것이다.

보편적이지만 전투적이기도 한 그 신앙이 세상 속으로 들여온 것은 희망이었다. 아마도 신화와 철학에 공통된 한 가지 사실은 그 둘 모두가 정말로 슬프다는 것이었다. 신화와 철학 모두 믿음과 사랑의 흔적은 가지고 있지만 이러한 희망은 가지지 못했다는 의미에서 그러하다. 우리가 보기엔 의심에 더 가깝긴 하지만, 그럼에도 불교를 가리켜 믿음이라 불러도 되겠다. 우리에게는 매우 비관적인 측은함으로 보이기는 하지만, 그럼에도 연민의 보살 곧 관음보살을 가리켜 자비의 주님이라 불러도 되겠다. 하지만 그러한 종교들이 역사가 오래고 규모가 크다는 사실을 많이 주장하는 이들은, 그럼에도 그 종교들이 그토록 오랜 세월 동안 실제적이고 전투적인 희망으로 그 모든 지역을 덮어 주지 못했음을 인정해야 한다. 그리스도교 세계에서 희망이 부재했던 적은 전혀 없다. 오히려 그리스도교 세계에 희망은 편력하고, 과도하며, 일시적인 기회들에 지나치게 고정되어 있었다. 그리스도교의 영원한 혁명과 재구성은 적어도 사람들의 정신 상태가 더 나았음을 입증하는 증거가 된다. 유럽은 독수리처럼 정말로 그 젊음을 새로이 해 왔다. 로마의 독수리가 다시금 나폴레옹의 군단 위로 솟아오른 것처럼, 또는 우리가 최근에 폴란드의 은독수리가 날아오르는 모습을 보았던 것처럼 말이다. 그런데 폴란드의 경우에는 혁명이 늘 종교와 함께했다.[15] 나폴레옹은 종교와 화해하기를 추구했다.[16] 종교는 결국 희망 중에서도 가장 적대적인 희망으로부터 분리될 수 없었다. 그건 종교가 희망의 근원이기 때문이다. 희망의 원인은 종교 자체에서 발견할 수 있다. 종교에 관해 다투는 사람들은 좀처럼 종교를 그 자체로 고찰하지 않는다. 이를 완전하게 고찰할 만한 지면이 여기에는 없다. 그러나 언제나 되풀이되고 여전히 설명을 요구하는 듯 보이는 화해를 설명하기 위해 한마디 정도는 해도 괜찮겠다.

신학의 자유화에 대한 지겨운 논쟁은, 사람들이 신학에서 유일하게 자유로운 부분이 교의라는 사실을 대면할 때까지 절대 끝나지 않을 것이다. 만약 교의가 믿기지 않는다면, 그건 교의가 믿기지 않을 만큼 자유로운 부분이기 때문이다. 만약 교의가 비이성적이라면, 그것은 교의가 이성에 의해 정당화되기보다는 우리에

15 국가로서 폴란드의 역사는 10세기 말 최초의 국왕 미에슈코 1세Mieszko I, 재위 960-992가 가톨릭 신앙을 수용하고 피아스트 왕조를 창건하면서 시작되었다. 폴란드는 종교개혁 이후에도 주변 국가들과 달리 민족 정체성과 결부된 가톨릭 신앙을 고수했다. 18세기 말부터 20세기 초까지 주변 3국의 분할 통치를 당했을 때도 가톨릭 신앙을 바탕으로 민족 정체성을 유지한 끝에 1918년 독립했다.

16 프랑스 혁명 초기부터 혁명정부는 교회 재산을 몰수하는 등 반反가톨릭 정책을 폈으나 쿠데타에 성공하여 통령 자리에 오른 나폴레옹은 1801년 비오 7세 교황과 정교협약을 맺어 프랑스 정부와 로마가톨릭교회 사이에 평화를 회복했고, 1804년 교황의 축복을 받으며 황제 자리에 오를 수 있었다.

게 자유에 대한 더 많은 확신을 준다는 점에서만 그럴 수 있다. 이를 명확히 보여 주는 예가 바로 우리가 자유의지라 부르는 자유의 본질적 형태다. 한 사람이 자신의 자유를 부정하면서 자신이 자유롭다는 사실을 보여 주려 한다는 건 터무니없는 일이다. 그러나 그가 자신의 자유를 확언하기 위하여 초월적 교의를 확언해야 한다는 것은 쉽게 옹호될 수 있다. 사실 어떤 의미에서는, 사람에게 근본적인 선택 능력이 있다면 죽은 이를 일으킬 수 있다거나 아직 잉태되지 않은 아이를 낳을 수 있는 초자연적인 창조 능력이 있는 것이라고 합리적으로 말할 수 있겠다. 아마도 그렇다면 한 사람은 하나의 기적이어야 한다. 한 명의 사람이 되기 위해서는, 더욱 확실하게 한 명의 자유로운 사람이 되기 위해서는 하나의 기적이 되어야만 한다. 그러나 자유로운 사람이 되는 걸 금지한다는 것, 그리고 그러한 금지를 보다 자유로운 종교의 이름으로 한다는 것은 터무니없는 일이다.

그것은 스무 개의 다른 사안들에서도 마찬가지로 참이다. 하나님을 믿는 사람이라면 누구든 하나님의 절대 주권을 믿어야만 한다. 그러나 그 주권 안에 자유롭다거나 부자유하다고 말할 수 있는 단계들이 있을 여지가 있다는 한에서, 부자유한 권능은 합리주의자들의 신이며 자유로운 권능은 교의주의자들the dogmatists의 신이라는 건 자명한 사실이다. 일신교를 일원론으로 바꾼다면, 우리는 그렇게 바꾼 만큼 일신교를 폭정으로 바꾸어 놓게 된다. 불가해한 목적과 불가피한 불변의 법칙을 지닌, 과학자들이 말하는 미지의 신은 오지의 천막에서 엄격한 계획들을 세우고 인류를 기계장치처럼 움직이는 프로이센의 전제군주를 상기시킨다. 기도에 응답하시고 기적을 일으키시는 하나님은 청원을 받아 주고, 의회의 논의를 경청하고, 온 백성의 사정을 고려하는 자유롭고 민중적인 군주를 상기시킨다. 나는 이러한 구상이 다른 측면에서도 이성적이라고 주장하는 것이 아니다. 사실 어떤 사람들이 생각하듯이 그것이 비이성적이지는 않다고 말할 따름이다. 자신이 구원하기를 원하는 이들의 행동에 따라 다르게 행동하는, 가장 현명하고 가장 박식한 임금에게는 비이성적인 것이란 하나도 없다. 그러나 나는 여기서 자유로움의 일반적 본질 혹은 자유롭거나 확장된 행동 환경의 일반적 본질에 주목할 뿐이다. 그리고 이러한 측면에서, 그 임금이 어떤 이들에게는 변덕스러운 사람이라 하더라도 우리에게는 그저 도량이 넓은 사람일 수 있다. 가톨릭 신자는 산 이와 죽은 이를 위해 드리는 자신의 기도가 중요하다고[17] 느끼는 사람, 입헌 연방국가와 거의 비슷한 곳에서 자유로운 시민처럼 살아가고 있다고 느끼는 사람이다. 단 하나의 강철 같은 법칙 아래 살아가는 일원론자는 술탄 아래 노예처럼 살고 있다고 느낄 것이 틀림없다. 사실 나는, 우리가 정치에서 투표할 수 있는 권리라는 뜻으로 사용하는 참정권suffragium이라는 말이 본래 신학에서 기도에 대해 쓰던 것이라 믿고 있다. 연옥에 있는 죽은 자들은 말 그대로 산 자들의 대원[18]을 받는다고들 했다. 그리고 이러한 의미에서, 그러니까 최고 통치자에 대한 일종의 청원권이라는 의미에서 우

17 프로테스탄트교회에서는 죽은 이를 위한 기도가 영혼의 심판에 관한 성경의 가르침에 어긋난다고 보고 그러한 기도를 금지하는 반면에 죽은 이의 영혼이 연옥의 정화 과정을 거쳐 천국에 들어간다고 믿는 가톨릭교회에서는 오히려 죽은 이를 위한 기도를 권장한다.

리는 전투 교회 전체만이 아니라 성인들의 통공[19] 또한 보편적 대원을 토대로 성립되었다고 참되게 말할 수 있을 것이다.

하지만 이는 무엇보다도 가장 엄청난 사안 곧 우리 신조의 신성한 희극을 창조한 그 비극이라는 사안에 대해 참이다. 그 극단적이고 강력하며 놀라운 교의, 그리스도의 신성에 관한 교의가 결여된 어떠한 것도 나팔처럼 민중적 감각을 휘젓는 그토록 특별한 효과를 내지는 못할 것이다. 그리스도의 신성이란 일반 사병들 사이에서 임금 자신이 복무한다는 관념이다. 그 인물을 순전히 인간적 존재로만 만든다면, 우리는 그 이야기를 훨씬 덜 인간적으로 만드는 셈이다. 그렇다면 우리는 정말로 인간성을 꿰뚫는 그 이야기의 요점을 제거해 버리고 만다. 그 이야기의 요점은 말 그대로 창끝과 같았다. 착한 군인들은 쉽게 죽임을 당할 수 있다는 점이

18 현세의 신자가 연옥에서 고통받는 망자의 영혼을 위하여 대사大赦, indulgence를 대신 받을 때 그것을 가리켜 대원代願, suffrage이라고 한다. 가톨릭교회 교의에서는 죄에 대한 사면과 벌을 구분한다. 고백성사를 통하여 하나님께 죄를 용서받았다 하더라도 그에 대해 받아야 할 벌은 여전히 남아 있으므로 보속을 통하여 벌을 사면받아야 한다. 현세에서 보속하지 못한 죄의 벌은 사후 연옥에서 모두 받아야 하며 이러한 정화 과정을 거친 뒤에야 영혼이 천국에 들어갈 수 있다. 가톨릭교회는 특별한 기회에 일정한 조건에 따라 교회의 권한으로 그리스도와 성인들이 쌓은 공로를 각 사람에게 나누어 줌으로써 보속을 면제해 주는 대사를 베풀 수 있다.

19 사도신경의 주요 개념 가운데 하나로 등장하는 '성인들의 통공通功'Communion of the Saints은 모든 신자가 영적으로 하나 되는 것을 의미한다. 가톨릭교회에서는 지상과 천국과 연옥에 있는 모든 신자를 포괄하는 것으로 이해하여 그들의 공로와 기도가 서로 통해 서로를 영적으로 돕는다고 믿는다. 특히 지상에 있는 이들이 연옥 영혼들을 돕고, 천국에 있는 영혼들이 지상에 있는 이들을 돕는다고 믿기에, 산 이들이 죽은 이들을 위해 기도하고 죽은 이들에게 기도를 요청하기도 한다. 프로테스탄트교회에서는 이를 '성도들이 교통하는 것'이라 하여 살아 있는 신자들이 친밀한 교제를 통하여 하나되는 것이라 이해한다.

군대에서 떠들썩한 뉴스가 되지 않는 것과 마찬가지로, 착하고 지혜로운 사람들은 신념을 위해 죽을 수 있다고 말하는 것이 특별히 우주를 인간화하지는 않는다. 앤 여왕[20]이 죽었다는 것이 뉴스가 되지 않듯이 레오니다스 왕[21]이 죽었다는 것도 뉴스가 되지 않는다. 그리고 사람들은 그리스도교가 영웅들이 된다는 의미에서 사람들이 되기를 기다리지는 않았다. 그런데 우리가 지금 잠시나마 너그럽고 민중적이며 심지어 그림처럼 멋진 그런 것의 분위기를 묘사하고 있다 하더라도, 인간 본성에 관한 어떠한 지식이라도 있다면 사람들의 아들들이나 심지어 하나님의 종들이 겪는 수난 중에 주인이 종을 대신하여 수난을 겪는다는 개념 같은 건 절대로 없음을 알게 될 터이다. 이는 신학의 신에 의해 주어지는 것이지, 과학의 신에 의해 주어지는 것은 단연코 아니다. 우주 차원의 군사작전 기지에서 별들의 누각에 몸을 숨긴 어떠한 신비로운 군주에게도 전투의 선두에서 자신의 다섯 상처[22]를 견디는 대장의 천상 기사도와 비슷한 것이라곤 조금도 없다.

교의를 비난하는 이가 정말로 의미하는 바는 교의가 나쁘다는 것이 아니다. 오히려 교의는 너무 좋아서 참일 수 없다는 것이

20 앤 여왕Anne, 재위 1702-1714은 스코틀랜드를 통합하여 오늘날 그레이트 브리튼Great Britain의 토대를 마련한 영국의 여왕이다. 19명의 자식을 임신하였으나 유산이나 사산으로 대부분을 잃었으며 만성질환을 오래 앓았다.

21 레오니다스 왕Leonidas I, 재위 487-480 BC은 페르시아 전쟁 때 크게 활약한 스파르타의 왕이다. 그리스 본토를 공격하는 페르시아의 대군을 맞아 휘하의 병사 300명을 이끌고 끝까지 맞서 싸우다 전사했다.

22 두 손과 두 발에 못이 박혀 십자가에 달리고 옆구리를 창에 찔린 예수의 오상五傷은 인간이 되신 하나님의 수난 전체를 상징적으로 보여 준다. 성 프란치스코를 비롯하여 가톨릭교회의 몇몇 성인들의 몸에 오상의 흔적이 나타났다고 한다.

다. 다시 말해 교의는 너무 자유로워서 그럴듯하지 않다는 것이다. 교의는 사람의 타락을 허용하니, 사람에게 너무 많은 자유를 준다. 교의는 하나님에게 죽음을 허용하니, 하나님에게조차 너무 많은 자유를 준다. 이것이 바로 똑똑한 회의론자들이 해야 할 말이다. 그리고 교의에 대해 그런 식으로 말할 만한 무언가가 있음을 부인하는 건 내 의도가 전혀 아니다. 회의론자들은 우주가 그 자체로 보편적 감옥이라는 뜻으로 말한다. 실존 자체가 제약이며 통제라는 것이다. 그들이 인과관계를 사슬이라고 부르는 데에 아무 이유도 없는 것은 아니다. 한마디로 그들이 의미하는 바는 상당히 단순하게도 이런 것들을 믿을 수 없다는 것이지, 이런 것들이 믿을 가치가 없다는 건 전혀 아니다. 우리는 가볍지 않게 또한 매우 축자적으로, 진리가 우리를 자유롭게 만들었다고 말한다. 그들은 그 진리가 우리를 너무 자유롭게 만드는 나머지 진리일 수 없다고 말한다. 우리가 그러한 자유를 누리고 있음을 믿는다는 것이 그들에겐 마치 요정나라를 믿는 것과 다름없어 보인다. 그들에겐 날개 달린 사람을 공상하는 것이 날개 달린 사람이 있다고 믿는 것과 같고, 자유로이 묻는 사람이나 자유로이 응답하는 하나님을 믿는 것이 산과 대화하는 다람쥐의 우화를 받아들이는 것과 같다. 이는 내가 늘 존경을 표해야 마땅할 남자답고 이성적인 부정否定이다. 하지만 나는 날개를 꺾어 다람쥐를 철망에 가두고, 사슬로 묶고, 자유를 거부하는 이들을 향한 어떠한 존경도 보이기를 거부한다. 그들은 철커덩 쇳소리를 울리며 우주의 감옥 안에 우리를 가두고는 우리의 해방은 한낱 몽상이며 우리의 감옥은 필연이라고 말한다. 그런 다음엔 조용히 돌아서서 그들에겐 더 자유로운 생각과 더 자유로운 신학이 있다고 말한다.

이 모든 것의 교훈은 오래되었다. 종교는 계시라는 것. 달리 말하자면 종교는 현시顯示인데 믿음으로 받은 현시라는 이야기다. 하지만 종교는 현실의 현시다. 신앙은 그 현실에 대한 확신에 있다. 이를테면 그것은 몽상과 현시의 차이다. 그리고 그것은 신화와 종교의 차이다. 그것은 우리가 신화라는 제목 아래 고찰했던, 무척 인간적이며 다소 건강한 그 모든 공상과 신앙의 차이다. 바로 이 현시라는 단어의 합리적 용법에는 두 가지가 함축되어 있다. 첫째는 현시란 매우 드물게 찾아온다는 것, 어쩌면 딱 한 번밖에 찾아오지 않는다는 것이다. 둘째는 현시란 한 번 오되 최종적으로 완전하게 온다는 것이다. 몽상은 날마다 찾아올 수도 있다. 몽상은 날마다 다를 수도 있다. 둘 사이의 차이는 유령 이야기를 해주는 것과 유령을 만나는 것 사이의 차이 그 이상이다.

현시가 신화가 아니라면, 그것은 철학도 아니다. 현시란 패턴이 아니라 그림이기에 철학이 아니다. 현시는 모든 것이 되풀이된다거나 모든 것이 상대적이라거나 모든 것이 불가피하다거나 혹은 모든 것이 환영에 불과하다거나 하는 추상적인 설명으로 모든 것을 분해하듯이 단순화하는 것이 아니다. 현시는 과정이나 절차가 아니라 하나의 이야기다. 그것은 그림이나 이야기에서 보이는 것과 같은 비율과 균형을 지니고 있다. 현시는 패턴이나 절차처럼 규칙적으로 반복되는 것이 아니다. 그것은 그림이나 이야기에 있는 설득력으로 그런 반복을 대체한다. 달리 말하자면 현시는 말 그대로 삶과 같다. 사실 그것 자체가 삶이기 때문이다. 이 말의 의미를 잘 드러내는 사례를 악이라는 문제를 다루는 데서 발견할 수 있다. 비관론자들이 하듯이 배경이 온통 검은 삶의 도면을 만든 다음, 다소 우발적이거나 적어도 축자적 의미에서 대수롭지 않은 한두 개의 별 무리를 허용하는 건 무척이나 쉬운 일이다. 그리고 크리스천 사이언스 신자들이 하듯이 하얀 종이 위에 또 다른 삶의 도면을 만들고, 부인하기 어려울 점이나 얼룩을 어떻게든 설명하거나 해명하는 것도 무척이나 쉬운 일이다. 마지막으로 아마도 가장 쉬운 것은 이원론자들이 하듯이, 삶은 검은색과 흰색이 동등하게 섞여 있는 체스판과 같아서 검은색 판에 흰색 네모 칸들로 이루어져 있다고 하든지, 흰색 판에 검은색 네모 칸들로 이루어져 있다고 하든지 간에 똑같이 참이 될 수 있다고 말하는 것이다. 그러나 모든 이가 마음으로 느끼듯 이 세 가지 도면 중에 어떤 것도 삶과 똑같지 않으며, 이 세 가지 세계 중에 어떤 것도 사람이 살 수 있는 세계가 아니다. 한 세계에 대한 궁극적 관념이란 나쁘지도 않고 심지어 중립적이지 않다는 것을 무언가가 말해 주기 때문이다. 사람은 하늘이나 풀밭이나 수학의 공리들이나 심지어 갓 낳은 달걀을 주시하면서 위대한 그리스도인 철학자 성 토마스 아퀴나스가 "모든 존재는 그 자체로 선하다"라고 한 말의 그림자와도 같은 모호한 느낌을 품는다. 반면에 악을 작은 점이나 심지어 얼룩으로 최소화하는 일은 남자답지 못하고 천하고 심지어 병적인 짓이라고 다른 무언가가 말해 준다. 낙관론이란 병적인 것임을 깨닫는 것이다. 심지어 비관론보다 훨씬 더 병적이다. 이런 모호하지만 건강한 느낌을 끝까지 따라가 보면, 악이 어떤 면에선 예외이되 거대한 예외라는 관념으로 끝맺게 될 것이다. 그리고 궁극적으로는 악이 침입이라거나 혹은 더욱 참되게 악이 반란이라는 생각에 이른다. 모든 것이 옳다거나 모든 것이 그르다거나 혹은 모든 것이 똑같이 옳기도 하고 그르기도 하다고 생각하지는 않는다. 그러나 옳은 것은 옳을 권리가 있고 따라서 존재할 권리가 있지만, 그릇된 것은 그릇될 권리가 없고 따라서 존재할 권리가 없다고 생각한다. 악은 세상의 왕자지만 또한 찬탈자이기도 하다. 그러므로 사람은 현시가 생생하게 보여 줄 것을 모호하게나마 파악하게 될 것이다. 그것은 천상에서 악이 반역을 일으키고, 자신이 창조할 수 없었던 우주를 훼손했으며 완전히 파괴하고자 했던 그 엄청난 탈주에 관한 기이한 이야기다. 그것은 정말 이상한 이야기이며 그 비율과 선과 색채는 한 그림의 예술적 구성만큼 자의적이면서 동시에 절대적이다. 그 이야기는 사실 우리가 그림에서 거대한 날개와 깃털의 열정적인 색조를 통해 상징하는 하나의 현시다. 밤중에 낙하하는 별들과 공작 무리의 심연 같은 현시 말이다. 그러나 그 기이한 이야기에는 간단한 도해들보다 나은 한 가지 작은 이점이 있다. 그 이야기는 삶과 같다.

또 다른 예는 악의 문제가 아니라 진보의 문제라 불리는 것에서 찾을 수 있다. 한번은 당대에 가장 유능한 불가지론자들 가운데 한 사람이 인류가 더 좋아지는지 혹은 더 나빠지는지, 아니면 그저 똑같이 남아 있는지에 대한 내 생각을 물었다. 그는 자신이 제시한 질문이 가능한 모든 선택지를 포괄한다고 자신했다. 자신의 질문이 단지 패턴을 포괄할 뿐 그림을 포괄하지 못한다는 걸 깨닫지 못한 것이다. 그의 질문은 절차를 포괄할 뿐 이야기를 포괄하지 못했다. 나는 그에게 골더스 그린[23]의 스미스 씨가 서른에서 마흔 살 사이에 더 좋아졌는지 혹은 더 나빠졌는지 혹은 그대로 똑같이 남아 있었는지에 대한 그의 생각을 물었다. 그러자 그는 그 문제가 스미스 씨 자신에게 달려 있음을 분명히 깨달은 듯 보였다. 그것은 계속 어떻게 나아갈 것인지에 대한 스미스 씨의 선택에 달려 있다는 말이다. 그것이 인류가 어떻게 계속해 나아가기로 선택했는지에 달려 있으리라는 생각은 그에게 절대 떠오르지 않았던 것이다. 인간이 살아가는 경로는 쭉 뻗은 직선이거나, 위로 굽거나 아래로 굽은 곡선이 아니다. 계곡을 가로지르는 사람의 경로처럼 좋아하는 곳에 가고, 선택한 곳에서 멈추고, 교회로 들어가거나 배수로에 빠지기도 한다. 사람의 삶은 하나의 이야기다. 모험 이야기다. 우리의 현시 안에서는 하나님의 이야기 또한 마찬가지다.

가톨릭 신앙은 화해다. 신화와 철학을 모두 실현한 것이기 때문이다. 가톨릭 신앙은 하나의 이야기이며, 그러한 의미에서 백 가지 이야기 가운데 하나다. 다만 그것은 참된 이야기다. 가톨릭 신앙은 하나의 철학이며, 그러한 의미에서 백 가지 철학 가운데 하나다. 다만 그것은 삶과 같은 철학이다. 하지만 무엇보다도 가톨릭 신앙은 화해다. 가톨릭 신앙은 이야기들의 철학이라 불릴 수 있는 유일한 것이기 때문이다. 그 모든 요정 이야기를 산출한 보통의 서사 본능을 모든 철학에서 도외시하는데, 단 하나의 철학만은 예외다. 신앙은 그 민중적 본능의 정당화이다. 신앙은 본능을 위한 철학이거나, 혹은 그 본능 안에 있는 철학의 분석에 대한 판결이다. 모험 이야기 속 인물이 목숨을 구하기 위해 여러 가지 시

23 골더스 그린Golders Green은 런던 서북부의 작은 교외 지역이다.

험을 통과해야 하듯이 이 철학 속 인물은 몇몇 시험을 통과해 자신의 영혼을 구해야 한다. 철학과 모험 이야기 모두 그 안에는 설계 조건에 따라 작동하는 자유의지의 관념이 있다. 달리 말하자면 하나의 목표가 있고, 인물이 해야 할 일이란 그 목표를 겨냥하는 것이다. 따라서 우리는 그 인물이 목표에 도달하는지를 주시한다. 그런데 이 민주적이고 극적인 깊은 본능은 다른 모든 철학에서 조롱받고 묵살된다. 다른 모든 철학은 시작된 곳에서 끝이 나기 때문이며, 이야기란 시작과 다르게 끝이 나는 것 곧 한 장소에서 시작해서 또 다른 장소에서 끝나는 것이라 정의되기 때문이다. 붓다와 그의 바퀴[24]로부터 아크나톤과 그의 원반[25]에 이르기까지, 수를 추상화한 피타고라스로부터 관례慣例의 종교를 만든 공자에 이르기까지, 어떤 면에서 한 이야기의 영혼에 죄가 되지 않는 것은 단 하나도 없다. 그 가운데 어떤 것도 이야기와 시험과 모험 곧 자유로운 인간의 시련이라는 이 인간적 개념을 정말로 파악하는 것은 하나도 없다. 말하자면 그들 각각은 이야기를 들려주

24 보통 '붓다의 바퀴'라고 하면 법륜法輪이라고 하는 불교의 교의를 뜻한다. 고대 인도의 투척 무기인 차크람chakram을 상징으로 차용한 것이다. 구체적으로는 불교의 핵심 교의로서 열반에 이르는 수행의 방법을 제시하는 사성제(네 가지 큰 깨달음)와 팔정도(여덟 가지 실천 덕목)를 나타내기도 한다. 불교의 교의를 타인에게 전하는 일을 이 바퀴를 굴리는 것이라 하여 전법륜轉法輪이라고도 한다. 체스터턴이 앞서 '아시아의 바퀴'를 이야기하면서 동방의 순환적 세계관을 논했던 것과 관련하여 보면, 힌두교에서 비롯한 생사유전生死流轉의 삼사라 곧 윤회 사상 일반을 가리키는 것 같기도 하다.

25 아크나톤은 고대 이집트 제18왕조의 파라오로서 태양신 아톤을 중심으로 한 일신교 체제로 이집트의 종교를 개혁한 인물이며, 원반은 태양신 아톤의 상징이다. 자세한 설명은 제1부 제6장 주22 참조.

려는 본능을 굶겨 죽이고, 로맨스로 여겨지는 인간적 삶을 망치려 든다. 모험의 죽음인 운명과 (비관적인 것이든 낙관적인 것이든) 숙명론을 통해서나, 연극의 죽음인 무관심과 냉담을 통해, 또는 행위자들을 원자로 분해하는 근본적 회의주의, 또는 도덕적 결과에 대한 전망을 가로막는 유물론적 제약, 또는 도덕적 시험마저 단조롭게 만드는 기계적 반복, 또는 심지어 실제적 시험들마저 불안정하게 만드는 바닥 모를 상대성을 통해 그렇게 한단 말이다. 인간의 이야기라는 것이 있고 신의 이야기라는 것이 있는데, 신의 이야기는 인간의 이야기이기도 하다. 그러나 헤겔의 이야기, 일원론자의 이야기, 상대주의자의 이야기, 결정론자의 이야기 같은 것은 없다. 모든 이야기에는 값싼 통속 소설이나 싸구려 연애 소설조차 그 안에 그들의 우주가 아니라 우리의 우주에 속하는 무언가가 있기 때문이다. 참으로 모든 짧은 이야기는 창조로 시작해서 최후 심판으로 끝이 난다.

바로 그러한 까닭에 그리스도가 올 때까지 신화와 철학은 전쟁을 벌여야 했다. 그러한 까닭에 아테네의 민주정에서는 신들을 공경한다는 뜻에서 소크라테스를 죽였고, 유랑하는 소피스트는 모두 신들에 대해 우월한 방식으로 이야기할 수 있을 때면 언제나 자기가 소크라테스인 양 허세를 부렸다. 이단적 파라오는 한 추상적 존재를 위해 자신의 거대한 우상과 신전을 파괴했으며, 승리하고 돌아온 사제들은 그의 왕조를 짓밟았다. 불교는 브라만교로부터 분리되어 나와야 했으며, 그리스도교 세계 바깥의 모든 나라와 시대에는 철학자와 사제 사이에 영원한 반목이 있어 왔다. 둘 중에 철학자가 일반적으로 더 이성적이라고 말하기 쉽다. 사제가 늘 더 민중적임을 잊기 쉽다. 사제는 사람들에게 이야기를 해 주었고, 철학자는 이야기의 철학을 이해하지 못했기 때문이다. 그것은 그리스도의 이야기와 함께 세상에 들어왔다.

그리고 바로 그러한 까닭에 이야기의 철학은 위로부터 주어지는 계시 혹은 현시여야 했다. 이야기나 그림에 관한 이론에 대해 생각하는 사람이라면 누구나 이를 쉽게 이해할 것이다. 세상에 대한 참된 이야기는 반드시 누군가가 다른 누군가에게 말해 주어야 하는 것이다. 바로 그러한 이야기의 본성에 의해, 이야기는 그냥 생겨나도록 아무에게나 맡겨 둘 수 없다. 이야기에는 비율, 변화, 불시의 사건, 특별한 배열이 있는데 이러한 것들은 하나의 합계처럼 추상 속 규칙에 의해 산출될 수는 없다. 우리는 아킬레우스가 헥토르의 시신을 돌려줄 것인지 아닌지를[26] 피타고라스의 수에 관한 이론이나 반복에 관한 이론으로부터 연역할 수 없다. 우리는 단지 모든 것이 붓다의 바퀴를 따라 돌고 돈다는 말을 듣는 것으로부터 세상이 어떤 방식으로 그리스도의 몸을 다시 얻게 될지를 추론할 수 없다. 사람은 에우클레이데스에 대해 들어 보지 않고도 에우클레이데스의 명제를 알아낼 수 있을 것이다. 하지만 에우리디케[27]에 대해 들어 보지 않고는 정확한 에우리디케의 전

26 호메로스의 『오디세이아』에서 아킬레우스는 자신의 전우이자 동성 연인인 파트로클로스를 죽인 것에 분노하여 헥토르와 대결하여 그를 죽이고 그 시신을 전차로 끌고 다니며 능욕했다. 헥토르의 아버지인 트로이의 왕 프리아모스가 찾아와 간곡히 청했을 때에야 그의 시신을 돌려주었다.

27 에우리디케Eurydice는 그리스 신화의 전설적인 시인이자 악사인 오르페우스Orpheus의 아내다. 먼저 죽은 아내 에우리디케를 찾아 저승으로 여행한 오르페우스의 이야기가 유명하다. 오르페우스는 오랜 모험 끝에 결국 자신의 시와 음악으

설을 알아내지 못할 것이다. 어쨌든 그 이야기가 어떻게 끝날지, 오르페우스가 최종적으로 패배하게 될지 확신할 수 없을 것이다. 더욱이 그는 우리의 이야기 곧 패배하지 않고 죽은 자들 가운데서 일어나는 우리의 오르페우스에 관한 전설의 결말을 추측하지 못할 것이다.

요약하자면 이러하다. 전쟁 중이던 과거의 두 경향을 정말로 충족시킨 무언가에 의해 세상의 분별이 회복되었고, 인간의 영혼은 구원을 받았다. 그 이전에 그 두 경향이 완전히 충족된 적은 없었으며, 보다 확실하게 말하자면 둘이 함께 충족된 적은 전혀 없었다. 그것은 이야기가 됨으로써 로맨스를 향한 신화 추구의 경향을 충족했고, 참된 이야기가 됨으로써 진리를 향한 철학 추구의 경향을 충족했다. 바로 그러한 까닭에 그 이상적 인물은 역사적 인물이어야 했다. 아도니스나 판을 역사적 인물이라고 느낀 사람은 아무도 없었으니 말이다. 그러나 또한 그러한 까닭에 그 역사적 인물은 이상적 인물이어야 하며, 심지어 다른 이상적 인물들에 주어진 역할들 가운데 많은 역할을 완수해야 했다. 그러한 까닭에 그는 단 한 번의 제사이면서 동시에 축제였고, 자라나는 포도나무나 떠오르는 태양 같은 표상 아래 제시될 수 있었다. 이 사안에 대해 더욱 깊이 생각할수록 우리는 더더욱 이렇게 결론짓게 된다. 하나님이란 존재가 정말로 있다면 그분의 창조는 세상에 진짜 로

로 저승의 신 하데스와 그 아내 페르세포네를 감동케 하여 아내 에우리디케를 데리고 다시 이승으로 돌아올 수 있게 되었다. 하지만 절대 뒤를 돌아보아서는 안 된다는 조건을 오르페우스가 어기는 바람에 에우리디케는 다시 저승으로 떨어졌고, 오르페우스는 홀로 슬픈 여생을 보내야 했다.

맨스를 허락하는 것 외에 다른 어떤 절정에 이르지 못했으리라는 것이다. 그렇지 않다면 인간 정신의 두 측면이 절대 맞닿지 못했을 것이다. 그리고 인간의 두뇌는 완전히 둘로 나뉘어 한쪽은 불가능한 꿈을 꾸고, 다른 한쪽은 불변의 계산을 반복했을 것이다. 화가들은 어느 누구의 것도 아닌 초상을 영원히 계속 그렸을 것이다. 현자들은 무엇에도 이르지 못하는 숫자들의 덧셈을 계속했을 것이다. 그것은 오직 육화만이, 우리 꿈들의 신성한 체화만이 건널 수 있는 심연이었다. 그 깊은 틈 위에 서 있는 그분의 이름은 사제 이상의 의미를 지니며, 심지어 그리스도교 세계보다 더 오래되었다. 그 이름은 바로 폰티펙스 막시무스[28], 다리를 놓는 가장 강력한 건설자이다.

그럼에도 우리는 동일한 전통 속에 있는 더 특별하게 그리스도교적인 상징으로 돌아가게 된다. 열쇠라는 완벽한 패턴 말이다. 이 글은 역사적인 개요이지 신학적인 개요가 아니다. 그리고 여기서 나의 의무는 그 신학을 세부적으로 자세하게 옹호하는 것이

28 폰티펙스 막시무스Pontifex Maximus는 고대 로마의 국가 사제단에서 최고 사제를 가리키던 라틴어 명칭이다. 폰티펙스는 '다리pons를 만드는facere 사람'이라는 뜻이며 막시무스는 '가장 훌륭한' 혹은 '가장 위대한'이라는 뜻이다. 신과 인간을 연결하는 사람이라는 상징적 의미로 이해된다. 로마에는 사제 계층이 따로 존재하지 않았기에 사제직은 일종의 국가 선출직이었다. 처음에는 종교적 의미만 있던 이 직위에 차츰 정치적 의미가 더해지기 시작했고, 기원전 63년 율리우스 카이사르가 이 최고 사제 자리에 오름으로써 그 이후로는 로마 황제의 공식 칭호로 사용되기 시작했다. 로마제국의 그리스도교화 이후 그리스도인 황제 그라티아누스재위 375-383가 이 칭호를 황제의 칭호로 사용하기를 중단했다. 이후 폰티펙스라는 말은 그리스도교의 주교를 나타내는 말로 쓰이기 시작하여 오늘날까지 특히 교황이나 교황과 관련된 것을 지칭하는 용어로 사용되고 있다.

아니라 그 신학이 세부적으로 정당화되지 않고서는 심지어 도안대로 정당화될 수조차 없음을 지적하는 것이다. 마치 열쇠처럼 말이다. 이번 장의 폭넓은 의견 제시를 넘어서서, 나는 그 신조가 왜 받아들여져야 하는지에 관해 어떠한 변명도 시도하지 않는다. 그러나 그 신조가 왜 받아들여졌고 또 받아들여지고 있는지에 관한 역사적 의문에 답하면서, 나는 나의 응답으로 수백만의 다른 의문들에 대해서도 답하려 한다. 왜냐면 그 신조가 자물쇠에 들어맞기 때문이다. 즉, 그것이 삶과 같기 때문이다. 그것은 수많은 이야기 가운데 하나다. 다만 그것은 참된 이야기일 뿐이다. 그것은 수많은 철학 중 하나다. 다만 그것은 진리일 뿐이다. 우리는 그것을 받아들인다. 그 바탕은 우리의 발아래에서 단단하고, 그 길은 우리 앞에 열려 있다. 그것은 운명의 꿈속이나 보편적 망상에 대한 의식 속에 우리를 가두지 않는다. 그것은 우리에게 믿기지 않는 하늘만이 아니라 어떤 이들에게는 똑같이 믿기지 않는 땅으로 보이는 것 또한 열어 주며, 결국 그것을 믿을 수 있게 만들어 준다. 이것은 사실이어서 설명하기 어려운 그런 부류의 진실이다. 하지만 우리 모두는 그 사실에 대한 증인들을 소환할 수 있다. 우리가 그리스도인이자 가톨릭 신자인 까닭은, 우리가 하나의 열쇠를 숭배하기 때문이 아니라 우리가 하나의 문을 통과했고, 자유의 나팔소리인 그 바람이 살아 있는 것들의 땅 위로 불어오는 것을 느꼈기 때문이다.

06

신앙의
다섯 죽음

그 이후 그리스도교의 역사를 추적하는 것, 특히 그리스도교 역사의 후반을 추적하는 것이 이 책의 목적은 아니다. 이후 그리스도교의 역사에 포함된 논쟁들에 대해서는 다른 데서 보다 완전하게 다룰 수 있기를 희망한다. 이 책에서는 다만 그리스도교가 이교도 사이에서 등장하였음에도 유일무이한 것, 심지어는 초자연적인 것의 성격을 지녔음을 제시하는 데 몰두했다. 그리스도교는 다른 어떤 것과도 같지 않았다. 우리가 그리스도교를 더 많이 탐구할수록 그리스도교는 다른 것들과 덜 비슷해 보인다. 그러나 그 이후로부터 현재까지도 그리스도교를 뚜렷이 나타내는 상당히 특이한 어떤 성격이 있으니, 그 성격에 대한 언급으로 이 책을 마무리해도 좋을 것 같다.

나는 아시아와 고대 세계가 너무 늙어서 죽을 수도 없는 분위기를 지녔다고 말했다. 그리스도교 세계는 그와 정반대되는 운명을 지녔다. 그리스도교 세계는 일련의 혁명을 거쳤으며, 각각의 혁명이 일어날 때마다 그리스도교는 죽었다. 그리스도교는 여러 차례 죽었고 다시 살아났다. 그리스도교에는 무덤에서 나오는 길을 아는 하나님이 있었기 때문이다. 그러나 이 역사를 특징짓는 가장 놀라운 사실은 이것이다. 유럽은 계속해서 뒤집히고 또 뒤집혔다. 그리고 각각의 혁명이 끝나고 난 뒤에는 늘 같은 종교가 다시금 그 위에 놓였다. 그 신앙은 오래된 종교로서가 아니라 새로운 종교로서 늘 시대를 전환케 한다. 이러한 진실은 사람들이 알아채지 못하는 인습에 의해 수많은 이들에게 감추어져 있다. 정말 이상하게도, 그 인습이란 특히 그것을 무시하는 사람들이 추적하여 비난할 것을 주장하는 그런 부류의 인습이다. 그들은 늘 사제와 예식은 종교가 아니며 종교 기관은 속이 빈 엉터리일 수 있다고 우리에게 말하지만, 그 말이 얼마나 참된지를 정말 깨닫지는 못한다. 그 말은 정말로 참이어서, 그리스도교 세계의 역사에서도 최소한 서너 번은 영혼 전체가 그리스도교에서 벗어난 듯 보였으며, 그 중심에 있던 거의 모든 사람이 그리스도교 세계의 종말을 예상했을 정도였다. 중세를 비롯한 여타 시대에 이러한 사실은 그러한 비평가들이 꿰뚫어 보노라고 자랑하는 바로 그 매우 공식적인 종교에 의해 가려졌다. 그리스도교는 르네상스 군주의 공식 종교나 18세기 주교의 공식 종교로 남았다. 마치 고대 신화가 율리우스 카이사르의 공식 종교로 남았던 것처럼, 혹은 아리우스의 신앙고백이 오래도록 배교자 율리아누스 황제의 공식 종교로 남았던 것처럼 말이다. 그러나 율리우스의 경우와 율리아누스의 경우에는 차이점이 있었다. 그 사이에 교회가 자신의 기이한 이력을 시작했기 때문이다. 율리우스 같은 사람들이 제우스 같은 신을 사람들 앞에서만 숭배하고 혼자 있을 때는 비웃으면 안 될 이유가 없었다. 그러나 율리아누스는 그리스도교를 죽은 것으로 다루었을 때 그것이 다시 살아났음을 발견했다. 그는 또한 제우스가 다시 살아났다는 표징은 가장 희미한 것조차 없음을 우연히 발견했다. 율리아누스의 경우와 아리우스주의의 일화는 여기에서 대강 보여 줄 수 있는 일련의 사례들 가운데 첫 시작점에 불과하다. 아리우스주의는 앞서 이야기한 대로 콘스탄티누스 황제의 그 특별한 미신이 점차 소멸하리라 예상되는 자연스러운 방식의 모든 인간적 면모를 지녔다. 그러나 그리스도교의 신경은 평범한 단계들을 모두 통과하여 존경할 만한 것이 되고 의례적인 것이 되었으며 마침내 이성적인 것으로 변화했다. 합리주의자들은 오늘날에 그러하듯이 그때에도 그리스도교의 마지막 잔해까지 모조리 소멸시킬 준비가 되어 있었다. 그리스도교가 갑자기 다시 일어나 그들을 던져 버렸을 때, 그건 그리스도가 죽은 이들 가운데서 다시 살아나신 것만큼이나 예상치 못한 일이었다. 그러나 이 같은 일의 다른 사례들도 많이 있으며 심지어 동시대의 사례들도 많다. 이를테면 아일랜드에서 수많은 선교사가 쏟아져 나왔다는 사실에선 늙어 버린 세계와 심지어 늙어 가는 기색을 보인 교회에까지 젊은이들이 가하는 맹공격의 기세가 느껴진다. 그 선교사 중 어떤 이들은 콘월[1]의 해안에서 순교했는데, 콘월의 고대사에 관한 최

1 콘월Cornwall은 잉글랜드 서남부 끄트머리에서 바다 쪽으로 튀어나온 반도 지역의 이름이다. 이 지역은 본래 켈트족이 살았던 지역으로 독특한 언어와 문화를 유

고 권위자가 내게 말하길, 자신은 그들이 이교도들에 의해서가 아니라 (그가 약간의 유머를 머금고서 표현한 그대로) '다소 해이한 그리스도인들에 의해' 순교당했노라 믿는다고 했다.

이 논의의 반경에서 벗어나긴 하지만 이제 우리가 역사의 표면 아래로 발을 담그려 한다면, 그리스도교 세계가 어느 모로 보나 의심과 무관심에 의해 내부에서부터 텅 비게 되었던 몇몇 경우들을 찾아보아야 하지 않을까 싶다. 이교의 껍데기가 그토록 오래 서 있던 것과 마찬가지로, 오래된 그리스도교의 껍데기가 서 있을 뿐인 경우들이 있었다. 하지만 그러한 모든 경우에 신앙에 대하여 아버지들은 해이했던 반면에 아들들은 열광적이었다. 이는 르네상스에서 반反종교개혁[2]으로 가는 이행기에 뚜렷이 드러난다. 18세기에서 우리 시대의 가톨릭 부흥에 이르는 이행기에도 뚜렷이 보인다. 다만 나는 따로 연구해 볼 가치가 있는 다른 많은 사례가 있으리라 생각한다.

그리스도교 신앙은 살아남은 것이 아니다. 드루이드들[3]이 2천 년 동안 어딘가에서 어떻게든 살아남았듯 살아남은 것이 아니다.

지하고 있다. 고대에 다른 주변 지역보다 그리스도교 전파가 비교적 늦었는데, 몇몇 유명한 성인뿐 아니라 주로 웨일스와 아일랜드에서 온 선교사와 수도승에 의해 6세기에 본격적으로 그리스도교화되었다.

2 반反종교개혁Counter-Reformation은 프로테스탄트의 종교개혁에 대한 대응으로 가톨릭교회가 16-17세기에 행한 전반적인 자기 개혁을 말한다.

3 드루이드Druids는 고대 켈트족의 성직자다. 영혼의 불멸과 윤회를 믿고, 죽음의 신을 세계의 주재자로 받들었다. 종교는 물론 교육과 재판을 모두 담당했으며 신과 인간을 중개했다. 로마제국의 탄압과 그리스도교 포교에 의해 6세기 이후 거의 사라져 흔적만 남게 되었으나, 그 신화나 전설은 민담의 형태로 오늘날까지 전해진다.

그런 일은 아시아나 고대 유럽에서, 신화와 철학이 나란히 영원토록 함께 살 수 있을 무관심이나 관용 속에서라면 일어났을 수도 있는 일이다. 하지만 그리스도교 신앙은 그렇게 살아남은 것이 아니다. 그리스도교 신앙은 변화가 빠르고 제도들이 끊임없이 소멸되어 가는 이 서방 세계로 끊임없이 회귀했다. 유럽은 로마의 전통 안에서 늘 혁명과 재건을 시도하고 보편적 공화정을 다시 짓고 있었다. 그리고 늘 이 오래된 돌을 거부함으로써 시작되었고 그 돌을 주춧돌로 삼음으로써, 그 돌을 쓰레기 더미에서 다시 가져와 카피톨리노[4]의 왕관으로 삼음으로써 끝이 났다. 스톤헨지의 어떤 돌들은 여전히 서 있고 어떤 돌들은 쓰러져 있다. 쓰러진 돌들은 쓰러진 대로 계속 누워 있을 것이다. 젊은 드루이드들이 신선한 겨우살이를 왕관처럼 쓰고 솔즈베리 평원의 햇살을 받으며 춤추는 드루이드의 르네상스가 한두 세기마다 반복되지는 않았다. 스톤헨지는 거친 노르만 양식으로부터 바로크의 마지막 로코코 양식에 이르기까지 모든 건축 양식에 따라 다시 지어지지 않았다. 드루이드들의 성지는 복원이라는 반달리즘으로부터 안전하다.

그러나 서방의 교회는 너무 늙어서 죽을 수도 없는 세계에 있지 않고, 늘 족히 젊어서 죽임을 당할 수 있는 곳에 있었다. 그 결과 표면적으로나 외부적으로는 교회가 죽임을 당하는 경우가

4 카피톨리노Capitolino는 옛 로마의 일곱 언덕 가운데 가장 높은 언덕에 있던 최고신 제우스의 신전을 가리키는 이름이었는데, 이후 이 언덕 전체를 나타내게 되었다. 미국의 국회의사당처럼 정치나 종교의 최고 권위를 나타내는 장소나 건물을 가리키는 비유적인 이름으로 사용되어 왔다.

많았다. 아니, 때때로 교회는 죽임을 당하지 않고도 지쳐 쓰러지곤 했다. 그리고 그 뒤에는 내가 묘사하기는 어렵다고 생각하나 매우 현실적이고 다소 중요하다고 믿는 하나의 사실이 따라온다. 유령은 사람의 그림자이고 그런 의미에서 생명의 그림자이듯이 교회의 이 끝없는 생명을 가로질러 일정한 간격을 두고 죽음의 그림자가 지나갔다. 이 죽음의 그림자는 혹시라도 교회가 죽어 없어질 수 있는 것이었다면 죽어 없어질 만한 때에 찾아왔다. 죽음의 그림자는 죽어 없어질 수 있는 것을 모두 말려 죽였다. 상응하는 동물에 빗대어 말할 수 있다면 뱀이 몸을 떨어 허물을 벗고 계속 살아갔다거나, 고양이가 999개 목숨 가운데 하나를 잃고 회복에 들어갔다고 할 수 있겠다. 더 품위 있는 비유를 들어 말하자면 시계 종이 쳤지만 아무 일도 일어나지 않았다거나, 처형을 알리는 종이 울렸으되 처형은 영원히 연기되었다고 말하는 편이 더 진실되다.

누군가 아주 멋지게 표현했듯이, 잠든 율리아누스 황제가 동요된[5] 12세기의 흐릿하나 광대한 그 모든 불안의 의미는 무엇이었을까? 암흑시대 이후 여명기에, 왜 그리 이상할 만큼 이른 시

5 '잠든 율리아누스 황제가 동요된'Julian stirred in his sleep은 힐레어 벨록의 여행 산문집 『언덕과 바다』*Hills and the Sea*, 1906 중 프랑스 파리에 머물면서 쓴 「경기장」The Arena에 등장하는 구절이다. 12세기 유럽은 이전의 암흑시대에서 완전히 벗어나 완숙한 중세 문화를 꽃피우지만, 여러 이단이 되살아나 종교적으로 크게 혼란을 겪기 시작했던 시기다. 이러한 상황을 빗대어 그리스도교 역사에서 '배교자'라고 불리는 율리아누스 황제가 잠에서 동요되었다고 표현한 것이다. 율리아누스 황제는 당시 급성장하던 그리스도교의 교세를 꺾고자 이단으로 추방당했던 주교들을 교회 내로 다시 불러들이기도 했다.

기에, 실재론에 맞서 유명론을 주장하는 데 연루될 만큼 깊은 회의론이 등장했을까? 유명론에 맞선 실재론은 정말로 이성주의에 맞선 실재론이거나 우리가 이성주의라 부르는 것보다 더 파괴적인 무언가였으니 말이다. 이에 대한 답은 이러하다. 즉, 어떤 이들은 교회가 단순히 로마제국의 한 부분이었다고 생각했을 수 있듯이, 이후에 다른 이들은 교회가 단지 암흑시대의 한 부분일 뿐이라고 생각했을 수 있다는 것이다. 로마제국이 끝났듯이 암흑시대도 끝났다. 교회 역시 그 밤의 그늘 가운데 하나였다면 암흑시대와 함께 떠났어야 했다. 그것은 그 유령 같은 죽음들이나 죽음을 흉내 내는 것들 가운데 또 하나였다. 내 말인즉 만약 유명론이 성공했더라면 마치 아리우스주의가 성공했을 것처럼 되었으리라는 것, 곧 그리스도교가 실패했다는 고백의 시작점이 되었으리라는 것이다. 유명론[6]은 순전한 무신론보다 훨씬 더 근본적인 회의론이기 때문이다. 암흑시대가 벌어져 우리가 근대 세계라 부르는 햇빛 속으로 들어왔을 때, 공개적으로 제기된 질문은 바로 그러했다. 그렇다면 그 답은 무엇이었나? 그 답은 바로 아퀴나스와 수많은 젊은이의 존재였다. 아퀴나스는 아리스토텔레스의 자리에 앉아 모든 지식을 자신의 분야로 취했다. 그리고 가장 낮은 계층의 농부와 농노에 이르기까지 수많은 젊은이가 스콜라 철학을 경청하고자 훌륭한 대학들 주변에서 넝마를 입고 부스러기를 먹고 살았다.

이슬람의 그늘에서 서방 세계에 퍼져 나가던 그 모든 공포

6 유명론에 대해서는 제1부 제6장 주15 참조.

의 속삭임은 무슨 의미였을까? 노르웨이나 헤브리디스 제도를 활보하는 사라센 기사들의 어색한 이미지들로 온갖 옛 로맨스를 채우고 있는 그 모든 공포의 속삭임은 무슨 의미였을까? 내 기억이 옳다면, 왜 존 왕[7]과 같이 서방의 끝에 있던 사람들이 비밀스레 무슬림이 되었다고 비난받아야 했을까? 오늘날 어떤 사람들이 비밀리에 무신론자가 되었다고 비난당하듯이 말이다. 왜 정부 당국에서는 아리스토텔레스의 합리주의적인 아랍어 판본[8]에 관해 그리도 격렬하게 불안해했을까? 이미 너무 늦었을 때를 제외하고는 정부 당국에서 그렇게나 크게 불안해하는 일은 거의 없는데 말이다. 이 모든 물음에 대한 답은, 이슬람이 그리스도교 세계를 정복할 것이라고 수많은 사람이 마음속으로 믿었기 때문이라는 것이다. 아베로에스가 안셀모[9]보다 더 이성적이고, 사라센 문

7 존 왕John, 재위 1199-1216은 잉글랜드의 군주였다. 아버지 헨리 2세와 어머니 아키텐의 엘레오노르로부터 오늘날의 영국과 프랑스에 걸친 광대한 영토를 상속받았으나 프랑스와의 전쟁에서 프랑스 내 영토 대부분을 잃고 말았다. 또한 전쟁을 위한 과도한 징세로 인해 귀족들의 반란을 불러일으켰다. 그 결과 왕의 권한을 제한하고 의회의 권위를 확대하는 한편, 시민의 자유를 보장하여 영국 민주주의의 시발점으로 평가되는 '마그나 카르타'Magna Carta, 1215에 서명했다. 로빈 후드 전설을 비롯한 후대의 민담과 문학 작품에서 못난 악당으로 자주 등장한다.

8 뒤이어 나오는 아베로에스Averroes 1126-1198의 아리스토텔레스 주해를 말한다. 고대 세계에서 아리스토텔레스의 학문은 주로 시리아를 거쳐 동방으로 전수되었으며, 합리주의에 기반을 둔 이슬람 철학자이자 신학자였던 아베로에스는 아리스토텔레스 전작에 대한 주해를 완성한 것으로 유명하다. 십자군 전쟁 이후 동방의 문화와 학문이 서방으로 유입되면서 아리스토텔레스의 학문도 전해지는데, 이것이 바로 아베로에스가 주해한 아리스토텔레스 전작의 라틴어 번역본이었다. 이렇게 전해진 아리스토텔레스의 학문이 밑거름이 되어 스콜라철학이 탄생한다.

9 성 안셀무스St. Anselm of Canterbury, 1033-1109를 가리킨다. 성 안셀무스는 스콜라철학의 창시자로 여겨지는 신학자이자 철학자로서 "이해하기 위하여 믿는다"는 언

화가 겉으로 보기에 정말 그러했듯이 실제로도 더 우월한 문화라고 믿었던 것이다. 여기서 다시금 우리는 한 세대 전체 곧 더 오래된 한 세대가 의심스러워하고 우울해하며 피곤해한다는 걸 발견하게 될 것이다. 이슬람의 도래는 유니테리언이 천 년쯤 먼저 도착한 것과 다름없었다. 많은 이들에게 그것은 무척 합리적이고 무척 개연적이며 무척 유망해 보였을 것이다. 정말 그러했다면, 그들은 실제로 일어난 일을 보고 깜짝 놀랐을 것이다. 수만 명의 젊은이들이 천둥처럼 고함을 지르며 자신의 젊음을 환희의 반격 곧 십자군 전쟁에 던져 넣었다. 하나님의 곡예사들인 성 프란치스코의 아들들이 노래를 부르며 세상을 방랑했고, 고딕 성당이 화살처럼 하늘을 향해 솟아올랐다. 세상이 깨어난 것이다. 알비파 전쟁[10]을 고찰해 보면 유럽의 중심에서 일어난 균열과 그리스도교 세계를 거의 끝장낼 뻔한 새 철학의 압승에 이르게 된다. 이 경우에서 새 철학은 아주 새로운 철학이기도 했으니, 그것은 비관론이었다. 그것이 현대 사상들과 같았던 것은 오히려 아시아만큼이나 오래되었기 때문이다. 현대 사상은 대부분 그렇게 오래되었다. 그것은 회귀하는 영지주의였다. 도대체 왜 영지주의가 회귀한 것일까?

명에서 출발하여 신 존재 증명을 시도했던 것으로 유명하다. 영국의 캔터베리 대주교를 지냈다.

10 카타리파派Cathars라고도 불리는 알비파派Albigenses는 12세기 프랑스 알비에 전파되면서 세력을 크게 떨친 그리스도교 이단이다. 마니교적 이원론에 바탕을 두고, 하나님은 오로지 영적인 것만을 창조하였으며 그에 대적하는 악마가 인간을 물질 속에 가두었으므로 인간은 금욕적 계율을 통해 물질에서 해방되어야만 구원받을 수 있다고 설파했다. 당시 교황 인노첸시오 3세는 알비파와 더불어 세력을 확장하던 발도파를 이단으로 선포하고 십자군을 파견하여 이들을 강력하게 진압했다.

그것이 로마제국의 종말과 같은 한 시대의 종말이었기 때문이고, 교회의 종말이었을 것이기 때문이다. 그것은 미래의 하늘을 맴도는 쇼펜하우어[11]였다. 하지만 그것은 또한 사람들이 죽음을 맞이하게 하고자, 죽음을 더욱 풍성하게 맞이하게 하고자 죽은 자들 가운데서 되살아나는 마니이기도 했다.

이런 현상은 르네상스의 경우에 더욱 명확해 보인다. 왜냐면 그 기간이 훨씬 더 우리에게 가깝고, 사람들이 그에 대해 훨씬 더 많이 알기 때문이다. 하지만 심지어 이 르네상스라는 시대에도 대부분의 사람들이 아는 것보다 더 많은 것이 있다. 내가 별도의 연구를 위해 남겨 두고자 하는 특별한 논쟁들은 별개로 하더라도, 이 시기는 그런 논쟁들이 흔히 암시하는 것보다 훨씬 더 아수라장이었다. 프로테스탄트들이 라티머[12]를 프로테스탄티즘의 순교자라 부를 때, 가톨릭 신자들은 캠피언[13]을 가톨리시즘의 순교자

11 아르투어 쇼펜하우어Arthur Schopenhauer, 1788-1860는 비관론으로 유명한 독일의 철학자다. 칸트의 사상을 비판적으로 계승했고 동시대의 헤겔 등을 신랄하게 비판하며 자신만의 독특한 철학을 전개했다. 세계는 근원적으로 악이고, 주체의 '의지와 표상'이므로, 인간은 존재를 향한 무의식적 충동인 근원적 의지에서 자유로워져 이데아를 관조해야 하는데, 이는 일종의 심미적 해탈을 통해서 불완전하게나마 가능하다고 주장한다. 이러한 맥락에서 불교 등 동양 사상에 관심을 가졌고 서양철학과 동양철학 사이의 근본적 유사성을 논하기도 했다.

12 휴 라티머Hugh Latimer, 1487-1555는 잉글랜드 성공회의 주교이자 순교자다. '피의 메리'라고 불리는 가톨릭 여왕 메리 1세의 프로테스탄트 박해 때 처형당한 대표적인 인물이다.

13 에드먼드 캠피언Edmund Campion, 1540-1581은 잉글랜드 가톨릭교회의 사제이자 순교자다. 엘리자베스 1세 치세에서 옥스퍼드 대학에서 공부하고 성공회 부제가 되었지만, 유럽 대륙으로 건너가 가톨릭교회와 화해하고 직접 로마에 가서 예수회에 입회한 뒤 사제가 되었다. 1580년 잉글랜드로 돌아와 비밀리에 활동하던 중

라 부르며 응수한다. 그러한 박해 속에서 죽어 간 많은 이들이 단지 무신론이나 무정부주의, 심지어 악마 숭배의 순교자로 묘사될 수 있었다는 사실을 사람들은 자주 잊어버린다. 그런 세상은 지금 우리가 사는 세상만큼이나 난폭하다. 그 안에서 방랑하는 사람 중에는 신이 없다고 말하는 부류, 자신이 하나님이라고 말하는 부류, 누구도 이해할 수 없는 무언가를 말하는 부류의 사람들이 있었다. 우리가 르네상스 다음에 이어지는 시대의 대화를 들을 수 있다면, 아마도 그 대화의 파렴치한 부정否定들에 충격을 받을 것이다. 말로[14]가 했다고 전하는 말들은 아마도 수많은 지식인이 선술집에서 나눈 대화의 전형이었을 것이다. 종교개혁 이전의 유럽에서 종교개혁 이후의 유럽으로 이행하는 과정은 하품을 유발하는 질문들의 공허한 시간을 통해서 이루어졌다. 그러나 길게 보아 결국에 해답은 똑같았다. 그것은 그리스도가 물 위를 걸었듯이 그리스도교가 허공을 걷고 있던 그런 순간들 가운데 하나였다.

하지만 이 모든 것은 먼 과거의 일들이고, 단지 세부적으로 증명될 수밖에 없을 터이다. 그러한 사실은 르네상스의 이교주의가 그리스도교를 끝내 버렸지만, 그리스도교가 설명할 수 없이 다시금 시작되었던 경우에서 훨씬 더 명확하게 볼 수 있다. 그런데 우리는 우리에게 가깝고 분명하고 상세한 증거가 많은 경우에서 그러한 사실을 가장 명확하게 볼 수 있다. 볼테르[15]의 시대 즈음

발각되어 이듬해에 반역 혐의로 처형당했다.

14 크리스토퍼 말로Christopher Marlowe, 1564-1593는 셰익스피어에게도 영향을 끼친 것으로 평가되는 엘리자베스 1세 시대 최고의 극작가이자 시인이다. 서른도 되지 않은 나이에 선술집에서 벌어진 다툼에서 칼에 눈을 찔려 사망했다고 전한다.

에 종교가 크게 쇠퇴하기 시작한 것이 바로 그러한 경우다. 실제로 그것이 우리 자신의 경우이기 때문이다. 그런데 우리는 그러한 쇠락의 쇠락을 직접 보았다. 볼테르 이후 200년은 4세기와 5세기처럼 혹은 12세기와 13세기처럼, 눈 깜짝할 사이에 우리를 지나치지 않는다. 우리는 우리 자신의 경우로 미루어 역사에 자주 반복되는 이 과정을 손에 닿을 듯 가까이에서 볼 수 있다. 우리는 한 사회가 어떻게 공식 종교를 폐지하지 않고도 근본 종교를 완전하게 상실할 수 있는지를 안다. 우리는 사람들이 어떻게 모든 주교를 폐하기 한참 전부터 모두 무신론자가 될 수 있는지를 안다. 그리고 우리는 우리에게 정말이지 최종 결말로 보였던 이 결말에서 믿기지 않는 일이 다시금 일어났다는 것도 안다. 그리스도교 신앙은 늙은이들보다 젊은이들 사이에 더 나은 추종자들이 있다. 입센[16]은 문을 두드리는 새로운 세대에 대해 말했지만, 그들이 두드리는 문이 교회의 문이었을 거라고는 전혀 예상하지 못했을 것이다.

그러므로 그리스도교 신앙은 적어도 다섯 차례 곧 아리우스, 알비파, 인본주의적 회의주의자, 볼테르, 그리고 다윈과 더불

15 볼테르Voltaire라는 필명으로 더 유명한 프랑수아마리 아루에François-Marie Arouet, 1694-1778는 18세기 프랑스 계몽주의를 대표하는 작가다. 부르봉 왕가의 절대왕권 아래 있던 프랑스의 정치, 사회, 종교를 날카롭게 비판하고 풍자했으며 사상의 자유와 사회적 관용을 주장했다.

16 헨리크 입센Henrik Ibsen, 1828-1906은 노르웨이의 극작가이자 시인이다. '현대 희곡의 아버지'라고 불릴 만큼 혁신적인 문제작들을 집필했다. 현대 연극은 물론 문학에 끼친 영향이 지대하다. 본문에 언급된 구절은 그의 작품 『건축가 솔네스』*Bygmester Solness*, 1892에서 건축가로서 최고의 경지에 오른 솔네스가 새로운 세대의 등장을 두려워하며 "더 젊은 세대가 내 문을 두드리고 있소"라고 했던 말을 인용한 것이다.

어 완전히 끝이 날 뻔했다. 하지만 매번 결과는 정반대였다. 그 붕괴가 얼마나 완전했으며 또 그 반전이 얼마나 기이했는지는 그저 우리 시대에 가장 가까운 경우에서 상세히 볼 수 있을 따름이다.

옥스퍼드 운동[17]과 그에 상응하는 프랑스의 가톨릭 부흥[18]에 대해서는 천 가지쯤 되는 논의들이 이야기되었다. 하지만 그중에서 우리에게 옥스퍼드 운동에 관한 가장 단순한 사실, 즉 그 운동 자체가 뜻밖의 놀라운 사건이었음을 알게 해주는 것은 거의 없었다. 그것은 놀라운 사건이면서 수수께끼이기도 했다. 왜냐하면 대부분의 사람들에게는 강이 바다로부터 거꾸로 흘러와서 산으로 올라가는 듯 보였기 때문이다. 18세기와 19세기의 문헌들을 읽어 보면 당시에 거의 모든 사람이 종교란 강처럼 점점 넓어지다가 무한한 바다에 이르는 것임을 당연시했다는 걸 알게 된다. 어

17 옥스퍼드 운동Oxford Movement, 1833-1845은 옥스퍼드 대학을 중심으로 일어난 영국 국교회의 개혁 운동이다. 19세기 들어 정치적으로나 사회적으로 자유주의 개혁이 전개되면서 종교의 자유를 제한했던 조치들이 대거 폐지됨에 따라 영국 국교회의 존립 자체가 위기에 처했다. 하지만 국교회에 대한 국가의 간섭은 여전했고 신학적으로도 자유주의 분위기가 만연한 가운데 서방교회 전체 전통 자체를 중시하는 고교회파와 프로테스탄트 전통을 중시하는 저교회파의 분열은 지속되고 있었다. 이에 몇몇 옥스퍼드 대학 평의원들을 중심으로 보편교회로서의 정통을 이어가려는 개혁 운동이 진행되었다. 그 과정에서 국교회 내에 갈등이 일고, 운동을 주도했던 뉴먼J. H. Newman이 가톨릭으로 개종하는 등 개혁 운동 자체가 분열되기도 했지만, 국교회 쇄신에 큰 영향을 끼친 것으로 평가된다.

18 프랑스에서는 혁명 당시 가톨릭교회가 구체제를 대표하는 하나의 기관으로서 공공의 적이 되어 큰 피해를 입었다. 하지만 나폴레옹이 정권을 잡고 1801년 비오 7세 교황과 정교협약을 맺은 뒤로 프랑스 가톨릭교회는 빠르게 정상화되었다. 이후 19세기 전반에 산업혁명이 가속화되자 가톨릭교회의 많은 기관이 가난한 노동자 계층을 보살피는 데 투신하면서 프랑스 가톨릭교회 역시 새로운 부흥을 맞았다.

떤 이들은 종교가 재난의 폭포 속으로 떨어질 거라고 예상했고, 대부분은 종교가 점점 넓어지면서 평등과 중용의 강어귀로 흘러들 것이라고 예상했다. 하지만 그들 모두는, 종교가 스스로 회귀한다는 건 요술처럼 믿기지 않는 불가사의한 일이라고 생각했다. 달리 말하자면 대부분의 온건한 사람들은 신앙이 자유와 마찬가지로 천천히 넓어지리라고 생각했다. 더욱이 어떤 진보적인 사람들은 신앙이 완전히 납작하게 평평해질 정도는 아니더라도 아주 빨리 넓어지리라 생각했다. 기조[19]와 매콜리[20], 그리고 상업과 과학의 자유주의로 이루어진 그 세계 전체는 그 이전이나 그 이후로나 세상이 흘러가는 방향에 대해 어느 누구보다도 확신했던 것 같다. 사람들이 방향에 대해 너무도 확신했던 탓에 단지 속도에 대해서만 의견을 달리했을 정도다. 많은 이들이 불안한 마음으로, 그리고 몇몇 이들은 동정하는 마음으로, 자코뱅[21] 봉기가 일어나

19 프랑수아 기조François Guizot, 1787-1874는 프랑스의 정치가, 역사가다. 소르본 대학의 교수로 재직하던 중 1830년 7월 혁명에 가담하여 복구된 부르봉 왕가를 다시 무너뜨리는 데 기여했다. 이후 루이 필리프 1세 입헌군주정 정부의 외무장관과 총리를 역임하면서 일반 공교육 제도를 확충하는 등 온건한 자유주의 정책들을 추진했다. 1848년 2월혁명으로 공화정이 수립되자 남은 생을 역사 연구에 몰입했다.

20 토머스 매콜리Thomas Macaulay, 1800-1859는 영국의 휘그당 정치가, 역사가다. 의회 의원으로서 영국의 선거 제도를 개선하여 선거권을 대폭 확대하는 등 자유주의적 개혁을 지지했고, 식민지 인도 정부의 일원으로 특히 인도 내 영국식 공교육 제도 확충에 기여했다. 역사가로서 잉글랜드의 역사와 역사 해석에 관한 명저들을 남겼다.

21 자코뱅Jacobin은 본래 프랑스 대혁명의 한 정파를 가리키는 말이었다. 자코뱅 안에서도 서로 다른 정파들이 나뉘긴 했지만, 전반적으로 급진적인 공화주의를 주장하여 이른바 공포정치를 주도했던 로베스피에르를 중심으로 하던 이들을 일컫

캔터베리의 대주교를 단두대에서 처형하든가, 차티스트 폭동[22]이 일어나 주임 신부들을 가로등 기둥에 목매달 거라고 예상했다. 그러나 캔터베리 대주교는 목을 잃는 대신 자신의 주교관主教冠을 찾고 있을 터이고 주임 신부들에 대한 우리의 존경심은 약해지기는커녕 사제들에 대한 존경심에 이를 만큼 강화될 터이니, 이는 완전히 흐름을 거스르는 격변처럼 보였다. 그것은 혁명에 대한 사람들의 시각을 혁명했으며, 뒤집힌 세상을 뒤집었다.

요컨대 그 흐름이 더 빠른지 혹은 더 느린지를 두고 둘로 나뉜 세계는 그 흐름을 거스르는 모호하지만 광대한 무언가를 의식하게 되었다. 사실로서나 비유로서나 이에 관해서는 우리를 속 깊이 불편하게 만드는 무언가가 있는데, 그건 어떤 본질적인 이유 때문이다. 죽은 것은 그 흐름을 따라 흘러가고, 살아 있는 것만이 그 흐름을 거스를 수 있다. 죽은 개는 약동하는 사냥개만큼 재빠르게 약동하는 물 위로 솟아오를 수 있을 뿐이다. 살아 있는 개만이 흐름의 반대 방향으로 헤엄칠 수 있다. 공기처럼 가볍고 우아한 요정의 배처럼 종이배는 불어나는 폭우의 물줄기를 타고 내려갈 수 있지만, 만약 요정의 배가 그 물줄기를 거슬러 올라간다면 그건 정말로 요정들이 노를 젓고 있기 때문이다. 그리고 눈에

는다. 프랑스 혁명 이후로는 그와 같은 급진적 공화주의자들을 가리키는 용어가 되었다.

22 차티스트 운동Chartist Movement, 1838-1848은 노동 계층이 주도하여 영국의 선거 제도 개혁을 요구한 사회 운동이다. 보통선거와 비밀선거 등을 요구하는 '인민헌장'People's Chart을 발표하고 서명 운동을 벌이는 한편 전국 각지에서 파업과 집회를 계속하였다. 정부의 무력 탄압에 의해 차티스트 운동 자체는 소멸했으나 이후 영국 정치와 노동 운동에 큰 영향을 끼쳤다.

띄는 진보와 확장의 조류를 따라 흐르기만 하는 것 중에는 수많은 정치선동가 혹은 궤변가들이 있었는데, 그들의 무모한 몸짓은 그야말로 소용돌이치는 물속에서 흔들리는 죽은 개의 네 다리만큼이나 생기가 없는 듯했다. 또한 종이배와 극도로 비슷한 철학도 많았는데, 깨부수기가 그리 어렵지 않은 부류의 철학이었다. 하지만 심지어 참으로 살아 있고 심지어 생명을 주는 것이면서도 그 흐름을 따라 흐르는 것들은 바로 그러한 탓에 스스로 살아 있다거나 생명을 준다는 것을 입증하지 못했다. 의문을 제기할 수도 없고 설명할 수도 없게끔 살아 있는 것은 바로 이 다른 힘이었다. 강물을 거슬러 오르는 건 측량할 수 없는 그 신비로운 에너지였다. 그것은 어떤 커다란 괴물의 움직임처럼 느껴졌다. 대부분의 사람들이 그것을 역사 이전의 괴물로 생각했으므로 오히려 그것은 살아 있는 괴물임이 분명했다. 그것은 부자연스럽고 앞뒤가 맞지 않는, 어떤 이들에게는 희극적이기까지 한 하나의 격변이었다. 마치 거대한 바다뱀이 갑자기 라운드 폰드[23]에서 나타난 것만 같았다. 우리가 그 바다뱀이 서펜타인[24]에 살고 있을 가능성이 더 높다고 생각하지만 않는다면 말이다. 이런 공상 속에서 가볍게 뒤집히는 요소를 절대 놓쳐서는 안 된다. 그 요소야말로 이 반전이 지닌 뜻밖의 본질을 보이는 가장 명확한 증거들 가운데 하나이니 말이다. 정말로 그 시대에는 선사 시대 동물들이 지닌 엉뚱한 속

23 라운드 폰드Round Pond는 런던의 왕립 공원 가운데 하나인 켄싱턴 가든에 있는 원형의 인공 연못이다.

24 서펜타인Serpentine은 런던의 하이드 파크에 있는 인공 호수다. 길게 휘어진 모양이라 '뱀과 같은'이라는 의미의 이름이 붙었다.

성이 역사적 의례에도 속해 있다고 느꼈다. 주교관이나 왕관이 대홍수 이전의 태곳적 생물의 뿔이나 볏과 같다는 것이다. 그리고 원시 교회에 호소한다는 건 원시인처럼 차려입는 일과 같다는 것이다.

세상은 여전히 그러한 움직임에 어리둥절해 있다. 그건 무엇보다도 그 움직임이 여전히 움직이고 있기 때문이다. 다른 곳에서 나는 여전히 그 움직임을 향해 쏟아지는 임의적인 책망들에 대해 이야기했고, 또한 그 움직임의 훨씬 더 큰 결과들에 대해서도 이야기했다. 여기서는 비평가들이 그 움직임을 더 많이 책망할수록 오히려 설명은 더 적게 한다는 사실을 언급하는 것으로 충분하다. 어떤 의미에서 여기서 내 관심사는 그것을 설명하지는 않더라도 최소한 설명의 방향을 제안하려는 데 있다. 하지만 무엇보다도 그에 관한 한 가지 특별한 점을 지적하는 것이 나의 관심사다. 그 특별한 점이란 그것이 전부 이미 이전에 일어났다는 사실, 심지어는 여러 차례 일어났다는 사실이다.

요약하자면 최근 몇 세기 동안에 그리스도교 교의가 쇠약해졌다는 건 사실이지만, 그런 의미에서 최근 몇 세기 동안 일어난 일들은 다만 현재로부터 저 멀리 떨어진 과거의 몇 세기 동안에 이미 일어났었던 일들일 뿐이다. 심지어 오늘날의 사례조차 중세와 중세 이전의 사례들이 끝났던 대로 끝이 났을 뿐이다. 이미 약해진 신조가 결국 사라지는 것으로 그리스도교 교의가 끝나지 않고, 오히려 정말로 사라졌던 부분들이 돌아오는 것으로 끝이 나리라는 게 이미 분명하며 날이 갈수록 더 분명해지고 있다. 그리스도교 교의는 아리우스와의 타협이 끝났듯이 유명론과의 타협, 심지어 알비파와의 타협 시도들이 끝났듯이 그렇게 끝이 날 것이다. 그러나 오늘날의 경우에 기억해야 할 요점은, 다른 모든 경우와 마찬가지로 되돌아오는 것은 단순화된 신학이 아니라는 점이다. 이러한 관점을 따르자면 되돌아오는 것은 정화된 신학이 아니다. 되돌아오는 것은 단순히 그냥 신학이다. 가장 교의적인 시대의 특징은 신학 연구를 향한 열광이다. 신학은 신에 대한 학문이다. 이름 뒤에 신학박사 직함을 달고 다니던 늙은 교수는 따분함의 전형이었을 것이다. 하지만 그건 그 교수 자신이 신학에 따분해졌기 때문이지, 그가 신학에 신이 났기 때문은 아니다. 그가 아우구스티누스의 라틴어보다는 플라우투스[25]의 라틴어에 더 흥미가 있었고, 크리소스토모스[26]의 그리스어보다는 크세노폰[27]의 그리스어에 더 흥미가 있었기 때문이다. 정확히는 그가 결정적으로 살아

25 플라우투스Plautus, 254-184 BC는 고대 로마의 희극작가다. 그리스 희극의 영향을 받았으나 로마 시민들의 생활을 반영한 행동과 속담 등을 구사하여 당대에도 인기가 많았고, 라틴어 표현력을 새로이 개척한 점이 후대에도 높이 평가되었다.

26 성 요한네스 크리소스토모스Iohannes Chrysostomos, 347-407는 4세기에 활동한 대표적인 그리스 교부들 가운데 한 사람이다. 크리소스토모스는 그리스어로 '황금의 입'이라는 뜻으로, 명쾌하고 호소력 있는 설교 덕분에 붙여진 별칭이다. 성경을 비유적으로 해석했던 알렉산드리아학파와 달리 문자적으로 주석했다. 안티오키아 교회의 사제였다가 398년에 황제의 추천으로 콘스탄티노폴리스 대주교가 되었으나 교회 정치에 어두워 여러 정적들에게 미움을 받고 이단으로 몰려 유배지로 쫓겨나 생을 마감했다.

27 크세노폰Xenophon, 430-355 BC은 고대 그리스의 사상가이자 저술가다. 소크라테스의 제자로서 플라톤과 함께 공부했다. 아테네 출신이지만 용병이 되어 페르시아의 내전에 참전했다가 결정적 전투에서 패한 뒤 다른 그리스인 용병 일만 명을 이끌고 기나긴 모험 끝에 그리스로 돌아왔다. 이 과정을 기록한 『아나바시스』*Anabasis*는 훌륭한 모험담일 뿐 아니라 뛰어난 역사서이자 지리서로 남았다.

있는 전통보다는 죽은 전통에 더 흥미가 있었기 때문이다. 간단히 말해 정확히 그 신학박사가 그리스도교 신앙이 약했던 시대의 한 유형이었기 때문이지, 사람들이 한 신학박사의 경이롭고 거의 격렬하기까지 한 비전에 환호하지 않으려 했기 때문은 아니다.

그리스도교가 하나의 정신으로 남기를 바란다고 말하는 사람들이 있다. 그들은 말 그대로 그리스도교가 하나의 유령으로 남기를 바라는 것이다. 하지만 그리스도교는 하나의 유령으로 남지 않을 것이다. 겉으로 보이는 죽음이란 과정에 뒤이어 오는 것은 질질 끌리며 남아 있는 그림자가 아니라 육체의 부활이다. 그리스도교가 하나의 정신으로 남기를 바라는 사람들은 경건하고 겸허한 눈물을 '사람의 아들'의 성묘에 떨굴 준비가 잘 되어 있다. 하지만 그들은 아침 동산 위로 다시 거니시는 하나님의 아들에 대해서는 준비가 되어 있지 않다. 이제까지 이 사람들은, 그리고 대부분의 사람들은 옛 그리스도교의 촛불이 흔한 일상의 불빛 속으로 서서히 사라지리라는 관념에 무척이나 익숙해져 있었다. 그들 중 많은 이들에게 그것은 참으로 한낮의 햇빛 속에서 타오르도록 남겨진 창백한 노란 빛의 촛불처럼 보였다. 일곱 촛대가 갑자기 기적의 나무처럼 하늘로 높이 뻗고 태양이 창백해지도록 타오르는 건 더더욱 예상치 못한 일이었다. 그러하기에 잘못 알기는 더더욱 어려운 일이었다. 그러나 지나간 다른 시대에는 대낮의 햇빛이 촛불을 정복했고, 그런 다음엔 촛불이 햇빛을 정복했다. 다시금 계속해서 우리 시대 이전 사람들은 희석된 교의에 만족하게 되었다. 그리고 또 다시금 계속해서 그런 희석에 뒤이어, 진홍빛 폭포가 어둠을 깨치고 나오듯 본래의 붉은 포도주가 힘차게 쏟아져 나왔다. 그리고 우리는 단지 우리의 아버지들이 여러 차례 말했듯이 오늘날 한 번 더 말할 뿐이다. "기나긴 시간 이전에 우리 아버지들이나 우리 민족의 시조들은 꿈꾸던 대로 하나님의 피를 마셨다. 그 거대한 포도 수확의 힘이 그저 거인 시대의 전설이 되어 버린 이후로 기나긴 시간이 지났다. 수세기 전에 이미 두 번째 발효의 암흑기가 있었다. 가톨리시즘의 포도주는 칼뱅주의의 식초로 변해 버렸던 것이다. 오래전에 이미 그 쓰디쓴 식초는 망각의 물과 세상의 물결에 희석되고 씻겨 사라졌다. 우리는 심지어 쏘는 듯한 쓴맛을 풍기는 그 진심과 정신을 다시 맛볼 생각은 전혀 하지 않았다. 황금시대에 관한 우리의 꿈속에서 보랏빛 포도밭의 더 풍부하고 더 달콤한 힘은 더더구나 맛볼 생각을 하지 않았다. 날이 가고 해가 바뀔 때마다 우리는 우리의 희망을 더 낮추고 우리의 확신을 더 줄였다. 우리는 그러한 포도주통과 포도밭이 홍수에 휩싸이는 모습과, 그 특별한 요소의 마지막 풍미와 기색이 회색 바다 위에 보랏빛 얼룩처럼 희미해지는 모습을 보는 데 익숙해졌다. 우리는 희석과 분해에 익숙해졌으며, 영원히 계속해서 아래로 흐르는 물에 익숙해졌다. 하지만 '당신은 지금까지 좋은 포도주를 남겨 두셨습니다.'"[28]

이것이 바로 최종적인 사실이다. 그리고 이 사실이야말로 무엇보다도 가장 비범한 것이다. 신앙은 단지 죽는 경우가 많았을 뿐 아니라 나이 들어 죽는 경우가 많았다. 신앙은 단지 살해되는

28 가나의 혼인 잔치에서 포도주가 떨어진 것을 보고 예수가 기적을 일으켜 만든 포도주 맛을 본 뒤 영문을 모르는 연회장이 신랑에게 한 말을 저자가 다시 문맥에 맞게 인용했다. 요한복음 2장 10절 참조.

경우가 많았을 뿐 아니라 자연사하는 경우도 많았다. 자연스럽고 필연적인 결말에 이른다는 의미에서 그러했다. 신앙이 디오클레티아누스 황제[29]의 격분으로부터 프랑스 혁명의 충격에 이르기까지 가장 야만적이고 가장 보편적인 박해들을 견디고 살아남았다는 것은 분명하다. 하지만 신앙은 더욱 기이하고 심지어 더욱 기묘하기까지 한 끈기를 지녔다. 신앙은 단지 전쟁을 견디었을 뿐 아니라 평화를 견디고 살아남았다. 신앙은 단지 죽는 경우가 많았을 뿐 아니라 퇴화하는 경우도 많았고 부패하는 경우도 많았다. 신앙은 자신의 약점을 견디었고, 심지어는 자신의 굴복까지도 견디고 살아남았다. 그리스도의 결말이 젊음과 죽음의 혼인으로 인해 아름답다는 그토록 명백한 사실을 되풀이해 말할 필요는 없다. 하지만 이건 마치 그리스도가 가능한 한 마지막 시간까지 살아남아서 백 살 먹은 흰머리 현자가 되고 자연스레 쇠약해져 죽었다가, 나팔 소리와 함께 하늘이 갈라지며 젊어진 모습으로 다시금 살아났다고 하는 것만 같다. 계속 반복되는 약점을 안고 있는 인간적 그리스도교가 때로는 세상 권력과도 너무 많이 혼인한다는 건 충분히 참된 말이다. 하지만 그리스도교는 그렇게 혼인하기는 했으나 과부가 되는 경우도 무척 많았다. 교회는 이상하게도 불멸하는 부류의 과부였다. 그리스도교를 적대시하는 어떤 사람은 그리스도교가 바로 로마 황제 권력의 한 측면이었다고 말했을

29 디오클레티아누스 황제Valerius Diocletianus, 재위 284-305는 위기에 처한 로마제국의 혼란을 수습하고 정치와 군사를 개혁한 것으로 유명하지만, 다른 한편으로 그리스도교를 강력하게 박해한 것으로도 악명 높다. 당시 수많은 순교자와 배교자가 생기면서 그리스도교는 큰 위기를 맞았다.

수도 있다. 그런데 오늘날 그런 말은 교회가 파라오 권력의 한 측면이라고 하는 것만큼 이상하게 들린다. 그리스도교를 적대시하는 또 다른 사람은 그리스도교가 중세 봉건 제도의 공식 신앙이었다고 말할 수 있다. 그런데 그런 말은 고대 로마의 장원莊園과 함께 교회가 소멸될 운명이었다고 말하는 것만큼 이제는 설득력 있게 들린다. 이 모든 것은 사실 각각의 길을 달려서 그 길의 정상적인 결말에 이르렀다. 그것들과 함께 종교도 같이 끝나는 것 말고 다른 길은 없는 듯 보였다. 실제로 교회는 끝이 났다. 그리고 다시 시작됐다.

"천지는 없어질지언정 내 말은 없어지지 아니하리라."[30] 당대의 고대 문명은 곧 세계 전체였다. 사람들은 햇빛의 종말을 꿈꾸지 않듯이 세상의 종말을 꿈꾸지 않았다. 사람들은 또 다른 세상에서가 아니라면 또 다른 질서를 상상할 수 없었다. 세상의 문명은 사라졌고, 그 말은 사라지지 않았다. 암흑시대의 기나긴 밤에 봉건 제도는 너무도 친숙했기에 어느 누구도 영주가 없는 자신을 상상할 수 없을 정도였다. 그 그물망에 종교가 너무도 잘 엮여 있었기에 어느 누구도 종교와 봉건 제도가 찢길 수 있으리라고 믿지 않을 정도였다. 하지만 봉건주의 자체가 조각조각 찢어졌고 중세 민중의 삶에서 삭아 없어졌다. 그리고 그 새로운 자유 속에서 가장 먼저 가장 새롭게 등장한 권력은 바로 옛 종교였다. 봉건 제도는 사라져 버렸고, 그 말은 사라지지 않았다. 인간을 위해 여러 면에서 그토록 완전하고 거의 우주적이기까지 했던 중세의

30 예수가 복음서에서 곧 종말이 올 것임을 예언하며 한 말이다. 마태복음 24장 35절.

질서라는 집 전체가 닳아 없어졌고, 적어도 그 지점에서는 그 말도 죽어 없어지리라 생각되었다. 그 말은 르네상스의 빛나는 심연을 가로지르며 앞으로 나아가더니 50년 뒤에는 그 모든 빛을 사용하고 있었으며, 새로운 종교적 토대, 새로운 호교론, 새로운 성인聖人들을 위해 배우고 있었다. 그리스도교는 결국 이성의 시대가 비추는 메마른 빛에 쏘여 완전히 시들었다고 생각됐다. 혁명의 시대가 일으킨 지진 속에서 궁극적으로 사라졌다고 생각됐다. 과학은 그리스도교를 전부 해명해 버렸다. 그러나 그것은 여전히 거기에 있었다. 역사는 그리스도교를 과거에서 발굴했다. 그러나 그것은 갑자기 미래에서 등장했다. 오늘날 그리스도교는 다시금 우리의 길에 서 있다. 심지어 우리가 그것을 지켜볼 때도 그것은 자라난다.

우리의 사회적 관계와 기록이 그 계속성을 유지한다면, 그리고 사람들이 그토록 강렬한 이야기가 축적해 놓은 사실들에 이성을 적용하는 법을 정말로 배운다면, 조만간 그리스도교의 적들조차 끊임없이 계속되는 실망으로부터 깨닫고 그리스도교의 죽음처럼 단순한 것을 찾는 일은 단념하게 될 듯하다. 그들은 그리스도교와 계속 전쟁을 벌일 수도 있겠지만, 그건 마치 자연과 전쟁을 벌이거나 환경과 전쟁을 벌이거나 하늘과 전쟁을 벌이는 것과 같을 것이다. "천지는 없어질지언정 내 말은 없어지지 아니하리라." 그들은 그리스도교가 비틀거리길 고대하며 지켜볼 것이다. 그들은 그리스도교가 오류를 범하길 기다리며 지켜볼 것이다. 하지만 그들은 더 이상 그것이 끝장나길 기다리며 지켜보지는 않을 것이다. 오히려 그들은 무감각하게, 심지어 무의식적으로, 그 놀라운 예언의 상대적인 조건들을 자신들의 소리 없는 기대들 속에서 실현할 것이다. 그들은 그토록 빈번히 허무하게 꺼져 버리곤 했던 그리스도교의 불빛이 완전히 소멸하기를 기다리며 지켜보려던 일을 잊을 것이다. 그리고 우선 혜성의 도래나 항성의 동결을 찾아보는 법을 본능적으로 배울 것이다.

결론:
이 책의 요약

나는 실례를 무릅쓰고 '역사의 개요'[1]라는 뛰어난 표현을 한두 차례 차용하곤 했다. 하나의 특별한 진리와 하나의 특별한 오류에 관한 이 연구서는 그 표현을 제목으로 선택한 풍부하고 다면적인 백과사전 같은 역사서[2]에는 어떻게도 비교될 수가 없긴 하지만 말이다. 그러나 그것을 언급한 데는 이유가 있긴 하다. 어떤 의미에서는 두 역사서가 서로 관련되고 심지어는 영향을 끼치기도 한다. 웰스가 말한 세상의 이야기는 여기서 단지 하나의 개요로서만 비판될 수 있다. 그런데 무척 이상하게도 내게는 그의 이야기가 개요로서 옳지 못한 것으로 보일 따름이다. 그것은 역사의 축

1 여기서 체스터턴은 '개요'를 뜻하는 단어 'outline'에 '윤곽(선)'의 의미가 있음을 이용하여 역사의 개요를 역사 전체에 관한 윤곽선 그리기처럼 표현하고 있다.

2 이 책의 앞부분에서도 여러 차례 언급하는 H. G. 웰스의 『세계사 대계』를 말한다.

적으로서 찬탄할 만하다. 역사의 창고나 보물로서 정말 멋지다. 그것은 역사에 관한 대단히 흥미로운 논고이다. 역사의 증폭으로서 대단히 매력적이다. 그러나 역사의 개요로서는 무척이나 잘못되었다. 나에게 무척이나 그릇되게 보이는 점 하나는 바로 그 개요 자체다. 윈스턴 처칠의 프로필과 앨프리드 몬드[3]의 프로필에서 그 모든 차이를 자아내는 선과 같이 정말로 단 하나의 선일 수 있는 그런 부류의 개요 말이다. 단순하고 편안한 표현으로 말하자면, 두드러지게 눈에 잘 띄는 것들이라 할 수 있겠다. 하나의 단순한 실루엣을 만들어 내는 것들 말이다. 나는 비율이 잘못되었다고 생각한다. 불확실한 것에 대한 확실한 것의 비율, 작은 역할을 하는 것에 대한 큰 역할을 하는 것의 비율, 평범한 것에 대한 비범한 것의 비율, 정말로 평범하여 평균적인 것에 대한 눈에 띄는 예외적인 것의 비율이 잘못되었다.

나는 위대한 작가에 대한 소소한 비판으로서 이 말을 하려는 게 아니다. 나에게는 그렇게 할 이유가 전혀 없다. 나는 그보다 훨씬 더 작은 과업을 행했는데, 어쩐지 똑같은 방식으로 실패했다는 느낌이 든다. 내가 역사의 비율에 관해 말하려 했던 요점을 독자에게 제대로 전달했는지, 내가 다른 것들에 비해 어떤 지점들에 훨씬 더 오래 머물렀던 이유를 제대로 전달했는지 무척 의심스럽다. 또한 내가 처음 시작하는 장에서 세웠던 계획을 분명하게 실행했는지 의심스럽다. 그러한 이유로, 이 결론부에 일종의 요약 삼아 몇 줄의 글을 덧붙이고자 한다. 나는 내가 주장해 온 점들이

3 앨프리드 몬드Alfred Mond, 1868-1930는 영국의 기업가, 정치인이다. 생의 후반에 적극적인 시오니즘 운동가로 활동했다.

내가 경시하거나 무시한 점들보다 역사의 개요에 훨씬 더 본질적인 것들이라 믿는다. 과거를 그리려고 할 때 인류가 순전히 흐릿해져 자연 속으로 사라지거나, 문명이 순전히 흐릿해져 야만 속으로 사라지거나, 종교가 흐릿해져 신화 속으로 사라지거나, 혹은 우리 자신의 종교가 흐릿해져 세상의 종교들 속으로 사라지는 식으로는 과거를 매우 참되게 그릴 수 없을 것이다. 간단히 말해 역사의 개요를 산출하는 가장 좋은 방법은 선들을 지우개로 지워 버리는 것이다. 이야기를 무척 단순하게 말하는 편이 진리에 훨씬 더 가까울 것이다. 해와 별들을 만든 사람이나, 성스러운 원숭이의 몸속으로 들어간 신에 대한 원시 신화처럼 말이다. 그러므로 나는 내게 사실적이고 합리적으로 비율이 맞추어진 듯 보이는 이야기를 통해 앞서 말했던 모든 것을 요약하려 한다. 그건 바로 인류의 짧은 이야기다.

밝게 타오르는 이웃한 별이 대낮을 밝혀 주는 이 땅에는 움직이는 것들과 움직이지 않는 것들이 많고도 다양하게 존재한다. 그 가운데 다른 종족들과 관계에서 신들의 종족인 한 종족이 움직인다. 이 사실이 축소되지 않고 강조되었던 까닭은 그 종족이 악마들의 종족과도 같이 행동할 수 있기 때문이다. 그 종족을 구분 짓는 특징은, 새가 제 깃털로 화려하게 꾸미는 것 같은 개별적인 환영이 아니라 오히려 견고하고도 다면적인 것이다. 그 특징은 그것을 부정하게끔 만드는 공론들을 통해 오히려 실제로 입증되었다. 이 아래 세계의 신인 인간이 그것과 다양한 방식으로 연결되어 있다는 건 사실이다. 하지만 그건 동일한 진리의 또 다른 측면일 뿐이다. 잔디가 자라듯이 사람도 자라고, 짐승이 걸어 다니듯이 사람도 걷는다는 건 일차적 특징을 예리하게 하는 이차적 필연성이다. 그건 마치 마법사도 틀림없이 사람의 외양을 지녔다거나, 요정들도 발이 없으면 춤을 출 수 없다고 하는 것과 같다. 최근에는 이 온화하고 부차적인 유사성에 전적으로 집중하면서 주요한 사실은 모두 잊어버리는 게 유행이 되었다. 사람이 다른 피조물을 닮았다고 주장하는 것은 관습이 되었다. 그렇다. 그런데 사람만 그 유사성을 볼 수 있다. 물고기는 공중의 새를 보고서 물고기뼈 패턴을 찾아내려 하지 않는다. 코끼리와 에뮤는 서로 골격을 비교하지 않는다. 인간이 우주와 하나라는 의미에서조차 인간은 전적으로 외로운 보편적 존재다. 인간이 만물과 일치를 이룬다는 바로 그 감각이야말로 인간을 만물로부터 떼어 내기에 충분하다.

가시적 세계의 이 반신半神 또는 마귀는 자신이 홀로 켜 놓은 문자 그대로의 불꽃만큼이나 외로운 이 유일한 불빛으로 주변을 둘러보면서 그 세계를 가시적인 것으로 만든다. 그는 자신의 주변에서 어떤 양식이나 유형의 세계를 본다. 그 세계는 어떤 규칙에 의해서나 적어도 반복에 의해 계속 진행되는 듯 보인다. 그는 눈에 보이는 손 없이도 지어지는 초록색 건축물을 본다. 하지만 그 건축물이 매우 정확한 도안 혹은 패턴으로 지어지는 모습은 마치 보이지 않는 손가락으로 공중에 이미 그려진 설계도를 따라가는 것만 같다. 비록 지금 모호하게 암시될 따름이나 그건 모호한 것이 절대 아니다. 그것은 맹목적인 생명의 성장이나 모색이 아니다. 각자는 하나의 목적을 추구한다. 환하게 빛나는 영광스러운 목적을 추구한다. 심지어 우리가 평범한 들판을 둘러볼 때 보이는 데이지나 민들레조차 그러하다. 그 꽃들의 형태에는 초록색 성장 이상의 것이 있다. 꽃의 궁극성이 있다. 꽃이란 정점들이 이루는 하나의 세계다. 환영이든 아니든 상관없이 이런 인상이 물질세계의 사상가들과 지배자들로 이루어진 이 종족에게 아주 근본적인 영향을 끼쳤기에, 그중 대다수는 감동을 받고 물질세계에 대한 어떤 관점을 취하게 되었다. 옳든 그르든 상관없이 그들은 나무처럼 세상에도 계획이 있으며, 꽃처럼 세상에도 궁극과 정점이 있다고 결론지었다. 다만 사상가들의 종족이 생각할 수 있는 한, 계획이라는 이런 관념에 대한 인정은 더욱 떨리고 소름 끼치는 또 다른 생각을 동반한다는 게 분명했다. 이런 것들이 정말로 설계되었다면 그것들을 설계한 다른 누군가, 좀 낯설고 눈에 띄지 않는 존재가 있었다. 친구이기도 한 낯선 이가 있었으니, 그는 신비로운 후원자였다. 그는 그것들 이전에 존재했으며 그것들이 올 수 있게 숲과 언덕을 지었고, 그것들이 생겨날 것에 대비해 하인이 불을 피우듯이 해돋이를 불붙였다. 우주에 의미를 부여하는 하나의 정신이라는 이러한 관념은 세상의 외부적 계획에 관한 그 어떤 주장보다도 훨씬 더 미묘하고 면밀한 숙고와 경험을 통해 사람들의 정신 안에서 더더욱 많은 확증을 얻게 되었다. 하지만 나의 주된 관심은 그 이야기를 가장 단순하고 심지어 구체적인 용어들로 유지하려는 것이다. 그리고 여기서는, 가장 지혜로운 이들을 포함한 대부분의 사람들이 세계는 그런 궁극의 목적을 지니고 있으며, 따라서 그러한 제1원인을 갖는다는 결론에 이르렀음을 말하는 것으로 충분하다. 하지만 대부분의 사람들은 어떤 의미에서 그러한 관념을 다루는 데 이르러서는 가장 지혜로운 이들로부터 떨어져 나갔다. 따라서 그 관념을 다루는 데 두 가지 길이 생겼고, 이 두 가지 길 사이에서 종교사의 대부분이 만들어졌다. 다수의 사람들도 소수의 지혜로운 사람들과 마찬가지로 사물 속에 이차적 의미가 있고 세상의 비밀을 알고 있는 낯선 지배자가 있다는 강력한 느낌을 지니고 있었다. 하지만 대중이든 군중이든 다수의 사람들은 자연스레 그것을 그저 한담으로 다루려는 경향이 있었다. 모든 한담이 그러하듯 그 한담 안에도 많은 진실과 거짓이 담겨 있었다. 세상은 스스로 미지의 존재나 그의 아들들이나 하인들이나 전령들에 관한 이야기들을 하기 시작했다. 어떤 이야기들은 참으로 늙은 부인네들의 이야기라 할 수 있는 것들이었다. 세상의 여명기에 대한 아주 머나먼 기억들이나 아기 달이나 반쯤 구워진 산들에 관한 신화라고 할 만한 것들이다. 어떤 이야기들은 여행자의 이야기들이라고 하는 편이 더 맞는 것들이었다. 신기한 이야기들이었지만, 경험 세계의 경계에서 가져온 동시대의 이야기들이었다. 기적적인 치유나 죽은 자에게 일어난 일에 대해 수근대는 것과 같은 이야기들 말이다. 그중에 많은 이야기가 아마도 참된 이야기였을 것이다. 진짜 상식을 지닌 한 개인이 우주의 장막 뒤에 아주 경이로운 존재가 정말로 있음을 다소 의식할 수 있을 만큼, 그중에 충분히 많은 이야기가 아마도 참이었을 것이다. 그러나 어떤 의미에서는 오직 드러나는 현상으로만 그러하다. 현상이 환영이라 불린다 하더라도 말이다. 그것은 드러나는 현상의 문제이며, 또한 사라지는 현상의 문제이다. 기껏해야 이 신들은 유령이다. 이 신들은 그저 언뜻 보이는 것들이다. 대다수 사람에게 그 이야기들은 그저 언뜻 보이는 것들에 관한 한담이다. 그리고 나머지 사람들에게는 온 세상이 소문으로 가득 차 있으며 그 소문 중 대부분은 거의 공공연한 로맨스들이다. 신과 유령과 보이지 않는 왕에 관한 이야기의 대다수는 이야기 자체를 위해서가 아니라면 적어도 그 주제를 위해서 이야기된다. 그 이야기들은 그 주제에 대한 영원한 흥미를 입증하는 증거다. 그것들은 그 밖에 다른 어떤 것에 대한 증거도 아니며 그런 증거가 되도록 의도되지도 않았다. 그 이야기들이란 책이나 어떤 다른 방식으로도 구속되지 않는 시詩 또는 신화다.

한편 소수의 현자나 사상가들은 따로 물러나서 마찬가지로 마음에 드는 작업에 착수했었다. 그들은 세계에 관한 계획들을 작성했다. 모두가 계획이 있을 거라고 믿었던 그 세계에 관한 계획을 작성하고 있었던 것이다. 그들은 그 계획을 진지하게 제시하고 비율을 조정하고자 애썼다. 신비로운 세계를 만든 그 정신을 곧장 향하도록 자신의 정신을 정렬하면서, 그것이 어떤 종류의 정신일지, 그 정신의 궁극적 목적은 무엇일지를 숙고했다. 그들 가운데 어떤 이들은 인류가 일반적으로 그러했던 것보다 그 정신을 훨씬 더 비인격적인 것으로 만들었다. 또 어떤 이들은 그 정신을 거의 공空에 가깝게 단순화시켰다. 그리고 몇몇 사람들은 그 정신을 의심했다. 그보다 더욱 병적인 사람들 가운데 한둘은 그것이 악이고 적敵일지 모른다고 공상했다. 마지막으로 남은 부류에서도 더욱 타락한 이들 가운데 오직 한두 사람만이 신을 숭배하지 않고 마귀를 숭배했다. 그러나 이 이론가들 대부분은 유신론자들이었다. 그리고 그들은 자연에 도덕적 계획이 있음을 보았을 뿐 아니라 인류를 위한 도덕적 계획을 일반적으로 규정했다. 그들 대부분은 좋은 일을 하는 좋은 사람들이었으며, 여러 다양한 방식으로 기억되고 공경받았다. 그들은 서기였다. 그들이 손으로 쓴 글들은 거의 거룩한 경전이 되었다. 그들은 입법자였다. 그들의 전통은 법뿐 아니라 의례가 되었다. 어떤 나라들에서는 왕과 훌륭한 지도자가 종종 신적인 영예를 받았다는 의미에서 그들 또한 신적인 영예를 받았다고 말할 수 있겠다. 한마디로, 다른 민중적 정신 곧 전설과 한담의 정신이 활동을 시작할 수 있는 곳이라면 어디에서든 그들은 신화의 더욱 신비한 분위기에 둘러싸였다. 민중적 시는 현자들을 성인聖人들로 바꾸어 놓았다. 그러나 그게 시가 한 일의 전부다. 그들은 그들 자신으로 남았다. 사람들은 절대 자기가 사람임을 잊지 않았으며, 단지 영웅이 되었다는 의미에서만 신이 되었을 뿐임을 정말로 잊지 않았다. 신성한 플라톤이란 신성한 카이사르처럼 하나의 직함이었을 뿐 교의는 아니었다. 분위기가 더욱 신화적인 아시아에서도 현자는 더욱 신화처럼 보이게 되었음에도 여전히 인간으로 남았다. 현자는 어떤 사회 계층이나 유파에 속한 사람으로 남았고, 인류로부터 마땅히 누릴 커다란 영예를 받았다. 그것은 철학자들의 체제 혹은 유파였다. 삶의 관점에서 눈에 보이는 어떠한 혼돈이든 가로질러 질서를 추구하고자 진지하게 애를 쓴 사람들 말이다. 그들은 세계 이면의 정신과 의미에 관한 상상의 소문이나 먼 과거의 전통, 그리고 예외적인 경험의 끄트머리에 기대어 사는 대신에 그 선험적 정신의 주요 목적을 기획하고자 노력했다. 그들은 마치 세계가 아직 만들어지지 않기라도 한 듯이 세계에 대한 가능성 있는 계획을 종이 위에 옮기고자 노력했다.

이 모든 것의 한가운데서 거대한 예외 하나가 일어선다. 그것은 다른 어떤 것과도 상당히 다르다. 그것은 어두운 운명의 나팔 소리처럼 최종의 것이긴 하지만, 기쁜 소식이기도 하다. 너무 좋아서 사실일 수 없을 것만 같은 그런 소식이다. 그것은 다른 게 아니라, 이 신비로운 세상의 창조주가 자신이 만든 세계를 직접 방문했다는 커다란 확신이다. 이 기쁜 소식은 눈에 보이지 않는 근원적 존재가 실제로, 심지어 최근에, 혹은 역사 시대의 한중간에, 세상으로 걸어 들어왔다고 선언한다. 이 존재에 관해 사상가들은 이론을 만들고 신화작가들은 신화를 전수한다. 세상을 만든 인간. 그러한 더 높은 인격이 만물의 배후에 존재한다는 것은 가장 아름다운 모든 전설만이 아니라 가장 훌륭한 모든 사상가도 늘 암시해 왔었던 사실이다. 그러나 그들 중 어느 누구도 자기 안에 그러한 인격을 내포한 적은 전혀 없었다. 다른 현자들과 영웅들이, 세상이 꿈꾸었고 논쟁했던 그 신비로운 지배자이자 제작자가 바로 자신이라고 주장했다는 말은 명백한 거짓이다. 그들 가운데 단 한 사람도 자신이 그런 존재라고 주장한 적은 없었다. 그들이 속한 분파나 유파 중 어느 한 사람도 자신이 그런 존재라고 주장했다는 주장도 전혀 없었다. 어떠한 종교적 예언자든 가장 많이 말했던 것은 자신이 그러한 존재의 참된 종이라는 것이었다. 어떠한 예지자든 가장 많이 말했던 것은 사람들이 그 영적 존재의 영광을 얼핏 볼 수 있으리라는 것이었다. 혹은 그보다 못한 영적 존재들은 훨씬 더 자주 볼 수 있으리라는 것이었다. 어떠한 원시적 신화에서든 가장 많이 암시된 것은 창조자가 자신이 창조한 세계 안에 현존한다는 것이었다. 그러나 창조자가 호라티우스의 만찬에 이어지는 다음 장면에 등장했으며[4] 로마제국의 세세한 일상에서 세금 징수원 및 정부 관료와 이야기를 나누었다는 것, 그리고 이 사실이 천 년이 넘는 세월 동안 계속해서 그 위대한 문명 전체에 의해 확고하게 주장되었다는 것은 사실상 그 어떤 것과도 완전히 다른 무언가다. 그것은 사람이 개처럼 짖는 대신 처음으로 똑똑히 말을 하게 된 이후로 행한 단 하나의 놀랍고 위대한 언명이다. 이 언명의 독특한 성격은 그것을 옹호하는 논거로도 쓰일 수 있고 그에 반하는 논거로도 쓰일 수 있다. 고립된 정신이상의 한 사례로서 그 언명에 집중하기는 쉬울 것이다. 하지만 그건 비교종교학을 허섭한 허튼소리로 만들 뿐이다.

그 언명은 종말론적 징후를 분명히 드러내며 내달리는 전령들을 통해 세상에 전해졌다. 그 전령들이 여전히 달리고 있다고 말하는 것이 지나친 공상은 아니다. 세상과 세상의 지혜로운 철학자들, 그리고 공상하는 이교 시인들이 가톨릭교회의 사제들과 신자들에 대해 어리둥절해진 까닭은 그들이 여전히 전령처럼 행동하기 때문이다. 전령이란 자신이 전하는 메시지가 무엇일지 공상한다거나, 그 메시지가 아마도 무엇일 거라고 주장하지 않는다. 전령은 메시지를 그저 있는 그대로 전달한다. 그 메시지는 이론이나 공상이 아니라 사실일 뿐이다. 그것이 사실임을 상세히 입증하는 일은, 의도적으로 기본적인 개요만 다루려고 하는 이 결론부에선 적절하지 않다. 단지 사람들이 하나의 사실을 다루듯이 이 전

4 호라티우스Horatius, 65-8 BC는 고대 로마의 대표적인 서정 시인이다. 로마가 공화정에서 제정으로 넘어가던 시기의 인물로, 초대 황제 아우구스투스와 동시대를 살았다. 체스터턴은 로마가 그 전환기를 거쳐 제국으로 안정되어 가던 구체적인 역사적 시간 속에서 육화 사건이 일어났음을 말하고 있다.

령들도 그 사실을 다룬다는 점을 지적하는 것만으로 충분하다. 가톨릭의 전통과 권위와 교의로 단죄된 모든 것, 그리고 철회와 수정에 대한 거부는 어떤 사실에 관련된 메시지를 지닌 한 사람의 자연스러운 인간적 속성들일 뿐이다. 나는 이 마지막 요약에서, 한 번 더 그 이상한 이야기의 단순한 선들을 흐리게 할 만한 논쟁적인 복잡한 문제들은 모두 피해 가길 바란다. 내가 이미 너무도 나약한 말로, 세상에서 가장 낯선 이야기라고 불렀던 그 이야기 말이다. 나는 단지 그 이야기의 주된 선들만 표시하고, 특별히 그 중요한 선이 정말로 어디에 그려져야 하는지 표시하길 바란다. 비율이 올바른 세계 종교는 신비주의의 색조들이나 신화의 다소 이상적인 형태들에 따라 나뉘지 않는다. 세계 종교는 그 메시지를 가져오는 사람들과, 아직 그 메시지를 듣지 못했거나 믿지 못하는 사람들 사이에 그어지는 선을 따라 나뉜다.

그러나 그 낯선 이야기의 용어들을 더 구체적이고 복잡한 우리 시대의 용어들로 옮길 때, 우리는 그 이야기가 친숙한 여러 이름과 기억으로 덮여 있음을 발견하게 되는데 그 친숙함이란 날조된 것이다. 예를 들어 한 나라에 무슬림이 아주 많이 있다고 말한다면, 그건 정말로 그 나라에 일신교 신자들이 아주 많다는 걸 의미한다. 그 말은 그 나라에 사람들이 오래도록 상정해 온 일반적인 믿음, 즉 보이지 않는 통치자가 보이지 않는 상태로 남아 있다는 믿음을 지닌 사람들이 아주 많다는 걸 의미한다. 무슬림은 한 입법자의 더 단순한 법률 아래에서 문화적 관습과 함께 그러한 믿음을 고수한다. 그들은 그들의 입법자가 리쿠르구스[5]나 솔론[6]이라고 해도 그렇게 했을 것이다. 그들은 필수적이고 고귀한 진실이지만 결코 새롭지 않은 무언가를 증언한다. 그들의 신조가 새로운 색깔을 띠는 것은 아니다. 그건 인간의 다채로운 배경이 되는 중립적인 보통의 색조다. 무함마드는 동방박사들처럼 새로운 별을 찾아내지 못했다. 그는 자신의 특별한 창을 통해 오래된 별빛이 내리는 커다란 회색 들판을 얼핏 보았을 뿐이다. 그러므로 우리가 그 나라에 유교 신자들이나 불교 신자들이 그토록 많이 있다고 말한다면, 그건 그 나라에 이교도들이 그토록 많고 예언자들이 그들에게 다소 더 모호한 또 다른 형태의 보이지 않는 권능을 주어 그 권능을 보이지 않을 뿐 아니라 거의 비인격적인 것으로 만들었음을 의미한다. 또한 그들에게 사원과 우상과 사제와 주기적인 축제가 있다고 말한다면, 그건 단지 이런 부류의 이교도는 인간 존재가 되기에 충분하여 화려한 행렬과 그림과 축제와 요정 이야기 등의 민중적 요소를 받아들일 수 있음을 의미한다. 우리는 오직 이교도가 청교도보다 더 지각이 있음을 의미할 뿐이다. 그러나 그들의 신들이 어떠한 존재이며 권한을 위임받은 사제들이 무엇을 말하는가 하는 것은, 달리는 복음의 전령들이 말해야 했던 메시지와 같이 선풍적인 비밀은 아니다. 그 전령들 말고는 어느 누구도 복음을 지니고 있지 않다. 다른 어느 누구도 기쁜 소식을 지니고 있지 않다. 다른 어느 누구도 소식 자체를 전혀 가지고 있

5 리쿠르구스Lycurgus, 800-730 BC는 고대 그리스 스파르타의 전설적인 입법자다. 원로원을 만들고, 아폴론의 신탁에 따라 스파르타를 시민 간의 완전한 평등에 기초한 군국주의 국가로 개혁했다.

6 솔론Solon, 638-558 BC은 고대 그리스 아테네의 정치가, 입법자다. 소유한 토지 생산물의 양을 따라 시민을 4개 등급으로 나누고 각 등급에 따라 참정권과 군사 의무를 차등 적용함으로써 아테네 사회를 개혁했다.

지 않다는 단순한 이유 때문이다.

복음의 전령들은 달릴수록 추진력을 얻는다. 여러 시대가 지난 뒤에도 그들은 여전히 방금 일어났던 일을 이야기하듯 말한다. 그들은 전령으로서 속도와 기세를 절대 잃지 않았다. 말하자면 그들은 목격자로서의 사나운 눈빛을 거의 잃지 않았다. 그 메시지를 간직한 집단인 가톨릭교회에는 근자의 급격한 무언가에 대해 말하는 거룩하고도 저돌적인 행위들이 있다. 그것은 바로 자기희생이다. 자기희생은 자살처럼 세상을 놀라게 하지만 자살은 아니다. 자기희생은 비관적이지 않다. 그것은 꽃과 새의 성인인 성 프란치스코만큼 여전히 낙관적이다. 그것은 최신 학파의 사상보다 정신적으로 더 새롭다. 그리고 그것은 새로운 승리의 전야를 맞이하고 있는 것이 확실하다. 이 사람들은 새로운 세대가 일어나 복되다 일컬을수록 더욱 아름다워지는 듯한 어머니를 섬기기 때문이다. 때로 우리는 세상이 늙어 갈수록 교회는 더욱 젊어진다고 생각할 수도 있다.

이것이 그 기적의 마지막 증거이기 때문이다. 무언가 그토록 초자연적인 것이 그토록 자연적인 것이 되었어야 했다. 바깥에서 보기에 그토록 독특한 어떤 것이라도 안에서 볼 때는 다만 보편적으로 보여야 한다는 말이다. 나는 기적의 규모를 최소화하지는 않았다. 더 맹렬한 신학자들 중에 어떤 이들은 그렇게 하는 것이 현명하다고 생각하긴 하지만 말이다. 오히려 나는 의도적으로 그 믿기지 않는 개입에 대해 역사의 등뼈를 강타하여 부러뜨린 사건으로서 곰곰이 생각해 보았다. 일신론자들이나 무슬림, 유대인들은 그것을 세상을 흔들어 놓을 신성모독이라고 생각할 테고, 나 역시 그들에게 크게 공감한다. 그러나 그것은 세상을 흔들어 놓지 않았다. 오히려 세상을 안정시켰다. 생각하면 생각할수록 그 사실은 더 확고하고도 더 낯설게 보일 것이다. 나는 믿지 않는 이들에게 신앙을 요구하는 행위의 무례함을 역설하는 것이야말로 그들 모두에 대한 일말의 명백한 정의正義라고 생각한다. 나는 그것이 믿는 이의 뇌조차 동요하게 만들 거라 예상되는 제언이라는 데 기꺼이 그리고 열렬히 동의한다. 물론 그건 믿는 이가 자신이 믿는 바를 깨달았을 때 그러하다. 하지만 믿는 이들의 뇌는 동요하지 않는다. 동요하는 것은 믿지 않는 이들의 뇌다. 우리는 믿지 않는 이들의 뇌가 모든 면에서 동요하여 모든 지나친 윤리와 심리, 비관론과 삶의 부정, 실용주의와 논리의 부정으로 변해 가는 모습을 볼 수 있다. 그들의 뇌는 악몽 속에서 표징을 찾거나, 모순 속에서 계율을 찾거나, 선과 악을 넘어서는 것들을 멀리에서 본 것만으로 공포에 사로잡혀 비명을 지르거나, '2 더하기 2는 5'가 되는 이상한 별들에 대해 속삭인다. 한편 처음에는 윤곽이 그토록 터무니없어 보이는 이 외딴 것이야말로 그 실체가 견고하고 건전하게 남아 있다. 그것은 이 모든 열광의 중재자로 남아서, 정확히 청교도들로부터 웃음을 구해 냈던 것처럼 그렇게 실용주의자들로부터 이성을 구해 낸다. 거듭 말하지만, 나는 의도적으로 본래부터 저항적이고 교의적인 그것의 성격을 강조했다. 그토록 놀라운 것이 저항적이고 교의적인 것으로 남으면서도 완벽하게 정상적이고 자연스러운 것이 되었어야 한다는 사실은 신비다. 나는 그 사건을 그 자체로 고려할 때, 자신이 하나님이라고 말하는 사람은 자신이 유리라고 말하는 사람과 하나로 분류될 수 있음을 기꺼이 인정한다. 그러나 자신이 유리라고 말하는 사람은 온 세상을 위해 유리창을 만들면서 유리처럼 반짝이지 않는다. 여러 시대가 지난 뒤에도 그는 모든 것이 그의 빛을 받아 수정처럼 깨끗해지는 맑고 반짝이는 인물로서 남지 않는다.

하지만 이 광기는 오히려 건전하게 남아 있다. 다른 모든 것이 미쳤을 때도 건전하게 남았다. 그 정신병원은 시대가 거듭 바뀔수록 사람들이 자기 집처럼 계속해서 되돌아오는 집이 되었다. 이것이 바로 이제껏 남아 있는 수수께끼다. 그토록 갑작스럽고 비정상적인 것이 여전히 쾌적하고 살 만한 곳으로 여겨진다는 사실 말이다. 회의론자들이 터무니없는 이야기라고 말한다 해도 나는 신경 쓰지 않는다. 그렇게 쓰러질 듯 흔들리는 탑이 기초도 없이 어떻게 그토록 오랫동안 서 있을 수 있는지, 나는 알 수 없다. 그것이 어떻게 사람들이 계속해서 되돌아오는 집이 될 수 있었는지는 더더욱 알 수가 없다. 그저 나타났다가 사라졌을 뿐이라면, 그것은 아마도 환영의 마지막 격발 곧 그 정신이 하늘에 부딪혀 부서지는 궁극적 분위기의 궁극적 신화로 기억되거나 설명되었을 수 있다. 하지만 그 정신은 부서지지 않았다. 세상이 부서지는 중에도 부서지지 않고 남아 있는 것은 바로 그 단 하나의 정신이다. 만약 그것이 오류라면, 그 오류는 하루도 지속되지 못했을 것 같다. 만약 그것이 순전한 환희라면, 그러한 환희는 한 시간도 지속될 수 없을 것 같다. 하지만 그것은 거의 2천 년이나 지속되었다. 그리고 그 안에 있는 세계는 그 바깥에 있는 세계보다 더욱 명료하고 더욱 냉철하며, 그 희망은 더욱 합리적이고 그 본능은 더욱 건강하며, 운명과 죽음 앞에서도 더욱 생기와 유머가 있다. 그것이 바로 믿기지 않는 그리스도로부터 나온 그리스도교 세계의 영혼이기 때문이다. 그리스도교 세계의 영혼은 상식이었다. 우리는 감히 그리스도의 얼굴을 바라볼 수 없었지만, 그분의 열매를 볼 수 있었다. 우리는 그분의 열매를 통해 그분을 알아야 한다. 그분의 열매는 확고하며, 그 결실은 하나의 은유 이상이다. 순간적이고 편협한 깨달음의 변치 않는 섬광, 빛처럼 영원해진 그 번개 아래에서보다 소년들이 사과나무에서 더 행복해하고, 사람들이 포도덩굴을 밟으며 더 동등하게 입을 모아 노래하는 곳은 이 슬픈 세상 어디에도 없다.

부록 1.
선사 시대 인간에 대해

이 책의 앞부분을 다시 읽어 보니, 한마디로 할 수도 있는 것을 여러 군데에서 많은 말로 하려 했다는 느낌이 들었다. 어떤 의미에서 이번 연구는 피상적인 연구로 의도되었다. 다시 말해 이번 연구는 연구될 필요가 있는 것들에 대한 연구로서 의도된 것이 아니다. 그보다는 오히려 사람들이 아주 빨리 보고, 그만큼 빨리 잊어버리는 것들을 상기시키는 연구로서 의도되었다. 이번 연구의 교훈이란 어떤 면에서는 최초의 생각들이 가장 좋다는 것이다. 한 번의 섬광은 풍경을 드러낸다. 섬광이 드러낸 풍경 속에서 에펠탑과 마테호른 봉우리는 평범한 날의 햇빛 속에서 보이던 것과는 전혀 다른 모습으로 솟아 있는 듯 보인다. 나는 영원한 번개의 이미지를 가지고 이 책을 끝맺었다. 아주 다른 의미에서, 이 작은 섬광은 너무 오래 지속되고 말았다. 그러나 그런 방식에도 어떤 실제적인 난점들이 있었다. 나는 그 난점들에 대해 두 가지 부록을 짧게 덧붙이는 것이 좋겠다고 생각했다. 부록을 덧붙이는 것이 난점들을 지나치게 단순화하는 것처럼 보이고, 무지해서 난점들을 무시하는 것으로 보일지도 모르겠다. 특히 선사 시대 그림들에 관한 부분에서 이런 느낌이 든다. 그 부분은 학식 있는 이들이 선사 시대 그림으로부터 배울 수 있을 모든 것에 관한 것이 아니라, 어떠한 그림이든 선사 시대에 그림이 있었다는 사실로부터 누구라도 배울 수 있을 단 하나의 요점에 관한 것이다. 그것을 순수함의 측면에서 표현하려다가 나 자신의 무지가 과도하게 부풀려질 수 있음을 나 역시 의식하고 있다. 과학적인 연구나 정보인 척하지 않는 대신, 원시 인류가 구분되는 상태들에 대해 내가 그 부분에서 필요한 것만을 알고 있다는 생각이 들게 한 점이 유감스럽기는 하다. 물론 나는 그 이야기가 정교하게 층을 이루고 있음을 알고 있다. 또한 크로마뇽인이나, 우리가 선사 시대 그림들과 결부하는 어느 원시인이든 그 이전에 그러한 단계들이 많이 있었음을 알고 있다. 실제로 네안데르탈인과 여타 원시인들에 관한 최근 연구들은 여기에서 가장 유의미한 교훈을 반복하는 경향이 있다. 이 책의 관련 부분에서 언급했던, 종교의 발전 과정 중 필연적으로 느리거나 늦어지는 무언가에 관한 개념은, 이후에 순록 그림의 선구자들에 관해 밝혀질 사실로부터도 얻을 것이 거의 없을 것이다. 학식 있는 이들은 순록 그림이 종교적인 것이든 아니든, 그 이전에 살았던 사람들이 이미 종교적이었다는 의견을 견지하는 듯하다. 그들은 신비롭고 희망에 찬 의미심장한 상징들을 죽은 이와 함께 묻었다. 그리고 이 점은 분명히 우리를 똑같은 논쟁으로 다시 돌려놓는다. 이는 더 이른 시기의 사람의 해골을 측정하는 방법으로는 접근할 수 없는 논쟁이다. 여기서 인간의 머리와 원숭이의 머리를 비교하는 것은 거의 아무런 쓸모가 없다. 다른 원숭이를 견과류와 함께 무덤에 묻어 하늘나라 원숭이의 집에 가도록 돕는다는 생각이 원숭이의 머리에 떠오르지 않는다는 게 확실하다면 말이다. 해골에 대해 이야기하자면, 현대 인류의 해골보다 훨씬 더 크고 정교한 크로마뇽인의 해골에 관한 이야기도 나는 알고 있다. 그건 매우 우스운 이야기다. 어떤 저명한 진화론자가 때늦은 경고에 정신을 차리고선 단 하나의 표본에서 추론한 것이라면 무엇에든 이의를 제기했기 때문이다. 외딴 해골 하나가 우리 선조들이 우리보다 열등했음을 입증하는 의무를 짊어졌다. 우리 선조들이 우월했음을 입증한다고 추정되는 외딴 해골은 어느 것이든 머리가 부풀어서 고생한 것이라 느껴질 따름이다.

부록 2.
권위와 정확성에 대해

이 책은 단지 대중적 오류들을 비판하는 대중적 비평이 되도록 의도되었고, 실제로 많은 경우에 매우 저속한 오류들을 비판하는 대중적 비평이 되었다. 하지만 때로는 진지한 과학적 업적을 비웃는 듯한 인상을 주었다는 느낌이 든다. 이는 나의 의도와는 반대되는 것이다. 나는 코끼리를 설명하는 과학자가 아니라 코끼리를 해명하는 궤변가와 논쟁하고 있다. 사실 그 궤변가는 고대 그리스에서 소피스트가 그러했듯이 청중 앞에서 연극을 하고 있다. 그는 무지한 이들에게 호소력을 발휘하는데, 특히 유식한 이들에게 호소할 때면 그러하다. 그러나 나는 나의 비판이 참으로 유식한 이들에게 무례함을 행하도록 의도하지는 않았다. 우리는 모두 이 사안들에서 외골수인 학자들의 연구, 특히 그들의 최근 연구에 무한히 큰 빚을 지고 있다. 그리고 나는 그 연구들에서 이것저것 주워

모았을 뿐이라고 이미 고백했다. 나의 추상적인 논의에 인용문과 참고문헌을 잔뜩 끼워 넣지는 않았다. 그런 것들은 사람을 실제보다 더 유식한 듯 보이게 만들 뿐이다. 하지만 어떤 경우에는, 느슨하게 암시하는 방식 때문에 내가 본래 의도한 의미가 오해를 일으키기 쉽다는 걸 발견하곤 한다. 초서와 아기 순교자에 관한 부분은 서투르게 표현되었다. 내가 의미한 것은, 다만 잉글랜드의 시인이 잉글랜드의 성인聖人을 염두에 두었을 테지만 아마도 외국인으로 각색하여 제시했으리라는 것이다. 마찬가지로 신화에 관한 장에서 두 개의 언명은 서로의 뒤를 쫓고 있다. 그래서 일신교에 관한 두 번째 이야기가 남태평양과 관련된다고 암시하는 듯 보일 수도 있겠다. 아타호칸이 오스트랄라시아인[1]이 아니라 아메리카 원주민들의 신이라는 게 설명되면 좋겠다. 내가 가장 불만족스럽게 느끼는 "유구한 문명"이라는 장에서는 이집트 군주정 발전의 의미에 관한 나 자신의 인상을 지나치게 많이 제시했다. 마치 J. L. 마이어스 교수[2]의 저작들에서처럼, 나 자신의 인상 형성에 토대가 된 사실들과 나 자신의 인상이 완전히 동일하다는 듯이 말이다. 하지만 혼란을 의도했던 것은 아니다. 또한 그 장의 나머지 부분에서 인종이나 민족에 관한 인류학적 추측들이 실제보다 가치가 덜하다고 암시할 의도는 전혀 없었다. 엄밀히 말하자면

1 오스트랄라시아Australasia는 오스트레일리아를 중심으로 그 주변의 뉴질랜드와 뉴기니 등을 포함하는 지역을 가리킨다. 오트랄라시아인Australasian은 그 지역의 토착민을 말한다.

2 존 린튼 마이어스John Linton Myres, 1869-1954는 영국의 고고학자다. 19세기 말부터 20세기 초까지 진행된 키프로스 발굴 작업을 주도하고 그에 관한 기록을 남겼다.

나의 비평은 상대적이다. 나는 피라미드가 사막의 흔적들보다 더 평평하다고 말할 수도 있겠다. 내게는 아무 흔적도 없는 모래밭일 뿐이지만, 나보다 더 지혜로운 사람들에게는 흔적이 보일 수도 있음을 부인하지만 않는다면 말이다.

G. K. 체스터턴(Gilbert Keith Chesterton, 1874-1936) 연보

1874년 5월 29일 영국 런던 켄싱턴에서 부동산 중개업자 에드워드 체스터턴과 스위스계 프랑스인 마리 루이스 그로스장의 아들로 태어나다.

1887년 세인트폴 스쿨에 입학하다.

1892년 런던 유니버시티 칼리지 슬레이드 예술 학교에서 미술과 문학을 공부하다.

1893년 회의주의에 빠져 심리적 위기를 겪다. 심령술과 오컬트에 심취하다.

1895-1902년 대학을 그만두고 런던의 출판사 조지 레드웨이와 T. 피셔 언윈에서 일하다. 이 기간 동안 프리랜서 저널리스트이자 미술 및 문학 평론가로 명성을 떨치기 시작하다.

1900년 첫 시집 『놀이하는 회색 수염』*Greybeards At Play*을 출간하다. 보어 전쟁에서 보어인(네덜란드계 남아프리카 원주민)을 옹호하는 입장을 취해 주목을 받다.

1901년 프랜시스 블록과 결혼하다. 주간 발행물 『더 스피커』*The Speaker*에 실었던 사회 비평 에세이집 『피고』*The Defendant*를 출간하다. 에세이집 『난센스에 대한 옹호』*A Defence of Nonsense*를 출간하다.

1902년 『데일리 뉴스』*The Daily News*에 주간 오피니언 칼럼을 쓰기 시작하다.

1903년 문학 평론서 『로버트 브라우닝』*Robert Browning*을 출간하다.

1904년 첫 소설 『노팅 힐의 나폴레옹』*The Napoleon Of Notting Hill*을 출간하다.

1905년 『이단』*Heretics*을 출간하다. 조지 버나드 쇼, H. G. 웰스, 러디어드 키플링 등 당대 지성계를 대표하는 인물들을 소환한 이 책에서, 현실적 이익만 생각하는 세태를 비롯한 실증주의, 진보주의, 상대주의, 회의주의, 제국주의, 세계주의를 비판하다. 소설 『괴짜 상인 클럽』*The Club of Queer Trades*을 출간하다. 『일러스트레이티드 런던 뉴스』*The Illustrated*

*London News*에 주간 칼럼을 쓰기 시작하다.

1906년 문학 평론서 『찰스 디킨스』*Charles Dickens*를 출간하다.

1908년 『정통』*Orthodoxy*을 출간하다. 『이단』을 비판하는 이들에 대한 응답으로 쓴 이 책에서, 그리스도교 신앙에 대한 독창적인 견해를 제시하고 자신이 어떻게 그리스도교 신앙을 갖게 되었는지 밝히다. 소설 『목요일이었던 남자』*The Man Who Was Thursday*, 에세이집 『모자 뒤따라 달리기』*On Running After One's Hat*를 출간하다.

1909년 런던에서 서쪽으로 약 40킬로미터 떨어진 비콘스필드로 이주하여 활발한 저술 및 강연 활동을 하다. 문학 평론서 『조지 버나드 쇼』*George Bernard Shaw*를 출간하다.

1911년 브라운 신부라는 탐정 캐릭터를 바탕으로 한 단편 소설집 『브라운 신부의 결백』*The Innocence of Father Brown*을 출간하다. 20세기 대소설가인 호르헤 루이스 보르헤스로부터 "에드거 앨런 포를 능가하는 추리 소설가"라는 찬사를 받다. 대중적인 성공을 거둔 이후 1935년까지 『브라운 신부의 지혜』*The Wisdom of Father Brown*, 1914, 『브라운 신부의 의심』*The Incredulity of Father Brown*, 1926, 『브라운 신부의 비밀』*The Secret of Father Brown*, 1927, 『브라운 신부의 추문』*The Scandal of Father Brown*, 1935을 출간하다.

1913년 『데일리 헤럴드』*Daily Herald*지에 글을 쓰기 시작하여 1914년까지 고정적으로 기고하다.

1914년 제1차 세계대전이 발발하다. 신체적·정신적 쇠약 증세에 시달리다.

1919-1920년 팔레스타인, 이탈리아, 미국 등지로 강연 여행을 떠나다.

1922년 영국 국교회에서 로마가톨릭으로 개종하다. 논설 『우생학과 그 밖의 악』*Eugenics and Other Evils*에서는 당대에 가장 진보적인 것으로 여겨지던 우생학을 강력히 비판하다.

1923년 『아시시의 성 프란치스코』*Saint Francis of Assisi*를 출간하다.

1925년 『영원한 인간』*The Everlasting Man*을 출간하다. 서구 문명의 틀 안에서 인류의 영적 연대기를 다룬 이 책을 읽고 무신론자 작가 C. S. 루이스가 회심하다. 주간지 『지 케이스 위클리』*G. K.'s Weekly*를 창간하다. 여기 실린 글을 통해 자본주의와 사회주의를 모두 배격하고 보다 공정한 부의 재분배와 민주주의를 옹호하다.

1926년	종교적인 논쟁을 담은 책 『가톨릭교회와 개종』*The Catholic Church and Conversion*을 출간하다.
1927년	흠모하던 유럽 국가인 폴란드에서 한 달간 지내다.
1929년	단편들이 인정받으면서 영국의 추리 클럽The Detection Club 회원이 되고 이후 회장으로 추대되다.
1932년	문학 주제에 관한 BBC 방송을 시작하다.
1933년	『성 토마스 아퀴나스』*Saint Thomas Aquinas*를 출간하다.
1936년	『자서전』*The Autobiography*을 출간하다.
1936년 6월 14일	62세의 나이로 버킹엄셔 비콘스필드 자택에서 울혈성 심부전으로 사망하다. 6월 27일 런던 웨스트민스터 대성당에서 진행된 장례식에서 로널드 녹스는 "이 세대는 모두 체스터턴의 영향 아래 성장해서 우리가 그를 언제 생각하고 있는지조차 모른다"라고 평하다.

—

흔히 '역설의 왕자'라 불리는 체스터턴을 가리켜 『타임』은 "체스터턴이 명언, 속담, 풍자를 이용해 어떤 주장을 펼칠 때는 항상 먼저 그 안과 밖을 뒤집었다"고 평한다. 평생에 걸쳐 200여 편의 단편 소설 및 4,000여 편의 기고문을 쓴 그는 생애를 마칠 때까지 조지 버나드 쇼, H. G. 웰스, 버트런드 러셀 등 당대의 지성들과 긴밀한 문학적 교류를 나누었는데, T. S. 엘리엇과 버나드 쇼, 도로시 L. 세이어즈는 각각 "체스터턴은 영원토록 후대의 존경을 받아야 마땅한 사람이다", "세상이 체스터턴에 대한 감사의 말에 인색하다", "체스터턴의 책은 이름을 거론할 수 있는 그 어떤 작가의 책보다 내 정신을 형성했다"는 말로 그를 칭송한다. 후대에도 그는 문학적·종교적으로 매우 중요한 인물 가운데 하나로 추앙받는데, C. S. 루이스를 비롯한 대표적인 작가 및 사상가인 어니스트 헤밍웨이, 그레이엄 그린, 호르헤 루이스 보르헤스, 가브리엘 가르시아 마르케스, 마셜 맥루언, 애거서 크리스티 등은 체스터턴의 작품에 큰 영향을 받았음을 고백한다.

옮긴이의 글

G. K. 체스터턴 탄생 150주년을 맞이해 그의 대표 저서 세 권을 독자들 앞에 내어놓을 수 있게 되어 무척 기쁘고 뿌듯하다. 학부 시절 블레즈 파스칼을 만난 이래로 차가운 이성으로 뜨거운 신앙을 옹호하는 그리스도교 변증가들에게 흥미를 느꼈고, 그 덕분에 그리스 철학으로 신학의 토대를 마련한 교부들로부터 종교개혁 시대에 깊고 넓은 인문학적 소양으로 신앙과 세계를 사유한 에라스뮈스나 토머스 모어를 거쳐, 현대의 존 헨리 뉴먼과 C. S. 루이스, 그리고 그 둘 사이의 체스터턴을 알게 되었다. 체스터턴의 작품들을 읽으며 언젠가는 우리나라에서도 그가 많이 알려지고 널리 읽힐 날이 올 것이고 와야 한다고 확신했다. 복 있는 사람에서 심혈을 기울여 출간하는 『이단』, 『정통』, 『영원한 인간』이 그러한 계기를 마련해 주리라 기대한다.

길버트 키스 체스터턴Gilbert Keith Chesterton, 1874-1936이란 작가를 간명하게 소개하기란 쉬운 일이 아니다. 우선 백과사전에서 하듯 간단한 소개로 시작하자면, 체스터턴은 20세기 초반에 영국에서 활동한 가장 영향력 있는 지식인 가운데 하나다. 뛰어난 소설가이자 평론가였고, 언론인이자 논객이었으며, 당대에 가장 특출한 그리스도교 변증가였다. 체스터턴에 대한 소개글을 여러 곳에서 찾아 읽다 보면 "다른 누구하고도 같지 않은"like no other이라는 표현을 종종 마주치는데, 그의 생애를 알고 작품을 읽다 보면 이것이 무엇을 의미하는지 알게 된다. 그리고 그 때문에 그를 간명하게 소개하기가 무척 어렵다는 사실과 더불어, 그의 탁월한 사유와 문장이 오늘날 독자들에게 비교적 잘 알려지지 않은 원인과 그러함에도 더욱 알려져야 하는 이유를 이해하게 된다.

오늘날 체스터턴은 소설가로 가장 많이 알려져 있다. 그는 다섯 권의 단행본 소설을 출간했고, 200여 편의 단편 소설을 발표했다. 특히 1910년부터 1936년까지 53편을 발표한 추리 소설 브라운 신부 시리즈가 유명하다. 2013년 BBC에서 각색하여 제작한 TV 시리즈가 세계적인 성공을 거두었고, 우리나라 평화방송에서도 방영되면서 다섯 권으로 묶인 원작 소설 전부가 번역되어 나왔다. 체스터턴을 처음 접하는 독자들이라면 브라운 신부 시리즈를 통해 비교적 쉽게 그의 세계에 입문할 수 있다. 체스터턴의 분신과도 같은 브라운 신부는 여느 추리 소설의 탐정들처럼 합리적인 사고를 통해 사건을 해결하지만, 그가 강조하는 합리성이란 과학적이고 객관적인 도구적 이성만을 말하지 않는다. 실제로 체스터턴은 냉철한 '과학자'의 시선으로 인물과 현장을 관찰하고 자신만의 '실험실' 같은 공간에서 사건을 객관적으로 분석하여 결론 내리는 셜록 홈즈를 염두에 두고 그에 대별되는 인물로서 브라운 신부를 창조했다. 브라운 신부는 가톨릭교회의 사제라는 신분과 엉성해 보이는 외양 덕분에 인물들에게 쉽게 섞여들어, 인간의 심리와 행동에 대한 깊고 넓은 이해를 바탕으로 진실을 밝히고 문제를 해소한다. 이러한 과정을 통해 체스터턴은 인간의 본성과 죄에 대한 통찰을 보여 주며, 범죄를 사법적 관점(판결과 처벌)이 아니라 종교적 관점(회개와 용서)에서 다룰 것을 요청한다.

체스터턴이 남다른 작가가 된 연유는 미술과 문학 평론가로 작가 경력을 시작하여, 이후 40년 동안 무려 4,000여 편의 에세이를 언론에 기고할 만큼 다양한 주제들을 논하는 작가이자 언론인으로 활동한 데서 찾아볼 수 있겠다. 체스터턴은 본래 미술 대학에 진학했으나 학업을 중단하고 출판사에서 일을 하면서 글을 쓰기 시작했다. 스물두 살1896에 T. 피셔 언윈 출판사로 옮기고부터 주간지에 평론을 기고했는데, 이 출판사는 체스터턴이 자주 언급하는 H. G. 웰스, W. B. 예이츠, 프리드리히 니체, 헨리크 입센, 지그문트 프로이트 등의 저서를 출간하며 성장했다. 스물여덟 살1902에 주간지 『데일리 뉴스』*The Daily News*에 고정 칼럼을 쓰게 되면서 출판사 일을 그만두고 전업 작가가 될 수 있었다. 찰스 디킨스가 창간하고 초콜릿 제조업자이자 평화주의자 퀘이커 교도인 캐드버리가 인수한 것으로 유명한 이 주간지에는 이미 조지 버나드 쇼와 H. G. 웰스 등이 기고하고 있었다. 서른한 살1905부터는 세계 최초의 삽화 신문으로 큰 성공을 거둔 『일러스트레이티드 런던 뉴스』*The Illustrated London News*에도 매주 고정 칼럼을 실었다. 이 칼럼은 그의 말년까지 30년이나 이어지면서 체스터턴의 필력과 인기를 입증해 보였다. 마흔두 살1916부터는 평생의 동지였던 힐레어 벨록[1]이 창간하고 저널리스트였던 동생 세실 체스터턴과 공동 운영했던 주간지의 편집장을 맡았고, 쉰한 살1925부터는 이를 전면 개편하여 자신의 이름을 딴 『지 케이스 위클리』*G. K.'s Weekly*를 발행했다. 이 주간지에는 에즈라 파운드, 조지 버나드 쇼 같은 당대의 유명 작가들은 물론이고 젊은 시절의 조지 오웰도 기고했다. 체스터턴은 이들 주간지를 무대로 하여 당대 주요 작가들과 논쟁을 벌였고, '역설의 왕자'prince of paradox라는 명성에 걸맞은 재기 넘치는 문장으로 독자들을 사로잡았다.

체스터턴의 독특한 점은 그가 당대 주요 작가들의 글을 읽고 비판적으로 사고하는 과정에서 그들의 모순을 발견하고 자신의 생각을 키워 나갔다는 것이다. 그는 처음부터 어떤 자기만의 이상이나 사상을 바탕으로 해서 자신의 체계를 견고하게 쌓아 올리고 상대방을 비판한 것이 아니다. 그와 반대로, 19세기 말에서 20세기 초에 서구 세계를 지배하고 있던 과학적이고 진보적인 사상들을 근본적으로 회의하고 재고하는 과정에서 오히려 자신이 본

1 힐레어 벨록Hilaire Belloc, 1870-1953은 프랑스 태생의 영국 작가, 정치인이다. 옥스퍼드 대학에서 역사학을 전공했으며 이른바 '대체 역사'alternative history 문학의 선구자로 평가받는다. 독실한 가톨릭 신자로서 가톨릭 신앙의 색채가 짙은 작품들을 집필했다. 체스터턴과는 1900년부터 알게 되어 평생 절친한 친구로 남았다. 공동의 논적이자 친구였던 조지 버나드 쇼는 두 사람을 한데 묶어 '체스터벨록'Chesterbelloc이라 부르기를 즐겼다. 체스터턴이 『이단』과 『정통』을 발표하던 시기에 벨록은 가톨릭교회에 비우호적인 영국의 풍토를 변화시키고자 정치에 참여하여 하원 의원으로 활동하기도 했다.

래 가지고 있던 신앙을 다시 발견하고 그리스도교의 진리를 다시 확인하게 되었다. 이러한 체스터턴의 태도와 방식은 두 가지 관용구를 통해 분명하게 드러난다. 하나는 '레둑티오 아드 압수르둠'reductio ad absurdum이라는 라틴어 관용구다. 이는 귀류법이라고도 하는 증명법을 가리키는데, 어떤 명제가 참이라는 것을 증명하는 대신 그 부정 명제가 거짓임을 밝힘으로써 본래의 명제가 참임을 간접적으로 증명하는 방식이다. 다른 하나는 '체스터턴의 울타리'Chesterton's fence라는 관용구다. 이는 원래 있던 것을 없애려고 할 때 처음에 그것이 있게 된 이유를 근본적으로 생각해 보아야 한다는 원칙을 말한다. 체스터턴은 그리스도교를 반대하는 현대 사상가들의 주장을 검토하고 그들의 모순을 드러냄으로써 참 진리인 그리스도교를 옹호하는 한편, 그리스도교 신앙의 본질을 밝혀 그 의미를 역설한다.

이번에 함께 번역하여 내놓는 세 권의 책은 이러한 체스터턴의 특징을 잘 드러내고, 그러한 맥락에서 상호 연결되어 있다. 그 가운데 가장 먼저 쓰인 『이단』*Heretics*, 1905은 19세기 말부터 20세기 초까지 영국 지성계를 대표하는 인물들을 비판하는 스무 편의 글을 모은 책이다. 체스터턴이 보기에 그들은 사물과 현상, 인간과 세계의 본질은 탐구하지 않은 채 현실과 실제만을 강조하고 효능과 능률만을 목표로 삼는 이단들이다. 무엇보다도 체스터턴은 현실적 이익만 생각하는 세태를 비판하고 정작 중요한 것은 철학과 사상임을 강조한다. 그리고 당대 지성계를 주도하는 조지 버나드 쇼, H. G. 웰스, 러디어드 키플링 등을 소환하여 실증주의, 진보주의, 상대주의, 회의주의, 제국주의, 세계주의를 비판한다. 홍미로운 것은 앞서 말했듯이 체스터턴이 이들을 비판할 때 외부의 다른 논리를 대입하는 것이 아니라, 그들의 논리를 따라가면서 그 안에 자리한 모순을 예리하고 재치 있게 드러낸다는 사실이다. 체스터턴의 사고가 전개되는 과정을 따라가다 보면, 상대 선수의 품 안으로 깊이 파고들었다가 가볍게 업어치기 한판으로 경기에서 승리하는 유도 선수를 보는 듯 통쾌하다. 그러나 체스터턴이 상대의 비판에만 머무르는 것은 아니다. 그는 무엇보다도 대상의 본질을 규명하려는 노력에서 모든 논의가 시작되어야 한다고 주장한다. 사람들이 모두 다 같이 가로등을 없애고자 하더라도 그렇게 하기를 원하는 이유와 목적은 저마다 다르기 마련이므로, 혼란을 방지하려면 빛이란 무엇인가를 가장 먼저 논해야 한다는 것이다. 그것은 바로 이단적인 현대 사상가들이 그토록 싫어하는 스콜라 철학의 방식이며, 그러한 방식을 가장 잘 구현하는 정통이란 그리스도교다. 체스터턴의 주장은 결국, 오늘날의 사회에서 그리스도교라는 정통이 오히려 더욱 중요해졌으며, 그 정통은 도리어 가장 혁신적이며 매력적인 '이단'이 되었다는 것이다.

『이단』에 대한 반응은 매우 즉각적이었고 뜨거웠다. 체스터턴이 직접 언급한 작가들은 물론이고 일반 독자들도 다양한 의견을 개진했으며 한편으로 여러 가지 의문을 제기하기도 했다. 특히 사람들은 그리스도교에 비판적인 당대 지성계의 대세를 거슬러 그가 어떻게 그리스도교를 정통으로 받아들이게 되었는지를 알고 싶어 했다. 체스터턴은 이러한 요구에 대한 응답으로 『정통』*Orthodoxy*, 1908을 내놓았고, 이 책은 오늘날까지도 그리스도교에 관한 독특한 이해를 보여 주는 20세기 그리스도교 변증학의 대표적인 저서 가운데 하나로 남아 있다.

체스터턴은 본래 그리 독실하지 않은 유니테리언 집안에서 태어나 영국 국교회에서 유아세례를 받았다. 청소년 시절에는 오컬트에 심취하기도 했으나 청년기에 들어 그리스도교 신앙을 회복했다. 이 과정에는 스물여섯1900에 처음 알게 되어 평생 친구로 지낸 프랑스 출신의 열렬한 가톨릭 신자 힐레어 벨록의 영향이 적지 않았다. 체스터턴이 공식적으로 가톨릭교회로 옮긴 것은 1922년의 일이지만, 『이단』과 『정통』을 쓸 무렵에 이미 가톨릭 교의를 받아들였던 것으로 보인다. 다만 『정통』에서 체스터턴은 이러한 개인사를 기술하는 것이 아니라, 자신이 그리스도교를 정통으로 받아들이게 된 과정을 논리적이고 철학적으로 설명한다. 그 과정은 새로운 땅을 발견하려고 영국을 떠난 탐험가가 결국 영국으로 돌아와 영국을 발견하게 되는 것과 같았다. 체스터턴은 현대 사상 전반에 깔린 이성주의와 회의주의가 갖는 오류와 한계를 지적하면서 지나친 이성의 강조는 오히려 광기에 가깝고, 무한히 자유로운 의심은 오히려 사유의 자살을 초래한다고 비판한다. 그리고 이러한 현대 사상의 오류와 한계를 극복하는 정통의 진리로서 그리스도교를 제시한다. 그리스도교는 현대의 이성주의와 회의주의가 억압하는 동화의 세계와 낭만의 모험을 되살린다. 어찌 보면 죄와 구원, 정의와 자비, 싸움과 평화, 죽음과 부활을 이야기하는 그리스도교는 가장 모순적이고 역설적인 종교이지만, 그리스도교의 역설과 모순이야말로 인간과 세계의 진리이며, 인간과 세계를 근본적으로 개혁하는 영원한 혁명이다.

『정통』 또한 당시 영국의 평단과 일반 독자들 사이에서 열렬한 반응을 일으켰다. 그리스도교 신자들 사이에서 찬사가 이어진 반면, 무신론자들이나 자유주의 사상가들 사이에서는 체스터턴 특유의 논리 전개나 표현 방식을 비논리적이고 감성적이라고 비판하는 부정적 반응이 터져 나오기도 했다. 하지만 전반적으로 체스터턴이 이룩한 철학적이고 문학적인 성취는 높이 평가받았으며, 현대적 이성주의와 회의주의에 대해 비판하면서 신앙의 가치를 재조명했다는 점만큼은 긍정적으로 수용되었다. 특히 이후에 유명한 가톨릭 역사가가 되는 시어도어 메이너드가 이 책을 읽고 가톨릭으로 개종했으며, 그리스도교 강의와 저서로 유명해지는 미국 성공회 신부 버나드 이딩스 벨 또한 이 책의 영향으로 신학교에 대한 실망에서 벗어나 서품을 받기로 결심했다고 한다.

『이단』 이후 20년이 지나서 나온 『영원한 인간』*The Everlasting Man*, 1925은 흔히 '대작 없는 대가'로 불리는 체스터턴의 저서 중에서 대작이라 불릴 만한 작품이다. 『이단』에서 『영원한 인간』에 이르는 20년 동안에도 체스터턴은 소설, 평론, 평전 등 여러 저서를 출간했는데, 특별히 『영원한 인간』이 주목받는 것은 이 책이 그리스도를 중심으로 인류의 역사 전체를 다시 쓴 거대하고도 독특한 작품이기 때문이다. 『정통』이 체스터턴 자신의 영적 여정을 바탕으로 쓴 호교론이라면, 『영원한 인간』은 인류 전체의 영적 여정을 바탕으로 쓴 호교론이다.

체스터턴의 『영원한 인간』은 흥미롭게도 그의 또 다른 논적이자 친구였던 H. G. 웰스의 『세계사 대계』*The Outline of History*, 1920에 대한 반박으로 기획되었다. 체스터턴보다 열 살 많았던 웰스는 주로 『타임머신』*The Time Machine*, 1895이나 『우주 전쟁』*The War of the Worlds*, 1898 등을 쓴 공상 과학 소설 장르의 창시자로 알려졌으나, 당대에 가장 영향력 있는 작가로서 다양한 주제의 글을 발표했다. 특히 제1차 세계대전 이후로는 세계사를 통찰하면서 인류 문명의 진보를 주장하고 세계 평화를 위한 인류의 연대를 강조하는 역사서를 다수 출간했다. 그중에서도 『세계사 대계』는 지구의 역사와 인류의 역사를 거시적으로 통찰하는 대작으로 본문 분량이 1,300여 쪽에 달했다. 웰스는 이 저서에 애착이 많아서 계속해서 개정판을 냈을 뿐 아니라, 분량을 줄이고 다량의 지도와 삽화를 추가한 보급판으로 『세계의 짧은 역사』*A Short History of the World*, 1922[2]와, 인류의 역사만을 다룬 『인류의 짧은 역사』*A Short History of Mankind*, 1925를 출간하기도 했다. 이 책들은 웰스의 명성에 힘입어 일반 독자들 사이에서도 큰 인기를 끌었지만, 진화론적인 입장에서 인류의 역사를 바라보는 시각을 우려하는 이들도 많았다. 이 비판의 대열을 가장 적극적으로 이끌었던 사람이 바로 체스터턴의 친구 힐레어 벨록이었다. 웰스는 제목에서부터 벨록을 직접 언급하는 소책자를 통해 벨록의 비판을 재반박하고 자신의 입장을 변호했을 정도였다. 웰스의 역사서를 둘러싼 논쟁은 당시 영국의 공론장을 뜨겁게 달구었고, 체스터턴 또한 웰스의 역사서를 반박할 수 있는 역사서를 기획하고 집필했다. 그 결과물이 바로 『영원한 인간』이다.

『영원한 인간』은 어떤 역사서와도 다른 역사서다. 목차를 보면 알 수 있듯이 체스터턴은 인류의 역사를 그리스도 탄생 이전과

2 우리나라에서는 본 번역자가 공역하여 『H. G. 웰스의 세계사 산책』2019이라는 제목으로 출간되었다. 『영원한 인간』과 한 쌍으로 읽으면 체스터턴에 대한 이해에 도움이 될 뿐 아니라 흥미로운 독서 경험을 즐길 수 있을 것이다.

이후로 구분하여 다루고 있다. '동굴 속 인간'으로 시작되는 1부에서는 원시 인류를 단순한 동물로 다루는 진화론적 시각에 반대하며, 원시 인류 역시 오늘날 우리와 같은 인간이었을 뿐 아니라, 이미 그들에게 신앙과 종교가 있었음을 강조한다. 고대 문명의 신화와 철학은 신성에 대한 인간의 인식과 갈망을 드러내며 그에 따라 깊어지는 정신적 탐구를 보여 주지만, 영원한 참 진리에는 이르지 못하고 본질적인 인간 구원을 이루지 못했다. 이에 체스터턴은 2부에서 그리스도의 탄생을 또 다른 '동굴 속 인간'의 출현으로 제시하며, 이것이야말로 신화나 전설이 아닌 실제로 일어난 역사적 사건일 뿐 아니라, 세계를 바꾸고 인류사를 뒤집는 유일무이한 사건이라 설명한다. 하나님이 인간이 되어 땅 아래 동굴에서 태어난 것이다. 따라서 그리스도는 존재 자체가 진리이며 구원이다. 그리스도는 도덕적 교훈을 가르치기도 했으나, 단순히 거기에서 그치지 않고 인간의 본질적 죄와 구원의 필요성에 대해 이야기했으며, 자신이 죽고 부활함으로써 구원을 가져다주었다. 또한 그리스도교는 초기부터 여러 이교도와 이단들의 공격을 받으며 위기에 처했지만, 오히려 이러한 과정을 거치면서 정통 신앙을 확립하여 진리를 드러냈으며, 내재한 모순과 역설을 통해 도리어 날로 새롭게 인간 존재의 근본 문제를 해결하는 구원의 길을 제시한다. 그리스도교는 단순히 하나의 종교가 아니라 완전한 진리다. 이는 역사를 통해 증명되는 바이다. 그렇다면 결국 체스터턴이 선택한 '영원한 인간'이란 진화론자들이 주장하듯 점진적으로 변하고 발전하며 완성되어 가는 인간이 아닌, 언제나 그 본질이 동일한 인간을 가리키는 동시에, 단 한 번 역사 속에서 인간이 되어 영원한 진리를 드러내고 구원의 길을 제시한 하나님이신 예수 그리스도를 명확히 가리키는 말이다.

『영원한 인간』은 『정통』에서 보여 주었던 체스터턴의 그리스도교 변증론이 더욱 심화 · 발전된 것으로 그리스도인 독자들에게 호평을 받았다. 또한 웰스를 위시한 진화론적 역사관을 가진 사상가들에 대한 정당하고 고유한 비판으로서도 칭송을 받았다. 특히 우생학이 최신 학문으로 성장하고 있었고 독일에서는 아리아인의의 인종적 우월성을 강조하는 나치즘이 등장하던 상황이었으므로 이러한 비판은 시사적으로도 무척이나 타당한 것이었다. 물론 무신론자들이나 회의주의자들은 여전히 체스터턴을 비난했으나, C. S. 루이스는 무신론자였던 자신이 그리스도교 신앙을 받아들이게 된 몇 가지 계기 가운데 하나로 이 책을 꼽았다. 이후 『영원한 인간』은 독특한 그리스도교 변증론의 고전으로 자리 잡았고, 그리스도교적 세계관과 인간관을 흥미롭게 보여 주는 작품으로 일반 독자들에게도 권장되어 왔다.

체스터턴의 대표 저서 세 권을 번역하여 함께 내놓는 번역자의 입장 또한 한마디로 말하기는 어렵다. 체스터턴이라는 작가를 누구보다 면밀하게 만날 수 있었다는 사실은 영광이었고 기쁨이었으나, 오랜 시간에 걸쳐 단어 하나, 문장 한 줄을 가볍게 넘길 수 없이 작업하며 느낀 고충은 이루 말할 수 없다. 100년도 더 된 작품을 번역한다는 것 자체가 쉬운 일이 아니었다. 오늘날에는 쓰이지 않거나 다르게 쓰이는 표현들이 곳곳에서 등장했고, 알기 어려운 동시대 인물이나 작품이 아무런 설명 없이 언급되고 인용되는 탓에, 사전을 찾고 인터넷 자료나 다른 책들을 뒤지는 동안 나 역시 20세기 초반 영국 런던의 시끄러운 토론 클럽이나 커피하우스에서 체스터턴과 같이 앉아 그들의 대화를 듣고 있는 느낌이 들 정도였다. 더구나 체스터턴은 언뜻 보기에 모순적이거나 부조리한 표현들을 곳곳에서 아주 효과적으로 사용하기 때문에, 한 문장씩 꼼꼼하게 우리말로 옮겨야 하는 번역자에게는 그 진의를 파악해야 하는 문제가 있었고, 그 표현의 묘미를 살려야 한다는 고민이 뒤따랐다. 또 체스터턴은 당시의 관습대로 타이피스트에게 문장을 불러 주어 받아 적게 하되 퇴고를 거치지 않았던 것으로도 유명해서, 문장이 대체로 발랄하되 입말에 가까웠고, 따라서 일차적으로 번역한 문장들을 정돈하는 데 상당한 노력과 시간이 필요했다. 190센티미터가 넘는 키에 몸무게가 130킬로그램에 달했다는 거구의 체스터턴이, 자기 작품을 번역하면서 끙끙거리고 있는 나를 안경 너머로 내려다보며 계속 역설적인 문장들을 읊어대는 꿈을 꾸기도 했다. 출판사로부터 처음 제안을 받은 뒤로, 번역을 하고 교정을 거쳐 이제 마지막으로 옮긴이의 글을 쓰기까지 여러 해가 지났고 번역자 이외에도 여러 사람이 수고를 아끼지 않았다. 그러함에도 여전히 부족한 번역이고 그것은 온전히 번역자의 탓이겠지만, 책을 읽는 독자들에게 그간의 노고가 조금이나마 행간에서 읽힐 수 있으면 좋겠다.

번역자가 겪은 어려움과 같은 맥락에서 체스터턴을 처음 읽는 독자들 또한 어려움을 느낄 수 있다. 잘 알지 못하는 과거의 인물들이 자주 언급되고, 상식을 뒤엎는 문장이나 모순되는 표현이 등장하여 단번에 의미를 파악하기가 쉽지 않은데, 앞부분에서부터 천천히 읽어 가다 보면 뒷부분에 가서야 작가가 진짜 하려는 말이 무엇인지가 드러나는 경우가 대부분이다. 그러니 체스터턴의 방식에 익숙해지기 전까지는 약간의 인내심을 발휘해야 한다. 하지만 그 약간의 인내심만 발휘한다면, 곧 무릎을 치며 미소 짓게 되는 기쁨을 누릴 수 있을 것이다. 체스터턴이 유서 깊은 명문 대학교에서 신학이나 철학 혹은 문학이나 역사를 전공한 학자가 아니라는 사실이 오히려 독자들에게 희망을 준다. 사실 변증학이나 귀류법 같은 어려운 말로 그의 사유를 소개하지만, 그가 사고를 전개하는 방식은 지극히 상식적이고, 그가 사용하는 단어나 비유 또한 매우 일상적인 것이어서 일반 독자들에게 어려울 것이 없다. 낯선 인물과 인용에 대해서는 번역자의 필요와 출판사의 요청으로 가능한 옮긴이 주를 자세하게 달았으니 걱정할 필요가 없다. 다만 열린 태도와 유연한 사고로 체스터턴의 문장들을 따라가다 보면 일상적인 단어와 비유를 뒤집어 사용하는 그의 특기를 한껏 즐길 수 있을 것이다.

몇몇 주요 어휘는 통일된 번역어를 찾느라 끝까지 고민했는데, 하나를 꼽자면 'creed'라는 단어를 언급하지 않을 수 없다. 번역을 하다 보면 우리말에 꼭 맞는 표현이 없어서 망설이게 되는 경우보다, 하나의 단어가 원서에서는 일관된 의미로 사용되지만 우리말에서는 맥락과 대상에 따라 완전히 다른 단어를 써야 할 때가 더 고민스러운데, 바로 'creed'의 경우가 그러했다. 라틴어의 '믿는다'라는 동사 'credo'에서 온 이 단어는 '믿음'이나 '신앙고백'을 뜻하는데, 단순하게 개인적이고 자의적인 자기 신앙의 고백이 아니라 공식화된 공동체의 신앙고백문 곧 '신경'信經을 가리키는 경우가 많다. 하지만 체스터턴은 이 단어를 종교에 한정하여 사용하지 않고, 개인의 사고나 행위의 원칙 같은 의미로도 두루 사용하고 있다. 여러 차례 고치고 다시 고치기를 반복하면서 고민한 끝에 번역어로 선택한 단어는 신조信條였다. 종교에서 사용할 때 신앙의 조목이나 교의를 뜻하고, 일반적으로는 '굳게 믿어 지키고 있는 생각'을 뜻하는 이 단어가 체스터턴이 사용하는 'creed'의 의미를 두루 담아낼 수 있다고 생각했다. 세 책을 모두 번역한 뒤 생각해 보니 체스터턴이 그리스도교를 변증하면서 사용하는 대표적인 어휘 중에 정통 다음으로 중요한 말이 이 신조라는 생각이 들었다. 체스터턴에게 종교와 신앙이란 이 신조로 대표되는 것인데, 우리가 흔히 아는 사도신경의 경우처럼, 신조는 신앙의 고백이되 단순히 개인적이고 주관적인 믿음의 표현이 아니라 수많은 논쟁과 분별과 합의의 과정을 거쳐 신앙 공동체가 확정한 교의의 표현인 동시에, 그것을 믿고 고백하는 이가 사고하고 행동하는 준칙이기도 하다. 또한 신조는 논쟁으로 벼려져 확고하게 정립된 사고와 행위의 원칙으로서 종교가 있는 신자만이 아니라 일반인도 갖추어야 한다. 신조가 없는 현대인은 광기나 다름없는 무조건적 이성주의나 지나치게 자유로워 사유의 자살에 이르게 되는 회의주의에 빠지기 십상이다. 그리스도교는 이러한 신조를 정립하는 데 가장 심혈을 기울여 온 종교로서도 정통이라 할 수 있겠다.

번역하는 과정에서 체스터턴 특유의 재치 있고 발랄한 문장들을 어떻게 살려야 할지 고민도 많았지만, 밑줄을 긋고 마음에 새기고 싶은 문장들 앞에서 마음이 설렌 경우도 많았다. 다소 신기하게도 그 많은 명문장 가운데 "천사들이 날 수 있는 것은 스스로 가벼이 여기기 때문이다"라는 문장이 저절로 외워졌고, 다른 일을 할 때도 종종 머릿속에 떠올랐다. 이 문장은 『정통』의 7장 '영원한 혁명'에 등장하는데, 해당 단락에서 체스터턴은 가벼움이야말로 그리스도교의 천분天分이며, 사탄은 무거움으로 타락했다고 말한다. 이는 체스터턴이 변증하는 그리스도교가 결코 무겁고 어둡지 않은, 가볍고 밝은 그리스도교임을 단적으로 드러낸다. 체스터턴이 말하는 그리스도교는 엄숙한 권위로 절대적 교의를 가르치며 사람들을 짓누르는 무거운 종교가 아니라, 희망과 기쁨으로 가득 차 사람들을 진정으로 자유로이 해방하며 높이 올려 주는 가벼운 종교다. 이는 『영원한 인간』에서 체스터턴이 그리스도의 탄생을 인류 역사에 가장 큰 사건으로 제시하면서 '크리스마스'를 강조하는 데서도 드러난다. 캐럴을 부르고 트리를 장식하는 등 온갖 이교적이고 동화적인 의례까지 합세하여 하나님이 인간이 되심으로써 인간 구원의 길이 열린 이날을 경축하는 것이야말로 그리스도교의 본령이라는 것이다. 체스터턴을 읽다 보면, 희망과 기쁨으로 가득 차 밝고 가벼우며, 그리하여 '영원한 혁명'이라 불릴 수 있을 만큼 역동적인 그리스도교를 다시 발견하게 되는 즐거움을 맛볼 수 있다. 이것이 그리스도교 변증가로서 체스터턴이 갖는 가장 큰 특징이자 미덕 가운데 하나가 아닐까 싶다.

이 모든 이야기를 종합했을 때, 체스터턴 탄생 150주년을 맞아 내어놓는 이 세 권의 책은 단지 과거의 그리스도교 변증론을 탐구하거나 체스터턴이란 작가의 문학적 성취를 감상하는 데 그치지 않고, 오늘날의 사고와 생활을 비판적으로 바라보고 반성하는 계기로서 큰 의미가 있다. 체스터턴이 비판했던 현대 사상과 풍조는 오늘날에 더욱 강화되었고 그리스도교는 더 큰 위기를 맞고 있기 때문이다. 비그리스도인 독자들은 체스터턴의 역설을 통해 현대 세계의 인간관과 세계관을 다시 돌아보며 그리스도교를 통해 대안을 모색하는 과정을 경험할 것이고, 그리스도인 독자들은 전혀 새로운 방식의 그리스도교 변증론을 통해 자신의 신앙을 새로이 발견할 수 있을 것이다.

체스터턴의 주요 저서를 번역할 수 있는 기회를 허락한 복 있는 사람 출판사에 큰 감사를 전한다. 가톨릭 신자로 유명한 작가의 저서들을 번역 · 출간할 것을 적극적으로 기획하고 가톨릭 신자인 번역자에게 작업을 맡겨 준 용기를 특별히 언급하고 싶다. 또한 계속 늦어지는 번역 원고를 불평 없이 기다려 준 인내에도 다시 한번 미안함과 고마움을 표하고 싶다. 특별히 오랜 시간 함께 번역의 오류를 짚어 주고 문장을 다듬어 준 편집자에게 더할 나위 없이 고마운 마음을 전한다. 그리고 무엇보다도 탄생 150주년을 맞아 우리나라에 본격적으로 소개되는 체스터턴이 많은 독자들을 만나 사랑받기를 바란다. 책을 읽지 않는 시대라지만 계속 쏟아져 나오는 수많은 책들 중에서도 기꺼이 체스터턴을 선택하여 읽어 주실 독자분들께도 미리 감사의 인사를 전한다.

2024년 11월

전경훈